协商政治学

协商民主与国家治理研究

主编／于小英

顾问／刘仁勇　刘晓华

中央编译出版社
Central Compilation & Translation Press

图书在版编目（CIP）数据

协商民主与国家治理研究 / 于小英主编.
—北京：中央编译出版社，2015.7

ISBN 978-7-5117-2495-3

Ⅰ.①协… Ⅱ.①于… Ⅲ.①民主协商-关系-国家
-行政管理-研究-中国 Ⅳ.①D621

中国版本图书馆 CIP 数据核字（2015）第 177241 号

协商民主与国家治理研究

出 版 人：	刘明清
责任编辑：	盛菊艳
责任印制：	尹 珺
出版发行：	中央编译出版社
地　　址：	北京西城区车公庄大街乙 5 号鸿儒大厦 B 座（100044）
电　　话：	（010）52612345（总编室）　（010）52612335（编辑室） （010）52612316（发行部）　（010）52612317（网络销售） （010）52612346（馆配部）　（010）55626985（读者服务部）
传　　真：	（010）66515838
经　　销：	全国新华书店
印　　刷：	北京中兴印刷有限公司
开　　本：	787 毫米×1092 毫米　1/16
字　　数：	400 千字
印　　张：	24
版　　次：	2015 年 7 月第 1 版第 1 次印刷
定　　价：	78.00 元
网　　址：	www.cctphome.com　　邮　箱：cctp@cctphome.com
新浪微博：	@中央编译出版社　　微　信：中央编译出版社（ID：cctphome）
淘宝店铺：	中央编译出版社直销店（http://shop108367160.taobao.com） （010）52612349

凡有印装质量问题，本社负责调换。电话：（010）55626985

目 录

破解民主难题　走好民主新路
　　——中国特色社会主义协商民主要义分析（代序）
　　　张　峰 ………………………………………………………… 1
引　言
　　　于小英 ………………………………………………………… 1

社会主义协商民主的基本问题

在深化政治体制改革中构建社会主义协商民主体系
　　——学习《关于加强社会主义协商民主建设的意见》的体会
　　　李君如 ………………………………………………………… 3
协商民主与社会主义民主政治研究
　　　原冬平 ………………………………………………………… 21
中国协商民主的基础理论
　　　李金河 ………………………………………………………… 34
协商民主的研究对象及实现形式研究
　　　李　丁 ………………………………………………………… 43
十八大以来协商民主理论的创新发展
　　　于小英 ………………………………………………………… 55

协商民主与国家治理关系研究

积极推动国家治理现代化
  陈家刚 ……………………………………………… 69

社会协商：中国的内生缘起与理论探索
  王洪树 ……………………………………………… 76

国家治理视野下的协商民主研究
  孙存良　李徐步 …………………………………… 87

国家治理与协商民主实践研究
  ——发挥统一战线在基层协商民主中的重要作用
  刘仁勇　于小英 …………………………………… 100

健全社会主义协商民主制度研究
  王斌元　冯桂林　杨　建　黄长勇 ……………… 115

推进协商民主能力建设研究
  许奕锋 ……………………………………………… 128

推进参政党协商民主能力研究
  石　媛 ……………………………………………… 142

协商民主与统一战线研究

统一战线在协商民主中的优势与作用研究
  武汉市社会主义学院课题组 ……………………… 155

协商民主与政党关系研究
  王江燕 ……………………………………………… 166

协商民主与民族关系研究
  袁　鸿 ……………………………………………… 177

协商民主与阶层关系研究
  祝远娟 ……………………………………………… 186

协商民主与海内外关系研究
  谭宏玲 ……………………………………………… 199

协商民主与人民政协研究

协商民主广泛多层制度化发展与政协协商研究
　　卞晋平 ·············· 213

人民政协制度为世界政治制度添彩
　　周淑真 ·············· 222

政治协商与政党协商研究
　　——政党协商的发展与健全
　　曹 蓉 ·············· 226

国家治理与人民政协工作研究
　　向友国　田春刚 ·············· 237

协商民主与基层实践

新常态下基层协商民主的实践与发展对策思考
　　李 羚 ·············· 257

协商民主与基层统战工作创新研究
　　颜 旭 ·············· 264

协商民主与基层社会治理研究
　　——以杭州市基层协商民主实践为例
　　张祝平　郑晓丽 ·············· 275

协商民主与民主恳谈
　　——以温岭市统战部实践为例
　　温岭市委统战部课题组 ·············· 289

党领导下广泛多层制度化发展基层协商研究
　　——以彭州市的实践探索为例
　　中共彭州市委统战部 ·············· 302

基层协商民主制度设计及实践探索
　　中共崇州市委统战部 ·············· 311

基层协商的创新与思考
　　中共都江堰市委统战部 …………………………………………… 322
基层协商民主与乡村治理研究
　　——以成都市温江区试点为例
　　程林顺　董晓琴 …………………………………………………… 333
协商民主与企业治理研究
　　——以广元市企业治理中"共建共享和谐"为例
　　何　梅 ……………………………………………………………… 345

破解民主难题　走好民主新路

——中国特色社会主义协商民主要义分析

（代序）

张　峰

在中华人民共和国迎来 65 周年华诞之际，习近平总书记先后在庆祝全国人民代表大会成立 60 周年大会上和庆祝中国人民政治协商会议成立 65 周年大会上发表重要讲话。这两篇讲话向全世界鲜明昭示了中国共产党坚定不移发展人民民主的决心和信心，同时也明确回答了社会主义中国为什么搞民主、如何搞民主、重点搞什么样的民主等一系列重大理论和实践问题，是社会主义民主政治建设的伟大宣言书。本文着重围绕习近平总书记这两篇讲话以及其他有关讲话精神，就中国特色社会主义协商民主的要义进行探讨。

要义一：破解民主这一中国和世界的共同性难题

民主，如果定义为人民当家做主，而不是拘泥于民主的某种具体形式，的确是个好东西，恐怕没有哪个国家、哪个政党、哪个正常的人会对此持有异议。即便是专制独裁的政权，也要借用"民主"的招牌和伪装。但是，在对民主的具体理解上，在实行什么样的民主形式上，确实又存在了巨大的歧义，以致无论在中国还是在世界，民主都成了一个巨大的难题。

中国共产党是靠民主起家的，在那首几乎人人都会唱的《团结就是力量》歌曲中就有"让一切不民主的制度死亡"这样鼓舞人心的号召。中国共产党发展民主的愿望是真诚的,不仅是这样说的,而且是这样做的。中国共产党高举人民民主的旗帜,迅速争取到了绝大多数民主党派和社会贤达特别是各进步阶级群众的支持,掌握了全国政权,建立了新中国。第一届全国政协的协商建国,是协商民主这一独具中国特色的民主形式正式形成并结出丰硕果实的标志。第一届全国人大的普选人大代表和建立人民代表大会制度,使得人民民主在我国有了根本的制度保障。但是,后来在"左"的思想指导下,我们在民主问题上开始犯了一连串的错误。先是反右斗争扩大化,把一大批与党真诚合作而又敢于谏言的党外人士打成右派;再就是1959年庐山会议,把彭德怀等一批直言大跃进失误的党内高级干部和高级将领打成右倾机会主义分子,以致最终导致以"大鸣、大放、大字报、大辩论"为民主形式发生了"文化大革命"这样全局性的长时间的严重错误,民主走进了死胡同。

总结历史的教训,邓小平同志指出:"旧中国留给我们的,封建专制传统比较多,民主法制传统比较少。解放以后,我们也没有自觉地、系统地建立保障人民民主权利的各项制度,法制很不完备,也很不受重视,特权现象有时受到限制、批评和打击,有时又重新滋长。"[①] 他提出:"肃清封建主义残余影响,重点是切实改革并完善党和国家制度,从制度上保证党和国家政治生活的民主化、经济管理的民主化、整个社会生活的民主化,促进现代化建设事业的顺利发展。"[②] 但是,改革开放后在发展民主的过程中,我们也碰到了一个很大的难题,就是怎样发展民主。鉴于资产阶级自由化的出现,邓小平提出了坚持四项基本原则,但并没有像他的经济发展战略那样形成具体的民主发展思路。他关于民主的论述,给人印象最深刻的是"两个不搞":一个是不搞"文革"式的"大民主"。另一个是不搞西方的资产阶级民主。改革开放以来我们在发展民主上仍然取得了一些决定性进展,比如我们废除了实际上存在的领导干部职务终身制,普遍实行领导干部任期制度,实现了国家机关和领导层的有序更替;我们努力

---

① 《邓小平文选》第二卷,人民出版社1994年版,第332页。
② 《邓小平文选》第二卷,人民出版社1994年版,第336页。

建设了解民情、反映民意、集中民智、珍惜民力的决策机制，增强决策透明度和公众参与度；我们积极发展广纳群贤、充满活力的选人用人机制，广泛把各方面优秀人才集聚到党和国家各项事业中来，等等。但对我们已经取得的成绩也不能高估，在发展民主上还有一些重大问题有待解决，比如随着温饱问题的解决和生活水平的改善，人民群众扩大民主、行使表达权的要求更为突出，如果不能及时满足同样会引起强烈的不满；我们的政治制度是好的，但社会主义民主政治的体制、机制、程序、规范以及具体运行存在诸多不完善的地方，还不能使政治制度的优势得到充分发挥；如何运用多种民主形式更好地保障人民民主权利、发挥人民创造精神还有很多的不足。此外，还有一些民主运作中的具体问题，比如有的地方出现了选举贿选和候选人身份失真问题。可以说，我们面临着全面深化改革的难题，好改的都已经改了，不好改的都留了下来，都是难啃的硬骨头。这最难啃的，恐怕就是民主问题以及相应的政治体制改革问题。

从国际上看，民主也是一个世界性的难题。以美国为代表的西方资本主义国家，极力通过"颜色革命"向全世界推行他们的多党竞争全国直选的民主模式。在某种意义上说，他们的图谋已经奏效。实行这种所谓选举民主的国家，已经从1970年的45个国家扩大到现在的115个国家，大有在全世界遍地开花之势。但是，这些发展中国家照搬西方民主模式的实际结果如何呢？经济滑坡，民不聊生，政局动荡，恶斗不断，宗教极端势力和恐怖主义势力猖獗，使自己的国家陷入万劫不复的灾难深渊，也使西方国家反受其累。世界著名杂志英国《经济学人》也发出了"西方民主病在哪儿？"的哀叹，承认"独裁者被赶下台以后，反对派大多无法建立行之有效的民主政府。甚至在那些业已建立民主制度的国家，体制问题已经变得十分明显，社会上弥漫着对政治的幻灭情绪"。概括起来说，西方国家策动的"颜色革命"表面上得逞了一些图谋，但从根本上说是搬起石头既砸了别人的脚也砸了自己的脚。民主问题，并不是像西方国家所认为的那样是已经解决了的问题，而仍然是一个悬而未决的问题，是一个世界性的难题。

要义二：实现国家治理现代化，改进党的执政方式

我们中国共产党人干革命、搞建设、抓改革，从来都是为了解决中国的现实问题。因此，习近平总书记强调，要有强烈的问题意识，以重大问题为导向，抓住关键问题进一步研究思考，着力推动解决我国发展面临的一系列突出矛盾和问题。每个时代都有每个时代要解决的重点课题。我们正在进行具有许多新的历史特点的伟大斗争，这个"新"首先就表现为新的课题、新的挑战。在全国宣传思想工作会议上，习近平总书记谈到了三个问题，其中两个已经做出了回答，解决了。一个是中国共产党能不能打仗的问题，新中国的成立已经证明了中国共产党能打仗。另一个是中国共产党能不能搞经济、搞建设的问题，我国改革开放以来的成就证明了中国共产党能搞经济、搞建设。中国共产党今天面临着一个新的问题：我们中国共产党人能不能在日益复杂的国际国内环境下坚持住党的领导、坚持和发展中国特色社会主义，这个还需要我们一代一代共产党人继续做出回答。这个问题的实质是要破解政党执政难题，跳出黄炎培先生向毛泽东同志提出"历史周期率"，实现党和国家的长治久安。这个问题虽然是今天才突出尖锐地摆在中国共产党人面前，但毛泽东、邓小平同志都曾为解决这一难题指出了道路，明确了方向。毛泽东同志就黄炎培先生提出的历史周期率回答说："我们已经找到了新路，我们能跳出这周期率。这条新路，就是民主。只有让人民来监督政府，政府才不敢松懈。只有人人起来负责，才不会人亡政息。"也就是说，中国共产党要跳出历史周期率实现长期执政，只能是走民主新路，给人民以监督权和政治参与权。邓小平同志就什么是社会主义现代化指出："我们进行社会主义现代化建设，是要在经济上赶上发达的资本主义国家，在政治上创造比资本主义国家的民主更高更切实的民主"①。社会主义现代化至少包括两个方面，经济上的现代化和政治上的现代化。鉴于发达的资本主义国家在经济上已经实现了现代

---

① 《邓小平文选》第二卷，人民出版社 1994 年版，第 322 页。

化，我们的任务就是要赶上他们。而政治上的现代化要求更高，是要超过他们的问题。资本主义国家已有的作为人类政治文明成果的民主形式，我们要有，而且做得更切实，这就是民主选举；资本主义国家没有的民主形式，我们也要创造出来，做得更高，这就是发展独具中国特色的社会主义民主形式。比起经济上的现代化来说，实现政治上的现代化可能是个更长远的任务。因此，邓小平同志1992年在视察南方重要讲话中提出了一个重大战略构想："恐怕再有三十年的时间，我们才会在各方面形成一整套更加成熟、更加定型的制度。"[1]

受邓小平同志的这一战略构想启发，着眼于坚持住党的领导、坚持和发展中国特色社会主义，着眼于实现中国共产党的长期执政、实现党和国家的长治久安，以习近平同志为总书记的党中央提出了全面深化改革的总目标：完善和发展中国特色社会主义制度，推进国家治理体系和治理能力的现代化。国家治理体系和治理能力的现代化，是制度的现代化，特别是政治制度的现代化。它要回答的是"怎样治理社会主义社会这样的全新社会"这一在以往的世界社会主义实践中没有解决得很好的问题。苏联和东欧国家的共产党正是在这个问题上犯了严重错误。东欧剧变、苏联解体有多方面原因，没有形成有效的国家治理体系和国家治理能力是其中一个重要原因。这个问题留到了今天，要由当代中国共产党人来回答。如果中国共产党人能够成功解决这一重大课题，将是对整个世界社会主义运动的一个伟大贡献，也必将极大地丰富和发展马克思主义的科学社会主义理论。因此，中国共产党人义无反顾地把自己的主要历史任务确定为完善和发展中国特色社会主义制度、推进国家治理体系和治理能力的现代化，为党和国家事业发展、为人民幸福安康、为社会和谐稳定、为国家长治久安提供一整套更完备、更稳定、更管用的制度体系。

关于国家治理现代化的内涵和要求，习近平总书记指出："推进国家治理体系和治理能力现代化，就是要适应时代变化，既改革不适应实践发展要求的体制机制、法律法规，又不断构建新的体制机制、法律法规，使

---

[1] 《邓小平文选》第三卷，人民出版社1994年版，第372页。

各方面制度更加科学、更加完善，实现党、国家、社会各项事务治理制度化、规范化、程序化。要更加注重治理能力建设，增强按制度办事、依法办事意识，善于运用制度和法律治理国家，把各方面制度优势转化为管理国家的效能，提高党科学执政、民主执政、依法执政水平。"① 这里提到的科学执政、民主执政、依法执政，虽然是党的十六大以来一直在强调的，但在今天将其作为推进国家治理体系和治理能力现代化的总要求，具有新的含义。实际上它概括了我们党的执政方式，是破解党的执政难题、实现党长期执政的金钥匙。

科学执政，就是按客观发展规律办事，实现我国经济又好又快发展。胡锦涛同志提出的科学发展观，重点就是解决党科学执政的问题。应当说，我们党在科学执政上成绩显著，我国经济总量已经跃居世界第二位，并且向第一位逼近。如果国际国内环境不发生大的变化，经过努力，如期实现全面建成小康社会的目标是有把握的。当然不是说科学发展和科学执政的问题已经完全解决了，而是说已经不那么突出了。那么，对于我们党来说今天更为突出的问题是什么，应该是民主执政、依法执政的问题。习近平总书记准确把握科学执政、民主执政、依法执政"三个执政"的逻辑顺序，果断地把民主执政、依法执政的问题提了出来，并且采取了两步大动作：一是在庆祝人大、政协大会上发表重要讲话，重点解决民主执政问题。二是确定十八届四中全会以全面推进依法治国为主题，重点解决依法执政的问题。准确地说，前者是协商治国，后者是依法治国。靠这"双轮驱动"，实现国家治理现代化才有实在的路径和可靠的保证。如果说我们过去的重点是围绕科学执政而转变经济发展方式的话，那么我们今天的重点就是围绕民主执政、依法执政而改进党的执政方式。习近平总书记在四中全会上提出"更加注重改进党的领导方式和执政方式"，是为了实现国家治理现代化而作出的一个重大战略部署。

---

① 《十八大以来重要文献选编（上）》，中央文献出版社2014年版，第549页。

要义三：人民民主的真谛——社会主义协商民主

发展社会主义民主，必须找到合适的民主形式。一般说来，民主的基本形式有四种：选举民主、协商民主、自治民主、街头民主。街头民主，又称抗争民主，是公民通过运用宪法所规定的"集会、结社、游行、示威"的自由来行使权利。这种民主形式尽管是客观存在的、难以避免的，但因其具有不可控性、不利于社会稳定，因而是不能提倡的。自治民主，是人民依法直接行使民主权利，管理基层公共事务和公益事业。因其主要适用于基层和民族区域，从国家层面来讲也不是一个大国所能推行的民主形式。排除了这两项民主形式为重点，就剩下了选举民主和协商民主可供选择。选举民主是民主的基本形式，甚至可以说是民主的本义。没有选举民主的民主，很难说是真正的民主。因此，发展选举民主是社会主义民主的必然选择。这是没有问题的。问题是中国怎样搞选举民主。普选，人人都有投票选举的权利，我们在第一届人大时就已经做到了。习近平总书记在纪念人大60周年大会上说，"60年前，我们人民共和国的缔造者们，同经过普选产生的1200多名全国人大代表一道，召开了第一届全国人民代表大会第一次会议"，特意点出了我国已经实现了普选。但我们的普选不是全国性的直选，目前还停留在县乡两级直选人民代表，更谈不上直选各级行政官员。周恩来在一届人大时曾坦言这种选举的缺陷，说"关于直接选举的问题，中国是全世界人口最多的国家，直接选举目前实在不容易办到"。邓小平在1987年也曾说过："大陆在下个世纪，经过半个世纪以后可以实行普选。现在我们县级以上实行的是间接选举，县级和县以下的基层才是直接选举。因为我们有十亿人口，人民的文化素质也不够，普遍实行直接选举的条件不成熟。其实有些事情，在某些国家能实行的，不一定在其他国家也能实行。我们一定要切合实际，要根据自己的特点来决定自己的制度和管理方式。"[①] 我们也曾设想循序渐进地扩大直选的范围，但既

---

① 《邓小平文选》第三卷，人民出版社1994年版，第220—221页。

没有时间表，也没有实质性的进展。照理说，现在发展民主，必须把扩大直选范围提到日程上来，但国际国内都出现了一些负面性的例子，引起了我们警觉，在发展选举民主问题上我们不得不谨慎起来。至少有一点是清楚的，我们有我们的选举制度，需要不断完善，但不是说将来就要搞成西方那样的选举制度。像西方国家那样一人一票选总统，不是我们的发展方向。我们的选举制度我们自己确定，需要直接选举的直接选举，需要间接选举的间接选举，需要改革完善的改革完善。

于是协商民主就走上了前台，不得不成为我们发展民主的优先选择。什么是协商民主？按照《中共中央加强人民政协工作的意见》的表述，就是"人民内部各方面在重大决策之前进行充分协商，尽可能就共同性问题取得一致意见"。为什么要选择这种民主形式呢？首先是因为协商民主是扎根中国土壤并汲取充沛养分的民主形式，是最可靠，也最管用的。用习近平总书记的话说，"协商民主是中国社会主义民主政治中独特的、独有的、独到的民主形式"。协商民主的源泉是非常充沛的，既有中华民族长期形成的天下为公、兼容并蓄、求同存异等优秀政治文化，也有在马克思主义与中国实际相结合中国共产党领导人民进行革命、建设、改革的长期实践积累的丰富经验，也有新中国成立后在政治制度上实现的伟大创造和改革开放以来在政治体制上的不断创新。这样产生的协商民主必然具有独特的优势，正如习近平总书记所概括的，"中国社会主义协商民主，既坚持了中国共产党的领导，又发挥了各方面的积极作用；既坚持了人民主体地位，又贯彻了民主集中制的领导制度和组织原则；既坚持了人民民主的原则，又贯彻了团结和谐的要求。所以说，中国社会主义协商民主丰富了民主的形式、拓展了民主的渠道、加深了民主的内涵。"其次是因为协商民主能够保证和支持人民当家做主，保障人民享有广泛而持续的民主权利。习近平总书记指出："人民是否享有民主权利，要看人民是否在选举时有投票的权利，也要看人民在日常政治生活中是否有持续参与的权利；要看人民有没有进行民主选举的权利，也要看人民有没有进行民主决策、民主管理、民主监督的权利。"选举投票是人民的权利，包括民主决策、民主管理、民主监督在内的政治参与也是人民的权利，而且是更重要的权利。人民的这些权利如何实现，在很大程度上就要靠协商民主。相比于选举民主的间接性而非直接性、阶段性而非持续性的政治参与之局限，协商民主恰恰具有直接性和过程性的特点，可以弥补选举民主之不足，解决"人民只有在投票时被唤醒、投票后就进入休眠期"的形式主义问题。更重要的，协商民主是党的群众路线在政治领域的重要体现，继承和发扬了党的"跟人民商量办事"的好传统，是我们党早已熟练运用屡试不爽的法宝之一。协商民主既尊重多数人的意愿，又照顾少数人的合理要求，能更好平衡社会利益、调节社会关系，避免简单以票数多少取舍造成赢者通吃、败者抗争的混乱无序局面，最大限度地维护社会的和谐稳定。正是因为协商民主有着如此之多的独特优势，习近平总书记给予了很高的评价，指出："在中国社会主义制度下，有事好商量，众人的事情由众人商量，找到全社会意愿和要求的最大公约数，是人民民主的真谛。"

要义四：协商就要真协商，把协商民主做实、做全、做到基层

社会主义协商民主是个好事物，但这一好事物不是自然而然发挥作用的，好事物也要用好。因此，习近平总书记强调："社会主义协商民主，应该是实实在在的，而不是做样子的，应该是全方位的，而不是局限在某个方面的，应该是全国上上下下都要做的，而不是局限在某一级的。"这不仅指出了我国协商民主实践中存在的突出问题，更是对社会主义协商民主的长远发展作出了战略性的设计，就是要形成切实管用、作用实在，上下互动，左右相连，多样化、立体化的格局。因此，必须构建程序合理、环节完整的社会主义协商民主体系，确保协商民主有制可依、有规可守、有章可循、有序可循。体系是指一定范围内的相关事物按照一定的秩序和内部联系组合而成的整体，是不同系统组成的大系统。系统具有非加和性，能够产生整体大于部分相加之和的放大效应。协商民主只有成为一种健全的体系，才能产生综合性效应，彰显其独特的优势。

首先，要把协商民主做实，使社会主义协商民主成为实实在在的。主要是三点：一是坚持协商于决策之前和决策实施之中的重要原则。"协商

就要真协商,真协商就要协商于决策之前和决策之中,根据各方面的意见和建议来决定和调整我们的决策和工作"。决策之前进行协商,有利于集中民智,实现决策的科学化、合理化,使决策的效益覆盖全体社会成员。决策实施之中进行协商,有利集中民力,保证决策的完整性、可操作性,使决策更具有执行效力。二是坚持使协商成果真正有用的制度保障。"从制度上保障协商成果落地,使我们的决策和工作更好顺乎民意、合乎实际。"三是坚持在全社会开展广泛协商的发展方向。"要通过各种途径、各种渠道、各种方式就改革发展稳定重大问题特别是事关人民群众切身利益的问题进行广泛协商,既尊重多数人的意愿,又照顾少数人的合理要求,广纳群言、广集民智、增进共识、增强合力。"

其次,要把协商民主做全,使社会主义协商民主成为全方位的。主要是三点:一是拓宽协商渠道。十八届三中全会概括了五种渠道,习近平总书记将其细化为十种协商渠道,《中共中央关于加强社会主义协商民主建设的意见》进一步概括为"6+1"个渠道,对协商渠道的总结概括越来越贴近操作层面。二是丰富协商类型,深入开展政治协商、立法协商、行政协商、民主协商、社会协商、基层协商等多种协商。三是建立健全协商方式,包括提案、会议、座谈、论证、听证、公示、评估、咨询、网络等多种方式,不断提高协商民主的科学性和实效性。

再次,要把协商民主做到基层,使社会主义协商民主成为全国上上下下都要做的。习近平总书记强调基层协商民主这一工作重点,指出:"涉及人民群众利益的大量决策和工作,主要发生在基层。要按照协商于民、协商为民的要求,大力发展基层协商民主,重点在基层群众中开展协商。"这有很强的现实针对性。基层民主协商很重要,涉及群众切身利益的实际问题大多是在基层发生的,群众利益无小事,协商民主如果不在基层搞起来,就很难显示出它的作用,就很难获得广泛的民意基础,就很难有持久的生命力。目前普通群众对协商民主作为人民当家做主的民主形式认同度不那么高,主要原因就是协商民主没有普遍地在基层搞起来,以致老百姓认为协商民主只是少数上层精英人士的事情,不是自己的民主权利。其实,党的十八大报告提出保障人民"表达权"就是人民在协商活动中的发言权,就是宪法规定的公民言论自由的基本权利。如何开展基层民主协商?习近平总书记强调三点:一是凡是涉及群众切身利益的决策都要充分听取群众意见,通过各种方式、在各个层级、各个方面同群众进行协商。二是要完善基层组织联系群众制度,加强议事协商,做好上情下达、下情上传工作,保证人民依法管理好自己的事务。三是要推进权力运行公开化、规范化,完善党务公开、政务公开、司法公开和各领域办事公开制度,让人民监督权力,让权力在阳光下运行。

构建程序合理、环节完整的社会主义协商民主体系,需要注意不同层级的协商民主各自的特点和要求,解决上下一般粗、左右一个样的问题。以协商的内容分类,大体上可划分为三种类型的协商:一是共识性协商,重点在中央国家层面开展,目的是使党的主张转化为广泛的政治共识,主要涉及政治协商、立法协商,方式是求同存异。决策性协商,重点在地方层面开展,目的是决策科学化、合理性、可行性,主要涉及行政协商、社会协商,方式是求异存同。利益性协商,重点在基层层面开展,目的是平衡利益关系,兼顾不同利益诉求,主要涉及基层民主协商,方式是求同求异。注意到了不同层级的协商民主这些特殊性重点,推进协商民主广泛多层制度化发展这一战略任务才能得到真正的贯彻落实,取得实实在在的成效。

要义五:推进社会主义民主政治法治化

民主必须与法治相结合,这是邓小平同志吸取"文化大革命"的教训而形成的一个重要认识。他在十一届三中全会前夕就提出:"为了保障人民民主,必须加强法制。必须使民主制度化、法律化,使这种制度和法律不因领导人的改变而改变,不因领导人的看法和注意力的改变而改变。"[①]在新的历史条件下,习近平同志又重新提出了这个问题,在庆祝人大60周年大会上指出:"发展人民民主必须坚持依法治国、维护宪法法律权威,

---

[①] 《邓小平文选》第二卷,人民出版社1994年版,第146页。

使民主制度化、法律化，使这种制度和法律不因领导人的改变而改变，不因领导人的看法和注意力的改变而改变。"法治和人治问题是人类政治文明史上的一个基本问题，也是各国在实现现代化过程中必须面对和解决的一个重大问题。在世界社会主义发展史上，不少国家都没能解决好法治和人治问题。解决人治问题，要靠民主、靠法治。正是出于这个考虑，党的十八届四中全会确立了全面推进依法治国这个主题。全面推进依法治国，一个重要的考虑实现民主法律化。为此，党的十八届四中全会通过的《中共中央关于全面推进依法治国若干重大问题的决定》提出"以保障人民当家做主为核心，坚持和完善人民代表大会制度，坚持和完善中国共产党领导的多党合作和政治协商制度、民族区域自治制度以及基层群众自治制度，推进社会主义民主政治法治化。"怎样推进社会主义民主政治法治化呢？按照十八届四中全会的精神，主要是三个方面：

首先，坚持党的领导、人民当家做主、依法治国有机统一。习近平总书记强调："把坚持党的领导、人民当家做主、依法治国有机统一起来是我国社会主义法治建设的一条基本经验。"党的领导、人民当家做主、依法治国，是社会主义民主政治建设全局中的三枚棋子，缺一不可，并且存在着相互制约的关系。十八届四中全会的《决定》指出："只有在党的领导下依法治国、厉行法治，人民当家做主才能充分实现，国家和社会生活法治化才能有序推进。"坚持党的领导是全面推进依法治国的基本原则的第一条。离开了党的领导，就不会有真正的人民民主，就会出现群龙无首、一盘散沙、各自为政、政出多门的混乱局面。离开了法治，民主必然是失序，甚至"文革"期间那种以"群众专政"之名肆意践踏人权、无视法制的野蛮行为有可能重现。当然，党的领导、依法治国也要服从于人民当家做主这个根本目的和核心。因此，《决定》把"坚持人民主体地位"列为基本原则的第二条，明确要求"必须坚持法治建设为了人民、依靠人民、造福人民、保护人民，以保障人民根本权益为出发点和落脚点，保证人民依法享有广泛的权利和自由、承担应尽的义务，维护社会公平正义，促进共同富裕。"

其次，制度化、规范化、程序化是社会主义民主政治的根本保障。

《决定》强调："加强社会主义协商民主制度建设，推进协商民主广泛多层制度化发展，构建程序合理、环节完整的协商民主体系。"当然，选举民主的任务也不能忘，也要"完善国家机构组织法，完善选举制度和工作机制"。鉴于我国选举民主已有法律上的规定，而协商民主包括人民政协却无法律上的保障，有必要建立起来，以使协商民主也有法可依。当然，这可能要经历一个相当长的过程，可以先从党内法规搞起，成熟之后上升为国家法律。

再次，对如何发展协商民主做出了一些具体部署。如就立法协商提出："健全立法机关和社会公众沟通机制，开展立法协商，充分发挥政协委员、民主党派、工商联、无党派人士、人民团体、社会组织在立法协商中的作用，探索建立有关国家机关、社会团体、专家学者等对立法中涉及的重大利益调整论证咨询机制。拓宽公民有序参与立法途径，健全法律法规规章草案公开征求意见和公众意见采纳情况反馈机制，广泛凝聚社会共识。"就行政协商提出"健全依法决策机制。把公众参与、专家论证、风险评估、合法性审查、集体讨论决定确定为重大行政决策法定程序，确保决策制度科学、程序正当、过程公开、责任明确"。就社会协商提出："构建对维护群众利益具有重大作用的制度体系，建立健全社会矛盾预警机制、利益表达机制、协商沟通机制、救济救助机制，畅通群众利益协调、权益保障法律渠道。"贯彻这些重要举措，必将有力推进协商民主广泛多层制度化发展，构建起当代中国的协商民主体系，在以习近平同志为总书记的党中央领导下破解民主难题，走好民主新路。

（张峰，中央社会主义学院副院长、教授）

引 言

2009年以来，四川省社会主义学院以协商民主研究为新特色新品牌，把建立"协商政治学"学科体系作为学科建设和科研基地建设的重点。2010年5月，我院召开"协商政治学研究"课题启动座谈会。9月，首次面向全国进行"中国协商民主理论与实践研究"课题招标，有28项子课题被列为立项课题。12月，编辑出版了全国社会主义学院第一本协商民主研究专集——《协商政治学研究·中国协商民主理论与实践》，得到多方的关注与肯定，产生了广泛影响。中央社会主义学院党组书记叶小文书记亲自为该书作序，指出该书的出版是四川省社会主义学院贯彻"坚持正确方向，强化理论武装，抓住发展机遇，办出社院特色"工作思路，在"抓住一条主线，办好两件大事，推动'三个纳入'"工作中取得的最新成果，显示出四川省社会主义学院在积极"向外争取"的同时，更注重"向内使劲"，学科建设做到"三服务"的步伐坚实：抓住根基、重在致用、形成体系。给予我们极大地支持和鼓励。

十八大以来，以习近平为总书记的党中央着力推进社会主义协商民主理论创新、制度创新和实践创新。党的十八大首次确立"社会主义协商民主"的概念，对"社会主义协商民主制度"的科学内涵作了重要论述，并将"健全社会主义协商民主制度"作为坚持中国特色社会主义政治发展道路、推进政治体制改革的重要任务。十八届三中全会《决议》进一步指出："协商民主是我国社会主义民主政治的特有形式和独特优势，是中国共产党的群众路线在政治领域的重要体现"，提出"构建程序合理、环节完整的协商民主体系",将"推进协商民主广泛多层制度化发展"作为加强社会主义民主政治制度建设的重要内容和推进国家治理体系和治理能力现代化的重要途径。2015年1月颁布的《中共中央关于加强社会主义协商民主建设的意见》,深刻回答了什么是社会主义协商民主、为什么要加强协商民主建设、怎样加强协商民主建设等一系列重大理论和实践问题,为在新的历史条件下发展社会主义民主政治提供了重要的理论指导和行动纲领。

推进协商民主广泛多层制度化发展,是推进国家治理体系和治理能力现代化的战略选择。中共十八届三中全会首次提出"推进国家治理体系和治理能力现代化"[①],提出"全面深化改革的总目标是完善和发展中国特色社会主义制度,推进国家治理体系和治理能力现代化"。"国家治理体系和治理能力现代化是一个国家的制度和制度执行能力的集中体现。"[②] 习近平总书记在近期召开的中央统战工作会议上指出:"民主和协商是实现党的领导的重要方式",强调"我们发展社会主义民主政治、加强社会主义协商民主建设,就是为了发扬民主、集思广益,避免发生大的失误"。这表明,通过更加广泛深入地推进协商民主广泛多层制度化发展,建设社会主义政治文明,推进国家治理体系和治理能力现代化,是中国共产党在新的历史起点上国家治理理念的重大变革,是对现代政治和当今社会发展全局作出的理性思考和重要创新。

为了深入贯彻党的十八大和十八届三中全会精神,推进社会主义协商民主研究,2013年12月,四川省社会主义学院在全国成立了首家"协商民主研究中心",作为推动协商民主理论研究、推进协商民主实践的重要平台。在我院党组以及刘仁勇书记的领导下,2014年3月以来,协商民主研究中心与四川省彭州市委统战部、四川省崇州市委统战部合作先后建立

---

① 《中共中央关于全面深化改革若干重大问题的决定》,人民出版社2013年版,第29—30页。

② 《习近平在省部级主要领导干部学习贯彻十八届三中全会精神全面深化改革专题研讨班上的讲话》,2014年2月18日。

了基层协商民主研究彭州基地和崇州基地，与都江堰市、郫县等达成了合作意向，共同推动基层协商实践创新。2014年4月，我院以"协商民主与国家治理"为主题，面向全国开展了第二期协商民主研究课题招标。得到全国及省市政协、统战部、党校、社会主义学院和高等院校、社科研究单位专家学者的大力支持，共收到申报材料60余份。由协商民主研究中心组织审定，经学院研究批准，有21项课题予以立项，5项课题委托全国知名专家和学者研究。本次全国招标课题分为理论研究和实证研究两个部分。理论研究以"协商民主与国家治理"为重点展开，注重党的十八大以来关于社会主义协商民主和国家治理创新理论的研究；实证研究围绕"协商民主与基层实践"展开，以实践探索和实证调查为重点，追踪各地基层协商的典型案例，注重基层协商民主制度建设实践经验的总结和理论提升。12月，课题结项工作正式结束，有25项课题予以结项。

2015年3月21日至22日，由中共四川省委统战部、四川省社会主义学院、中共成都市委统战部主办，中共彭州市委、四川省统一战线理论研究会、四川省社会主义学院协商民主研究中心承办的"社会主义协商民主与基层实践"研讨会在成都召开。研讨会以深入学习贯彻《中共中央关于加强社会主义协商民主建设的意见》精神以及习近平总书记关于社会主义协商民主战略思想的重要论述为重点，围绕协商民主理论研究前沿的热点问题以及基层协商实践的难点问题进行了广泛探讨。本次研讨会得到四川省和成都市领导的高度重视。中共四川省委副书记、省政协主席柯尊平出席开幕式并讲话，四川省政协副主席、省委统战部部长崔保华主持开幕式。四川省人大副主任、九三学社省委主委、省社会主义学院院长黄润秋，四川省政协副主席、民盟省委主委赵振铣，四川省政协副主席、农工党省委主委王正荣，四川省政协副主席、致公党省委主委杨兴平，四川省政协副主席、省工商联主席陈放，中共成都市委常委、统战部部长陈建辉以及中共四川省委、成都市委的相关领导和省市人大、政府、政协、民主党派及工商联的负责人参加了研讨会。柯尊平副书记对四川统一战线在社会主义协商民主理论研究与基层实践探索中取得的积极成效予以了充分肯定。

研讨会邀请了全国政协常委、中央党校原副校长李君如，全国政协文史委副主任、中国人民政协理论研究会副会长卞晋平，中央社会主义学院副院长、教授张峰，中央社会主义学院统战教研部主任、教授、中国政党制度研究中心秘书长李金河，中国人民大学国际关系学院教授、博士生导师、中央统战部政党理论研究基地副主任兼首席专家周淑真等国内知名专家参加会议并做主题报告。邀请了部分征文作者以及四川省社会主义学院2014年度"协商民主与国家治理"全国招标课题的部分负责人参加会议。邀请了在全国基层协商民主建设中有示范意义的北京市东城区、西城区委统战部，浙江省慈溪市委统战部、温岭市委民主恳谈办公室等单位参加会议。邀请了四川省基层协商试点的彭州、崇州、都江堰、新都、新津、金堂、郫县和宜宾市及翠屏区、宣汉县、渠县等党委统战部门参会交流，着力宣传和推广四川基层协商民主建设的有益探索和成功经验。会上，四川省社会主义学院，成都市委统战部，北京市东城区、西城区委统战部，浙江省慈溪市委统战部，温岭市委民主恳谈办公室以及彭州、崇州、都江堰市委统战部作了交流发言。有近140名代表参加了本次研讨会。

研讨会的成功举办，展示了四川省社会主义学院打造协商民主学科品牌的实力，是对我院开展协商民主理论研究、致力于基层协商实践探索的阶段性总结。协商民主研究中心承担了本次研讨会的议程设计、组织联络以及全国征文的审定和资料编纂等项工作。共收到全国各地论文70余篇，协商民主研究中心编纂和印制了《社会主义协商民主与基层实践研讨会交流论文集》、《四川基层协商民主实践报告》，得到与会代表的好评。通过举办全国性研讨会，汇聚了全国知名专家和学者以及各方面研究人才，为进一步拓展协商民主理论研究领域，提升基层协商实践能力，搭建研究平台奠定了基础。协商民主研究中心邀请全国知名专家李君如、卞晋平、张峰、李金河、周淑真为特聘专家；通过2010年"中国协商民主理论与实践"课题项目和2014年"协商民主与国家治理"课题项目的全国招标，组建了一支跨地域、跨部门、跨学科的研究团队。成为引领全国社会主义学院系统协商民主理论研究与实践探索的重要基地，有力地推动四川省基层协商的探索和实践走在全国最前沿，形成了以社会主义协商民主理论研究为主导,以基层协商民主建设为重点,以实践研究和政策咨询为特色的研究平台,为后续研究增添了助力。

本书汇集了四川省社会主义学院2014年度"协商民主与国家治理"全国招标课题和"社会主义协商民主与基层实践"研讨会的研究成果,分为"社会主义协商民主的基本问题"、"协商民主与国家治理关系研究"、"协商民主与统一战线研究"、"协商民主与人民政协研究"、"协商民主与基层实践"五大研究板块。特邀请中央社会主义学院张峰副院长作序,并得到全国政协常委、中央党校原副校长李君如,全国政协文史委副主任、中国人民政协理论研究会副会长卞晋平,中国人民政协理论研究会秘书长原冬平,中央编译局世界发展战略研究部副主任陈家刚,中央社会主义学院统战教研部主任、教授、中国政党制度研究中心秘书长李金河,中国人民大学国际关系学院教授、博士生导师周淑真等国内知名专家的赐稿和支持,实为本书扛鼎之作,在此致以崇高的敬意和谢忱!

值此付梓之际,谨向所有关心和支持我院学科建设的各位领导和全体研究人员表示衷心的感谢!我院协商民主研究中心副秘书长颜旭和副教授谭宏玲博士为本书进行了大量编纂、修改工作,中央编译出版社对本书出版给予鼎力支持,在此深表谢意。

于小英
2015年6月28日于手术前日

社会主义协商民主的基本问题

在深化政治体制改革中构建社会主义协商民主体系

——学习《关于加强社会主义协商民主建设的意见》的体会

李君如

在中共中央2014年12月29日召开的政治局会议上,审议通过的《关于加强社会主义协商民主建设的意见》(以下简称《意见》),已于2015年1月5日正式印发。值得注意的是,这个文件除了重申十八届三中全会决定强调的"社会主义协商民主是中国社会主义民主政治的特有形式和独特优势,是党的群众路线在政治领域的重要体现"外,还把习近平总书记提出的推进协商民主广泛多层制度化发展,是"政治体制改革的重要内容"这一重要思想写进了《意见》。通观全文,《意见》是指导社会主义协商民主建设的纲领性文件,对新形势下开展政党协商、人大协商、政府协商、政协协商、人民团体协商、基层协商以及社会组织协商等作出了全面部署,构建了一个社会主义协商民主的科学体系。因此,《意见》的印发是以习近平为总书记的党中央深化政治体制改革、发展社会主义民主政治的重大战略举措。

一、从一个与主题有关的题外话讲起

子在川上曰:"逝者如斯夫,不舍昼夜。"今天,经历过几千年历史变迁的我们,如果也像孔子一样站在河边,想的会更深更广:时间虽然像河水一样流走了,但是日夜不停地流动的时间也在不断地拷问着人们,我们过去对世界万事万物的认识是否都正确?

（一）民主的反思

前几年，全世界充斥着万花筒般的民主鼓噪。苏联解体，东欧剧变，"颜色革命"，"阿拉伯之春"，尽管引起这些事变的原因各不一样、结果也各不相同，尽管那些国家的人民在这些事变中并非都享受到了民主的权利，成为国家的主人，但在许多媒体的报道和学者的著述中都被戴上"民主"的桂冠。这样，在民主成为一种时髦的同时，也在一些国家成为许多人付出极大代价而只有少数人才能享受到的奢侈品。

现在，世界上许多政治家、许多学者以及许多媒体开始反思民主。比如对于美国民主，有人这样说："今天的美国政坛呈现两大怪相：一是难以做出正确的政治决定；二是因政党恶斗干脆做不出决定。"①

难以做出正确决定的典型案例，是美国攻打伊拉克的战争。发动战争之前的全部理由，后来被证明都不是事实。

美国《时代》周刊2007年5月28日那期杂志有篇文章说："美国入侵伊拉克前不久，任职时间最长的参议员、来自西弗吉尼亚州的罗伯特·伯德在议员席上说：'这个议院大多数时候都沉默着，这是一种不祥的、可怕的沉默。没有争辩，没有讨论，没人打算为这个国家列出这场特殊战争的利弊，什么也没有。我们在美国参议院保持着被动的沉默！'"对此，美国前副总统戈尔在他的著作《戈尔的最后诱惑》中写道："伯德提出的问题背后是我们无数人一直在问的大问题——今天，在美国人要做出重要决定的时候，理智、逻辑和真相所起的作用为什么会急剧减少？"他忧心忡忡地说："美国民主正处于危险之中"，"不只我一个人觉得什么东西从根子上出了毛病。"②

因政党恶斗干脆做不出决定的典型案例，是美国国会因两党在一些问题上的分歧，谁也不买谁的账，最后导致政府关门。

---

① 詹得雄：《冷眼向洋看世界：西方民主的反思》，辽宁人民出版社2013年版。
② 詹得雄：《冷眼向洋看世界：西方民主的反思》，辽宁人民出版社2013年版。

2013年10月1日,美国由于民主党和共和党议员未能解决在新财政年的预算分歧,国会参众两院未批准临时拨款议案,联邦政府非核心部门被迫关门。受此影响,全球股市全线下跌,遭到重创。在苏联解体后提出"历史的终结"的弗朗西斯·福山教授,也对美国的民主政体提出了质疑。

美国《纽约时报》2012年4月22日有篇文章说:"他(福山)的研究引导他针对美国当今的政治秩序提出了一个非常激进的问题,即美国是否已从一个民主政体变成了一个'否决政体'——从一种旨在防止当政者集中过多权力的制度,变成了一个谁都无法集中足够权力从而作出重要决定的制度?"①

这两个典型案例,虽然只是冰山一角,但它促使人们不得不反思:西方的民主果真有他们说的那么好吗?

(二) 中国有民主吗?

这种对民主的反思,也体现在对中国民主制度的认识上。

中国有民主吗?

对于这个问题的反思和回答,在世界各国和中国人民中间有着两种截然相反的回答。就是在中国人中,也会有许多不同的看法。

在美国或欧洲,在许多人的心目中,中国没有民主。他们的意识形态认为,民主制度就是多党制或两党制,就是两院制。而中国自1949年中国共产党建立新中国以来,没有经历过政党轮换,长期来只有中国共产党一个党在执政,也没有上院和下院,只有一个人民代表大会,这样的国家就不是民主制的国家。

但是,也有人为此感到困惑。你说中国没有民主,但中国的经济特别是市场经济不仅发展快,而且很活跃,甚至连西方许多国家都不及。我们都知道,市场经济的发展,一要让公民享受自由的权利,包括自由选择职业、自由创业、自由迁徙、自由发展的权利,二要让公民享受平等的权

---

① 詹得雄:《冷眼向洋看世界:西方民主的反思》,辽宁人民出版社2013年版。

利,包括平等享有宪法所规定的权利、平等交换商品的机制、平等交流信息的环境等等,而具有这样的自由和平等恰恰是民主的实现。

美国杜克大学中国研究中心主任、政治系已故副教授史天健,为了了解中国的民主到底是一个什么状况,从20世纪90年代前期开始做了不少实证研究。其中规模最大的一次是2002年。

> 他说,我们在亚洲5个国家和中国台湾、中国香港地区做了一个调查。结果显示,超过80%的中国人认为,民主体制比专制体制好,民主体制适合自己的国家。而且从平均数来看,中国大陆的老百姓对民主的认同高于上述任何其他国家和地区。另一个发现是,中国老百姓认为,中国现在的民主供给(即有没有民主)相当高。在五个国家和两个地区中排第二。①

那么,为什么中国人对本国民主供给的评价,高于多数亚洲国家和地区人民的评价?

这牵涉到中国老百姓对民主的定义是什么。史天健说,我们问了一个开放题:大家都讲民主,对你来说,民主到底指的是什么?发现只有不到12%的人认为民主是指选举,6.3%的人认为民主是制衡 dictator(集权者),22.9%的人认为民主指的就是自由,而将近55%的人则认为,民主是政府在作决策的时候,时刻想着人民的利益,征求和听取人民的意见,政府应该为人民服务。② 我们都知道,民主分为程序民主和实质民主,程序民主关心的是选举,实质民主关心的是政府在做决定时是否想着人民的利益,是否听取人民的意见,而中国老百姓更关心后者即实质民主。这和西方对民主的理解很不一样。基层群众既要求建立和完善民主制度,更期盼自己能够享有民主权利,干部要有民主作风。也就是说,民主的本质是有层次性的,并不单纯是国家形态,维护占主导地位的社会集团内部的平等关系是其更为深刻的本质;民主制度、民主权利、民主作风三者的统一

---

① 《中国人的民主观不同于西方》,载《参考消息》,2014年5月6日。
② 《中国人的民主观不同于西方》,载《参考消息》,2014年5月6日。

是社会主义民主本质的反映。

经过30多年的改革开放，中国人对民主的认识越来越深刻。一是对民主的终极目的有了自己的认识。我曾经在北京大学的一次演讲中说过："我们不管实行哪一种民主制度或民主形式，都必须有利于人民权益的实现和富裕幸福，有利于社会充满生机活力和安定有序，有利于民族团结和睦和国家统一昌盛。凡是不利于这一民主政治终极目的的政治行为或民主形式，不管它有多么动听的名称，进行多么富有诱惑力的宣传，都不能轻信和照搬。"二是对民主的程序也有了比以往更深刻的认识。民主必须制度化、法律化，建设一个社会主义的法治国家，这已经成为中国绝大多数人的共识。三是对民主的实现形式有了更深刻的认识。我们注意到，民主不仅有选举（票决）这样的形式，还有协商民主这样的形式。中国在自己的民主实践中建立的人民代表大会制度和政治协商制度，就其民主形式而言，就是"选举（票决）+协商"两种形式构成的。

事实上，每年3月，全世界的媒体都把目光对准在北京召开的"两会"。所谓"两会"，就是中国的全国人民代表大会和人民政治协商会议。全中国十多亿人，在"两会"召开期间天天关心着人民代表和政协委员是怎么表达民意、反映民生、维护民权的。我在许多场合，把每年3月"两会"召开的这半个月称为"中国的民主节"。

综上所述，中国不是有些人所讲的是一个没有民主的专制主义的国家；但中国人对民主的理解和需求确实和西方有很大的不同；中国人正在创造同自己国家的基本国情和人民的需求相适应的民主形式；中国的民主还不完善，还在成长中。这四点结论，应该讲比较全面地反映了中国民主的真实状况。

（三）选举民主和协商民主相结合是中国特色民主的"特色"之所在

中国在民主政治方面有哪些做法，哪些经验？

这里，先介绍一下中国的民主政治是由四大制度板块组成的：

一是实行民主集中制原则的国家机构——人民代表大会制度。中国根据自己的国情实行一院制，而不是西方国家实行的两院制。中国的国家机构，由国家权力机关（人民代表大会）、国家主席、行政机关（国务院和各级地方政府)、司法机关(人民法院和人民检察院)、全国武装力量最高军事统帅机关(中央军事委员会)这五大国家机关,按照民主集中制的原则组成,强调各个国家机关之间既相互分工,又相互制约和配合。《中华人民共和国宪法》明确规定:中华人民共和国的一切权力属于人民;人民行使权力的机关是全国人民代表大会和地方各级人民代表大会。也就是说,人民代表大会由选举产生的人民代表组成,代表全体公民行使宪法赋予的权利,向全体公民负责,并接受全体公民监督。人民代表大会的权利包括立法权、任免权、决定权和监督权等,可以确保人民群众通过自己的代表来立法,决定重大事情,任免国家主席和行政机关、司法机关、中央军事委员会领导人,并对他们进行监督。为了使得人民代表具有更大的广泛性,2013年我们又按照人人平等、地区平等、民族平等的原则,修订了《选举法》。现在,人民代表大会制度已经成为我国民主政治制度中一项根本政治制度,正在不断深化的改革中不断完善和发展。

　　二是中国共产党领导的多党合作和政治协商的政党制度。中国的政党制度既不同于西方国家的两党或多党竞争制,也有别于一些国家实行的一党制,而是中国共产党领导的多党合作和政治协商制度。目前,中国共有9个政党。除中国共产党外,还有8个民主党派。各民主党派是与中国共产党团结合作的亲密友党和参政党,而不是反对党或在野党。中国政党制度的特征是:中国共产党领导、多党派合作,中国共产党执政、多党派参政。参政党参加国家政权,参与国家大政方针和国家领导人选的协商,参与国家事务的管理,参与国家方针政策、法律法规的制定和执行。还有中国人民政治协商会议来实现这一政党制度。人民政协由包括中国共产党、各民主党派等34个界别组成,围绕团结和民主两大主题开展工作,履行政治协商、民主监督、参政议政职能。作为中国人民爱国统一战线的组织、中国共产党领导的多党合作和政治协商的重要机构、中国政治生活中发扬民主的重要形式,体现了中国特色社会主义制度的鲜明特点。

　　三是单一制下的少数民族区域自治的国家结构。在新中国成立前夕,我们决定不实行苏联和美国那样的联邦制,而是实行单一制下的少数民族区域自治制度。这主要是考虑到，中国是一个统一的多民族国家，迄今为止，通过识别并由中央政府确认的民族有56个。其中，汉族人口最多，其他55个民族人口较少，不到总人口的10%，习惯上被称为少数民族。因此，我们决定在国家统一领导下，各少数民族聚居的地方设立自治机关，行使自治权，实行区域自治。我们还通过宪法和民族区域自治法，对民族区域自治及其实施作出了明确规定。一是自主管理本民族、本地区的内部事务。二是享有制定自治条例和单行条例的权力。三是使用和发展本民族语言文字。四是尊重和保护少数民族宗教信仰自由。此外，民族自治地方还有权保持或者改革本民族风俗习惯，自主安排、管理和发展本地方经济建设事业，自主管理地方财政，自主发展教育、科技、文化、卫生、体育等社会事业。今天，民族区域自治制度已经成为中国的一项基本政治制度。

四是基层民主自治制度。中国建立了以农村村民委员会、城市居民委员会和企业职工代表大会为主要内容的基层民主自治体系。广大人民在城乡基层群众性自治组织中，依法直接行使民主选举、民主决策、民主管理和民主监督的权利，对所在基层组织的公共事务和公益事业实行民主自治。这一基层民主自治制度，已经成为当代中国最直接、最广泛的民主实践，是完善发展中国特色社会主义民主政治的重要基础。

这四大民主制度，在操作过程中实行的是选举（票决）民主和协商民主两种民主形式。选举民主，指的是中国的国家和地方的领导人是在人民代表大会中由人民代表民主选举产生，人民代表由选民通过直接选举或间接选举的方式选举产生，也包括村民委员会、居民委员会和职工代表大会由选举产生。协商民主，指的是在执政党、人大、政府、人民团体和基层群众自治组织在做决策之前要经过一定的程序进行民主协商，充分听取人民群众的意见。中国还专门设立了一个机构——中国人民政治协商会议，来进行政治协商。因此，在全国人民代表大会和地方人民代表大会开会前和开会进程中，都要同时召开人民政协，就人民代表大会要进行的决策进行广泛的协商。这种形式，扩大了公民有序的政治参与，同世界上正在研究的协商民主（deliberative democracy）有许多类似之处，而国外对这个问题还处在研究讨论阶段，我们却已经有许多成功的经验和好的做法，应该深入研究和宣传。我的体会就是：如果你要真的推进中国的民主政治，就应该脚踏实地地研究我们自己在民主政治实践及其创造的无比丰富的经验。

2006年中共中央在颁发的5号文件中正式提出中国有选举和选举之前的协商两种民主形式，为人民政协工作和协商民主的完善注入了新的活力。从这一文件的颁发，到2012年召开的中共十八大明确提出"社会主义协商民主是我国人民民主的重要形式"，中国特色社会主义民主理论在民主实践的推动下迈出了值得大书特书的一大步。这表明，选举民主和协商民主相结合，正是中国特色社会主义民主的"特色"之所在。2012年11月召开的党的十八届三中全会，在制定2013年到2020年中国全面深化改革的纲领中，不仅确定了重点推进经济体制改革的总体方案，而且第一次以全会决定的形式明确了政治体制改革的内容和目标，以及文化体制、社会体制、生态文明体制等各个方面体制改革的任务。在政治体制问题上，明确提出"推进协商民主广泛多层制度化发展"是政治体制改革的重要内容。引人注目的是，习近平在对这次全会通过的《中共中央关于全面深化改革若干重大问题的决定》做说明时，在民主政治问题上重点讲了协商民主建设问题。

我们今天学习和研讨的《关于加强社会主义协商民主建设的意见》，就是落实十八届三中全会关于"推进协商民主广泛多层制度化发展"举措的重要文件。

二、充分认识加强社会主义协商民主建设的重要意义

我们要加强社会主义协商民主建设，首先要充分认识推进这项工作的重要意义。中央的《意见》共分九个部分，其中第一部分讲的就是加强协商民主的重要意义，第二部分讲的加强协商民主建设的指导思想、基本原则和渠道程序，也有助于我们认识加强协商民主的意义。

（一）加强协商民主是为了进一步发挥中国社会主义民主政治的制度特点和优势

2012年中共十八大后，我曾经授命到南亚一些国家介绍这次党代表大会的情况。无论在印度，还是在巴基斯坦、斯里兰卡，许多政治家、学者和媒体最关心的问题也是中国的民主制度。当我介绍到中国不仅有选举民主，还有协商民主时，大家都感到很新鲜。确实，对选举民主，国际社会很了解，对协商民主则了解的人还不多。

其实，在中国，也不是所有人都对协商民主有深刻了解的。用民主取代专制、集权，是一种历史的进步。对于今天的中国讲，在要不要民主的问题上，早已形成共识，现在要进一步讨论的是：实行什么样的民主，更有利于中国的持续健康发展。这也就是习近平总书记强调的，民主不是装饰品，不是用来做摆设的，而是要用来解决人民要解决的问题的。

对于我们中国来讲，在长期的革命、建设和改革实践中，在民主问题上已经积累了丰富的经验，形成了许多成熟的制度和做法。正如习近平总书记所说的："协商民主是中国社会主义民主政治中独特的、独有的、独到的民主形式，它源自中华民族长期形成的天下为公、兼容并蓄、求同存异等优秀政治文化，源自近代以后中国政治发展的现实进程，源自中国共产党领导人民进行革命、建设、改革的长期实践，源自新中国成立后各党派、各团体、各民族、各阶层、各界人士在政治制度上共同实现的伟大创造，源自改革开放以来中国在政治体制上的不断创新，具有深厚的文化基础、理论基础、实践基础、制度基础。"

中国的协商民主，可以追溯到中国特有的"中国人民政治协商会议"这一组织，再往前可以追溯到中国的统一战线。可以说，今天中国政治的全部特点，都是由中国基本国情造就的统一战线特点带来的。中国共产党在领导革命的过程中，十分注意从中国实际出发，同农民阶级、城市小资产阶级和民族资产阶级结成广泛的统一战线，同帝国主义、封建主义和官僚资本主义展开有力的斗争。在抗日战争时期，毛泽东曾经把"统一战线"和"武装斗争"、"党的建设"，称为"中国革命中的三个基本问题"、"中国共产党在中国革命中战胜敌人的三个法宝"。而"统一战线"是团结最大多数革命力量同敌人斗争的法宝，因此在革命胜利后就会立即转化为执政建国和兴国的法宝。这是中国政治发展中的一个非常有意思的现象，是中国政治发展中的一个鲜明特点。

那么，在统一战线中怎么样把各个阶级各个党派的力量联合起来呢？我们在研究党的历史时，注意到中国共产党在统一战线中主要用的是协商民主，就是平等对话、求同存异，既讲团结，又有斗争，在民主协商中求得团结。这种工作的方式方法在民主政治理论中就叫做协商民主。在解放战争进行到人民解放军发动全面反攻阶段，毛泽东和中共中央开始考虑夺取全国政权这件大事，考虑怎么样在人民民主统一战线的基础上，召开新政协，通过协商民主，筹备建立人民民主的新中国。需要指出的是，在统一战线从非制度化向制度化的转型过程中，统一战线中的协商民主工作方式方法也就转化为制度化的协商民主。中国人民政治协商会议是一种制度安排。新中国成立之初，中国共产党与各民主党派、无党派民主人士召开的双周座谈会、协商座谈会和最高国务会议等行之有效的民主协商形式，也是制度。

习近平总书记在庆祝中国人民政治协商会议成立65周年的重要讲话中，阐明实行人民民主，保证人民当家做主，要求我们在治国理政时在人民内部各方面进行广泛商量时，引用过毛泽东的两句话，来说明协商民主是我们党的传统和优势。

一句话是："国家各方面的关系都要协商。"[①] 这句话是在1954年全国人大召开后，即人民政协不再代行人大的职权后，党中央决定人民政协作为专门的协商机构还要存在并发挥作用时讲的。毛泽东这句话后紧跟着说的一句话也很好，他说："国民党的参政会才是投闲置散、虚应故事的，我们的政协是有事情做的。"

---

① 《关于政协的性质和任务》，见《毛泽东文集》第六卷，人民出版社1999年版，第386页。

习近平引用的毛泽东的另一句话是："我们政府的性格，你们也都摸熟了，是跟人民商量办事的"，"可以叫它是个商量政府"。[①] 这句话是1956年12月8日说的，当时毛泽东正在研究怎么样集思广益，从中国实际出发建设社会主义。

事实上，我们党一直高度重视协商。毛主席在延安时期就告诫全党："我们不是一个自以为是的小宗派，我们一定要学会打开大门和党外人士实行民主合作的方法，我们一定要学会善于同别人商量问题。"[②]《意见》指出，协商民主就是在中国共产党领导下，人民内部各方面围绕改革发展稳定重大问题和涉及群众切身利益的实际问题，在决策之前和决策设施之中看作广泛协商，努力形成共识的重要民主实现形式。对于协商民主科学内涵的这一概括，比十八届三中全会又进了一步，不仅把"改革"、"稳定"和"发展"中的重大问题一起纳入为协商的内容，而且指出协商民主具有"努力形成共识"的特点。这是我们的制度优势。

（二）加强协商民主是为了在制度上更加适应改革开放以来中国社会和政治发展的新要求

历史唯物主义强调，经济是基础，政治是经济的集中表现。我们在推进中国的政治体制改革，发展社会主义民主的时候，必须认识到政治只有适应社会存在，才能促进社会进步。《意见》在论述加强社会主义协商民主建设意义的时候，立足于我国正处在全面建成小康社会的决定性阶段，提出了"四个面对"，这就是：我们今天推进政治体制改革和民主政治建设，一必须面对改革开放进程中利益格局深刻调整的新形势，二必须面对社会新旧矛盾相互交织的新变化，三必须面对市场经济条件下思想观念多元多样的新情况，四必须面对世界范围内不同政治发展道路竞争博弈的新挑战。强调这"四个面对"，就是强调政治体制改革和民主政治建设，要适应改革开放以来中国社会及其国际环境发生的深刻变化和最新走势：一

[①]《同工商界人士的谈话》，见《毛泽东文集》第七卷，人民出版社1999年版，第178页。
[②]《在陕甘宁边区参政会的演说》，见《毛泽东选集》第三卷，人民出版社1996年版，第810页。

是民主是时代进步的潮流，没有民主就没有现代化，就没有社会主义。中国共产党领导人民实行人民民主，就是保证和支持人民当家做主。二是保证和支持人民当家做主不是一句口号、不是一句空话，必须落实到国家政治生活和社会生活之中，保证人民依法有效行使管理国家事务、管理经济和文化事业、管理社会事务的权力。三是实现民主的形式是丰富多样的，不能拘泥于刻板的模式，更不能说只有一种放之四海而皆准的评判标准。

习近平深刻地指出，人民是否享有民主权利，要看人民是否在选举时有投票的权利，也要看人民在日常政治生活中是否有持续参与的权利；要看人民有没有进行民主选举的权利，也要看人民有没有进行民主决策、民主管理、民主监督的权利。社会主义民主不仅需要完整的制度程序，而且需要完整的参与实践。人民当家做主必须具体地、现实地体现到中国共产党执政和国家治理上来，具体地、现实地体现到中国共产党和国家机关各个方面、各个层级的工作上来，具体地、现实地体现到人民对自身利益的实现和发展上来。他说："古今中外的实践都表明，保证和支持人民当家做主，通过依法选举、让人民的代表来参与国家生活和社会生活的管理是十分重要的，通过选举以外的制度和方式让人民参与国家生活和社会生活的管理也是十分重要的。人民只有投票的权利而没有广泛参与的权利，人民只有在投票时被唤醒、投票后就进入休眠期，这样的民主是形式主义的。"因此，我们加强协商民主的一个重要意义，就是为在完善和发展中国特色社会主义制度的过程中，使得我们的制度能够更适应改革开放以来中国社会发展变化提出的新要求。

（三）加强协商民主是为了更好促进中国社会的和谐发展

当前，我国已进入全面建成小康社会决定性阶段。《意见》明确指出，在今天的历史条件下加强协商民主建设，有"五个有利于"，即有利于扩大公民有序政治参与，更好实现人民当家做主的权利；有利于促进科学民主决策，推进国家治理体系和治理能力现代化；有利于化解矛盾冲突，促进社会和谐稳定；有利于保持党同人民群众的血肉联系，巩固和扩大党的执政基础；有利于发挥我国政治制度优越性，增强中国特色社会主义道路自信、理论自信、制度自信。这"五个有利于"，连同上述"四个面对"，深刻地阐述了今天加强协商民主的重要意义。

有一个问题不能回避,即政治民主与社会和谐的关系。从理论上讲,政治民主是实现社会和谐的必备条件,有了民主就可以实现社会和谐。但在实践上,就近年来许多国家推行美国式民主所遇到的混乱局面而言,情况远不是理论上描述的那么简单。其关键在于努力找到适合一个国家的民主实现形式。

习近平深刻地指出:"在中国社会主义制度下,有事好商量,众人的事情由众人商量,找到全社会意愿和要求的最大公约数,是人民民主的真谛。"在人民内部各方面广泛商量的过程,就是发扬民主、集思广益的过程,就是统一思想、凝聚共识的过程,就是科学决策、民主决策的过程,就是实现人民当家做主的过程。这样做起来,国家治理和社会治理才能具有深厚基础,也才能凝聚起强大力量。实践告诉我们,中国的社会主义协商民主,既坚持了中国共产党的领导,又发挥了各方面的积极作用;既坚持了人民主体地位,又贯彻了民主集中制的领导制度和组织原则;既坚持了人民民主的原则,又贯彻了团结和谐的要求。这种民主,丰富了民主的形式、拓展了民主的渠道、加深了民主的内涵,有利与把政治民主和社会和谐有机地统一起来。我们一定要从这个高度去认识协商民主,把握协商民主,发展协商民主。

三、我们的任务是构建社会主义协商民主体系

政治体制改革怎么改?是国内外许多人关心的重大问题。党的十八届三中、四中全会已经描绘出了中国政治体制改革的蓝图,勾勒出了中国政治体制的轮廓。简而言之,这就是以民主和法治为两个轮子,推进国家治理体系和治理能力现代化,完善和发展中国特色社会主义政治制度。在法治问题上,党的十八届四中全会描绘了中国将通过完善和发展五大体系,即完备的法律规范体系、高效的法治实施体系、严密的法治监督体系、有力的法治保障体系,并形成完善的党内法规体系,构成中国特色社会主义法治体系;在民主问题上,党的十八届三中全会也已经提出要在完善和发展人民代表大会制度的同时形成完备的社会主义协商民主体系。这次中央

政治局通过的《意见》，一个最大的进展和成果，就是把社会主义协商民主体系清楚地勾勒出来了。

《意见》的主体是第三部分到第八部分，这六个部分清晰、明了地勾勒了中国特色社会主义协商民主是一个"6+1"的体系。

所谓"6"，就是：一要加强政党协商，二要积极开展人大协商，三要扎实推进政府协商，四要进一步完善政协协商，五要认真做好人民团体协商，六要稳步推进基层协商；所谓"1"，就是在上述已有基础的六大协商制度外，还要探索开展社会组织协商。这七大协商制度，在《意见》中被称为七大"协商渠道"。

所谓"协商渠道"，就是人民群众可以通过多种多样的民主通道，享受知情权、参与权、表达权、监督权，参与民主协商。由于这七大协商渠道，发育程度还各不一样，《意见》提出在工作部署上要分三种情况加以推进。这就是：一要继续重点加强政党协商、政府协商、政协协商，二要积极开展人大协商、人民团体协商、基层协商，三要逐步探索社会组织协商。我们都知道，加强社会主义协商民主，归根结底，就是要按照十八届三中全会提出的，形成一整套规范化、程序化的协商民主制度，构建程序合理、环节完整的协商民主体系。令人高兴的是，这次中央政治局通过的《意见》，把十八届三中全会提出的构想变成了一个经过努力可以实现的工程实施图。

值得注意的是，《意见》对于这六大协商渠道的协商内容、方式和要求等都做了具体规定。比如，考虑到涉及人民群众利益的大量决策和工作，主要发生在基层。《意见》提出，要按照协商于民、协商为民的要求，建立健全基层协商民主建设协调联动机制，稳步开展基层协商。目的是两条：（一）更好解决人民群众的实际困难和问题；（二）及时化解矛盾纠纷，促进社会和谐稳定。为此，《意见》对如何推进乡镇、街道的协商，如何推进行政村、社区的协商，如何推进企事业单位的协商，在协商的内容、方式等提出了明确要求。对于乡镇、街道的协商，主要有三项：一是围绕目前经常发生的城乡规划、工程项目、征地拆迁以及群众反映强烈的民生问题，组织有关方面开展协商；二是加强对行政村、社区协商活动的指导；三是对跨行政村或跨社区的重要决策事项根据需要组织开展协商。对于行政村、社区的协商，除了强调要坚持村（居）民会议、村（居）民代表会议制度，规范议事规程外，《意见》根据各地创造的经验，提出要积极探索村（居）民议事会、村（居）民理事会、恳谈会等协商形式，并强调协商时要吸纳利益相关方、社会组织、外来务工人员、驻村（社区）单位参加协商。对于企事业单位的协商，主要强调了多年来坚持的职工代表大会制度和这几年正在探索的企业内劳动关系集体协商制度、政府工会企业三方协商机制。俗话说："基础不牢，地动山摇。"推进基层协商民主的健康发展，一定能够畅通人民群众民主渠道，巩固党的执政基础。

只要我们在深化政治体制改革的进程中，积极建构这样一个纵向衔接、横向联动的社会主义协商民主体系，并把它同逐步完善、不断发展的选举民主制度相配套、相促进，更好地把党的领导、人民当家做主、依法治国有机地统一起来，就一定能够建设一个给人民群众真正带来实惠而不是带来社会动荡的社会主义民主，为人类政治文明作出我们中国人的新贡献。

四、加强和完善党对协商民主的领导

党的领导是中国特色社会主义最本质的特征，也是加强协商民主建设的关键。《意见》的第九部分，集中讲了加强协商民主建设，必须加强和完善党的领导。

（一）党委要自觉担负起领导责任，首先要认识领导的内涵

什么是党对协商民主建设的领导？其内涵，一是指在广泛多层推进协商民主时各方都必须坚持党的领导；二是指在协商民主中党委要充分发挥总揽全局、协调各方的领导核心作用，把握正确方向，形成强大合力，确保协商民主有序高效开展。这两个方面缺一不可，但重点是党委要自觉担负起领导责任来，确保协商民主有序高效开展，学会用这种民主方式治国理政。

（二）党委要自觉担负起领导责任，最重要的是要在思想上工作上高度重视协商民主建设，掌握协商民主的基本点

在思想上，要充分认识加强协商民主建设的重大意义。在工作上，要把协商民主建设纳入总体工作部署和重要议事日程，对职责范围内各类协商民主活动进行统一领导、统一规划、统一部署。

为此，党委必须掌握协商民主的指导思想、基本原则和协商程序。在指导思想方面，《意见》明确指出，加强协商民主建设，必须坚持和完善我国根本政治制度和基本政治制度，以保证人民当家做主为根本，构建程序合理、环节完整的协商民主体系，推进协商民主广泛多层制度化发展。在基本原则方面，《意见》明确提出了"六个坚持"，这就是一要必须坚持党的领导、人民当家做主、依法治国有机统一，贯彻民主集中制，坚定不移走中国特色社会主义政治发展道路；二要坚持围绕中心、服务大局，促进经济持续健康发展，维护社会和谐稳定；三要坚持依法有序、积极稳妥，确保协商民主有制可依、有规可守、有章可循、有序可遵；四要坚持协商于决策之前和决策实施之中，增强决策的科学性和实效性；五要坚持广泛参与、多元多层，更好保障人民群众的知情权、参与权、表达权、监督权；六要坚持求同存异、理性包容，切实提高协商质量和效率。这是保证协商民主建设健康开展的"定海神针"，管全局、管方向，必须旗帜鲜明地坚持这些原则。同时，《意见》还对协商渠道和程序作出了明确的规定。各级党委要自觉坚持协商民主建设的这些"基本点"，确保协商民主沿着正确轨道推进。

（三）党委要自觉担负起领导责任，就要学习协商民主

我们应该认识到，以其昏昏，使人昭昭，是不可能在深化政治体制改革中领导好协商民主的。我们许多人从课本中学到的民主知识主要是西方政治学讲得比较多的选举民主，即使近年来学者们介绍的西方协商民主理论也不能和我们的协商民主实践同日而语。与此同时，我们党在协商民主实践中尽管积累了丰富经验，但是我们对协商民主的研究和宣传还只是最近这十多年的事情，从总体上说，协商民主对于广大干部来讲还是一个新事物。因此，《意见》明确指出，党委领导同志要以身作则，带头学习掌握协商民主理论，熟悉协商民主工作方法，把握协商民主工作规律，努力成为加强协商民主建设的积极组织者、有力促进者、自觉实践者，通过推进协商民主改善党的领导、加强党的领导、巩固党的执政地位。

我们要通过党委中心组、党校、行政学院和其他干部学院、社会主义学院等多种渠道，系统学习中国协商民主形成和发展的历史，学习社会主义协商民主的基本知识和基本原则，学习协商民主的协商渠道和协商程序，学习各地创造的协商民主新鲜经验。在实践中学习，在学习中实践，在实践与学习的互动中推进协商民主的发展。

（四）党委要自觉担负起领导责任，必须建立健全协商民主的领导体制和工作制度

这一体制，由党委、各条渠道组织方、公众三个要素构成，是"党委统一领导、各方分工负责、公众积极参与"的领导体制和工作机制。

从党委来说，要按照民主集中制原则，坚持民主基础上的集中和集中指导下的民主相统一，确保协商依法开展、有序进行，防止议而不决、决而不行；要加强统筹协调，认真研究制定协商计划，解决协商民主建设中的重大问题；要支持人大、政府、政协、党派团体、基层组织和社会组织依照法律法规和各自章程开展协商，有计划有步骤地推进协商活动；同时还要加强对协商民主建设落实情况的监督检查。

从人大、政府、政协、党派团体、基层组织和社会组织来说，要积极争取党委领导，根据自身特点和实际需要，合理确定协商内容和方式；要自觉把协商民主建设贯穿于各领域，有事多协商，遇事多协商，做事多协商。

从公众来说，要认识到这是自己行使当家做主权力的实现形式，要在协商民主中充分运用和维护自己的知情权、参与权、表达权、监督权，同时要识大体、顾大局，正确处理个人利益、集体利益和国家利益的关系。只要形成这样的协商民主体制机制，就能推进党和政府决策的科学化、民主化、法律化。

与此同时，我们必须强调指出，在制度设计上，要认真落实习近平关于"协商就要真协商"的要求，即"真协商就要协商于决策之前和决策之中，根据各方面的意见和建议来决定和调整我们的决策和工作，从制度上保障协商成果落地，使我们的决策和工作更好顺乎民意、合乎实际"。

（五）党委要自觉担负起领导责任，还要营造协商民主建设的良好氛围，大力支持和鼓励探索创新

近年来，各地在协商民主建设中，尤其在基层社会治理中探索用协商民主化解矛盾，积累了许多新鲜经验。因此，在加强协商民主建设过程中，我们一要鼓励实践探索，二要尊重群众首创精神，注重实践经验提炼和理论总结，适时把成功的经验上升为制度规范。同时，我们还要按照中央的部署，做好两件事，一是加强中国特色新型智库建设，二是研究制定协商民主建设党内法规，以党内民主带动和促进协商民主发展。而要这样做，需要良好的氛围。《意见》明确指出，党委宣传部门和主要新闻媒体，要加强正确舆论引导，普及协商民主知识，宣传协商民主理论和实践，树立协商民主建设先进典型，发挥好示范引领作用。

综上所述，只要我们要在深化政治体制改革过程中，加强和完善党对协商民主的领导，创造性地构建社会主义协商民主体系，并把协商民主与选举民主更好地结合起来，把民主与法治更好地结合起来，中国特色社会主义民主政治一定能够提升到新的高度，创造出新的辉煌。

（李君如，全国政协常委、中共中央党校原副校长）

协商民主与社会主义民主政治研究

原冬平

一、协商民主是民主政治发展的新视角

人类追求和发展民主政治，最终要实现公民平等的政治参与权利，即真正意义上的人民当家做主。近代以来，随着代议制民主的兴起和完善，人们把一人一票的选举和竞选当作民主政治的主要追求，当作评价政治制度民主与否的主要标准。于是，选举权利的争取和获得，选举票数的争夺和统计，选举程序的设计和完善，成为民主政治和民主理论的重要内容。公民手中的选票成为神圣的政治权利，投票权成为政治平等、自由、公正的标志。随着票决和竞选式民主的日益完善，人民获得了选择政治代理人的权力和机会，同时也获得了通过弹劾和再次投票改换代理人的权力和机会，在一定程度上实现了政治平等和大众参与。与一人一票的选举自由理念相联系，进一步感染了包括言论、表达与结社等自由，形成了与公共权力相抗衡的系统的个人自由民主。在自由竞争氛围中的民主，日益被竞争所裹胁，操控选举、漫天承诺、政敌相互攻讦，极大削弱了人民投票热情和民主权利的运用。在一些民主发展不充分、投票选举条件不完善的国度，竞选式的民主造成多数人暴政和选举拉锯战，更使民主蒙受屈辱。

高度竞争性的选举民主，暴露了票决式、竞选式民主的弊端，引发了人们对协商民主的兴致。协商历来是一种政治手段，也是民主政治的一种体现。把选举民主与协商民主并提，一直有争论。推崇自由选举的人士认

为，自由选举和竞选是民主政治的唯一选择，其存在的弊端和不足，也应由提高选举的自由度和竞选的多样性来完善。也有些人士认为，在人类政治生活中，先有协商后有选举，选举是由于协商的无能和无力才取而代之的。更有众多人士认为，协商民主只能是选举民主的必要补充，是为弥补选举民主的不足而存在的，自身没有独立存在的价值。有关选举民主与协商民主本身及其相互关系问题确实存在着许多值得研究也可以充分讨论的问题。但在各国民主政治发展的道路选择上，选举民主与协商民主之争往往不是个理论之争、学术之争，而越来越表现出政治斗争的意味。在一些实行自由选举较早的西方国家的政治家眼中，把一人一票的直接选举、多党竞争的轮流执政，当作民主政治的国际标准，甚至采取多种手段强行向其他国家输入。在这种舆论背景下，选举民主与协商民主的关系问题，协商民主在民主政治中的地位和作用有时难以心平气和、实事求是地讨论。

在民主政治生活中，选举和协商都是预定了人们有充分发表意见的自由和权利，选举民主和协商民主都依赖于这种政治权利，这种共同的基础确立了两者的必然联系。同时，两者都以追求政治平等为目标。选举民主强调投票权的平等，政治选择和政治竞争的平等。协商民主强调话语权的平等，政治参与和政治尊重的平等。把本来两种互相依存的民主表达形式，硬要简单分成谁优谁劣、谁主谁辅、谁前谁后，甚至相互取代，显然是不客观、不公正的。

人类民主政治的实践表明，协商政治孕育了选举政治，但并非由此选举政治就压倒和取代协商政治。协商政治作为一种民主形式始终保持着其存在的意义和价值。随着当代选举政治陷入困境，协商政治、协商民主引起重视是很自然的事情。选举民主和协商民主都是在人类民主政治实践中产生的，经过不同的发展阶段，受各个时期民主政治发展的客观条件和人类把握民主政治的实践能力的制约，形成了不同时期的表现形式和独特的存在价值。在当代社会中，它们也必然因为民主问题的新挑战而增加其内涵和外延。当前，研究协商民主的一个重要任务，是为发展民主政治寻求更大的现实空间。人类在探索民主政治的道路上，不应该再重复过去那种天下归一的思维模式，不应该固守一种放之四海而皆准的评价标准。在民主政治的发展实践中，实现民主的形式是丰富多样的，评判的标准也是现实的、多方面、多角度的，不应也不能拘泥于刻板的模式。力推协商民主，不是为与选举民主争高下，不是为了回避选举民主，取代选举民主。恰恰为证明，民主政治实现的方式不是划一的。协商民主为我们发展民主政治提供的不是一种具体的民主形式，更不是一种到处可以套用的民主模式，而是为人们展示了民主政治发展的一个新视角，展开了一方新视野。

二、协商民主是中国社会主义民主政治的突出特色

协商民主被中国学界和政界广泛接受和推崇，是同我国全面深化改革的大趋势相联系的，同中国共产党总结和探索中国民主政治发展的现实路径相联系的，也是同以习近平同志为总书记的中共中央创新民主政治理论，整顿失衡的政治生态，建立政治新常态相联系的。

中国共产党人认为，以什么样的思路来谋划和推进中国社会主义民主政治建设，在国家政治生活中具有管根本、管全局、管长远的作用。古今中外，由于政治发展道路选择错误而导致社会动荡、国家分裂、人亡政息的例子比比皆是。中国是一个发展中大国，坚持正确的政治发展道路更是关系根本、关系全局的重大问题。

设计和发展国家政治制度，必须注重历史和现实、理论和实践、形式和内容有机统一。要坚持从国情出发、从实际出发，既要把握长期形成的历史传承，又要把握走过的发展道路、积累的政治经验、形成的政治原则，还要把握现实要求、着眼解决现实问题，不能割断历史，不能想象突然就搬来一座政治制度上的"飞来峰"。政治制度是用来调节政治关系、建立政治秩序、推动国家发展、维护国家稳定的，不可能脱离特定社会政治条件来抽象评判，不可能千篇一律、归于一尊。在政治制度上，看到别的国家有而我们没有就简单认为有欠缺，要搬过来；或者，看到我们有而别的国家没有就简单认为是多余的，要去除掉。这两种观点都是简单化的、片面的，因而都是不正确的。

"橘生淮南则为橘，生于淮北则为枳"。我们需要借鉴国外政治文明有益成果，但绝不能放弃中国政治制度的根本。中国有960多万平方公里土

地、56个民族，我们能照谁的模式办？谁又能指手画脚告诉我们该怎么办？对丰富多彩的世界，我们应该秉持兼容并蓄的态度，虚心学习他人的好东西，在独立自主的立场上把他人的好东西加以消化吸收，化成我们自己的好东西，但决不能囫囵吞枣、决不能邯郸学步。照抄照搬他国的政治制度行不通，会水土不服，会画虎不成反类犬，甚至会把国家前途命运葬送掉。只有扎根本国土壤、汲取充沛养分的制度，才最可靠，也最管用。

中国共产党人相信，世界上不存在完全相同的政治制度，也不存在适用于一切国家的政治制度模式。"物之不齐，物之情也。"各国国情不同，每个国家的政治制度都是独特的，都是由这个国家的人民决定的，都是在这个国家历史传承、文化传统、经济社会发展的基础上长期发展、渐进改进、内生性演化的结果。中国特色社会主义政治制度之所以行得通、有生命力、有效率，就是因为它是从中国的社会土壤中生长起来的。中国特色社会主义政治制度过去和现在一直生长在中国的社会土壤之中，未来要继续茁壮成长，也必须深深扎根于中国的社会土壤。

中国共产党是中国唯一的执政党，必须代表全体人民利益，必须对全体人民负责并接受全体人民的监督。在执政之初，毛泽东同志说过："国家各方面的关系都要协商。""我们政府的性格，你们也都摸熟了，是跟人民商量办事的"，"可以叫它是个商量政府"。在中国社会主义制度下，涉及人民利益的事情，要在人民内部商量好怎么办，不商量或者商量不够，要想把事情办成办好是很难的。我们要坚持有事多商量，遇事多商量，做事多商量，商量得越多越深入越好。涉及全国各族人民利益的事情，要在全体人民和全社会中广泛商量；涉及一个地方人民群众利益的事情，要在这个地方的人民群众中广泛商量；涉及一部分群众利益、特定群众利益的事情，要在这部分群众中广泛商量；涉及基层群众利益的事情，要在基层群众中广泛商量。在人民内部各方面广泛商量的过程，就是发扬民主、集思广益的过程，就是统一思想、凝聚共识的过程，就是科学决策、民主决策的过程，就是实现人民当家做主的过程。这样做起来，中国共产党的执政和国家社会治理才能具有深厚基础，也才能凝聚起强大力量。

注重商量、讲究协商，是同中国共产党人的民主观直接相关联的。周恩来同志说过："新民主主义的议事精神不在于最后的表决，主要是在于事前的协商和反复的讨论。"中国共产党讲究的民主始终不局限于一人一票的"直选"上。人民是否享有民主权利，要看人民是否在选举时有投票的权利，也要看人民在日常政治生活中是否有持续参与的权利；要看人民有没有进行民主选举的权利，也要看人民有没有进行民主决策、民主管理、民主监督的权利。社会主义民主不仅需要完整的制度程序，而且需要完整的参与实践。人民当家做主必须具体地、现实地体现到中国共产党执政和国家治理上来，具体地、现实地体现到中国共产党和国家机关各个方面、各个层级的工作上来，具体地、现实地体现到人民对自身利益的实现和发展上来。古今中外的实践都表明，保证和支持人民当家做主，通过依法选举、让人民的代表来参与国家生活和社会生活的管理是十分重要的，通过选举以外的制度和方式让人民参与国家生活和社会生活的管理也是十分重要的。人民只有投票的权利而没有广泛参与的权利，人民只有在投票时被唤醒、投票后就进入休眠期，这样的民主是形式主义的。

中国共产党在与各民主党派、各人民团体、各族各界人士共同推进我国民主政治的长期实践中，逐渐形成了一个明确认识，在我们这个人口众多、幅员辽阔的社会主义国家里，关系国计民生的重大问题，在中国共产党领导下进行广泛协商，体现了民主和集中的统一；人民通过选举、投票行使权利和人民内部各方面在重大决策之前进行充分协商，尽可能就共同性问题取得一致意见，是中国社会主义民主的两种重要形式。在中国，这两种民主形式不是相互替代、相互否定的，而是相互补充、相得益彰的，共同构成了中国社会主义民主政治的制度特点和优势。

中共十八大以来，中共中央又明确提出，在发展我国社会主义民主政治的进程中，要完善协商民主制度和工作机制，推进协商民主广泛多层制度化发展。中共十八届三中全会强调，在党的领导下，以经济社会发展重大问题和涉及群众切身利益的实际问题为内容，在全社会开展广泛协商，坚持协商于决策之前和决策实施之中。这些重要论述和部署，为中国社会主义协商民主发展指明了方向。发展中国社会主义协商民主战略任务的提出，表明中国民主政治建设不必跟在西方国家后面，亦步亦趋地爬行，也不必借助国外的民主拐杖，战战兢兢地前行。面对世界范围内有关民主的挑战、混战，中国将在中国共产党领导下，从容自信地走自己的路，建设有中国特色社会主义民主政治。中国人民将以协商民主的探索，为世界政治制度的建设增添新的内容，作出自己应有的贡献。

三、协商民主是中国社会主义民主政治中独特独有独到的民主形式

中共十八届三中全会指出，协商民主是中国社会主义民主政治特有的形式。习近平总书记进一步强调，协商民主是我国社会主义民主政治中独特、独有和独到的民主形式。这一论断应该有很强的针对性。很长一段时间以来，理论界一直在关注一个焦点问题就是，中国现在要搞的协商民主到底是个外来货还是中国人的创造。在许多人看来，我们国家经济体制改革之所以能够深化下来，很重要的是突破了市场经济"姓资姓社"的束缚。当年要搞经济体制改革，特别是要深化体制改革，许多人就找不着方向，深化改革的前景如何？许多人认为社会化大生产不可能逾越市场经济，市场经济是经济改革的一个很重要的选择，但是当年一些人总觉得市场经济和资本主义是联系在一起的，选择市场经济就是选择资本主义道路。小平同志作了一个大胆的论断，结束了那场所谓市场经济"姓资姓社"的争论，论证了社会主义可以有市场，资本主义也有计划，市场经济不是检验"姓资姓社"的标准，于是我们国家的经济体制改革就迈开了大的步伐，深化了下去。由此，一些人认为，像当年用市场经济推进经济体制改革一样，应当用协商民主来助推我国的政治体制改革和民主政治建设。

中国共产党在协商民主问题上一直是持坚决的态度，到十八大明确了我们选择协商民主作为我们政治体制改革深化的一个重要突破口，作为政治体制改革的一个重要的组成部分。在作出这种决断的同时，旗帜鲜明地强调我国要搞的协商民主不是照搬西方，不是从国外引进的东西，而是我们自己的一个创造。协商民主为什么能够成为中国社会主义民主政治中独

特的、独有的、独到的一种民主形式？这是中国共产党人为追求中国民主政治进行的长期实践的结果。以抗日战争时期中国共产党领导的边区政府实行"三三制"政权为标志，是党在政权建设中实行协商民主的萌芽阶段。当时在中共领导的边区政府人员分配上规定共产党人只占三分之一，非党进步分子占三分之一，中等资产阶级和开明绅士为代表的中间势力占三分之一。这种包括多种政治势力的统一战线政权，自然需要深入的政治协商才能得以构建和维持。组建这种局部民主政权从一开始就着眼于未来的全国政权。毛泽东当时就指出，这种政权"带着推动全国建立统一战线政权的性质，为全国观感之所系"。强调"对于这种政权性质的明确了解和认真执行，将大有助于全国民主化的推动"。1949年，召开中国人民政治协商会议第一届全体会议，通过广泛深入的协商，创立了工人阶级、农民阶级、城市小资产阶级、民族资产阶级四个民主阶级的统一战线政权，协商民主得以在全国铺开。其后中国共产党在探索建立社会主义民主政治的过程中发生了严重的挫折，"文化大革命"以后，中共中央开启了政治体制改革，中共十三大明确提出，要提高领导机关活动的开放程度，重大情况让人民知道，重大问题经人民讨论，决定建立社会主义协商对话制度。这是中国共产党建立社会主义协商民主制度的一次重要实践探索。其后，中共中央总结我国社会主义民主政治的实践，明确提出我国社会主义民主有选举民主和协商民主两种基本形式的理论，奠定了我国协商民主的理论基础。中共十八大以后则系统提出了推进协商民主广泛多层制度化发展的战略思想和战略任务，标志着全面推进社会主义协商民主制度建设新阶段的到来。

协商民主在中国全面铺开，除了中国共产党自身的努力外，得益于中国的特殊国情、独特的历史传承和文化传统。习近平同志指出，它源自中华民族长期形成的天下为公、兼容并蓄、求同存异等优秀政治文化，源自近代以后中国政治发展的现实进程，源自中国共产党领导人民进行革命、建设、改革的长期实践，源自新中国成立后各党派、各团体、各民族、各阶层、各界人士在政治制度上共同实现的伟大创造，源自改革开放以来中国在政治体制上的不断创新，具有深厚的文化基础、理论基础、实践基础、制度基础。因此，协商民主在中国有根、有源、有生命力，是中国人民和中国共产党的伟大创造。

四、协商民主是中国共产党群众路线在政治领域的重要体现

中国共产党来自人民、服务人民，群众路线是中国共产党的根本的工作路线和工作方法。这一信念源于中国共产党的性质。党从一成立即明确宣布自己是"中国无产阶级政党"。在《中国共产党组织章程决议案》中也提出"我们既然是为无产阶级奋斗的政党，我们便要'到群众中去'"。在党创建的初期，党自身很不成熟，确实存在着把以铁的组织和铁的纪律组成的无产阶级政党，理解为秘密的党，对群众保密，远离大众。转移到农村后，在创建工农武装割据过程中，由党一手创立的红军中也存在单纯军事观点，认为红军就是打仗的，不注重做群众工作。但党内的健康力量一直坚持在党的建设问题上，打破旧式革命党的框架束缚，致力于探索和密切与人民群众关系。加之当时中国共产党被当权的国民党视为非法组织，险恶的政治环境也一次又一次用血的教训使共产党人必须与人民群众保持鱼水关系、血肉关系，深深地扎根在人民群众中。直到抗日战争时期，国共两党实现某种程度的合作，共产党人掌握了边区政府。为获得人民群众的支持，也为与国民党争夺民心，更为夺取全国政权的战略目标，在毛泽东同志主持下，密切联系群众成为中国共产党区别其他政党的显著标志，上升到党的工作的总路线、总方法的高度。全党在当时的政治环境中和激情满怀的政治奋斗中，坚持群众路线比较容易地成为全党的自觉行动。

中国共产党执政以后，党的性质没变，党的宗旨没变。坚持做全心全意为人民服务的党，始终代表最广大人民根本利益。中国共产党党章规定：中国共产党除了工人阶级和最广大人民群众的利益，没有自己特殊的利益。这就决定了中国共产党领导人民建立的中华人民共和国必须紧紧依靠人民治国理政、管理社会。中国共产党在自己的工作中实行群众路线，坚持一切为了群众，一切依靠群众，从群众中来，到群众中去，把自己的正确主张变为群众的自觉行动。中华人民共和国宪法规定，国家的一切权

力属于人民,一切国家机关和国家工作人员必须依靠人民的支持,经常保持同人民的密切联系,倾听人民的意见和建议,接受人民的监督,努力为人民服务。无论是中国共产党执政,还是国家机关施政,都必须坚持贯彻群众路线,紧紧依靠人民。

"政之所兴在顺民心,政之所废在逆民心。"一个政党,一个政权,其前途命运最终取决于人心向背。中国共产党信奉的历史唯物主义和中国共产党、中华人民共和国的全部发展历程都告诉我们,中国共产党、中华人民共和国之所以能够取得事业的成功,靠的是始终保持同人民群众的血肉联系、代表最广大人民根本利益。如果脱离群众、失去人民拥护和支持,最终也会走向失败。我们必须把人民利益放在第一位,任何时候任何情况下,与人民群众同呼吸共命运的立场不能变,全心全意为人民服务的宗旨不能忘,坚信群众是真正英雄的历史唯物主义观点不能丢。中国共产党的一切执政活动,中华人民共和国的一切治理活动,都要尊重人民主体地位,尊重人民首创精神,拜人民为师,把政治智慧的增长、治国理政本领的增强深深扎根于人民的创造性实践之中,使各方面提出的真知灼见都能运用于治国理政。"天视自我民视,天听自我民听。"要坚持把实现好、维护好、发展好最广大人民根本利益作为一切工作的出发点和落脚点,我们的重大工作和重大决策必须识民情、接地气。要以人民群众利益为重、以人民群众期盼为念,真诚倾听群众呼声,真实反映群众愿望,真情关心群众疾苦。要坚持工作重心下移,深入实际、深入基层、深入群众,做到知民情、解民忧、纾民怨、暖民心,多干让人民满意的好事实事,充分调动人民群众的积极性、主动性、创造性。

中国共产党在长期执政的实践中形成的有关坚持群众路线的道理是正确的,党的大多数成员也按这番道理行事做人。一个严峻的现实是,中国共产党成为执政党以后,虽然从党的性质出发,党章和宪法都强调要一以贯之地坚持群众路线。但是党的地位变化引发一系列新问题。革命战争时期,中国共产党受人民群众保护,执政后,共产党人成了人民群众的"父母官",人民把权力授予了共产党人和国家公职人员,人民当家做主事实上是由公职人员替民做主。进城后,公职人员待遇很快由实行供给制改为八级工资制,毛泽东同志曾认为这中间存在"资产阶级法权",会导致国家变色,党变成"修正主义",于是重提阶级斗争,进而搞了"文化大革命",结果反修防修变成了一场灾难性"内乱"。"文化大革命"以后,党改弦更张,废止阶级斗争为纲,实行工作重心转移和改革开放,极大解放了生产力,国家和人民迅速富裕起来。但是改革引发的体制变更、权力调整出现了漏洞,一些人就是利用新旧制度转换的落差和时差来牟取私利、中饱私囊的。价格双轨制,肥了多少人?国有企业改制,又肥了多少人?不少领导干部忘记了手中的权力是人民赋予的,只能用来为人民谋利益,权力观扭曲变形,把权力部门化,甚至私人化,构筑起利益固化的藩篱,开启了权钱交易的腐败之门,严重地背离了群众路线,侵蚀了党的群众基础。从这个意义上说,协商民主的倡导,就是把群众路线引入政治领域,或者说是用政治手段来践行党的群众路线。

推进协商民主广泛多层制度化发展,就是要用上上下下、方方面面联动的制度体系来推行和保证党的群众路线。坚持公权力的行使,必须在决策之前、决策之中、决策实施的全过程都要协商,不协商不决策、不实施。显而易见,推行协商民主绝不仅仅是为了解决对待人民群众的态度问题、工作作风问题,一般化地改进干群关系问题。协商民主推进的政治指向十分明确,就是要用与民协商来打破固化的利益格局,解决好公权力不与民争利、让利于民、为民谋利等现实问题,缓解民生领域中存在的严峻政治问题,促成纯洁、平衡的政治生态环境。

五、协商民主是中国特色社会主义民主政治的独特优势

新中国成立以后,中国共产党依靠和团结各民主党派、各人民团体、各民族、各阶层、各界人士,共同致力于中国特色社会主义民主政治建设,创建了工人阶级(经过共产党)领导的、以工农联盟为基础的人民民主专政的国体和人民代表大会制度的政体,实行了中国共产党领导的多党合作和政治协商制度、民族区域自治制度、基层群众自治制度以及民主集中制的政治原则和组织原则。这样一套根本政治制度和基本政治制度安排,是中国社会主义民主政治建设的重大成果,体现了中国特色社会主义

的政治优势和特点。这些特点和优势，使我们得以坚持发挥党总揽全局、协调各方的领导核心作用，提高党科学执政、民主执政、依法执政水平，保证党领导人民有效治理国家，切实防止出现群龙无首、一盘散沙的现象。使我们得以坚持国家一切权力属于人民，既保证人民依法实行民主选举，也保证人民依法实行民主决策、民主管理、民主监督，切实防止出现选举时漫天许诺、选举后无人过问的现象。使我们得以坚持和完善中国共产党领导的多党合作和政治协商制度，加强社会各种力量的合作协调，切实防止出现党争纷沓、相互倾轧的现象。使我们得以坚持和完善民族区域自治制度，巩固平等团结互助和谐的社会主义民族关系，促进各民族和睦相处、和衷共济、和谐发展，切实防止出现民族隔阂、民族冲突的现象。使我们得以坚持和完善基层群众自治制度，发展基层民主，保障人民依法直接行使民主权利，切实防止出现人民形式上有权、实际上无权的现象。使我们得以坚持和完善民主集中制的制度和原则，促使各类国家机关提高能力和效率、增进协调和配合，形成治国理政的强大合力，切实防止出现相互掣肘、内耗严重的现象。

实践证明，我国民主政治建设中的制度成就，能够有效保证人民享有更加广泛、更加充实的权利和自由，保证人民广泛参加国家治理和社会治理；能够有效调节国家政治关系，发展充满活力的政党关系、民族关系、宗教关系、阶层关系、海内外同胞关系，增强民族凝聚力，形成安定团结的政治局面；能够集中力量办大事，有效促进社会生产力解放和发展，促进现代化建设各项事业，促进人民生活质量和水平不断提高；能够有效维护国家独立自主，有力维护国家主权、安全、发展利益，维护中国人民和中华民族的福祉。

在当今时代条件下，继续推进我国民主政治建设，无疑要坚持中国特色政治发展道路，坚守住我们的根本政治制度和基本政治制度不动摇。同时，又要与时俱进，在全面深化改革的过程中，推进国家治理体系和治理能力现代化，其中一项重要任务，就是在民主政治建设中，通过积极稳妥的政治体制改革，将已有的根本政治制度和基本政治制度进一步组建成基本定型的完善的制度体系；将根本政治制度和基本政治制度在体制、机制、程序等具体运行中，进一步加以规范和创新。面对这一艰巨的任务，协商民主将呈现出明显的优势和特点。

中国共产党在践行协商民主中已切实感受到其独特的优势所在。在中国共产党统一领导下，通过多种形式的协商，广泛听取意见和建议，广泛接受批评和监督，可以广泛达成决策和工作的最大共识，有效克服党派和利益集团为自己的利益相互竞争甚至相互倾轧的弊端；可以广泛畅通各种利益要求和诉求进入决策程序的渠道，有效克服不同政治力量为了维护和争取自己的利益固执己见、排斥异己的弊端；可以广泛形成发现和改正失误和错误的机制，有效克服决策中情况不明、自以为是的弊端；可以广泛形成人民群众参与各层次管理和治理的机制，有效克服人民群众在国家政治生活和社会治理中无法表达、难以参与的弊端；可以广泛凝聚全社会推进改革发展的智慧和力量，有效克服各项政策和工作共识不高、无以落实的弊端。这些优势使我们可以排除各种阻力和困难，比较顺利地推进民主政治建设的实际进程。

中国共产党给自己确立了全面深化改革的目标，坚持和完善中国特色社会主义，推进国家治理体系和治理能力现代化。这是一个既需要政治勇气，又需要政治智慧的全新的、宏大的目标。中国特色社会主义最本质的特征就是坚持中国共产党的领导。推进国家治理体系和治理能力现代化，关键在执政的中国共产党，取决于中国共产党治国理政能力的现代化。为了实现这一目标，中国共产党在坚持党总揽全局、协调各方的布局基础上，进一步明确了党的领导、人民当家做主、依法治国三位一体的治国方略。协商民主是以承认协商主体的合法性为前提的，不是以竞争、压倒、颠覆对方为预期的，是在尊重、包容现实差异的基础上，通过妥协寻求全社会各方面诉求的最大公约数，以体现协商主体间政治上的公正和利益均沾的平等。在全面深化改革、实现国家治理转型的大变革中，协商民主可以为推进国家民主化进程提供一个最大限度地发挥现行制度特点和优势、最有效地维护社会法治环境、最小震动地去除社会弊端的良好政治生态环境。协商民主的广泛推行，将有力地推动政党协商、人大协商、政府协商、政协协商、社会团体协商、基层协商，使政权机关、政协组织、党派团体和基层的协商更加活跃、更加创新，成为坚持和完善人民代表大会制度、中国共产党领导的多党合作和政治协商制度、民族区域自治制度、基层群众自治制度的利器，成为使体制内民主最大化、最优化的明智选择。同时，也使依法设立的各国家机关、机构和组织，在协商中进一步串联、协调、共振。协商民主成为党总揽全局、协调各方的重要抓手，成为坚持和维护中国共产党领导的有效的黏合剂和润滑剂。通过协商民主渠道的拓展，中国共产党、人民代表大会、人民政府、人民政协、民主党派、人民团体、基层组织、企事业单位、社会团体和社会组织、各类智库都将通过实践民主协商，形成创新的工作机制、程序，并进一步互动起来。协商民主不断丰富的内容、更加活跃的形式和方式，展示出公民有序政治参与更加畅通的渠道，呈现出我国生动活泼的政治局面和国家机器和谐、顺畅运转的情景。协商民主是我国人民在中国共产党领导下，依法当家做主、安居乐业的重要保障，显示了其巨大优势。

（原冬平，中国人民政协理论研究会秘书长）

中国协商民主的基础理论

李金河

协商行为在所有社会中都存在。在现代政治生活中,协商自然会以某种民主的形式体现出来。协商民主在中国,或曰中国的协商民主,就是人民民主制度下中国特色社会主义的协商民主。在当代中国,协商民主(Consultative Democracy)应被视作中国政治文明的创造,它是中国共产党领导中国人民治国理政的重要方式,是当代国家治理体系的重要组成部分、人民当家做主的有效途径,也是推进国家治理现代化、完善和发展中国特色社会主义制度的重要载体。协商民主是一种与我国基本制度,特别是与我国基本政治制度相适应的民主形式、民主机制,它并不完全等同于西方的慎议民主(Deliberative Democracy)——尽管两者在改善治理和促进民主深化等不少方面还是有很多相通之处的。从经验和历史的角度来看,协商民主渊源于我国民主革命时期中国共产党团结、领导各革命阶级的政治实践,形成和确立于新政协的召开和新中国的建立,在巩固政权、社会主义改造、社会主义建设的不同时期逐渐发展起来,并因改革开放、社会治理和国家治理现代化的切实需要而面临新的广阔发展空间。从理论和逻辑的层面看,协商民主在民主政治的谱系上也与西方自由民主较少有直接的联系,它是建立在马克思恩格斯批判资本主义、资产阶级伪自由民主而来的无产阶级新型民主理论基础之上的,无论是在世界观、方法论和基本政治理念上都有着明确的质的差异。

一、基于唯物史观的认识论和方法论

中国协商民主首先是中国的民主，中国协商民主理论当然也首先是中国的理论。当代中国是共产党领导的、以马克思主义为主流意识形态和基本指导思想的社会主义国家，因而首先会遵循马克思主义的基本立场、基本方法去解读政治现象和构建政治理论。不仅当代中国，在中国共产党领导中国革命和建设的各个历史时期，中国的马克思主义者也都是这样想、这样做的。马克思主义的世界观、方法论是辩证唯物主义和历史唯物主义，马克思主义者看待政治社会现象及其历史发展的基本原则是历史唯物主义原则。它们当然构成我国协商民主理论的一块重要基石。

协商民主在中国既是一种政治理念，又是一种制度安排和相关政治实践，它从根本上是中国经济社会结构、阶级阶层关系的政治表达和政治体现。相应地，协商民主理论首先应当从社会存在决定社会意识、经济基础决定上层建筑唯物史观的基本原则出发，去看待相关政治现象和政治过程。协商民主与其他民主形式一样，都要致力于尊重公民的参与、保护公民的权利，以及限制公权力的不当使用。但在中国社会中、在中国政治生活中，一切要从实际出发，要解决中国的实际问题。由于中国社会正处于并将长期处于现代转型过程中，多民族现代国家的建设、巩固和统一也将是一个长期的历史过程，协商民主理论与实践的主题和重点当然也就不同于西方国家、西方社会。怎样在一个超大规模的发展中大国中实现科学决策、民主决策，怎样充分动员公民有序的政治参与，怎样维护和巩固整体上团结稳定的政治局面，怎样实现和维护中国国家的核心利益，等等，都将是中国协商民主理论所要努力关注的重大问题。当前，随着社会主义市场经济的确立和发展，中国经济和社会结构发生了历史上空前的巨变，尽管多元一体的利益格局、社会结构并未发生根本改变，但它的基本构成主体、它的内在结构和组合运转的逻辑却都发生了前所未有的深刻变化。由此，必须依托有着现实的权利和利益要求的公民，同时依托他们直接的和有效的政治参与来重构权利—权力关系，重构利益格局和权力结构、权力运行机制，自然也就成为当代中国协商民主以致民主政治理论建构的关键环节。

协商民主在中国，就是相信群众、依靠群众，就是将政治活动、政策活动的合理性与正当性建立在从群众中来、到群众中去的思维方法和政治行动逻辑当中去。唯物史观就是群众史观。现当代中国民主理论的主流是以群众史观为主导的。既然人民群众是历史的创造者，是历史的主人，那么，民主就必须是真正致力于人民群众的自由与解放事业的民主，就必须是真正代表了人民群众根本利益的民主。群众史观既是一种历史观，又是一种政治社会实践的方法论，它从根本上揭示了政治社会运转和发展的一般规律，指导社会主义国家的民主政治实践。作为这样一种民主的具体的实现形式，协商民主也毫不例外地要体现人民的主体地位，体现人民群众的政治意志。协商民主的理论与实践价值还不止于形成和体现群众的政治意志，更关键的是形成和体现群众的政治理性。政治理性是现代国家的生命。选举民主虽然也能够在一定程度上形成和体现群众政治理性，但毕竟不如协商民主来得直接和有效。源于代议民主的政治理性有极大的概率会使精英的认知和判断取代公民直接的意见表达。依托群众路线的协商民主则不然，它在自身运行的每一个环节都预留了群众直接参与、群众最终评价的体制机制空间，既能够充分发扬民主、凸显人民群众的民主主体的政治地位，又能够方便集中、提高效率，从而使中国民主政治发展和国家治理创新潜在地具备了超越此前一切旧民主形式的可能。不仅理论上如此，经验实践也在一定程度上可以证明这一点。中国共产党领导中国人民数十年来协商建国和协商治国的历史表明：什么时候党和政府群众路线贯彻得好，什么时候中国政策活动的合理化水平就高；什么时候群众路线贯彻得差，什么时候民主政治、政策实践就都会遭遇反复或挫折。由此，协商民主的研究和建构，一定不能少了群众路线这一重大的认识论范畴。

协商民主不仅适用于国家建设，同样适用于社会整合。由于现代化始终处于进行时，近代以来，中国政治的主题向来都是国家建构与社会整合这两大方面的紧密复合。国家的理性建构需要有机的社会整合，有机的社会整合只有在现代国家形成过程中才是可能的。这一点不同于后现代的西方社会中已有高度制度化的国家体制的情形。有鉴于此，中国现当代政治就始终离不开统一战线、政治团结。中国的统一战线致力于最广泛的人民群众的最持久的力量联合，它是现当代中国政治生活的一个本质特征。也可以说，致力于发展和巩固统一战线、政治团结，就是中国特色的现代政治，而统一战线理论也近乎可以等同于中国特色的政治理论。协商是统一战线得以存续的基本政治活动领域。协商民主理论离不开统一战线理论的滋养。作为中国特色的民主形式，协商民主要致力于价值与利益的合乎群众理性的权威分配，统一战线正是因其能够有效地、持久地促成这一理性的权威分配而得以长期存续的。正是在这一理性、权威的权利和利益配置的基础上，最广大的人民群众、中国的民主力量才能够有机整合、紧密团结起来，才能作为一个现代政治民族而做出集体行动，将中国梦付诸实现。由此，协商民主离不开统一战线，协商民主理论也必须将统一战线理论与实践视作自己的方法论基础。

二、基于人民民主的现代国家理论

民主是不仅是一种政治思潮、社会运动，同时也是一种国家制度。作为国家制度的民主，是指政权的组织和运转、权力的配置和运行必须以公众和社会的认可为前提。换言之，建构于现代公民、公众集体理性基础上的合乎正当性的制度，才是民主的国家制度。民主国家因此而与专制独裁国家区分开来。但要注意的是，国家制度从根本上是渊源于国民生活方式的，不同国民不同的政治生活方式自然会形成不同的制度，这当中自然也包括作为国家制度的民主、协商民主。一般来说，现代民主国家大致有两种，一种是自由民主国家，以西方资本主义国家为代表；另一种是人民民主国家，以中国这样的社会主义国家为代表。相应地，作为国家制度的一部分，西方慎议民主理论以自由主义（掺杂了社会民主主义）为基础，中国协商民主则是把人民民主（民主主义、集体主义的统一）当作自己的理论基础。就其本质而言，人民民主理论是一种特殊类型的、具有中国特色的无产阶级专政理论，它通过组织和维持最广泛的统一战线，来建构、实现和巩固人民的民主，来实现和保持对内外敌对势力的威慑和镇压。由此，在国家治理层面上，协商民主的运作及其价值、意义，也就归属于人民民主的国家政权，可被自然地理解为如何服务于人民，同时分化、孤立和打击侵犯人民权利和利益的各种力量及相关主体。

人民民主的国家理论揭示了中国国家国体与政体的基本关系、基本原则，揭示了中国国家建构和发展的一般规律，揭示了各种政治力量、政治主体在中国国家政权体系中的地位及其发挥作用和自身发展的基本趋势，因而为中国的协商民主理论提供了重要的理论基础。作为人民民主的国家理论的重要组成部分，协商民主理论同样要致力于探讨如何实现当代中国国家政权的人民性、民主性和现代性的有机统一。为此，协商民主理论就必须把无产阶级专政理论、人民民主理论视作自己赖以立足的国家理论或政治系统理论的基础。换言之，对我国国体、政体及其相互关系的相关理论研究，应当是中国协商民主理论的现实锚点。人民民主理论对于国家、权力和权利关系的理解，与人民代表大会制度、民族区域自治制度和基层群众自治制度相关的政府理论以及经验总结，对于协商民主这样一种社会大众取向的民主政治形式，对于协商民主理论的建构和发展本身，都具有规范性，甚至是决定性。人民民主、人民民主理论的人民性决定了协商民主理论的群众导向、民主主义和集体主义导向；人民民主、人民民主理论的民主性决定了协商民主理论的社会取向和开放、平等的理论品质；人民民主、人民民主理论的现代性决定了协商民主理论要不断地与中国社会生活特别是中国政治体系的现代化相匹配，不断地与时俱进、开拓创新。而在另一方面，协商民主理论的自身发展，也能够直接推动人民民主理论与实践的丰富和发展，它自己就构成人民民主理论现当代发展的重要板块。

在当代中国，人民民主是透过党的领导、人民当家做主和法治国家的有机统一来实现的，人民民主理论所要梳理和解决的关键线索、基本逻辑问题也都与这三方面的关系密切相关。协商民主理论同样要致力于梳理和解决这三方面的关系，特别是要解决好党的政治领导和群众直接参与的关系。这其中，自然会涉及中国多党合作和政治协商的基本理论原则与方法，自然会涉及处理中国共产党党群关系、中国各政党与社会关系的基本理论原则与方法。从公众政治参与发展的角度来讲，当然会涉及体制内如何有序政治参与、如何确保此种参与的有效性问题,当然会涉及如何提高体制弹性、将体制外的政治参与吸纳到体制内来的问题,以及与此相关的如何改革和完善党和国家的领导体制的问题。所有这些理论问题,都从政治理论上、政策学和政治伦理学的角度,将协商与人民民主的切实运转、人民民主的政治过程紧密关联起来,都为协商民主理论的深入发展提供了广阔的外部环境和丰富的经验素材。由此,协商民主理论离不开对人民民主的根本政治制度、基本政治制度的理论剖析。人民民主理论的相关主题、人民民主理论研究的突破和进展,也都从规范层面上制约着协商民主理论本身的建构和创新发展。

人民民主由选举民主、协商民主两大部分复合而成,选举中有协商,协商中有表决。这充分反映了这样的政治事实、政治本质,中国的民主、人民民主在具体的组织行为过程中、在具体的公共治理实践中,都遵循着民主集中的基本原则。在我国政治生活中,人民民主是基本的政治原则,民主集中则是基本的组织原则。从政治过程、组织行为的角度和层面来看,人民民主理论对于民主与集中关系的探讨及政治解决,完全适用于协商民主的理论与实践。尽管协商的结果未必必然就是要形成和贯彻一致与共识,但协商过程本身就是一种意见汇聚和意见整合的过程,它内在地贯穿着民主与集中的逻辑规则,这一点应是毋庸置疑的。协商民主理论所以要内在地贯穿着民主与集中的规则,不仅与协商自身的本质属性相关,也与它的国家治理导向密切相关。协商与治理从根本上是相通的和一致的,人民民主的理论原则要贯彻到底,人民民主政治实践要有序、高效,总是离不开持续平等的、开放透明的政治互动,这些互动既是协商,又是治理,但又同时体现为自上而下的民主、自下而上的集中的有机统一。所以,作为人民民主理论基本内核的民主集中理论、现代治理理论,对于协商民主理论而言具有同样不低的地位、影响和意义。

三、基于中国国情特色的社会主义理论

我们要搞现代化、要搞民主政治,特别是协商民主,一个非常重要的目的和考虑,就是要在中国坚持和发展马克思主义、科学社会主义。事实

上，中国的民主政治始终都是被当作马克思主义在中国现代发展的重大理论体系的组成部分、中国特色社会主义建设实践的关键部分来看待的。无论从理论规范还是从实践经验的角度来看，协商民主向来都与如下重大理论和实践问题紧密关联：什么是社会主义和怎样建设社会主义？中国共产党要做怎样的执政党和怎样建设党？以及中国社会需要怎样的发展和怎样发展中国？等等。这些重大理论和实践问题的解决形成中国特色社会主义理论体系，这些重大理论和实践问题的解决同时也构成中国民主政治、协商民主理论的基本内容和基本领域。

协商民主理论与实践的主题，同中国特色社会主义所强调的社会主义的本质是相通的。社会主义的本质是解放生产力、发展生产力，是消灭剥削和两极分化和实现共同富裕。协商民主是要在政策领域、政治过程中实现科学决策、民主决策，实现和保障公民的权利平等并从制度根本上保护公民的权利和利益。在这里，科学决策也是生产力，民主的制度设计和政治实践也从根本上有利于解放和发展生产力。科学决策、良性的民主制度是内在统一的。决策过程是社会与国家相关制度活化的过程，也是反思、革新旧的体制机制形成新的体制机制的过程。协商民主将一切利益相关者纳入决策过程、政治过程、制度创新发展的过程，将执政党、参政党、国家机关、公民个体和群体等政治主体吸引到经济社会发展的具体领域和问题当中，诱导和规范它们彼此之间持续沟通、互谅互让、平等交流、彼此妥协，因而能够从整体上降低制度成本和发展代价，故而总会从根本上有利于生产力的解放和发展这一社会主义的本质要求。协商民主的本质目标、实际效果决定了它从属于、服务于中国特色社会主义的地位和作用，当然也就决定了协商民主理论，特别是关于决策过程、制度和程序的理论研究，要始终以中国特色社会主义理论为指导，要致力于丰富和发展中国特色社会主义理论体系。

协商民主既是一种国家制度安排，又是一种政社关系安排。在当代中国，关于政治生活领域与经济社会生活领域的关系，关于政党、政府与社会的关系，关于政治精英及其组织与社会大众、基层民众及其组织的关系，亦即社会协商和基层协商所面对的主体、问题和领域，也是有必要上升到中国特色社会主义理论的高度来获取它的基本理念、基本原则。社会主义国家强调整体利益,但又要特别关注国家、集体和个人的关系。相比较而言,长期以来中国的社会实践特别是政治实践并不像对待国家利益和集体利益那样注重公民的个体、群体及其权利利益。协商民主在这方面会起到补偿、改善和创新的作用,但这并不意味着就要导向西方个人本位的自由主义的权利理论。此外,在处理、解决这三方面关系时也要看待,社会主义尤其强调平等,而古代中国政治尤其缺乏平等,协商民主就是现代中国充分贯彻社会主义平等原则的政治理论和实践。在这一方面,协商民主理论与中国特色社会主义理论体系是一种彼此互补、互构的关系。由此,在建构中国特色的政治与社会关系、处理中国的精英与大众关系时,协商民主理论对于中国特色社会主义理论的依赖就是必然的、无法规避的。概言之,社会主义民主政治的应有之义,致力于发展和完善社会主义民主。基于中国特色社会主义理论体系秉承了马克思主义的普遍真理,着眼于中国的基本国情和基本任务,致力于实现、巩固和拓展最大多数中国人民的权利和利益,这些实质性的内容以及它们现实的物化的表现形式,都是社会主义民主、协商民主理论所必须面对的。

  协商民主理论和实践在中国的新发展始终与中国特色社会主义理论与实践中所面临的新矛盾、新问题紧密关联。换言之,是中国特色社会主义理论自身发展的要求,方才使得协商民主理论在当代中国成为一门显学。协商民主理论未来的深入发展,将始终不能离开当代中国有关中国道路、中国模式、中国力量和中国梦等重大现实问题的延展和探索,它也必须始终将自己建构在这些重大理论问题的历史解决的基础之上。改革开放三十多年来,我们相继在理论上解决了什么是社会主义和怎样建设社会主义、中国共产党要做怎样的执政党和怎样建设党,以及中国社会需要怎样的发展和怎样发展中国等重大问题。但这些问题的理论解决并非实践的解决。从理论到实践的飞跃,才是检验理论正确性和实现正确理论构想的关键。在现实中我们也看到,大量的、表面化的矛盾和问题同巨大的、全面的改革和建设成就并存,挑战与机遇并存,我们的道路与制度的自身优越性及其所面对的潜在的风险并存,这些都远非是先前本体论的理论层面上的整体解决所能够胜任的重大课题。在当代，发展中国特色社会主义理论体系所迫切需要的是怎样在具体政治过程中、在政策实践中找到科学有效地解决问题的工具性理论与方法。一个时期以来，从上到下、方方面面的"怎么办"的焦灼与疑虑，都纷纷指向这一具体的政策实践领域。在这一方面，协商民主以其对相关政治主体、客体和对象的创新的组织、协调形式，也以其趋向治理与善治的政治导向，为前述理论问题、理论需求的解决和满足提供了新的思路。可以说，没有这样的理论需求，协商民主尽管已有丰富的实践经验，但相关理论探讨、理论研究在当代中国很难有当前这样优越的发展前景。

四、结语

总之，无论是从政治理念上、行为过程上，还是从制度规范上来看，协商民主理论及其未来发展都必须紧密依托当代中国现实生活中的生动具体的理论和实践。协商民主理论也只有处处回应、体现这一"中国性"的要求，才是现实的、合理的。中国的协商民主必须从理念上贯穿唯物史观的认识论和方法论原则，必须贯穿人民至上的政治哲学和政策理论原则。中国的协商民主必须在组织行为上、政治过程中和政治发展层面上贯穿民主集中的组织原则，必须始终坚持人民当家做主、党的领导和法治国家相统一的基本逻辑。中国的协商民主又必须在政治体系建构和制度设计、制度创新发展上始终坚持人民民主的政治原则，大力促进有效参与和有效治理、人民意志和集体理性的内在统一。协商民主理论对这些内容及相关的问题、领域的考察，都离不开当代中国主流的意识形态，特别是权威的国家理论、政治原则。由此，它必须从相关理论的基础出发，紧密联系当代中国经济社会特别是政治发展中的基本矛盾与问题，从理论上丰富、发展和完善这些基本理论、基本价值，这同时也是它自身的价值与意义之所在。

（李金河，中央社会主义学院统战教研部主任，中国政党制度研究中心副主任兼秘书长）

协商民主的研究对象及实现形式研究

李 丁

社会主义协商民主在我国有根、有源、有生命力，是党和人民的伟大创造，是我国人民民主的特有形式和独特优势，是党的群众路线在政治领域的重要体现。发展和推进民主协商，是党和人民完成新时期伟大历史任务的必然要求。加强社会主义协商民主建设，目标是构建程序合理、环节完整的协商民主体系，为我国社会主义民主政治注入新的活力。因此，必须坚持党的领导、人民当家做主、依法治国有机统一，坚定不移走中国特色社会主义政治发展道路，必须充分发挥协商民主各类主体和各种具体形式的重要作用。

协商民主是一种重要的政治民主，民主协商是公民依法享受权利、履行义务、担当职责的重要途径。由于协商民主属于民主政治范畴，因而需要以政治学的立场以及视角，全面深入地加强学术理论研究。本文坚持协商民主作为主客体及实现形式内在统一的政治实践活动，以及协商民主理论以这种统一作为研究对象的学术立场，始终坚持协商民主无论作为党和人民依法治国的一项政治民主实践，抑或作为中国特色社会主义政治文明的一种先进理论，自始至终内含着平等主体、协商内容、实现途径、具体形式等各个要素内在关联和有机统一的鲜明特色和政治文明发展规律的客观要求。为此，本文将紧紧围绕我国扩大社会主义民主从而不断推进政治文明的根本目标，从协商民主的内涵及实质、各要素有机统一，以及协商民主理论系统研究共三个维度进行全面深入的系统性研究。

一、协商民主各要素内在有机统一

协商民主作为一项政治文明的社会实践活动,内含着平等主体、协商内容、实现途径、具体形式等各方面的内在关联和有机统一。这是作为民主政治实践自身发展规律的客观要求,体现了政治文明的内在必然性。在中国,协商民主理论与协商民主实践相对应,内在地包括以下几个方面的基本要素和研究对象,即一方面参与其间的各个平等主体;一方面成为各个主体彼此关心并与有关各方密切相关的领域以及具体事务内容;再一方面相关主体同时乐于采取的适当形式、正确手段和有效途径,等等。这些方面、要素以及因素的内在统一和密切关联,共同组成协商民主实践的特定活动,这种内在统一和关联在学术上表现为协商民主理论的研究对象。这种对于协商民主及其理论的整体视角,有利于这项实践和理论在现实中易于被广泛理解和有效操作。因此,贯彻党的十八大报告关于"要完善协商民主制度和工作机制,推进协商民主广泛、多层、制度化发展。通过国家政权机关、政协组织、党派团体等渠道,就经济社会发展重大问题和涉及群众切身利益的实际问题广泛协商,广纳群言、广集民智,增进共识、增强合力"要求的基本精神,在过程中研究要素,在要素的相互关联和内在统一中解析协商民主理论的研究对象,始终是本文的基本立场和策略。

(一) 发挥人民政协主体功能

人民政协是我国人民爱国统一战线组织,是中国共产党领导的多党合作和政治协商的重要机构,是我国政治生活中发扬社会主义民主的重要形式和主要渠道。人民政协围绕大局、维护大局、促进大局、发展大局,联系各方面优秀人士,范围广、力量强、基础稳,能谋长远、能传递正能量、能沟通协调社情民意,并协助党谋大事、担大任、成大业。协商民主以党的统一战线和多党合作的政党制度为标志,体现了以我国和合文化以及兼容并包、和衷共济的传统核心价值观,体现了现代民主集中制原则和精神,体现了党的领导、人民当家做主和依法治国三者的有机结合与辩证统一。这表明,我国人民民主制度化、规范化、程序化的政治文明发展目标、方向以及必然趋势,展现出中国特色社会主义人民民主的丰富形态和活力。当前，人民政协的协商主要包括政治协商、参政议政、民主监督、合作共事四种形式。人民政协要适应推进国家治理体系和治理能力现代化的要求，坚持改革创新精神，推进人民政协理论创新、制度创新、工作创新，丰富民主形式，畅通民主渠道，有效组织各党派、各团体、各民族、各阶层、各界人士共商国是，推动实现广泛有效的人民民主。① 党的十八大提出把政治协商纳入决策程序，要求做到协商于决策之前和决策之中，从而增强民主协商的时效性。为此，实际工作中，党委、人大、政协、政府有必要考虑采取会议协商、专题座谈协商、征求意见协商等形式，将协商议政工作贯穿于提案、视察、调研、特邀监督等活动和环节之中，加强各方面协商的即时性、现场性、针对性、对口性等特点，突出和不断提高议政协商的实效性。

（二）加强和保障人民代表大会的协商职能

人民代表大会制度是实现人民当家做主的重要形式。坚持人民主体地位，实现好、维护好、保护好、发展好人民群众的利益，就必须牢固坚持人民代表大会制度，并不断推进理论和实践创新，切实保护人民代表的协商地位，充分发挥人民代表的协商作用。为此，必须按照党的十八届三中全会的根本要求，完善中国特色社会主义法律体系，健全立法起草、论证、协调、审议机制，提高立法质量，防止地方保护和部门利益法制化；健全"一府两院"由人大产生、对人大负责、受人大监督制度；健全人大讨论、决定重大事项制度，各级政府重大决策出台前向本级人大报告；加强人大预算决算审查监督、国有资产监督职能；落实税收法定原则；加强人大常委会同人大代表的联系，充分发挥代表作用。通过建立健全代表联络机构、网络平台等形式密切人民代表代表同人民群众的密切联系。从制度、体制和机制上保障人民群众选举真正有能力代表并始终能忠实代表人民意志和利益的各种制度和体制。完善人大工作机制，落实人大有关制度和政策，通过座谈、听证、评估、公布法律草案等扩大公民有序参与立法途径，通过询问、质询、特定问题调查、备案审查等途径和形式，积极和

---

① 习近平：《在庆祝中国人民政治协商会议成立65周年大会上的讲话》。

及时回应各方面人民群众的广泛关切和呼声。

(三) 坚持职能机关主持听证会

听证会起源于英美近现代资本主义民主国家,是指把司法审判的模式引入行政和立法程序的一种民主制度形式。在中国,除了行政程序中有听证制度外,立法中也有听证制度,目前已经成为国内立法、行政部门普遍采取的通常形式。伴随着政治文明和法治国家进程的加快,有关人民群众普遍关心的重大事宜和事项,有关部门通过采取民主听证,广泛征求各方面意见和建议,最大容量地集聚人民智慧和志愿诉求,最大程度和最高效率地满足各方面利益主体和普通民众的相应需求。具体做法是:涉及重大国计民生的问题,政府和人大等部门适时支持和召开听证会,并邀请民主党派成员和无党派人士参加,直接听取意见,实行面对面协商。立法听证和行政是分别保证决策正确科学和执行准确高效的正确途径和形式,在防止立法和行政过程中不适当的错误利益倾向,提高民众参政议政及民主监督意识,以及加强社会成员民主法治意识等方面发挥着积极作用。

(四) 鼓励基层政权拓宽新渠道

基层民主是人民民主的主要渠道和形式,是人民当家做主的主要体现。党的十八届三中全会要求开展形式多样的基层民主协商,推进基层协商制度化,建立健全居民、村民监督机制,促进群众在城乡社区治理、基层公共事务和公益事业中依法自我管理、自我服务、自我教育、自我监督;同时健全以职工代表大会为基本形式的企事业单位民主管理制度,加强社会组织民主机制建设,畅通民主渠道,健全基层选举、议事、公开、述职、问责等机制,保障职工参与管理和监督的民主权利。目前,我国农村和城镇社区基层民主的具体实现形式主要有:议事会、通报会、吹风会、交流会、谈心会、评议会、座谈会,以及涉及公共事务和公共利益的各种其他具体形式。

(五) 支持社会组织自主自治友好协商

随着我国中国特色社会主义市场经济的持续深入与巩固发展,特别是党的十八届三中全会提出的加强市场在资源配置中起决定性作用决策的逐步实施,社会系统中基于市场原则和精神而普遍平等的各个非政府组织和社会力量追求适合有关各方实际需要和为各方都易于接受的协商形式将日益迫切,从而促进社会主义民主在全社会各个领域的逐步彻底实现。毫无疑问,这些领域的民主协商,需要在党和国家及其各级管理部门的宏观指导下,由各个平等地非政治性市场主体、公民社会、社区群众以及各个家庭分别在其内部和在他们相互之间,进行自由和自主的、审慎和充满活力的、深入和完全适合他们各自实际需要的事务性协商。现阶段,发展社会组织的民主协商,主要是市场主体依照法律规定和市场精神,自觉坚持党和国家的思想指引和政策指导,本着共建统一、有序、共赢、共进、和谐、共生良好秩序的目标,通过真诚友好务实协商,营造积极健康进步的竞争环境,促进中国特色社会主义市场经济有利于国家和社会科学发展,以及全体社会成员全面自由发展的生动活泼局面。为此,需要坚决打破和拆除政府人为性的制度壁垒和体制障碍,消除和摈弃各个市场主体自身不健康不科学不道义的内生缺陷,彻底放弃和消灭狭隘部门主义、关门主义、保护主义以及利己主义的错误观念和做法。

(六) 因时因地因事因人启用新形式

协商民主本质是民主,形式是协商,关键是互动。以协商实现民主和体现民主,以民主促成协商和发展协商。因而,依据不同主体、不同环境、不同条件、不同目标的具体要求,尊重差异化特点和多样化意趣,选择和创造具体的协商形式,是普遍、全面、充分、切实实现人民民主和主体民主的重要任务,也是协商民主工作的必要和重要环节。为着满足党和国家以及社会各方面对民主的期待和对协商的特定诉求,有必要秉承解放思想、实事求是、一切从实际出发,具体问题具体分析地开展新的协商形式的深入探讨和创造。以此推动协商民主从内容和形式、本质和现象、目标和手段的有机结合和辩证统一,从而促进中国特色社会主义民主政治的健康发展和文明进步。为适应各方面对协商的具体特殊要求,有关职能部门可以考虑采取如下形式和途径开展民主协商,主要是:例会式专题协商、常态式机制协商、办公式现场协商、巡查式访问协商、评议式点评协商、论证式调研协商、合作式界别协商、论坛式平等协商、对话式融入协商、协助式建议协商、中继式介质协商以及平台式网络协商,等等。此外，创造网络协商形式，设立基层政协委员联络室、委员工作室等，实行各个平等主体之间真诚的自愿协商，提高共商共决的实效性、共益性和普惠性。

协商民主的实质是一种政治价值追求，它的目的在于通过适宜的形式实现这种追求。就如同"摆渡过河"一样，目标是前提，目的是根本，而手段却是关键。加强协商民主工作，既是党的政治工作的重要内容和任务，也是党执行群众路线和做好群众工作的重要保证。通过上述对协商民主具体形式的研究，可以窥见协商民主实实在在是国家和社会的一项系统工程。实践探索和创造固然重要，但同时理论上的系统和深入的缜密探讨和研究，却是发展和推进协商民主从而全面促进政治文明所不可欠缺的。因此，对中国特色社会主义协商民主进行系统研究，特别是加强协商民主研究对象的创造性深入探讨，是当前我国政治民主建设的一项重要任务。

二、协商民主须要系统深入研究

中国特色社会主义协商民主，是要通过政党、人大、政府、政协、人民团体、社会组织等渠道，就经济社会发展重大问题和涉及群众切身利益的实际具体问题，进行广泛协商，以广纳群言、广集民智、广结同心、广聚民力，从而调动和发挥各方面积极投身于现代化建设事业的主体性和能动性。无论对于党和国家，还是对于企事业单位，抑或对于全体社会成员，民主和协商既是达到目标的途径和形式，因而具有工具价值，是各方面享受民主政治权利、实现政治和精神两个文明不断发展进步的主观愿望和重要目标。就此而言，协商民主既是党推进政治文明和发展中国特色社会主义民主政治的重要内容、重要任务，又是党加强自身建设，切实有效贯彻群众路线和在党内外集思广益的重要途径和正确形式。为此，党需要深化对协商民主的思想和理论认识，同时需要加强协商民主在实践操作层面上的方法论探讨。就协商民主的理论研究而论，考虑选取哲学本体论、价值论、方法论等维度，对其进行缜密思考和系统研究，是此项工作的必由之路。关于三个维度，我们在系统观指导下需要重点探讨的问题是：协商民主的内涵和实质是什么？意义和价值功用是什么？主体及其相互关系是什么？必须针对的对象客体是什么？民主协商应采取哪些形式、哪些手段、哪些途径，以及需要采取什么样的制度措施，保证各种形式、手段、途径的有效运用？进一步思考，还需要研究我国民主协商的多层面、多特点等问题。

（一）协商民主是政治文明的新形式，是还权于民的新体现

古代希腊城邦政治以及英国著名政治家伯克等人的民主精神及理念，在当代西方至今产生着深刻影响。作为批判学派的法兰克福学派第二代旗手，Jürgen Habermas（尤尔根·哈贝马斯）十分重视现代条件下的社会互动和沟通，认为它们是克服动机危机和信任危机，实现人类精神解放的重要手段。上个世纪80年代，美国学者Joseph Bessette（约瑟夫·毕塞特），首次在学术上使用"协商民主"，将民主从"精英阶层"还给"公民"，认为是共和政府的"多数原则"，指出协商民主实际上是一种积极的公民参与。西方协商民主的理论研究，针对代议制民主的制度局限和缺陷，重新考察民主的本质，将自由与平等、私利及公利有机统一起来，从而赋予自由主义民主和选举民主以时代特色和崭新样貌。西方协商民主本质上是协商理念以及民主品质与形式符合时代要求的自我革新，是人类人文精神的又一次重要复兴。

民主理论有"理想主义"和"经验主义"学派之别，[①] 也有直接的参与制式民主与代议的自由民主形态之差。[②] 西方社会的上述有关理论及思想观点，对我国思想理论界也产生了深刻影响。我国学者怀着极大学术兴趣积极地引入西方有关著述和思想。在此基础上，展开了深入而广泛的理论研究。2003年，中央编译局俞可平先生以其"当代西方政治理论的热点问题"一文，对西方协商民主理论进行了介绍。继而，中央编译局比较政治研究中心对此开始了系统研究。2004年，在杭州举行了中国和澳大利亚

---

① 参见 Anthony H. Birch, *The Concepts and Theories of Modern Democracy*, Routledge, 1993, p.48.
② 参见戴维·赫尔德：《民主的模式》，燕继荣等译，中央编译出版社2004年版，第6页。

"协商民主理论和中国地方民主"国际学术研讨会。2006年,中央编译局出版了由俞可平主编的《协商民主译丛》,这是一部国内首席比较全面系统介绍和研究西方协商民主理论的思想读物。在此方面,《马克思主义与当代》,也通过发表相应文章,积极引介西方协商民主的思想及理论观点。当前,国内研究协商民主蔚然成风,表明执政党的英明决策得到了最广大人民群众的积极响应,体现了全国各族人民对社会主义政治民主的积极追求。这是中国特色社会主义政治文明建设的重要里程碑。

中国共产党成立以来,长期探索实现政治民主的正确道路和途径,不断获得对民主政治的新认识。党的十八大对发展社会主义协商民主提出了新观点新举措,表明我党的民主政治思想实现了新提高,达到了新境界。在思想和理论上,党的十八大指出,协商民主是我国人民民主的重要形式;党的十八届三中全会指出,协商民主是我国社会主义民主政治的特有形式和独特优势,是党的群众路线在政治领域的重要体现。中共中央总书记习近平同志指出推进民主协商是党和人民完成新时期伟大历史任务的必然要求。

上述思想和理论研究,厘清从而正确地界定了协商民主的内涵和本质,正确地揭示出了协商民主的根本意义和重要价值,成为进一步研究协商民主方法和形式的基础。

(二) 协商民主是一种普遍参与全面协商公平正义的民主新形式

所谓民主,顾名思义其含义是人民做主。但自阶级社会以来,由于社会历史地分裂为两大根本利益对立的人口群体,民主自然成为仅仅为特定权力主体所独享的稀缺政治资源。随着人类政治文明前进的步伐不断加快,由立宪制、代议制进而发展更加充分的民主制,越来越成为近代以来世界各国的政治追求和制度选择。中国共产党历来把民主看成是人民的民主,并为着实现人民的政治解放从而建立一切权利属于人民、归于人民的根本制度,进行了革命、建设和改革的斗争和探索、奋斗和创造。新民主主义革命过程中,三个历史时期革命的根据地民主政权,就是保障全体人民人人平等、同心同德、共促大业的根本条件。新中国成立后,随着人民民主专政的国家政权和生产资料国家和集体所有的公有制的先后建立,全体社会主义劳动者、拥护社会主义和支持国家统一的爱国者，一律成为受法律保护和国家政权维护而真实地享受当家做主权利的共和国公民。根据我国宪法，社会主义中国的一切权利属于人民，任何组织和任何个人在法律面前人人平等，党纪国法范围绝无例外。在扩大协商主体方面，党的十八大提出，要提高基层人大代表特别是一线工人、农民、知识分子代表比例，降低党政领导干部代表比例，作为民主协商主体的普通民众范围和数量必将越来越大、越来越多。这表明，在当代中国，宪法和法律规定的一切人民和一切组织，既都是协商民主义务的主体，又都是协商民主权利的主体。

关于人民民主权利的内容客体，我们从领导革命的历史时期，就已经注意到不仅在政治而且包括经济在内的其他领域，切实地推行友好协商、平等协商、真实协商、有效协商的民主制度。党的十八大要求发展人民民主必须更加广泛、更加充分、更加健全，同时对进一步加强政治协商、民主监督、参政议政，以及专题协商、对口协商、界别协商、提案办理协商，和积极开展基层民主协商等民主政治建设工作进行了部署，提出了要求。党的十八大和十八届三中全会关于政治制度建设和发展协商民主的要求，体现了党对协商民主主体和内容的深入思考和科学规定。这既是这方面理论研究的政治基础，也是十分重要的思想基础。

（三）丰富多样化的形式和途径，是实现协商民主的条件和保证

人民参加选举、参与协商，是社会主义民主政治的制度特点和优势。社会主义民主不仅需要完整的制度程序，而且需要完整的参与实践。革命时期和建国之后，我党在探索和创造实现人民群众民主权利的制度和具体形式方面，做了大量卓有成效的工作。九十多年来我党所长期坚持的群众路线和群众工作方法，就是党不断改进同群众商量的方式和方法的根本路线和根本方法。改革开放以来，我党在对选举、决策、管理、监督等领域加强同人民协商方面坚持创新，不断取得了重要成就。十一届三中全会前后，党在坚持实事求是原则基础上推动的解放思想、拨乱反正，以及做出实行改革开放的决策，归根结底都是同人民群众商量的光辉结晶。党和人民群众的协商，既有看得见的具体形式的协商，也有根本一致的默契协商。在现实和实际工作中，党更加注重特定形式和具体途径的对话协商和恳谈协商。为此，党的十八大和十八届三中全会做出了明确规定，体现了党对新时期新阶段协商民主思想认识的理性成熟。

党的十八大和十八届三中全会，要求支持和保证人民通过人民代表大会行使国家权力。为此指出，必须支持人大及其常委会代表人民依法行使立法、监督、决定、任免等职权，充分发挥国家权力机关代表和实现人民意志的作用。必须加强对"一府两院"的监督，加强对政府全口径预算决算的审查和监督。必须完善代表联系群众制度。同时还要求，必须完善通过座谈、听证、评估、公布法律草案等扩大公民有序参与立法途径的工作制度和机制，以询问、质询、特定问题调查、备案审查等途径积极回应各方面人民群众的普遍关切。

不仅如此，我们党还就发挥人民政协等机关和组织推动民主协商的积极作用，给予了正确指导。指出要在党同各民主党派、无党派人士、各少数民族以及其他方面广大人民群众之间，具体问题具体分析地采取协商会、谈心会、座谈会、议事会、恳谈会、交流会、报告会、生活会等办法展开协商，并增加协商密度，提高协商成效。为此，必须构建程序合理、环节完整的协商民主体系，拓宽国家政权机关、政协组织、党派团体、基层组织、社会组织的协商渠道；深入开展立法协商、决策协商、行政协商、民主协商、参政协商、社会协商、咨询协商。健全基层选举、议事、公开、述职、问责等机制。同时，对加强基层民主协商提出了重要意见。指出必须推进基层协商制度化，建立健全居民、村民监督机制，促进城乡社区治理、基层公共事务和公益事业等各项工作中的多层民主协商和广泛民主协商。

总之，我们党对协商民主的具体措施和办法，以及协商民主的多样化形式和途径，进行了创造性探索和科学总结。党的十八届四中全会要求以法治精神推动全面深化改革，将社会主义协商民主以党内法纪和国家制度的形式加以明确，足以表明党对协商民主内涵和意义的科学认识达到了一个新的水平，对协商民主具体实现形式的探索和创造进入到了一个新阶段，为全面深入研究协商民主指出了正确方向，奠定了科学基础，营造了良好氛围，创造了重要条件。

四、结论

综上所述，本文主张：

（一）中国共产党的协商民主是人类政治文明进程的新形式、新发明、新创造，代表着我党政治成熟的新水平、新境界、新阶段。

（二）协商民主本质上是人民民主，坚持党的领导、人民当家做主、依法治国有机统一，内在地要求必须推进和加强社会主义协商民主。必将更加夯实人民民主作为社会主义生命的思想理论，必将扩大其作为中国共产党奋斗旗帜与价值目标追求的社会基础。

（三）发展协商民主和扩大民主协商，就是要强化社会主义人人平等和普遍公平正义的公民精神，就是要不断推进和促进全社会、全民族在政治、经济、文化等各个方面各个领域的协商、协作和协调。从而加强民族的凝聚力和执政党的整合力、号召力、战斗力。

（四）政治民主本质上是依法享受权利和履行义务，是法治国家的本质要求。协商民主是实现政治民主的一种形式，民主协商是公民依法享受权利、履行义务、担当职责的一种途径。在当代中国，扩大民主和实现真正的人民当家做主，必定要扩大享受协商民主的合法主体，必定要增加民主协商的必要和必需内容，必定要拓宽充分地民主协商的途径、手段和形式。这是民主协商差异化、多样化、多元化、具体化的内在要求。

（五）协商民主是政治学体系和范畴中的一个重要子课题，有其自身的系统性和逻辑性。对协商民主的研究，搞清楚研究对象是基本前提。从协商民主内涵和实质、价值和功用、主体和客体、形式和手段等要素进行系统研究，是协商民主理论研究的任务。有理由坚信，随着我党政治理性的不断成熟和我国协商民主实践的不断深入，对协商民主的理论研究，必将实现新的突破。

（李丁，四川省委党校科社教研部教师，郑州大学公民教育研究中心研究员）

参考文献：

1. 陈家刚选编：《协商民主》，上海三联书店2004年版。

2. 凯斯·R.孙斯坦：《设计民主：论宪法的作用》，金朝武、刘会春译，法律出版社2006年版。

3. 戴维·赫尔德：《民主的模式》，燕继荣等译，中央编译出版社2004年版。

4. 毛里西奥·帕瑟琳·登特里维斯主编：《作为公共协商的民主：新的视角》，王英津等译，中央编译出版社2006年版。

5. 胡锦涛：《坚定不移沿着中国特色社会主义道路前进　为全面建成小康社会而奋斗》（十八大报告）。

6. 乔万尼·萨托利：《自由民主可以移植吗？》，参见刘军宁主编：《民主与民主化》，商务印书馆1999年版。

7. 《习近平在主持召开中央全面深化改革领导小组第六次会议上的讲话》。

8. 习近平：《在庆祝中国人民政治协商会议成立65周年大会上的讲话》。

9. 燕继荣：《协商民主的价值与意义》，载《科学社会主义》，2006年第6期。

10. 俞可平主编："协商民主译丛"，中央编译出版社2006年版，"总序"。

11. 中共中央宣传部编：《习近平总书记系列重要讲话读本》，学习出版社、人民出版社2014年版。

12. Anthony H. Birch, *The Concepts and Theories of Modern Democracy*, Routledge, 1993.

13. 李君如：《协商民主：重要的民主形式》，载《文汇报》，2006年7月27日。

十八大以来协商民主理论的创新发展

于小英

十八大首次将"健全社会主义协商民主制度"作为坚持中国特色社会主义政治发展道路、推进政治体制改革的重要任务。十八届三中全会进一步明确社会主义协商民主是中国社会主义民主政治的特有形式,是中国共产党的群众路线在政治领域的重要体现,是深化政治体制改革的重要内容。尤其是习近平在庆祝中国人民政治协商会议成立65周年大会上的讲话以及《中共中央关于加强社会主义协商民主建设的意见》的颁布,是新一届中央领导集体对现代政治和当今社会发展全局作出的理性思考和重要创新。它深刻揭示了社会主义协商民主的本质属性,进一步明确了协商民主在中国特色社会主义民主政治建设中的根本定位,全面论述了发展社会主义协商民主的总体战略、基本路径和重点任务,强调社会主义协商民主是实现人民当家做主的重要途径,全心全意为人民服务,始终代表最广大人民根本利益,是实行和发展协商民主的重要前提和基础。这标志着我国社会主义协商民主发展到一个崭新阶段,在新的历史起点上展现出一种全新格局。

一、十八大首次确立"社会主义协商民主"的概念,明确了社会主义协商民主制度的科学内涵

十八大首次确立"社会主义协商民主"的概念,提出健全社会主义协商民主制度，推进协商民主广泛多层制度化发展。明确社会主义协商民主是中国特色社会主义道路的重要组成部分，具有人民民主的本质属性；科学概括了社会主义协商民主制度的重要特征、基本内涵及其实现形式，对协商民主的地位、性质、基本制度、参与主体、协商领域、协商要求和发展趋势等进行了全面阐述，为我们正确认识和把握协商民主的科学内涵指明了方向。

（一）社会主义协商民主制度的重要特征和原则，为健全和发展协商民主制度奠定了制度基础

十八大确立社会主义协商民主制度，是对政治协商制度和社会协商对话制度的高度总结和理论概括。60多年来，中国共产党坚持不懈地探索人民民主的有效实现形式，创立了人民代表大会制度、中国共产党领导的多党合作和政治协商制度，形成选举民主与协商民主两种社会主义民主的实现形式①。在我国政治体制中形成的人民代表大会制度与政治协商制度互为补充、相辅相成的"两会"运行模式，成为独具中国特色的社会主义民主制度的鲜明特征。改革开放后，中国共产党又将协商民主理念广泛运用于民主政治实践，初步建立了社会协商制度和基层群众自治制度。在此基础上，总结并形成了社会主义协商民主制度的重要特征和原则，这即是：既坚持社会主义制度，又继承和发扬中国优秀政治文化传统；既坚持民主集中制的组织原则和领导制度，又肯定广大人民群众的民主地位；既坚持中国共产党的领导，又充分发挥各党派团体、各族各界人士的作用。② 其总的原则就是坚持走中国特色社会主义政治发展道路，坚持党的领导、人民当家做主、依法治国有机统一。

这一重要特征和原则，以保证人民当家做主为根本；以增强党和国家活力、调动人民积极性，扩大社会主义民主，建设社会主义法治国家，发

---

① 于小英：《毛泽东协商民主思想研究》，见刘仁勇、于小英主编：《协商政治学研究·中国协商民主理论与实践》，四川人民出版社2011年版，第14—25页。

② 贾庆林：《健全社会主义协商民主制度　为全面建成小康社会广泛凝聚智慧和力量》，载《求是》，2012年第23期，第1页。

展社会主义政治文明为目标;以党内民主带动人民民主,在选举民主引入竞争的基础上,大力推进协商民主、发展基层民主为路径;以维护广大人民群众的根本利益,促进国家经济社会健康发展,促进党和国家长治久安为标准。体现了既广泛发扬民主,又实现高度集中;既充满生机活力,又富有效率;既尊重大多数人的意愿,又维护少数人的权利的人民民主原则。

(二)对社会主义协商民主制度内涵的科学概括,为新的历史条件下发展和完善社会主义协商民主赋予了崭新的时代内容

十八大对社会主义协商民主的基本框架、实现形式和发展路径作了原则性表述,进而对健全社会主义协商民主制度作了全面规划和部署。

第一,首次明确"社会主义协商民主是我国人民民主的重要形式"。十八大把人民民主上升至"党始终高扬的光辉旗帜"的理论地位,并作出"社会主义协商民主是我国人民民主的重要形式"[1]的重要论断,明确了社会主义协商民主的人民民主本质属性。首次把协商民主提升至与选举民主并重的地位,并确立为国家民主制度,是中国共产党社会主义民主理论创新和制度创新的最新成果。对于有效提升人民民主的运行功能,充实人民民主实践形态,具有深远的政治意义。

第二,明确了社会主义协商民主制度的基本框架。十八大明确了协商民主具有"广泛、多层、制度化"的制度体系和工作机制架构及其实现途径和实践方式,构成了内容丰富、体制广泛、构造多层的制度系统。

一是明确了"通过国家政权机关、政协组织、党派团体等渠道,就经济社会发展重大问题和涉及群众切身利益的实际问题广泛协商","积极开展基层民主协商"的发展路径。

二是明确了社会主义协商民主以经济社会发展的重大问题和涉及群众切身利益的实际问题为协商内容;以广纳群言、广集民智、增进共识、增强合力为目的;把政治协商纳入决策程序,坚持协商于决策之前和决策之

---

[1] 胡锦涛:《坚定不移沿着中国特色社会主义道路前进 为全面建设小康社会而奋斗》,人民出版社2012年版。

中的基本原则。强调充分发挥人民政协作为协商民主的重要渠道作用。中共十八大报告提出:"充分发挥人民政协作为协商民主重要渠道作用,围绕团结和民主两大主题,推进政治协商、民主监督、参政议政制度建设","把政治协商纳入决策程序,坚持协商于决策之前和决策之中,增强民主协商实效性"。

三是首次以中共中央政治报告的形式将"国家政权机关"纳入协商民主渠道,使人大立法和政府决策建立在科学、民主基础上,对于建构和完善协商民主制度框架具有重要意义。

四是从国家制度层面对于人民政协在社会主义协商民主制度中的重要地位、职能作用、形式渠道作了全面论述,突破了爱国统一战线和多党合作的范畴。

因此,十八大提出"健全社会主义协商民主制度"具有理论和实践双重意义,是中国共产党在新的历史条件下扩大有序政治参与,寻求社会共识,凝聚社会力量,化解社会矛盾,维护社会稳定的重要举措。其重点在于加强制度建设、完善工作机制、拓宽民主渠道、创新民主形式。

在此基础上,中共十八届三中全会作出了"协商民主是我国社会主义民主政治的特有形式和独特优势"的重大判断,指出"协商民主是中国共产党的群众路线在政治领域的重要体现"。《中共中央关于全面深化改革若干重大问题的决定》(以下简称《决定》)对协商民主的性质、地位以及协商民主的功能、途径作了全面系统地论述,对健全社会主义协商民主制度,推进协商民主广泛多层制度化发展作出重要部署,提出构建程序合理、环节完整的协商民主体系。《决定》强调"在党的领导下,以经济社会发展重大问题和涉及群众切身利益的实际问题为内容,在全社会开展广泛协商,坚持协商于决策之前和决策实施之中"[①]。值得关注的是,十八届三中全会在继续坚持就经济社会发展重大问题协商于决策之前原则的同时,明确将"涉及群众切身利益的实际问题"列入协商的基本内容。《决

---

① 《中共中央关于全面深化改革若干重大问题的决定》,人民出版社2013年版,第29—30页。

定》强调"在全社会开展广泛协商,坚持协商于决策之前和决策实施之中"①。这是我党立足于社会主义初级阶段社会转型、体制转轨、观念转化、成分转代的基本国情,在广领域多层面扩大人民民主重大战略思想的具体体现。这表明,协商民主已经从主要处理中国共产党与各民主党派以及党外上层代表人士关系的制度,扩大为覆盖全社会的,涵盖从中央到地方以及城乡基层各个领域、各个层面的更为普遍的民主制度。

二、习近平总书记在庆祝人民政协成立65周年大会上的讲话,全面论述了社会主义协商民主的重大战略思想

习近平总书记在《讲话》中进一步明确了发展社会主义协商民主的总体战略、基本路径和重点任务,就推进社会主义协商民主建设提出一系列新思想、新观点和新论断,厘清了理论界对重大问题的争议,是指导和推进社会主义协商民主建设的纲领性文献。

(一) 科学阐明社会主义协商民主的性质以及特点和内涵

习近平总书记指出:"社会主义协商民主,是中国社会主义民主政治的特有形式和独特优势,是中国共产党的群众路线在政治领域的重要体现。"进一步明确了社会主义协商民主的特点和内涵,这即是,既坚持中国共产党的领导,又发挥了各方面的积极作用;既坚持人民主体地位,又贯彻了民主集中制的领导制度和组织原则;既坚持人民民主的原则,又贯彻了团结和谐的要求。

(二) 强调社会主义协商民主是实现人民当家做主的重要途径

习近平总书记指出:"中国共产党领导人民实行人民民主,实质就是保证人民当家做主。"强调"在中国社会主义制度下,有事好商量,众人的事情由众人商量,找到全社会意愿和要求的最大公约数,是人民民主的真谛。"《讲话》指出:"在人民内部各方面广泛商量的过程,就是发扬民主、集思广益的过程,就是统一思想、凝聚共识的过程,就是科学决策、

---

① 《中共中央关于全面深化改革若干重大问题的决定》,人民出版社2013年版,第29—30页。

民主决策的过程,就是实现人民当家做主的过程。"这些重要论述,深刻揭示了社会主义协商民主的本质属性,进一步明确了社会主义协商民主在中国特色社会主义民主政治建设中的根本定位。

(三) 深刻论述社会主义协商民主所具有的独特优势

《讲话》指出,我国社会主义协商民主的独特优势是"在中国共产党统一领导下,通过多种形式的协商,广泛听取意见和建议,广泛接受批评和监督,可以广泛达成决策和工作的最大共识,有效克服党派和利益集团为自己的利益相互竞争甚至相互倾轧的弊端;可以广泛畅通各种利益要求和诉求进入决策程序的渠道,有效克服不同政治力量为了维护和争取自己的利益固执己见、排斥异己的弊端;可以广泛形成发现和改正失误和错误的机制,有效克服决策中情况不明、自以为是的弊端;可以广泛形成人民群众参与各层次管理和治理的机制,有效克服人民群众在国家政治生活和社会治理中无法表达、难以参与的弊端;可以广泛凝聚全社会推进改革发展的智慧和力量,有效克服各项政策和工作共识不高、无以落实的弊端"。

(四) 首次指出协商民主是我国独特的、独有的、独到的民主形式

《讲话》明确指出,"协商民主是中国社会主义民主政治中独特的、独有的、独到的民主形式",已经深深嵌入了中国社会主义民主政治全过程。强调协商民主"源自中华民族长期形成的天下为公、兼容并蓄、求同存异等优秀政治文化,源自近代以后中国政治发展的现实进程,源自中国共产党领导人民进行革命、建设、改革的长期实践,源自新中国成立后各党派、各团体、各民族、各阶层、各界人士在政治制度上共同实现的伟大创造,源自改革开放以来中国在政治体制上的不断创新,具有深厚的文化基础、理论基础、实践基础、制度基础"。这表明,协商民主起源于近代以来中国人民争取民族独立和人民解放运动,是在中国共产党统一战线理论与政策以及人民民主理论的指导下创建和发展起来的。

因此,社会主义协商民主在我国有根、有源、有生命力,是中国共产党人和中国人民的伟大创造,是中国社会主义民主政治的特有形式和独特优势,是党的群众路线在政治领域的重要体现。《讲话》强调,"古今中外的实践都表明,保证和支持人民当家做主,通过依法选举、让人民的代表来参与国家生活和社会生活的管理是十分重要的，通过选举以外的制度和方式让人民参与国家生活和社会生活的管理也是十分重要的。"指出"在中国，这两种民主形式不是相互替代、相互否定的，而是相互补充、相得益彰的，共同构成了中国社会主义民主政治的制度特点和优势"。

（五）突出强调人民群众是社会主义协商民主的重点

习近平总书记在《讲话》中指出："全心全意为人民服务，始终代表最广大人民根本利益，是实行和发展协商民主的重要前提和基础。"明确"人民群众是社会主义协商民主的重点。涉及人民群众利益的大量决策和工作，主要发生在基层。要按照协商于民、协商为民的要求，大力发展基层协商民主，重点在基层群众中开展协商"。提出"要坚持把实现好、维护好、发展好最广大人民根本利益作为一切工作的出发点和落脚点，我们的重大工作和重大决策必须识民情、接地气"。这表明，我国协商民主将进一步向下延伸，由政治领域走向社会领域，由高层精英走向社会大众，基层协商民主将成为重要创新点，具有广阔的发展空间。将基层协商民主与社会治理相结合、与基层群众自治相结合，是新形势下我党在社会领域推动基层民主制度建设的重要着力点。

（六）明确了发展社会主义协商民主的总体战略、渠道方式和重点任务

习近平总书记在《讲话》指出："必须构建程序合理、环节完整的社会主义协商民主体系，确保协商民主有制可依、有规可守、有章可循、有序可遵。"指出要通过各种途径、各种渠道、各种方式就改革发展稳定重大问题，特别是事关人民群众切身利益的问题进行广泛协商，既尊重多数人的意愿，又照顾少数人的合理要求，广纳群言、广集民智，增进共识、增强合力。要拓宽中国共产党、人民代表大会、人民政府、人民政协、民主党派、人民团体、基层组织、企事业单位、社会组织、各类智库等的协商渠道，深入开展政治协商、立法协商、行政协商、民主协商、社会协商、基层协商等多种协商，建立健全提案、会议、座谈、论证、听证、公示、评估、咨询、网络等多种协商方式，不断提高协商民主的科学性和实效性。

（六）强调发展社会主义协商民主必须加强中国共产党的统一领导

习近平总书记在《讲话》强调，要深刻把握社会主义协商民主是中国共产党的群众路线在政治领域的重要体现这一基本定性。明确"在中国共产党领导下进行广泛协商，体现了民主与集中的统一"。习近平总书记指出："发展社会主义民主政治，保证国家政治生活既充满活力又安定有序，关键是要坚持党的领导、人民当家做主、依法治国有机统一。"强调"人民当家做主必须具体地、现实地体现到中国共产党执政和国家治理上来，具体地、现实地体现到中国共产党和国家机关各个方面、各个层级的工作上来，具体地、现实地体现到人民对自身利益的实现和发展上来"。《讲话》将党的群众路线贯彻于协商民主之中，对于密切党同人民群众的血肉联系、完善人民有序政治参与、促进决策科学化民主化具有重要意义。

三、《意见》进一步明确了社会主义协商民主的本质属性和基本内涵，以及加强协商民主建设的指导思想、基本原则和渠道程序

2015年1月颁布的《中共中央关于加强社会主义协商民主建设的意见》（以下简称《意见》），明确了社会主义协商民主的本质属性和基本内涵，阐述了加强社会主义协商民主建设的重要意义、指导思想、基本原则和渠道程序，对在党的领导下推进协商民主广泛多层制度化发展作出全面部署。是继2005年2月《中共中央关于进一步加强中国共产党领导的多党合作和政治协商制度建设的意见》之后，首次以协商民主为主题颁发的中央文件。

（一）明确了社会主义协商民主的本质属性和基本内涵

《意见》明确了社会主义协商民主的本质属性和基本内涵，阐述了加强社会主义协商民主建设的重要意义。《意见》指出："社会主义协商民主，是中国社会主义民主政治的特有形式和独特优势，是中国共产党的群众路线在政治领域的重要体现，是深化政治体制改革的重要内容。"明确"协商民主是在中国共产党领导下，人民内部各方面围绕改革发展稳定重

大问题和涉及群众切身利益的实际问题,在决策之前和决策实施之中开展广泛协商,努力形成共识的重要民主形式。"为推进社会主义协商民主建设指明了方向。

《意见》回顾了社会主义协商民主的发展历程,指出:"社会主义协商民主是中国共产党和中国人民的伟大创造,源自中国共产党领导人民进行革命、建设、改革的长期实践。"强调:"协商民主在我国具有深厚的文化基础、理论基础、实践基础、制度基础,为发展中国社会主义民主政治丰富了形式,拓展了渠道,增加了内涵。"进一步明确:"加强协商民主建设,有利于扩大公民有序政治参与、更好实现人民当家做主的权利,有利于促进科学民主决策、推进国家治理体系和治理能力现代化,有利于化解矛盾冲突、促进社会和谐稳定,有利于保持党同人民群众的血肉联系、巩固和扩大党的执政基础,有利于发挥我国政治制度优越性,增强中国特色社会主义道路自信、理论自信、制度自信。"

(二)明确了加强协商民主建设的指导思想、基本原则和渠道程序

《意见》指出,加强协商民主建设,必须贯彻落实党的十八大和十八届三中、四中全会精神,高举中国特色社会主义伟大旗帜,以马克思列宁主义、毛泽东思想、邓小平理论、"三个代表"重要思想、科学发展观为指导,深入贯彻落实习近平总书记系列重要讲话精神,坚持和完善我国根本政治制度和基本政治制度,以保证人民当家做主为根本,构建程序合理、环节完整的协商民主体系,推进协商民主广泛多层制度化发展,为发展中国社会主义民主政治注入新的活力,为实现"两个一百年"奋斗目标、实现中华民族伟大复兴的中国梦凝聚智慧和力量。

《意见》明确了加强协商民主建设的"五个坚持"基本原则,即坚持党的领导、人民当家做主、依法治国有机统一,贯彻民主集中制,坚定不移走中国特色社会主义政治发展道路;坚持围绕中心、服务大局,促进经济持续健康发展,维护社会和谐稳定;坚持依法有序、积极稳妥,确保协商民主有制可依、有规可守、有章可循、有序可遵;坚持协商于决策之前和决策实施之中,增强决策的科学性和实效性;坚持广泛参与、多元多层,更好保障人民群众的知情权、参与权、表达权、监督权;坚持求同存异、理性包容，切实提高协商质量和效率。强调"党的领导是中国特色社会主义最本质的特征。加强协商民主建设，必须坚持党的领导，充分发挥党总揽全局、协调各方的领导核心作用，把握正确方向，形成强大合力，确保有序高效开展"。

《意见》进一步明确了社会主义协商民主的七种协商渠道，指出要"继续重点加强政党协商、政府协商、政协协商，积极开展人大协商、人民团体协商、基层协商，逐步探索社会组织协商"。《意见》将中国共产党同民主党派的政治协商第一次明确概括为"政党协商"，并将政党协商列为各协商渠道之首，突出其重要性。

2005年2月颁布的《中共中央关于进一步加强中国共产党领导的多党合作和政治协商制度建设的意见》首次明确了政治协商的两种基本方式，即中国共产党同各民主党派的政治协商，以及中国共产党在人民政协同各民主党派和各界代表人士的协商。2006年2月颁布的《中共中央关于加强人民政协工作的意见》提出"人民通过选举、投票行使权利和人民内部各方面在重大决策之前进行充分协商，尽可能就共同性问题取得一致意见，是我国社会主义民主的两种重要形式"。首次将协商民主和选举民主与我国政治体制中实行的"两会制"相对应并列为我国社会主义民主的两种重要形式。中共十八大明确提出"社会主义协商民主是我国人民民主的重要形式"。《意见》将政党协商与政协协商分别作为协商渠道，2015年5月颁布的《中国共产党统一战线条例（试行）》进一步明确"政党协商是中国共产党同民主党派的政治协商"，《意见》指出人民政协是"协商民主重要渠道和专门协商机构"，具有深刻内涵。

总之，《意见》作为关于社会主义协商民主的纲领性文献，深刻回答了什么是社会主义协商民主、为什么要加强协商民主建设、怎样加强协商民主建设等一系列重大理论和实践问题，为我们在新的历史条件下发展社会主义民主政治提供了重要的理论指导和行动纲领。

十八大以来，以习近平为总书记的党中央着力推进社会主义协商民主理论创新、制度创新和实践创新，在全面总结我国多党合作和政治协商的成功经验的基础上，着眼于推进协商民主广泛多层制度化发展，建设社会主义政治文明，推进国家治理体系和治理能力现代化，就加强社会主义协商民主建设作出了顶层设计和总体部署，开创了中国民主政治发展的新境界，为丰富民主形式、实现最广泛的人民民主确立了新的发展路径。正如习近平总书记在中央统战工作会议上的讲话指出："民主和协商是实现党的领导的重要方式"，强调"我们发展社会主义民主政治，加强社会主义协商民主建设，就是为了发扬民主、集思广益，避免发生大的失误"。这表明，通过更加广泛深入地推进协商民主广泛多层制度化发展，建设社会主义政治文明，推进国家治理体系和治理能力现代化，是新形势下中国共产党推动中国政治建设和社会发展的战略举措，对于全面增强党的执政能力、政府的民主科学决策能力、扎实有效地推进国家治理体系和治理能力现代化，具有重要的政治意义和战略意义。

（于小英，四川省社会主义学院教授、教研室主任，协商民主研究中心副主任兼秘书长）

协商民主与国家治理关系研究

积极推动国家治理现代化

陈家刚

2013年11月,党的十八届三中全会通过了《关于全面深化改革若干重大问题的决定》,明确将"完善和发展中国特色社会主义制度,推进国家治理体系和治理能力现代化"作为全面深化改革的总目标。2014年10月,党的十八届四中全会通过了《关于推进依法治国若干重大问题的决定》,明确提出了"建设中国特色社会主义法治体系,建设社会主义法治国家"这一依法治国总目标。在党的历史性文献中首次提出"国家治理"的理念,并同时将法治作为国家治理体系和治理能力的"重要依托"和"保障",对于当代中国的发展转型、社会主义现代化事业,乃至人类政治文明的发展,都具有重大的理论意义和现实意义。

所谓国家治理体系,指的是规范政治权力运行、维护公共秩序、促进公共利益的一系列制度和程序,以及内含于其中的自由、平等、公正等价值观念。国家治理体系是一种民主的治理体系,其公权力的产生和运作必然是遵循民主规则的,其私权利必然是得到保障的,公民、社会、市场和政府之间的界限是明晰的;国家治理体系是一种法治的治理体系,宪法和法律是所有治理主体和全部治理行为的最终权威来源。国家治理体系,在内容上包括有政府治理、市场治理和社会治理三个主要的方面。现代的国家治理体系是一个有机的、协调的、动态的和整体的制度运行系统。国家治理体系是政治现代化的重要标志。

如果说工业、农业、国防、科技的现代化"四个现代化"是器物层面的现代化,那么,"国家治理体系和治理能力的现代化"就是国家治理体系的现代化,实际就是政治现代化,是制度和观念层面的现代化。社会的进步最深刻的进步是政治的进步,政治的进步通过制度的形式,把人类文明进步的成果固定下来。国家治理体系是政治现代化的重要标志。

国家治理是一个全新的概念,是对马克思主义国家理论的创新和发展。作为我们党的指导思想,马克思主义具有丰富的内容,"国家理论"是它的重要内容。但是,经典作家并未就"国家治理"提出明确的分析和判断,而只有阶级斗争、国家管理等观点。从阶级统治,到国家管理,再到国家治理,是马克思主义国家理论符合逻辑的发展。推进国家治理体系和治理能力现代化,是建设社会主义政治文明、完善和发展中国特色社会主义的必然选择。

实现国家治理现代化,是当代中国经济社会发展转型的重要保障。经济社会的发展变化和成功转型,必然需要发展与之相适应的治理体系,增强治理能力。就像1992年邓小平同志说过的那样,要"在各方面形成一整套更加成熟、更加定型的制度。在这个制度下的方针、政策,也将更加定型化"。

实现国家治理现代化,是中国共产党从革命党转向执政党的重要理论标志。革命党的逻辑主要是建立政权和巩固政权;执政党的逻辑主要是发展经济,推进民主,不断地为自己的长期执政奠定基础。革命党和执政党在指导思想、执政方式、执政基础等各个方面都存在很大的差异。"中国共产党的执政地位既不是与生俱来的,也不是一劳永逸的"。实现从革命党向执政党的转型,必然需要积极推进"国家治理体系和治理能力现代化"。

实现国家治理现代化,是实现中国人民幸福安乐的重要条件和保障。我们党和政府工作的根本出发点,就是"适应人民过上更好生活的新期待"。保障人民群众的权益不受侵害,维护人民群众的切身利益,不能寄希望于某个"青天大老爷",只能依靠法治,通过推进国家治理体系和治理能力的现代化来实现,由此,才能够真正实现国家的长治久安,人民的幸福生活才能得到应有的保障。

改革开放以来，我们党明确提出没有民主就没有社会主义，就没有社会主义现代化。各级党政机构遵循政治现代化的内在逻辑，围绕民主、法治、公平、责任、透明、廉洁、高效、和谐等目标，积极开拓创新，民主政治建设取得了相当大的成就。例如"公推公选"凸显党内民主、"政务大厅"改善公共服务、"效能建设"提升政府效率、"信息公开"助推透明政府、"减少审批"促进简政放权、"阳光救助"彰显公平正义、"开放式决策"回应民众诉求、"民主恳谈"扩大公众参与、"治理创新"激发社会活力，等等。

然而，随着世情国情党情的新变化，随着改革开放进入关键期和深水区，转型发展给我国发展进步带来巨大活力，同时也诱发了这样那样的矛盾和挑战。例如执政党精神懈怠的危险，能力不足的危险，脱离群众的危险，消极腐败的危险，更加尖锐地摆在全党、全国人民面前；改革在实践中表现出的浅层次、碎片化和非均衡性特点，诱发了二元结构困境、人口资源环境压力、教育医疗住房安全问题，以及固化的利益藩篱；民主法制不健全，社会诚信缺失、道德失范，一些领导干部的"本领恐慌"与新形势新任务不相适应；一些领域的腐败现象仍然比较严重，社会情绪日益饱满，等等。体制机制的严重障碍说明当代中国在国家治理体制和治理能力方面，面临着新的挑战。

人类的政治发展总是遵循着从人治走向法治，从专制走向民主，从神秘走向透明，从集权走向分权，从管制走向服务，从统治走向治理这样的规律的。"国家治理体系和治理能力现代化"这一全新政治理念的提出，既是顺应了人类发展的一般规律，也表明我们党对社会政治发展规律有了新的认识，是对改革开放以来理论探索和实践创作的总结和升华。推进国家治理体系和治理能力的现代化，既是全面深化改革的目标，也是当代中国民主政治发展的必然要求。推进国家治理体系和治理能力现代化，对于我们转变思维方式、革新传统观念、探求改革路径等方面将提出许多新的要求。

首先，进一步解放思想是实现国家治理现代化的先决条件。社会政治进步的过程，就是新的思想观念不断战胜和超越落后的思想观念的过程，就是不断学习和借鉴的过程。没有思想的解放和观念的转变,就不可能有扭转中国历史进程的改革开放大业。推动国家治理变革,势必会触动既定的利益格局和守旧力量,引起抵制和反对,这就需要有新思想新观念,需要有"敢为天下先"的勇气,为百姓谋利、为党和国家尽职的责任;需要革除在政治体制改革问题上的形而上学和教条主义。只要有利于解放和发展生产力,有利于实现社会公平正义,有利于促进人的解放,就应该毫不犹豫地放下包袱,以负责的精神和务实的态度,以高超的智慧和真正的勇气,在充分尊重民主共同价值的条件下,积极主动探索民主的多样性实践。

其次,积极推动存量民主是实现国家治理现代化的重要基础。存量民主,指的围绕建设高度发达的社会主义民主和法治这一首要目标,在由"人民共和国"这一国体性质规定的一整套宪法法律制度基础上,充分利用既有制度优势,通过具体的体制机制和程序设计,将"沉淀的"、"文本的"制度规范用好,使制度的民主走向实践,使民主在实践中运转起来,集中力量解决政治体制改革的重点领域和关键环节,切实地维护人民群众的权利与利益,实现公平正义和社会和谐。存量民主包括三个方面的内容:一是自近代以来中华民族在追求民族独立、国家富强、人民幸福的过程逐步形成的民主政治观念和文化;二是自推翻统治中国几千年的传统政治体制之后经过逐步探索和多次反复而最终建立起来民主共和政治制度;三是基于自由、民主、平等、法治等价值观念和民主共和政治制度的民主实践所长期形成的成就和经验。当代中国这种以宪法法律为基础的政治体制架构,是国家治理变革最为根本的存量和现实基础。既有的政治体制架构为改革创新准备了最为坚实的支撑。一切改革和发展,都应该以此为基础,并且不能违背现行宪法和法律框架。由此,必须消除一切对于我国国体和政体等政治制度民主特性的质疑,这也是推进国家治理现代化的底线共识。

第三,在竞争性民主基础上发展协商民主是实现国家治理现代化的战略选择。协商民主是自由平等的公民,在一种由民主宪法规范的权力相互制约的政治共同体中,通过集体与个体的反思、对话、讨论、辩论等过程，形成合法决策的民主体制和治理形式。协商民主与选举民主共同构成了我国社会主义民主的重要形式。选举民主侧重于权力授受过程，协商民主侧重于权力运行过程。随着经济社会的发展，社会利益主体日益多元、利益分化逐渐明显、利益冲突日益剧烈，化解分歧、消除差异，构建和谐，已经成为我国社会发展的关键。协商民主承认并接受多元社会的现实，能够有效地消除分歧和差异。在一个强调多元、尊重差异的时代，协商民主开启了人类探索民主理想的新历程，为人类的民主探索提供了一种新的思考路径。重视协商民主，不能以否定选举或竞争性民主为代价，必须避免有意无意认为"竞争性的安排不适合现阶段中国社会"的观念。当代中国的国家治理变革，只有在大力推进竞争性民主的基础上，才能够更好地发挥协商民主的作用。

第四，将顶层设计与基层改革创新有机结合起来是实现国家治理现代化的关键路径。 改革不是昨天的事，今天的事，明天的事，改革持续地存在于社会主义现代化建设的整个历史过程之中；改革不是一个政党的事，一个团体的事，一个部门的事，改革是整个国家的事，整个民族的事；改革不是左一个政策、右一个规定，上一个发现、下一个创新，改革是有方向、有目标、有路径的。从战略高度对改革作出总体设计，破除陈旧观念的束缚，才是正常健康的、整体系统的、符合人民利益的改革。顶层设计，必然要超越"摸着石头过河"，更加重视"总体规划，明确改革优先顺序和重点任务"，对改革的目标、路径、阶段、条件、困难和前景等有清醒的认识和总体规划与设计；必然要超越"二元思维"模式，简单地将顶层设计等同于理性建构主义、等同于否定地方和基层的积极性，就会落入非此即彼的二元思维模式窠臼；必然要超越既有利益格局，着力打破阻碍改革与发展的既有利益格局。顶层设计的本质是改变利益固化的藩篱，并以巨大的勇气和魄力革自己的命、打破既有利益格局，构筑符合公平正义原则的新利益格局。国家治理变革，既要防止"下改上不改，最后改回来"，"下动上不动，越动越被动"的局面，也要防止"脚踩西瓜皮，滑到哪里是哪里"的盲目性。要将顶层设计的"方向、智慧和勇气"与基层的"甩开膀子""大胆干"结合起来。

第五，推进国家治理现代化，要善于使制度运转起来。制度的价值在于实践，制度的权威也在于实践。实践可以在民众与制度之间建立起规范性的联系，从而增强民众对制度的认同和支持，建构制度本身的合法性基础。一个制定出来的制度，如果束之高阁，这个制度就是文本的、"沉睡的"制度。制度要实现其价值，就需要通过具体的程序设计、技术规范来激活，并使其运转起来。中国特色社会主义制度，以及国家治理体系，虽然还需要不断完善和发展，但是，我们已经形成了初步的制度体系和基础。需要考虑的是，制度体系要运转起来，还需要具体支撑的机制、程序和技术设计。国家治理体系涉及方方面面，应尊重不同领域、不同层级的实际情况，形成有明确的预期、有可操作性的程序，避免过于模糊、原则和抽象。

第六，积极大胆借鉴人类文明优秀成果是实现国家治理现代化的外部条件。在具有几千年封建政治传统的中国建设民主法治，推动治理变革，没有任何先例可循。要创造比资本主义社会更发达的民主，实现国家治理现代化，需要我们以开放的心态、宽广的视野，学习借鉴人类政治文明的一切优秀成果。在经济领域，我们已经借鉴了公司制、股份制这些曾经被看成是资本主义专属的东西，并有效地利用市场在资源配置中发挥决定性作用。同样，在治理领域，我们也可以积极大胆借鉴人类文明有益成果。自由、平等、民主、法治、人权等不是西方的专属，它们是人类共同的文明成果，是人类共同追求的价值观。虽然在实现人类共同价值过程中，各国走的道路不一样，模式不同，但是，差异并不妨碍我们寻找机会、平台展开更多的交流和沟通。在不同观点、不同文化，以至不同文明的对话和碰撞中，我们可以更多将我们的观点、我们所知道的事实表达出来，介绍出去，在了解世界的同时，更多地让世界了解中国，从而避免害怕交流、拒绝对话，也避免自说自话、自我欣赏。实现国家治理现代化，应该与时俱进，不能身子到了21世纪，脑袋还停在20世纪。学习借鉴也必须从口头上、文字中走向实际，走向具体，否则就变成了一句空话。

中共十八届三中全会明确提出了实现国家治理体系和治理能力现代化的总目标，但实现这个总目标还有很艰巨的任务要完成。在实践中推动国家治理现代化，还需要我们"开动脑筋"，需要再现上世纪七十年代末关于"实践是检验真理的唯一标准"大讨论，以及明晰"计划和市场不是社会主义与资本主义的本质区别"定位等在历史上发挥解放思想、推动进步的巨大作用，凝聚全党全国人民的改革共识，下决心推动治理变革；还需要"迈开步子"，"不谋全局者，不足谋一域；不谋万世者，不足谋一时"，治理变革需要拿出"壮士断腕"的勇气，直面挑战；还需要"动起手来"，什么是国家治理，如何推进国家治理，如何评价国家治理，不能总挂在嘴上，而要落到实处，需要有对目标、方向、路径和框架的总体规范；而更重要的是要执行有力，"落实下去"。基层群众大胆突破既有格局的勇气，中层智识力量提供的理性支撑，高层果断决策大力推动的智慧，下、中、上互动，才能进而形成制度的良性变革。

推动改革创新，实现国家治理现代化，作为我们党改革开放事业的重大战略构想，对于发展经济、推进民主、改善民生，对于进一步探索中国特色社会主义发展道路，对于丰富人类社会现代文明成果具有极其重要的意义。但是，我们依然要清醒地认识到，实现国家治理现代化并非一朝一夕之功，还会遇到这样那样的困难，尤其需要努力避免一些错误的观念和做法。一是习惯于"治理腐败"、"治理污染"的思维路径，将"国家治理"扭曲为"治理社会"、"治理市场"、"治理群众"。二是将国家治理的目标仅仅理解为维护稳定。稳定是治理转型的重要条件，但稳定的形成，不是靠强力、压制和打击，而是靠协商、对话与合作，治理变革，更多地是要实现公共利益的最大化。三是将"不搞西方那一套"与"借鉴人类文明有益成果"对立起来，拒绝学习人类有益文明成果。只有清醒认识当前存在的各种挑战和困难，坚持实事求是，立足于当代世界和中国发展变化的实际，积极探索，才能够积极推进中国特色社会主义伟大事业，才能够实现中华民族伟大复兴的"中国梦"。

（陈家刚，中央编译局世界发展战略研究部副主任）

社会协商：中国的内生缘起与理论探索

王洪树

中共十八大提出要健全社会主义协商民主制度体系，十八届三中全会的"决定"将"社会协商"单列做了深入的阐述。社会协商，作为中国特色社会主义协商民主体系当中的重要内容，获得社会各方的高度关注①，成为社会科学界探讨的理论热点和政治实践领域创新的沃土。

一、社会协商的历史缘起

中国近代社会协商思想与实践萌生于中国近代的革命历程之中，社会协商思想与实践根源于中国近代革命的艰辛探索。为推翻旧制度和建设新社会，革命时期的中国共产党——作为体制外的反对党——形成了以社会联合为基础、以党派协商为主干、以从下到上为内在路径的社会协商思想。

中国共产党从成立之初就在思考如何促进社会力量的组织化发展和团结社会各方进步力量。在传统"和合"政治心理、近代民主共和思想与列宁的统一战线思想的共同作用下，中共一大的部分代表在会议讨论期间就

---

① 以郑永年和林尚立等为代表的一些学者，认为当今中国正在进入社会改革或社会建设时期；社会协商是社会建设的重要渠道，将推动社会改革的深入进行。参见郑永年：《中国改革三步走》，东方出版社2011年版；参见林尚立：《社会协商与社会建设：以区分社会管理与社会治理为视角》，载《高校社会科学》，2013年第4期。

曾主张"应该在行动上与其他政党合作反对共同的敌人",认为这"并不违背我们的原则","我们的力量会因为这个进展而强大起来"①。极具政治意味的社会联合思想在此时已经开始萌动。而1922年7月中共二大通过的《关于"民主的联合阵线"的决议案》又就此提出了三点具体建议。其中第三点建议就是"在全国各城市集合工会、农民团体、商人团体、教员联合会、学生会、妇女参政同盟团体、律师公会、新闻记者团体等组织"构建"民主主义大同盟"②。由此可见,在中国共产党成立之初,作为体制外反对党的中国共产党就已经开始了在公权力领域之外的社会领域中进行政治意义和社会组织化意义上的协商探索,出现了革命党派多党合作与进步社团之间协商合作的早期萌芽。这种萌芽后来进一步演化为近代革命过程中的政治协商思想与社会协商思想,出现了两次"国共合作"、抗日根据地"三三制政权"建设尝试、国民参政会和旧政协等一系列的社会联合与政治合作实践,形成了以社会协商促进政治协商——既以党派会议促进国事会议③——的社会合作共同革命的逻辑。

新中国诞生后(尤其是1956年宣布进入社会主义之后),社会协商经历了一段时间的政治沉寂,在政治上高度集权、社会高度同质化。随后伴随改革开放,社会协商再次成为社会热点。1978年市场化取向的改革,逐渐改变了一元化的政治—社会结构;民主化取向的政治体制改革,则不断调适着全能主义政府体制;解放思想背景下的文化体制改革,使人们直面社会分化现实,思考社会力量的自主自治与政治整合问题。因此,它凸显了社会协商的时代必要性。一是社会阶层日趋多元和社会自主性力量不断成长为社会协商奠定了社会力量基础;二是政治—社会结构变迁提出了

---

① 中央档案馆:《中共中央文件选集》第1册,中共中央党校出版社1989年版,第558页。
② 中央档案馆:《中共中央文件选集》第1册,中共中央党校出版社1989年版,第66页。
③ 1944年9月15日中共代表林伯渠在国民参政会上明确提出:"由政府召开各党各派各地方各政府各人民团体的国事会议,成立抗日党派的联合政府。"(参见中央档案馆:《中共中央文件选集》第14册,中共中央党校出版社1992年版,第333页。)后又补充提出,先"召开党派会议,作为国事会议的预备会议,以便正式商讨国事会议和联合政府的组织及其实现的步骤问题"。(参见中央档案馆:《中共中央文件选集》第15册,中共中央党校出版社1991年版,第11页。)

构建政府与社会力量之间新型关系和联接机制的时代课题；三是政治生态改善为重塑政府与社会的良性互动关系提供了现实可能性。1987年中共十三大提出建立"社会协商对话制度"。在新世纪，中共十八届三中全会更是提出建立"中国特色社会主义协商民主体系"，并将社会协商作为该体系的重要组成部分。

由此可见，社会协商的现实运动轨迹是以从上到下的协商路径为主，渐次启动从下到上协商路径的改革创新，形成了现阶段以党和政府主导下的社会协商为主、社会主导下的社会协商为辅的中国特色社会协商发展逻辑。

二、社会协商的理性分析

在改革开放逐渐进入深水区和攻坚期的现阶段，中国特色的社会协商正日益受到社会科学界的高度理论关注和多方理论探索。

（一）社会协商的内涵界定

中国社会协商的内涵界定，应秉持历史与逻辑相一致的原则。一方面，要尊重中国社会协商发生和发展的政治现实，是对中国社会协商实践的经验总结；另一方面，要依据中国政治发展的内在逻辑对社会协商进行前瞻性的理性思考，以更好地引领中国社会协商的健康发展。以此原则为指导审视现有的社会协商界定，社会协商是中国政治—社会结构变迁的内生产物，是促进公民社会自治和政治—社会沟通合作的多元民主活动、对话平台与整合机制，是中国对社会民主的一种独特探索，是现阶段以协商为主要民主偏好的中国特色协商政治的重要组成内容和建构渠道。

（二）社会协商的类型分布

目前，关于社会协商类型主要有四种划分。其一，广义与狭义的类型划分。有学者认为："广义上讲，社会协商对话包括社会生活中人们就某一问题进行的所有的沟通、协商与对话。狭义上讲，社会协商对话是指现代社会政治活动中，各个政治主体之间就共同关心的有关政治、经济、文化、社会等各个领域的重大问题和涉及不同群体利益的决策和行为所进行的平等的、直接的有效沟通、协商和对话。"① 其二是从对话主体的角度进行划分，认为存在党和政府各级党政领导机关、各种群众性的民主团体和各个政治个体之间三种类型的社会协商。② 其三是从对话客体（即对话内容）来划分，社会协商可以分为宏观性协商与微观性协商、冲突性协商与融合性协商。③ 其四是从对话目的角度划分，认为可以分为"处理型、调研型、沟通型、疏导型和宣泄型"等不同类型的社会协商。④

这些类型的细分，在一定程度上丰富了对社会协商的理解和认识。从发生学和社会空间⑤分布的视角，社会协商还可以划分为以下三种类型。一是国家主导下与社会力量展开的社会协商。该类型的社会协商适应了当前中国的政治—社会结构现状，存在于国家与社会的交叉渗透空间，在社会协商体系中占据着主要地位。二是社会主导下与国家力量展开的社会协商。该类社会协商是政治—社会逐渐分化背景下滋生的自下而上的社会协商，也存在于国家与社会的交叉渗透空间之中，是一定社会力量（集体组织或公民个体）主动发起的与党委政府之间的社会协商，在目前居于萌芽探索阶段。三是社会内部发起的自主性社会自治协商。该类型的社会协商是公民社会自身成长的必然产物，是前两类型社会协商有效进行最为重要的前提条件，是促进公私权力分野并以私人权利制衡公共权力的社会基础。它主要存在于公共领域和私人社会之中，是公民或公民社团之间的社

---

① 杨弘、张等文：《中国社会协商对话制度的现实形态与发展路径》，载《理论探讨》，2011年第6期。

② 杨弘、张等文：《中国社会协商对话制度的现实形态与发展路径》，载《理论探讨》，2011年第6期。

③ 赵志宇：《当代中国社会协商对话：要素、特征与功能》，载《中央社会主义学院学报》，2013年第1期。

④ 叶山土：《社会协商对话制度的哲学基础》，载《探索》，1989年第3期。

⑤ 依据国家—社会理论、哈贝马斯的公共领域思想等的分析，现代社会空间可以大致划分为公权力领域、公权力与公共领域的交叉渗透空间、公共领域、私人领域等几个部分。参见王洪树：《协商合作视野下的民主政治研究》，中国社会科学出版社2010年版，第94、292—299页；参见林尚立：《社会协商与社会建设：以区分社会管理与社会治理为视角》，载《高校社会科学》，2013年第4期。

会协商。从长远来看，社会力量自主性的社会自治协商及其作用的发挥，是中国社会现代化和政治民主化的基础与根本。

因此，中国语境下的社会协商，是以社会内部自主性的社会自治协商为基础，是国家与社会之间的双向运动与相互合作，是共同创造和共享社会秩序的系列民主活动。社会协商体系的现实运行逻辑是国家主导下的社会协商占据着主导地位，引导和规范着其他两类社会协商的发展。社会协商体系的未来发展逻辑，是在继续发挥国家驱动力的同时，社会自身力量将在社会协商的驱动方面扮演更为积极主动的角色，最终形成国家与社会高效互动与有机合作的"双动力"政治—社会发展格局，促进中国的善政和善治。

（三）社会协商的主要特征

依此逻辑审视现有关于社会协商特征的界定[①]，存在以下几点缺陷。一是几乎都未能将社会协商与其他协商形式区分开来。人们在探讨社会协商特征时，大都是从协商民主整体意义上来思考的。二是将社会协商的实然特征与应然特征混为一谈，逻辑略显混乱。三是未能深入社会协商内部进行更为细致的分类特征探讨。探讨社会协商的特征，既要将之放在中国协商民主体系之下给予宏观审视，认识到社会协商具有协商民主的一般性特征，更应该着力探讨社会协商与其他协商形式之间的区别、社会协商实然特征与应然特征的内容和关系、社会协商内部不同类型相互之间的区别。这或许更有助于加深对社会协商的认识和引导它更好的发展。

社会协商与其他协商形式之间的区别。就协商主体而言，参与社会协商的主体比其他四类协商形式[②]的主体更为多元与广泛；就协商客体（内容）而言，社会协商的主题更为丰富、界面更为宽泛；就协商形式而言，社会协商形式更为多样、手段更为灵活；就协商规则或程序而言，社会协

---

① 参见本书中叶山土、刘宗齐、卓泽渊、林尚立、赵志宇和郑杭生等学者的相关分析。
② 其他四类协商是立法协商、行政协商、民主协商和参政协商。参见中共十八届三中全会2013年11月12日通过的《中共中央关于全面社会改革若干重大问题的决定》。

商的规则更为多元与繁杂；就协商效果而言，社会协商也更为迅速和准确。

现实生活中的社会协商与应然状态中的社会协商的区别。中国的社会协商正在从党的领导式协商①逐渐走向党的引导式协商，从党委政府的"主人恩惠式"协商逐渐走向"公仆服务式"协商，从政治动员性社会协商逐渐走向自主自愿性社会协商，从自上到下的整合式社会协商逐渐走向上下互动的合作治理式社会协商，从主体地位形式平等的社会协商逐渐走向主体地位实质平等的社会协商，从对抗冲突型社会协商逐渐走向和平合作型的社会协商。

社会协商体系中不同类型之间的区别。国家主导下与社会力量之间的社会协商具有更强的政治领导性，协商主体具有选择性，协商主题更为公开和明确，协商程序更为规范，协商结果也更具有社会约束力和社会整合性。社会主导下与国家力量之间的社会协商具有时间和事件的偶发性，形式上的对抗性和冲突性，内容上的复杂多样性，动力上的社会自发性，过程方面的不可控性，结果方面的不确定性，机制程序的匮乏性。社会内部的自主性社会自治协商的最显著特征，就是协商主体多元、协商过程自主、协商结果自治。

（四）社会协商的基本原则

社会协商的原则，应是对社会协商的基本规范和方向指南，是社会协商展开的底线共识和行为导向。所有参与社会协商的主体都必须予以遵守，否则，将受到国家法律的强制或社会道德的谴责。

具体而言，当前社会协商的基本原则主要有以下五个方面。其一是社会协商主体地位的权利平等原则。在社会协商中，参与主体的地位平等不是指主体的权力地位平等，而是指基于主体有限理性假设的权利平等。所有参与社会协商的主体，都是有限理性的主体。面对协商话题的理性平等

---

① 关于现实状态中的领导式协商，有学者认为："社会协商这个杠杆要真正撬动中国的社会建设，就必须有一个支点，这个支点就是党的领导。"（参见林尚立：《社会协商与社会建设：以区分社会管理与社会治理为视角》，载《高校社会科学》，2013年第4期。）

（每个人都有一定的真知灼见，但没有人全知全能），使得所有参与者都有平等的权利参与意见表达和话语沟通。协商过程中，要以权利的平等来遏制甚至消除权力不平等带来的强制或压迫。任何权力方面的胁迫或压制，都将不具有任何意义上的政治正当性或公共合理性。

其二是社会协商主体行为的自律原则。此处的自律原则，是指参与社会协商的主体的任何言行主张，都既要能够经受住公共理性和公共道德的审视与评判，又要能够经受得住自我的道德审视和利益评判。后者显得更为重要，所有外在的限制和约束，最终都只有转化为协商主体的内心认可才可能具有内在的、可持续的约束效力。不仅如此，各协商主体参与其中并最终形成的协商共识，也应该获得协商主体的自觉主动遵守和执行。无论是他律向自律的转化，还是协商共识成为自律的重要组成部分，究其实质来看都是协商主体价值均衡和利益均衡的结果。

其三是社会协商客体的包容原则。社会协商客体，主要是指协商的内容。社会协商内容的包容原则，首先表现为协商主题的开放性。主题的开放性主要根源于当代中国社会的快速变迁，新事物新问题总是层出不穷，需要多维的社会协商平台集中民智进行探讨和认知。其次表现为协商话语的百家争鸣。参与协商的各方都能够在协商平台上充分表达自我独特的经验感知和理性分析；即使是社会弱势群体或个体，也能诉说自我独特的经历与遭遇，以唤起其他参与者的人性体验和情感共鸣。因为，对任何参与主体来说权利的排斥，最终只能导致对协商结果的社会抵制。再次表现为观点依据的多元多维。中国内部社会阶层的分化，形成了多元的社会价值标准和利益标准。这些支撑参与者言说的依据，只有在相互碰撞和交融中才能形成或强化整个社会的公共理性或公共道德。

其四是社会协商过程的有序原则。主要表现在三个方面：首先是法治原则。所有参与社会协商的主体都必须遵守国家的法律，在社会主义宪政体系内维护和增益各自的利益。其次是党的领导原则。中国共产党的领导地位是宪法明确规定的，社会协商是在以宪法为核心的法律体系规范下进行的。所以，中国共产党对社会协商活动的领导，是法治原则在社会协商当中的具体体现。最后是组织化表达原则。社会协商，一方面是社会组织内部自主开展的自治活动,有力地促进了市场经济背景下原子化个体的组织凝结与组织发展。另一方面,社会协商也是组织化集体或其代表与国家力量之间的协商活动;组织化或代表式的协商参与,将克服"群氓式"参与的诸多弊端,将现阶段大量存在的对抗冲突型公共参与逐渐转化为和平合作型的社会协商参与。

其五是社会协商结果的共享合作原则。社会协商的结果,既可能是公共问题的决策基础——决策理性共识的获得;它使公共决策建立在理性共识的基础之上,各方凡是能够经受得住公共理性和公共道德审视的诉求都能够得到决策体现与维护;也可能是针对无序参与进行的创制活动——形成具有理性共识基础的协商规则或自治规则;还可能是多元公共理性支撑下不同社会价值与利益诉求的"有尊严的并存"。这种"有尊严的并存",表面看是一个社会多元分歧的显性存在,实质是一个在合作中富有张力的社会的集中表现,是宪政框架下多元化社会存在的具体表现。

三、社会协商的理论资源

上述社会协商的界定、类型、特征与原则的理性分析,是对核心概念的一个聚焦式剖析。① 要想对社会协商有一个更全面完整和准确深入的理解,就离不开对其主要理论资源的梳理。

第一,"中国梦"思想揭示了社会协商的内在动力与共同愿景。自习近平2012年参观《复兴之路》展览时提出"中国梦"以来,"中国梦"思想渐趋成熟,形成了以"国家富强、民族振兴、人民幸福"为核心内涵的思想体系。② 它在三个方面为社会协商奠定了思想基础。首先,"中国梦"思想揭示了社会协商追逐的核心共同利益——即中华民族的伟大复兴。中华民族的伟大复兴,就"体现了中华民族和中国人民的整体利

---

① 笔者素来主张人文社科研究应以客观事实为依据从核心概念入手。核心概念既是对研究对象本质的准确揭示,也是研究方法、研究框架和研究逻辑的初步预设。

② 《习近平在第十二届全国人民代表大会第一次会议闭幕会上的讲话》,2013年3月17日。

益"①，它构成了社会协商成功开展的利益共识基础。其次，"中国梦"思想激发了社会协商的内在动力，需要在多个层面上开展社会协商，消融矛盾，凝聚力量，共同追逐梦想的实现。再次，"中国梦"思想提供了社会协商的共同愿景。

第二，以人学理论为代表的马克思主义哲学思想阐释了社会协商的哲学基础。马克思主义哲学从多个方面为社会协商提供了哲学的论证。首先，社会主义矛盾学说分析了社会协商客体的缘起与发展，指出社会协商往往缘起于社会矛盾和冲突的存在。其次，马克思主义人学思想分析了社会协商主体的特征，指出"人的本质是社会关系的总和"，将社会协商主体置于社会系统的相互作用之下进行考察，揭示了复杂社会中协商主体相互之间的依赖性。最后是唯物辩证法的相互作用原理揭示了社会协商的过程性特征，指出"社会协商对话本质上就是一种以信息为中介的主体之间直接的相互作用"②。

第三，以国家—社会理论为代表的社会学说阐明了社会协商的社会根源和社会使命。按照马克思主义的基本观点，经济基础决定上层建筑，根源于经济发展的社会变化迟早会投射到政治领域。所以，分析社会协商的理论基础一定离不开对社会学的剖析。社会学说主要从四个方面为社会协商提供了理论支撑：一是国家—社会理论揭示了社会协商产生的社会根源。伴随着市场经济的发展和社会阶层的分化，传统的"国家与社会合一的一元主义模式正在走向解体"③，中国国家与社会的关系向社会协商的多元竞起和蓬勃开展转变。二是根源于社会市场经济理论的社会伙伴关系思想阐释了社会协商的主体性质。社会市场经济理论，在强调经济增长的同时，更加强调社会各阶层和各群体之间的利益均衡和社会的整体进步。三是合做主义思想为社会协商提供了明确的发展导向和相对成熟的发展模式，为中国社会协商的机制建设和规范运行提供了丰富的镜鉴资源，有助

---

① 《习近平参观〈复兴之路〉展览时的讲话》，2012年11月29日。
② 叶山土：《社会协商对话制度的哲学基础》，载《探索》，1989年第3期。
③ 曹海军：《改革三十年：党、国家和社会关系再思考》，载《探索》，2008年第6期。

于国家与社会的协商沟通与合作互强。四是社会建设思想揭示了当下中国社会协商创建和共享秩序的社会使命。中国社会的阶层分化和利益博弈，逐渐使当下中国社会底层呈现出"抗争性政治"特征[①]。社会内部发起的自主性社会自治协商，将有助于培育具有适度独立性的社会力量，使其在构建公民社会的秩序中担当主要角色；而国家主导下与社会力量展开的社会协商和社会主导下与国家力量展开的社会协商，则有助于建立健全"国家主导与社会担纲的双向社会建设结构"。它们多维互动共同作用，将承担起以秩序创建和共享为核心内容的社会建设使命。[②]

第四，以群众路线思想为代表的中国政治学理论[③]阐明了社会协商的方法技巧与政治价值。作为中国特色社会主义协商民主体系主要组成部分的社会协商，已经成为中国民主政治的重要内容，中国政治学理论为分析社会协商提供了丰富的思想资源。一是群众路线思想揭示了社会协商的价值取向和互动性特征，有助于党委政府通过社会协商赢得广大群众的政治认同。二是统一战线思想丰富了社会协商具体开展的方法技巧，阐明了社会协商在整合社会力量维护社会安定团结方面的突出价值。三是善治思想彰显了社会协商的终极目的，即协调公民之间、公民（或公民组织）与政府之间的各种矛盾冲突，促进二者最佳状态——即强政府与强社会的有机互动与和谐共存——的形成，使社会更加公平公正，国家运转更加高效有序。

---

① 参见于建嵘：《利益博弈与抗争性政治——当代中国社会冲突的政治社会学理解》，载《中国农业大学学报（社会科学版）》，2009 年第 1 期。

② 林尚立：《社会协商与社会建设：以区分社会管理与社会治理为视角》，载《高校社会科学》，2013 年第 4 期。

③ 按照教育部的学科设置，作为一级学科的政治学包含六个二级学科。政治学二级学科中就有"科学社会主义"和"党史党建"。然而，笔者在国内多次的会议交流中发现似乎部分国内政治学者已经将这二者排斥在该学科体系外。这种做法既不符合学科设置精神，也使政治学脱离了主流社会价值和中国政治现实。

结束语：以社会协商的理性探索促进中国"强政府"与"强社会"模式的建构

回溯历史，社会协商在中国共产党成立之初就进入了它的思想视野。近代中国多元生产方式的并存和当代中国国家与社会的分化，使得社会协商在不同历史时期都具有存在的社会基础，并获得了多元的实践探索和理性审视。这也在一定程度上说明社会协商是中国革命和建设过程中自然生成的整合社会力量，推进革命和建设的民主产物，具有内生性特质。

具有内生性特质的社会协商，在当代中国国家与社会关系不可逆转的深刻变化中占据着重要的政治地位，具有重要的作用功能。当代中国国家与社会的关系，正在"强政府—弱社会"与"强社会—弱政府"之间摇摆。从宏观视野来看，中国共产党和中央政府对社会有着较强的控制和引导能力，呈现出"强政府—弱社会"的特征。与之形成对比，从微观视野或社会基层来看，社会内部有组织或群氓式的社会力量又不断地冲击着基层政府和局部社会秩序，呈现出"强社会—弱政府"的状态。但无论是"强政府—弱社会"还是"强社会—弱政府"，都难以构建文明法治的未来中国。因此，"强政府"与"强社会"和谐并存的政府—社会模式，才是未来中国文明进化的追求。而社会协商的多元开展，就是建构这种模式的有效路径。

（王洪树，四川大学政治学院副教授，四川大学文新学院和四川省社科院联合招收的博士后）

国家治理视野下的协商民主研究

孙存良　李徐步

党的十八届三中全会明确提出全面深化改革的总目标是"完善和发展中国特色社会主义制度，推进国家治理体系和治理能力现代化"，并把"推进协商民主广泛多层制度化发展"作为全面深化改革的重要内容进行部署。从一定意义上说，协商民主本身就是一种国家治理方式。推进国家治理体系和治理能力现代化，其中一条重要途径就要深入推进协商民主广泛多层制度化发展。

一、协商民主是我国国家治理的有效形式

治理是相对统治而言的，统治是政府对社会进行自上而下单向度的权力实施过程，而治理则是指政府、社会组织乃至公民对公共事务进行共同协商讨论的决策过程。治理的主体不再局限政府，而是主体的多元化，目标是实现公共利益最大化，达到善治。协商民主，是指受决策影响的公民，通过自由平等的对话、沟通、交流、协商、讨论等方式参加政治生活，解决公共事务的过程。社会主义协商民主作为社会主义民主政治的特有形式，是我国国家治理的有效形式。

（一）社会主义协商民主是我国社会主义民主政治的特有形式

社会主义协商民主是中国共产党领导中国人民在探索社会主义民主政治过程中，运用马克思主义民主理论对我国民主政治实践的理论升华和伟大创造，具有鲜明的中国特色。马克思主义民主理论认为，在社会主义社

会，人民不仅有定期选举投票的权利，而且还有经常参加公共事务协商管理的权利。马克思、恩格斯在《共产党宣言》中鲜明提出"共产党人到处都努力争取全世界民主政党之间的团结和协调"[①]。列宁指出，"在社会主义下，'原始'民主的许多东西都必然会复活起来，因为人民群众在文明社会史上破天荒第一次站起来了，不仅独立地参加投票和选举，而且独立地参加日常管理。"[②] 我们党坚持马克思主义民主理论，并根据我国国情探索出了协商民主形式。早在新民主主义革命时期的"三三制"政权中，我们党不仅积极探索选举民主的实现形式，而且非常注重用民主协商的方式解决公共事务。解放战争初期，我们党提出"几个革命阶级联合专政"的主张。新中国成立后，我们党继承民主革命时期民主协商的传统，把协商民主作为一种民主形式确定下来。我国建立的中国人民政治协商会议，为社会各阶级、各民主党派、各人民团体就公共事务进行广泛协商提供了制度平台。改革开放以来，我们党进一步提高协商民主的地位和作用。2006年中共中央颁布的《关于加强人民政协工作的意见》指出，人民通过选举、投票行使权利和人民内部各方面在重大决策之前进行充分协商，尽可能就共同性问题取得一致意见，是我国社会主义民主的两种重要形式。这是我们党首次以中央文件的形式把协商民主确定为社会主义民主的重要形式。党的十八大报告强调要"健全社会主义协商民主制度"，标志着我们党对协商民主的认识达到了新的高度。可以说，协商民主是我们党把马克思主义民主理论同中国具体国情相结合的一大结晶。同时，协商民主还与中国优秀传统文化相契合。中国传统政治文化的核心是"和合"文化，它强调的和谐而不是冲突，合作而不是对抗，说理而不是蛮缠，公共利益而不是个人利益。中国传统政治文化，孕育了人们合作共事、求同存异、民主协商的价值诉求，这与协商民主的精神和理念是完全一致的。所以，习近平强调指出，协商民主是中国社会主义民主政治中独特的、独有的、独

---

① 《马克思恩格斯文集》第2卷，人民出版社2009年版，第66页。
② 《列宁选集》第3卷，人民出版社1995年版，第217页。

到的民主形式。①

（二）社会主义协商民主是中国特色社会主义制度体系的重要内容

国家治理现代化的一个重要方面就是制度体系现代化。民主化是国家治理现代化的基本要求。选举民主和协商民主是中国特色社会主义民主的两种重要形式，都是中国特色社会主义制度体系的重要内容，适应了国家治理现代化发展要求。协商民主与选举民主作为中国特色社会主义民主的两种重要形式，都具有自身的优势。选举民主能够更直接地体现公民的民主权利，而协商民主在体现人民权利方面更具有全面性、连续性、持续性。它不仅体现在政治权利上，而且还体现在涉及与人们切身具体利益密切相关的经济、社会和文化各个层面、各个领域中，体现在人民内部对于公共事务进行充分的讨论和协商。人们的民主权利包括知情权、参与权、选举权、表达权、监督权等，协商民主既包括体现人民权力授予主体的选举权、监督权，也包括对整个国家管理和公共事务事前、事中决策过程中的知情权、参与权、表达权等。

协商民主的实现需要有可操作、可执行的制度保障和运行机制。从制度要素来看，我国从国家层级的协商民主到基层自治领域的协商民主，都有相应制度予以保证。在人民代表大会制度、中国共产党领导的多党合作和政治协商制度和基层自治制度等各项政治制度中，在立法、行政和司法各个国家职能机构中都有协商民主机制。特别是作为协商民主的主要制度载体的中国共产党领导的多党合作和政治协商制度，制度设计比较完整、制度化程度比较高。中国共产党与各民主党派不是竞争型的执政党与在野党的关系，而是领导与被领导、执政与参政的合作型政党关系。各民主党派、无党派人士通过政协、人大参与国家事务的管理，通过多种渠道和形式实行政治协商和民主监督。人民政协是中国人民爱国统一战线组织，是中国共产党领导的多党合作和政治协商的主要机构，主要任务是对国家和地方的大政方针以及政治、经济、文化和社会事务中的重要问题在决策前

---

① 习近平：《在庆祝中国人民政治协商会议成立65周年大会上的讲话》，载《人民日报》，2014年9月22日。

进行协商和决策执行过程中的重要问题进行协商。政治协商制度中协商参与主体的政协委员,是以界别为基础产生的,体现了广泛的代表性、各界别的平等性和政协委员的精英性。从制度运行来看,协商民主具有决策过程的程序保证。协商民主功能发挥主要体现为决策民主,包括决策前协商和协商后决策,并且通过严格的程序机制得到落实。中国政治协商制度的运行机制就包括议案协商、议案实施和议案答复等多环节,是一个完整的民主协商程序运行链条。

(三) 社会主义协商民主是实现国家治理现代化的重要方式

习近平指出:"人民内部各方面广泛商量的过程,就是发扬民主、集思广益的过程,就是统一思想、凝聚共识的过程,就是科学决策、民主决策的过程,就是实现人民当家做主的过程。这样做起来,国家治理和社会治理才能具有深厚基础,也才能凝聚起强大力量。"[①] 这深刻阐述了通过协商民主来集中民智、汇聚民力、凝聚民心,对于提高国家治理能力、实现国家有效治理具有重大意义。从国家治理角度看,协商民主各项制度得到积极有效落实,就可以转化为国家治理能力的提高,就可以促进治理效果的提升;协商民主不仅表现为民主政治建设中的参政议政、民主监督,而且对于推进国家各级机构履职能力建设,提高各级领导干部调查研究能力、联系群众能力和合作共事能力,确保公共决策科学性、整合社会利益关系和凝聚全民力量都具有重大作用。决策科学性的重要表现就是决策内容体现人民意愿、决策过程符合制度程序。确保决策内容代表人民意愿、决策过程具有合法性,就需要通过广泛的民主协商,广开言路,听取各方面群众的意见建议,集中蕴藏在群众中的促进改革发展的智慧、实招和良策;需要通过公开、广泛和平等的协商民主,通过人民参与公共政策的协商讨论,对政府公权力进行有效监督,防止政府内部的暗中交易和决策内容的部门化、利益化。协商民主是整合利益关系的重要途径。当前情况下,我国社会分化的趋势明显,不同职业、不同阶层、不同地区、不同行

---

① 习近平:《在庆祝中国人民政治协商会议成立65周年大会上的讲话》,载《人民日报》,2014年9月22日。

业的利益差别越来越大,整合社会利益关系、制定各方都接受都满意的公共政策的难度不断增大,更加需要通过协商民主的组织形式,发挥整合社会利益关系的功能,在公共决策过程中进行广泛讨论商量,形成最大利益公约数。涉及全国各族人民利益的事情,要在全体人民和全社会中广泛商量;涉及一个地方人民群众利益的事情,要在这个地方的人民群众中广泛商量;涉及一部分群众利益、特定群众利益的事情,要在这部分群众中广泛商量;涉及基层群众的事情,要在基层群众中广泛商量。协商民主还能够有效凝聚社会力量。在中国革命、建设和改革进程中,政治协商一直就是一面团结全国各族人民和海内外中华儿女团结奋斗的光辉旗帜。当前,随着市场化、信息化的深入发展,思想文化多元多变成为中国社会的一个明显特征。深化改革、推动科学发展,需要广泛凝聚中华民族伟大复兴中国梦的正能量,更加凸显协商民主在凝聚社会力量、团结社会各方面力量的现实意义。

二、当前我国协商民主面临的问题和挑战

协商民主作为国家治理的重要方式,就是要让广大人民群众参与到公共决策中,以增强公共政策的合法性。中国特色社会主义的协商民主实践,发端于中国新民主主义革命,建立于新中国成立,规范化程序化法制化于改革开放进程,已经比较成熟和完善,对于推进社会主义民主政治发展,实现国家有效治理等方面发挥着不可替代的特殊作用。从推进国家治理现代化的总目标来看,我国协商民主还面临一些问题和挑战,主要是民主协商主体不对等、民主协商制度化规范化程序化不够、协商民主达成社会共识难度增大等。

(一)民主协商主体的不对等性

公平性、对等性,是发扬人民民主、确保民主协商质量的基本要求。从制度设计看,无论是在协商代表产生、议题设置,还是讨论形式、议案处理等方面,都有体现平等协商的具体规定和程序。参加协商者都是具体的处于现实关系中的人,本身就有职业、身份等社会差异,客观决定了协商本身具有一定的不对等性,协商主体表达观点、意见和利益诉求时,必

然受到权力、资源和财富等社会因素的影响,不能完全达到自由、理性和公正的状态。这都会影响到公共事务决策的科学性,影响到制度政策落实的最终效果,对实现有效治理产生影响。从协商的现实基础看,存在条件的不对等。这大致包括三种类型,即"机会不平等、资源不平等和能力不平等……就是协商不平等的三种类型:权力不对称(它影响进入公共领域的途径);交流不平等(它影响参与能力及机会的有效运用);以及'政治贫困'或公共能力的缺乏(它使得政治上贫困的公民更加不可能全然参与到公共领域之中)。"[①] 当前,由于社会分化、利益差距扩大和社会阶层固化等问题的存在,又强化了民主协商基础条件的不对等。从协商关系看,存在地位的不对等。共产党与民主党派之间是执政党与参政党的协商对话、政府与公民之间是行政管理者和大众的协商对话、企业与员工之间是劳资双方的协商对话、基层自治组织内部是村民(社区)委员会与居民的协商对话,前者一般在议题设置、协商组织等方面处于明显优势,存在协商易受控制的风险。从协商代表的产生看,存在广泛性不够、协商主体被代表的倾向。每个公民都有参与民主协商的权利,但每个人都参与公共协商是不现实的,只能通过代表制的办法来实施。一般情况,协商代表并不是通过选举产生,如政协委员是通过各界别推荐产生,社会精英居多,存在协商话语权被社会上层控制的风险;公共议题协商中代表产生有领导指定、随机抽取、主办方指定、自愿报名等多种方式,代表的广泛性受到质疑。从协商过程对决策的影响看,存在明显的不对等。虽然有决策前、决策中进行民主协商的程序规定,但协商过程有时属于决策之外的咨询性质,没有完全进入决策程序,协商形成的结果、利益诉求的表达能否被采纳,决定权完全在于决策部门。

(二)民主协商制度化、规范化、程序化不够

再好的政治制度,也需要有可执行、可操作的制度机制来保障运行,也需要刚性的法律规定来保证落实。事实一再表明,制度能否规范和引导

---

① 〔美〕詹姆斯·博曼:《公共协商:多元主义、复杂性与民主》,黄相怀译,中央编译出版社2006年版,第92页。

人们的行为，并不在于其如何细密或繁复，而是在于制度之间以及制度和人们行为之间能否构成一种良性的互动机制。不能形成机制的制度可能会被"闲置"起来，成为一种制度的形式主义，实行协商民主，"应该形成条例，使之制度化、规范化，最好还能法律化"①。民主协商只有真正达到制度化、规范化、程序化，才能充分发扬人民民主，真正集中民智，制定符合实际的大政方针，形成科学合理的公共政策，促进国家有效治理。虽然从国家形态看，协商民主作为一项重要形式，有党章、宪法等相关的制度来保障，虽然从具体机制运行层面看，从国家层面的政治协商制度到基层各种协商民主实施，都存在制度不健全、实施不规范、程序不科学的问题。长期以来，我国的协商民主缺乏国家层面的发展规划和法律保障，缺乏法律上的刚性约束。国家层面的人民政协制度不完善。比如，针对近些年出现的明星委员经常无故缺席政协会议或者没有提案的情况，这就需要完善人民政协的委员推举制度、委员履职监督制度、委员退出制度等。政党协商也缺乏足够的法理基础，成为影响政党协商民主建设的一个最为关键的因素。政党协商民主的信息公开机制不健全，协商民主过程的开放机制不够，协商民主的效果评价和监督机制缺位。民主协商还没有纳入一些地方必要的法定程序，存在"人走政息"的情况，导致一些领导干部不重视协商，协商走过场，不能够真正影响决策。基层协商民主制度存在着不足和缺陷。基层协商民主制度大多是地方政府的自发探索行为，其程序和制度设计还不完善。

（三）达成社会共识难度增大

协商民主的一个重要目标，就是把许多不同的个体利益通过广泛充分理性的表达、讨论和协商加以整合，形成一定的社会共识，实现公共利益最大化。通过协商民主，形成社会共识，实现公共利益最大化，能够促进社会团结稳定、和谐有序、利益均衡，这是实现有效治理的重要途径。在公共协商讨论中，并不能要求每个参与者都大公无私地站在公共利益上，协商参与者都天然带有个体利益或代表团体利益的考量；最终形成的协商

---

① 李君如：《人民政协与协商民主》，载《特区实践与理论》，2007年第2期，第6页。

结果,应该是不能令任何一方完全满意但又能接受的相对均衡状态,因为协商的过程本身就是各方相互包容、说理、妥协,甚至让步的博弈过程,是观点、意见和诉求融合的过程,"公共协商不仅是澄清技术和道德信念的过程,而且是人们表达自己意愿和利益的领域,其中,参与者共同寻找各种路径,使不同的、有时甚至相互冲突的利益和欲望实现融合。"[1] 随着市场经济的发展,利益分化、异质性和多元化在中国成为日益明显的社会现象和变化趋向,对于在协商民主中达成共识,实现利益最大化形成挑战。协商民主过程中的公民是个异质性的概念,具有不同的物质利益、文化属性和伦理责任,表现为信念、价值、认知和资源等方面的差异性。这种差异性导致在不同主体之间进行协商所使用的概念、理念和思维方式具有不可通约性,难以达成共识。一方面,利益分化失衡的现状,通过不断讨论协商找到公共利益的最大公约数和利益汇合点实属不易。如果分化严重,在公共协商过程中,参与协商的主体就可能会出现群体协商的极化现象。当由协商主体组成的群体中具有极端倾向的人越来越多时,群体协商就可能走向更加极端的结果。另一方面,基于利益分化,人民需求和价值观念多元多变,意味着在公共事务协商过程中对于公共利益,即"共善"的理解可能具有差异甚至冲突,人民群众通过理性讨论而达成的"公共利益"难以形成交汇点。同时,一些传统落后的思想观念同样制约民主协商效果,影响社会共识的形成。一些领导干部官本位思想严重,官僚主义倾向以各种形式表现出来,紧握住权力不放,厌烦繁琐的程序,喜欢自己拍板做决定,缺乏协商民主理念。由于推进社会主义协商民主存在一定的风险,一些领导干部推进协商民主制度发展的动力不足。公民民主意识和政治参与能力不强。我国几千年的封建专制使一部分人形成了顺从的人格属性,习惯了别人替自己做主,缺乏民主意识和政治参与能力。普通公民是社会主义协商民主的重要参与主体,他们的参与意识和能力不强,社会主义协商民主的发展必然会遇到很大阻力。

---

[1] 陈家刚:《协商民主》,上海三联书店2004年版,第319页。

三、积极构建社会主义协商民主治理模式

发挥协商民主在推进国家治理中的积极作用，构建社会主义协商民主模式，需要从完善协商民主制度体系、提高协商民主效能、积极借鉴国外协商民主经验等方面进行着手。

（一）完善社会主义协商民主制度体系

完善社会主义协商民主制度体系，就是以制度化方式，使社会主义协商民主体现在治国理政的方方面面、贯彻于全国上上下下、运行于制度体系各个环节，确保协商民主有制可依、有规可守、有章可循、有序可遵，推进社会主义协商民主广泛多层制度化发展。当前，要以改革的精神构建科学的协商民主制度体系，重点是建立保障协商民主有效落实和有序运行的体制机制。

有效落实，就是协商民主落实要有刚性的制度保障，要真正体现到国家机构各个层级、各个部门和各类基层组织的工作职责中，要真正进入到国家大政方针和重大事务、社会公共事务和基层自治事务的决策环节之中。

一是建立保障协商民主落实的激励约束机制。协商民主落实的好不好，领导干部和决策部门负有第一责任，需要刚性约束机制保证协商民主得到切实落实，需要动力激励机制使协商民主得到积极贯彻。建立科学的协商民主评估机制，对协商民主的议题设置是否合理、协商代表资格是否合法、协商程序是否完整、协商效果如何进行全面准确的评估，提出改进的意见建议，评估结果进入各级党组织、领导干部和职能部门的绩效考评体系中。对落实协商民主制度不主动、不到位的要有警示性惩治性措施，对积极自觉贯彻落实的要有鼓励性奖励性办法，形成正面的制度导向作用。

二是建立协商体系真正融入决策体系的法律机制。协商体系和决策体系相互融合，才能避免协商民主流于形式。政治协商制度已被纳入政府的决策环节，但对于政治协商的方式和程序还没有统一的全国性的法律规定。在政府与社会的协商对话方面，要进一步完善民主恳谈、听证和信访

等制度机制，达到公开化、定期化、规范化，完善人民利益诉求办理和答复机制、协商咨询意见进入决策情况回馈机制等。

有序运行，就是协商民主要有完整的无缝隙的运行机制，无论是哪个层次、哪种性质的协商，整个过程必须达到规范化、程序化。如政治协商中协商代表的产生、协商议题的确定、协商讨论的组织实施、协商决议的提交审定、议案的办理和答复等任何一个环节、任何一个步骤都必须是实在的、顺畅的、具体的、可操作的，协商程序的运行必须是严格连贯的，不能可有可无、可删可减，不能缺少轻视忽略任何一个环节。

一是建立有法律权威的协商程序规范。目前，在协商程序运行上，还停在局部探索、个别成熟的阶段，没有形成权威的统一的协商程序机制，存在随意性和主观主义倾向，影响了协商过程有序运行。要在总结局部好经验，借鉴个别成熟做法的基础上，制定出一套完整统一规范的《协商章程》，规定哪些环节和程序必须严格执行，哪些具体做法可以根据各自实际灵活创新。

二是建立有效强力的协商纠偏制度。协商民主有序运行，还需要有效强力的纠偏机制，对于协商制度运行中出现的各种议题不科学、程序不合法、办理不积极、答复不及时等问题，能够及时有效地进行检查、督促和纠正。对于协商主体的资格、责任和权利要有明确的规定，对于整个协商程序不同环节的运行情况要有可量化、可评估的标准和手段，对于协商运行中出现的问题要有能够纠偏的强力管用措施。

（二）努力提高社会主义协商民主效能

提高社会主义协商民主效能，就是从环境塑造和主体培育两个方面，创造有利于协商民主有效发挥的客观环境条件，提高全体人民参与协商的积极性主动性和协商能力，切实提高协商民主的质量水平，为科学决策提供民智基础，为提升治理能力奠定民意前提。社会主义协商民主效能，关乎公共决策的科学化水平，关乎人民民主权利和公共利益的实现；体现党的执政能力和执政水平、政府行政效能和基层自治程度，是衡量国家治理能力的重要依据。在协商民主制度框架和运行机制构建之后，影响协商民主质量水平的主要因素就来自客观环境和协商主体两个方面。

影响协商民主效能的客观环境，主要是指影响协商民主的社会基础和现实条件。协商民主作为现代社会程度较高的民主形式，作为政治上层建设，在注重制度建设的同时，要积累创造促进协商民主走向成熟完善的社会基础和现实条件，没有这些基础和条件，协商民主的发展就会因缺乏根基和沃土缓慢不前。

一是要发展各种社会组织。利益的多元化，是进行协商的必要前提。通过无数个体之间进行讨论协商往往产生巨大的社会消耗，会导致低效协商；单个个体与政府之间的协商往往由于地位不对等，对决策影响力微弱，会导致无用协商。对于协商民主来说，"至关重要的是普通公民在公民社会中充满活力的群众基层活动……在那些制度绩效高的地区，存在许多社团组织。"① 市场经济条件下，利益多元化发展，要想通过民主协商促使不同利益群体达成共识和认同，有效整合利益关系，形成公共利益最大化，必须促使社会组织健康发展。应努力改变国家权力对社会团体和社会组织的过多干预和控制，政府在法律框架下对社会组织实施管理和调控，使其具备一定的独立性和自治性。通过发展培育行业协会、中介组织等，为协商民主奠定社会组织化基础。

二是加强公共信息平台建设。确保民主协商质量效果的一个基本前提，是信息的公开、透明。信息掌握不对称，是协商主体地位不对等的一种重要体现。谁掌握公共信息多，谁在协商过程中就可能占据主导。信息掌握不全面、不准确，就会降低协商主体的理性分析判断能力，影响决策科学性。在复杂的现代社会，任何人掌握的信息都不可能是充分的，建立协商民主的公共信息平台，就成为提高协商民主质量水平的一个关键条件，也是提高国家治理水平的重要条件，"不论间接或直接民主，有治理权的公民处于一无所知的状态，要想治理好这个国家是不可能的。"② 通过网络平台和公示制度等渠道，及时发布与人民群众密切相关的交通、教

---

① 〔美〕罗伯特·帕特南：《使民主运转起来》，王列、赖海榕译，江西人民出版社2001年版，第100—103页。

② 〔美〕科恩：《论民主》，聂崇信、朱秀贤译，商务印书馆2005年版，第158—159页。

育、医疗、社会保障和环境等公共事务信息，使利益相关方充分讨论、参与决策，实现利益关系协调，促进社会和谐合作，提高政府公共管理和服务水平，推动有效治理。

影响协商民主效能的协商主体因素，也就是协商主体（包括政党、政府、企业、社会组织和公民等）自身的价值取向、思想文化观念、参政议政能力、科学文化素质等对民主协商效能的内在影响，关乎协商民主长远发展。必须通过积极培育，塑造具有民主政治精神、树立现代文化价值观念、具备参政议政能力、掌握现代科学技术的协商主体，为提高协商民主质量水平积累深厚的社会文化基因。

一是建设协商型党组织和政府。各级党组织在政治协商制度中发挥着核心领导作用，各级政府部门在公共事务民主协商中发挥着组织实施的主导性作用。各级党组织、政府部门和领导干部，对协商民主意义的认识程度、对落实政治协商制度的积极程度，直接关系到协商民主的质量水平。因此，必须切实提高各级党组织和政府部门对政治协商制度的认识水平，从提高党的执政能力和执政水平、推动政府职能转变，促进依法、科学和民主决策，推进国家治理体系和治理能力现代化的高度认识协商民主的重大意义，增强落实政治协商制度的法制意识，建设协商型党组织和协商型政府。自觉地紧密围绕党委政府的中心工作，坚持政治协商于决策之前和施政之中，自觉地把政治协商纳入决策程序，使各方面、各阶层的利益和愿望在决策过程和执行过程中得到更好体现和保障。

二是培育协商民主的社会文化基础。人民群众参与公共事务协商的热情、参政议政的能力，是影响民主协商质量水平的社会文化因素。协商民主需要平等合作型的社会文化精神氛围，人民群众之间拥有平等权利，承担同等义务的平等互惠与合作关系，才能在相互尊重、信任和团结中进行协商讨论。这种社会文化精神必须在人民群众的日常生活中加以实践、贯彻和训练才能形成。要完善和创新人民群众与国家机构之间的协商实践形式。如完善人大听证制度，确立人大主任接待日，开通人大网络，完善人大代表述职评议制度，建立决策咨询、公开听证、媒体讨论、民意征集、重大公共事务决策的社会公示制度，通过这些渠道和形式，沟通人民群众与权力立法机关和行政决策机关之间的协商桥梁。要完善和创新基层民主协商的实践形式。在村民委员会、社区居民委员会、业务委员会和基层工会等基层组织中,要赋予人民群众参与协商的主体权利,实现基层事务的民主决策、民主管理和民主监督,使人民群众在日常中经常参与协商实践,提升参与意识和协商能力。

(三) 积极借鉴国外协商民主经验

协商民主是社会主义民主政治中特有的民主形式,构建社会主义协商民主必须从中国国情出发,但这并不是说不需要借鉴国外协商民主的经验。积极借鉴人类政治文明有益成果,是我们党的优良传统,也是我国发展社会主义民主政治的必然要求。20 世纪后期在西方兴起的协商民主(Deliberative Democracy),对我国协商民主的发展具有积极借鉴意义。西方协商民主是对自由民主的缺陷和弊端进行反思基础上发展起来的。自由民主过于强调个人主义,带来社会责任的缺失;过于强调代议制度,带来对人民权利的漠视;过于强调票决民主,忽视了少数人的权益。正是对自由民主的这些缺陷的反思,西方协商民主得以发展起来。它强调公民积极参与到共同体中,通过对公共事务的理性对话、平等交流以培育公民责任,完善公民美德,提升民主品质,以弥补和克服自由民主的不足。尽管西方协商民主具有理想化色彩,在实践中发展还不够充分,但它强调的理性、平等、包容、透明等特征,具有深刻的思想性,而且在西方许多国家都进行了一些有益的实践探索。构建社会主义协商民主模式,要积极借鉴西方国家协商民主的理论和实践,不断发展和完善社会主义协商民主,建设更高更优越的社会主义政治文明。

(孙存良,国防大学马克思主义教研部副研究员;李徐步,国防大学研究生院,博士研究生)

国家治理与协商民主实践研究

——发挥统一战线在基层协商民主中的重要作用

刘仁勇　于小英

十八届三中全会首次提出"推进国家治理体系和治理能力现代化"[①],是中国共产党对现代政治和当今社会发展全局作出的理性思考和重要创新,体现了我党在新的历史起点上国家治理理念的重大变革。"国家治理体系和治理能力现代化是一个国家的制度和制度执行能力的集中体现"[②],推进协商民主广泛多层制度化发展,是推进国家治理体系和治理能力现代化的战略选择。《中共中央关于加强社会主义协商民主建设的意见》(以下简称《意见》)指出:"社会主义协商民主,是中国社会主义民主政治的特有形式和独特优势,是中国共产党的群众路线在政治领域的重要体现,是深化政治体制改革的重要内容。"强调"在中国共产党的领导下,人民内部各方面围绕改革发展稳定重大问题和涉及群众切身利益的实际问题为内容,在决策之前和决策实施之中开展广泛协商,努力形成共识",为推进社会主义协商民主建设指明了方向。

---

① 《中共中央关于全面深化改革若干重大问题的决定》,人民出版社2013年版,第29—30页。
② 《习近平在省部级主要领导干部学习贯彻十八届三中全精神全面深化改革专题研讨班上的讲话》,2014年2月17日。

一、推动基层协商民主实践，是推进协商民主广泛多层制度化的重要创新点和发展路径

协商民主作为人民民主的重要形式，① 以尊重差异、多元兼容为前提，以理性协商对话为方式，以化解矛盾、增进共识、促进和谐为目的，是实现人民当家做主的有效途径，在构建结构合理、系统完备、科学规范、行之有效的国家治理体系②中占有重要地位，是推进国家治理体系和治理能力现代化、完善和发展中国特色社会主义制度的重要载体。基层协商民主具有基础广泛、政策性强，内涵丰富的特点，在推进协商民主广泛多层制度化发展，构建程序合理、环节完整的协商民主体系的实践中发挥着基础性、创新性作用。

（一）推进协商民主广泛多层制度化发展，丰富了民主形式，拓展了民主渠道，加深了民主内涵

《意见》从全面认识社会主义协商民主是中国社会主义民主政治的特有形式和独特优势这一重大判断，深刻把握社会主义协商民主是中国共产党的群众路线在政治领域的重要体现这一基本定性，切实落实推进协商民主广泛多层制度化发展这一战略任务三个方面，全面论述了社会主义协商民主的重大战略思想，深刻揭示了协商民主的性质、特点和优势。进一步明确了社会主义协商民主的内涵：社会主义协商民主既坚持中国共产党的领导，又发挥各方面的积极作用；既坚持人民主体地位，又贯彻民主集中制的领导制度和组织原则；既坚持人民民主的原则，又贯彻团结和谐的要求。③

推进协商民主广泛多层制度化发展，是积极探索人民民主实现的各种有效形式，不断丰富人民当家做主制度载体的有效方式。习近平总书记指

---

① 《中共中央关于全面深化改革若干重大问题的决定》，人民出版社2013年版，第29—30页。
② 《中共中央关于全面深化改革若干重大问题的决定》，人民出版社2013年版，第3页。
③ 《习近平在省部级主要领导干部学习贯彻十八届三中全精神全面深化改革专题研讨班上的讲话》，2014年2月17日。

出"实行人民民主，保证人民当家做主，要求我们在治国理政时在人民内部各方面进行广泛商量"[1]。这表明，发展社会主义协商民主，是在完善选举民主和协商民主两种基本民主形式，深入研究决策民主、管理民主、监督民主等具体民主形式的基础上，进一步"拓宽中国共产党、人民代表大会、人民政府、人民政协、民主党派、人民团体、基层组织、企事业单位、社会组织、各类智库等的协商渠道，深入开展政治协商、立法协商、行政协商、民主协商、社会协商、基层协商等多种协商"[2]。其目的是"通过各种途径、各种渠道、各种方式就改革发展稳定重大问题特别是事关人民群众切身利益的问题进行广泛协商，既尊重多数人的意愿，又照顾少数人的合理要求，广纳群言、广集民智、增进共识、增强合力"[3]。选举民主与协商民主相互补充又相得益彰，共同构成具有中国特色的社会主义民主政治制度。

十八届三中全会在继续坚持就经济社会发展重大问题协商于决策之前原则的同时，明确将"涉及群众切身利益的实际问题"列入协商的基本内容。《中共中央关于全面深化改革若干重大问题的决定》（以下简称《决定》）强调"在全社会开展广泛协商，坚持协商于决策之前和决策实施之中"。[4] 这是我党立足于社会主义初级阶段社会转型、体制转轨、观念转化、成分转代的基本国情，在广领域多层面扩大人民民主重大战略思想的具体体现。这表明，协商民主已经从主要处理中国共产党与各民主党派以及党外上层代表人士关系的制度，扩大为覆盖全社会的，涵盖从中央到地方以及城乡基层各个领域、各个层面的更为普遍的民主制度。

---

[1] 习近平：《在庆祝中国人民政治协商会议成立65周年大会上发表重要讲话》，载《人民政协报》，2014年9月22日。

[2] 《习近平在省部级主要领导干部学习贯彻十八届三中全精神全面深化改革专题研讨班上的讲话》，2014年2月17日。

[3] 习近平：《在庆祝中国人民政治协商会议成立65周年大会上发表重要讲话》，载《人民政协报》，2014年9月22日。

[4] 《中共中央关于全面深化改革若干重大问题的决定》，人民出版社2013年版，第29—30页。

（二）基层协商民主在协商民主制度架构中处于基础地位，是实现国家和社会治理的重要环节

《决定》提出"构建程序合理、环节完整的协商民主体系"，[①] 强调"开展形式多样的基层民主协商，推进基层协商制度化。"[②] 这表明，协商民主由政治领域扩展到经济、社会、文化、生态各个领域，形成了由中央到地方直至社会基层，从政党协商、政府协商、政协协商、人大协商、人民团体协商到基层协商、社会组织协商纵横交织的协商民主网络，协商民主将进一步向下延伸，由高层精英走向社会大众，基层协商民主成为重要着力点和创新点，具有广阔的发展空间。《意见》指出要"坚持广泛参与、多元多层，更好保障人民群众的知情权、参与权、表达权、监督权"，极大地拓展了协商民主广度和深度。

协商民主经过65年的发展，已初步形成政治协商、社会协商、基层协商上下联动、广泛多层的协商民主制度架构。其中，政治协商处于高层，具有层次高、覆盖范围较小、程序规范的精英协商特征。包括中国共产党与各民主党派、无党派人士的政党协商，以及中国共产党在人民政协同各民主党派和各界代表人士的政治协商，是我国政治体制独创性的优势所在。社会协商处于中层，主要指国家政权机关的立法协商和决策协商，包括人民代表大会的立法协商即人大就重大事项向社会公开征求意见等形式，以及政府及其职能部门就相关公共政策与社会进行协商对话，这是改革开放后我国协商民主实践的创造性发展。基层协商在制度架构中处于下层，主要包括在探索以民主参与、民主决策、民主监督为核心的乡镇基层政府治理模式中出现的恳谈会、听证会、咨询会、协商对话会等多种形式，是在基层民主建设中发展的、与村民（居民）自治相结合的新型民主形式。就目前而言，建国前后确立的政治协商制度已上升到我国基本政治制度层面，形成较为完备的理论体系、工作机制、实践模式和工作网络；社会协商制度已经初步建立，仍需通过制度和程序化建设予以规范，尤其

---

① 《中共中央关于全面深化改革若干重大问题的决定》，人民出版社2013年版，第30页。
② 《中共中央关于全面深化改革若干重大问题的决定》，人民出版社2013年版，第31页。

是健全信息公开、听证、检举等公共参与制度，建立各类群体与政府、公共领域的沟通渠道，使之成为各利益主体进行利益协调的主渠道；而基层协商民主制度在我国协商民主制度架构中处于基础地位，是推进协商民主广泛多层发展的重中之重，具有基础广泛、涉及面广、政策性强、内涵丰富的特点，是广泛吸纳民意、汇聚民智的重要平台。

发展协商民主，推进协商民主广泛多层制度化发展，既是发展社会主义民主政治的必然要求，也是推进国家治理体系和治理能力现代化的战略选择。《决定》指出，创新社会治理"必须着眼于维护最广大人民根本利益，最大限度增加和谐因素，增强社会发展活力，提高社会治理水平"。这表明，由党委政府主导的"社会管理"将向由党委政府、社会组织和广大群众多方参与的"社会治理"转变。协商民主以承认社会多元主体的为前提，倡导执政党、人大、政府、政协以及社会组织和公民共同参与国家和社会治理，通过协商实现国家和社会协同共治，是推进国家治理体系和治理能力现代化的重要途径。

（三）必须加强中国共产党在推进协商民主广泛多层制度化发展中的统一领导和统筹协调作用

在中国共产党领导下进行广泛协商，体现了民主与集中的统一。习近平总书记指出"要深刻把握社会主义协商民主是中国共产党的群众路线在政治领域的重要体现这一基本定性。"强调"发展社会主义民主政治，保证国家政治生活既充满活力又安定有序，关键是要坚持党的领导、人民当家做主、依法治国有机统一。"① 将党的群众路线贯彻于协商民主之中，对于密切党同人民群众的血肉联系、完善人民有序政治参与、促进决策科学化民主化具有重要意义。

全心全意为人民服务，始终代表最广大人民根本利益，是实行和发展协商民主的重要前提和基础。习近平总书记指出："实行人民民主，保证人民当家做主，要求我们在治国理政时在人民内部各方面进行广泛商量。"

---

① 习近平：《在庆祝中国人民政治协商会议成立65周年大会上发表重要讲话》，载《人民政协报》，2014年9月22日。

强调"在中国社会主义制度下，有事好商量，众人的事情由众人商量，找到全社会意愿和要求的最大公约数，是人民民主的真谛。"① 这一新论断，为发展协商民主提供了崭新视野和实践路径。

《意见》指出："涉及人民群众利益的大量决策和工作，主要发生在基层。要按照协商于民、协商为民的要求，建立健全基层协商民主建设协调联动机制，稳步开展基层协商，更好解决人民群众的实际困难和问题，及时化解矛盾纠纷，促进社会和谐稳定。"将基层协商民主与社会治理相结合、与基层群众自治相结合，是新形势下我党在社会领域推动基层民主制度建设的重要着力点。

习近平总书记指出"人民群众是社会主义协商民主的重点。涉及人民群众利益的大量决策和工作，主要发生在基层。要按照协商于民、协商为民的要求，大力发展基层协商民主，重点在基层群众中开展协商"②。强调"要坚持把实现好、维护好、发展好最广大人民根本利益作为一切工作的出发点和落脚点，我们的重大工作和重大决策必须识民情、接地气。"③《决定》提出要"开展形式多样的基层民主协商，推进基层协商制度化，建立健全居民、村民监督机制，促进群众在城乡社区治理、基层公共事务和公益事业中依法自我管理、自我服务、自我教育、自我监督。"

在新的历史条件下，如何发挥中共党委在基层协商民主实践创新中的统一领导和统筹协调作用，在社会治理中贯彻党的群众路线，突出群众的主体作用，建立联系群众的长效机制，是推进基层协商民主实践和基层社会治理创新必须解决的重要问题。要把基层协商民主制度化、规范化、程序化建设，作为践行群众路线、转变决策施政方式、推进社会协商共治的

---

① 习近平：《在庆祝中国人民政治协商会议成立65周年大会上发表重要讲话》，载《人民政协报》，2014年9月22日。

② 习近平：《在庆祝中国人民政治协商会议成立65周年大会上发表重要讲话》，载《人民政协报》，2014年9月22日。

③ 习近平：《在庆祝中国人民政治协商会议成立65周年大会上发表重要讲话》，载《人民政协报》，2014年9月22日。

重要环节,把协商民主纳入基层决策程序、融入社会治理,才能建立起贴近实际、富有成效的党群政民互动协商机制。

二、充分发挥统一战线在基层协商民主中的引导和牵头协调作用

党的十八届三中全会明确提出要"发挥统一战线在协商民主中的重要作用"。统一战线具有协调关系、化解矛盾、开放包容、凝聚共识的重要功能,统一战线所追求的多样性与一致性的辩证统一与协商民主通过平等的对话、沟通、协商以取得共识的价值取向高度契合,在推进基层协商民主建设中具有独特优势和重要作用。

自上世纪90年代以来,四川一直是中国基层民主创新最活跃地区之一,曾经创造了"乡镇党委书记直选"和"公推公选"等基层民主实践模式。2003年,成都市打破行政二元结构,财政向农村延伸,初步建立了新型基层治理结构;2008年,成都市在全国率先实行农村产权改革,创造了通过"村民议事会"解决土地确权中利益纠纷的模式。村级治理结构中出现的三个决策机构:法定的决策机构"村民大会"、法定的临时决策机构"村民代表大会"、拥有议事权及部分决策权的"村民议事会",为成都构建多层次的基层协商对话渠道,建立以村、镇协商会为主的协商对话平台打下了重要基础。

(一)成都在基层协商民主的实践创新是统一战线在基层协商民主中发挥引导和牵头协调作用的成功案例

2013年4月,四川彭州市在市委统战部牵头指导下,在全国率先开展了创新基层协商民主具体实现形式的探索,成功构建村、镇、市级三级协商对话组织架构、四级协商工作平台,建立了六大工作机制,规范社会协商对话程序,形成了一套完整的基层协商对话制度和工作机制,为新形势下基层统战工作找到了新的工作载体和可行途径,成为可资借鉴的"彭州案例"。此后,成都市委统战部在崇州市、都江堰市试点,并在新都区、新津县、金堂县、蒲江县、郫县等逐次推开、积极探索,形成了由点到

面、由外向内、各具特色、稳步展开的格局。如崇州市社会协商会议制度在设计上站位较高，把推进基层协商作为全面深化改革的突破口之一，以崇州市深改组的名义制定指导意见，成立了以市委书记为组长，市委常委、统战部长为常务副组长，其他市委常委和市政协主席为成员的工作领导小组，既加强了党委对基层协商工作的领导，确保了工作的有序推进，又破解了基层协商与政治协商的衔接问题，构建了完整的协商民主体系。都江堰的基层协商创新性较强，在协商主体上，不局限于协商会成员，可根据议题的需要增加不同的利益相关方参与协商。同时组建了陪议团，邀请法律工作者、与议题有关的专家或专业人士以及其他认为有必要参会的人士作为第三方参加协商，促使议题协商结果更加客观公正、合理合法。新都区的基层协商探索，其重要意义在于在城区探索开展基层协商，其制度设计立足于我国城镇化发展大趋势，其协商主体包括了外来务工人员、外来经商人员等新市民代表，其经验有利于推动基层协商实践从农村走向城市，从城市外圈层走向内圈层，乃至中心城市的中心区域。

总体上有三个特点：一是由统战部负责基层社会协商对话制度的总体设计、统筹协调、整体推进和督促落实，二是以基层治理结构和村（居）民议事会为依托构建社会协商对话平台，三是建立议题征集、定期协商、成果运用、利益协调、信息交流、考核评价机制，确保社会协商对话制度的科学性和有效性。从纵向看，全市各乡镇、街道均已建立社会协商对话会，市、镇（乡）、村（社区）三级协商对话体系已基本成型；从横向看，基层协商已扩展到医院、学校等社会矛盾较集中的领域；从协商质量看，协商成果得到有效运用，协商代表素质不断提升，群众参与的积极性大大增强，基层协商发展态势良好。以彭州基层协商民主为例：

1. 统战部牵头协调，制订工作方案，全面指导基层社会协商对话制度的创新实践工作。（1）成立领导机构。在彭州市委统战部的积极建议和推动下，以彭州市党委的名义成立了以市委书记为组长，市政协主席、市委副书记和统战部部长为副组长的"彭州市构建和完善基层协商民主制度工作领导小组"，领导小组下设"社会协商对话联席会议"，联席会议办公室设在市委统战部，由市委统战部部长担任联席会议召集人，市级相关职能部门为联席会议成员单位,负责全面统筹和指导工作。(2)制订工作方案。由彭州市委统战部门牵头总体设计,先后出台了《中共彭州市委关于构建社会协商对话制度的意见(试行)》、《中共彭州市委统战部〈关于构建社会协商对话制度试点工作的实施方案〉的通知》,分别出台了构建乡镇(街道)、村(社区)、企(事)业单位社会协商对话制度的实施方案,以及开展社会协商对话双评工作等一系列文件,具体制定了协商议事制度和规则,为开展社会协商对话工作提供政策依据和制度保障。为了提高协商会成员的协商议事能力,统战部还对全市874名镇(街道)协商会成员分四期进行专项培训。(3)积极展开试点。2013年5月起,在村(居)民议事(协商)会成立的基础上成立镇(街道)协商会,并在通济镇、葛仙山镇、九尺镇三个镇和天彭镇(街道)东大街社区展开社会协商对话试点工作。(4)全面总结推进。2013年6月,市委统战部成立了三个"社会协商对话工作小组",全程指导乡镇(街道)协商会工作。进一步明确镇(街道)社会协商对话工作职责和成员职责;完善对话会成员管理制度和工作流程;严格规范对话会成员产生办法以及议题产生办法和成果运用管理办法,编制《彭州市社会协商对话工作手册》加强宣传和指导工作。

目前,彭州已在全市镇(街道)、村(社区)两级全面构建了社会协商对话制度,调整和完善了村(居)民议事(协商)会相关议事规则,在原有决策权的基础上增加了协商职能,制定了镇(街道)社会协商对话工作综合评价方案,进一步拓宽议题范围,明确协商内容,制定考核评价方案并将其纳入党委政府与统战工作目标考核。

2. 注重总体设计,指导构建了三级协商对话组织架构、四级社会协商工作平台。市社会协商对话联席会议负责建立各项制度,全面指导和推动镇(街道)、村(社区)及市级部门的社会协商对话工作。并在镇、村两级社会协商对话平台的基础上,在市级新建了企(事)业单位协商对话平台和特殊利益群体的协商对话平台,提高了基层协商民主的群体覆盖面。协商对话以基层群众为主体,兼顾基层统战成员(包括民主党派、无党派、民族宗教、新社会阶层、新型职业农民和农村乡土人才代表人士)。(1)村(社区)级协商对话平台。以原村(居)民议事会为平台,新增协商职能，强调会前协商、会中协商、会后监督。议事（协商）会成员每村（社区）20—50人，在每5—15户中产生的村（居民）代表中选出。（2）乡镇（街道）协商对话平台。采取群众推荐、个人自荐和组织推荐三种方式，从镇（街道）干部、村（居）民议事（协商）会成员以及统战成员中协商产生镇（街道）协商会成员，每镇（街道）协商会成员20—60人，其中基层群众不低于75%。（3）企（事）业单位社会协商对话平台。企（事）业单位以职工代表大会为协商对话平台，在原职代会职能职责基础上增加协商职能，强调会前协商、会中协商、会后监督。（4）特殊利益群体的协商对话平台。在社会矛盾较为集中的特殊利益群体中逐步建立社会协商对话平台。如在学校构建了学校学生会和家长委员会，就涉及学校、学生及家长共同关心的重要事项进行沟通协商；在医院建立了医院协商会，由医院所在地周边社区、行风监督员、医院相关人员各占三分之一组成，专门就涉及医院、患者及家属共同关心的重要事项进行沟通协商。

3. 建立六大工作机制，规范协商程序，确保社会协商对话制度的科学性和有效性。（1）议题征集机制。依据四级社会协商会的实际情况，分别制定了议题提出和办理制度。要求市政府办根据市级各部门年度工作计划，对拟制定的事关群众切身利益的政策，每年收集整理出2—3件，在正式出台前送市委统战部，由市委统战部负责组织各镇（街道）协商会按照程序进行协商；要求各镇（街道）每年就重大招商引资项目的引进落地之前有关事项、重大公共设施建设项目推进过程中有关事项、群众反映强烈、矛盾集中的信访事件等，至少梳理出1—2项作为镇（街道）协商会固定协商议题。（2）定期协商机制。规定村（居）民议事（协商）会每月召开一次会议；乡镇（街道）社会协商对话会，每半年至少召开一次协商会议；企（事）业单位职代会、学校家委会、学生会每半年至少召开一次会议，医院协商会每年至少召开一次会议。四级社会协商会有临时议题时可及时召开，协商采取分组协商与集中讨论、会前酝酿与会中发言等方式，力求议题得到充分协商，形成广泛共识。（3）成果运用机制。将四级社会协商会形成的成果分类进行处理。对涉及面较广、反映较大的重点意见建议，报上级党委、政府或机关；经协商形成共识的意见建议，用于党委、政府或机关决策参考；对条件不具备，暂无法实施的意见建议，由党委、政府或机关和议事（协商）会成员做好解释工作；对违背广大群众切身利益的意见建议，应坚决不予采纳并由党委、政府或机关和议事（协商）会成员做好行正面引导教育。（4）利益协调机制。四级社会协商会对村（居）民之间、村（居）民与村（居）委会或乡镇（街道）政府（办事处），以及职工与企（事）业单位间、学校与学生及家长间、医院与患者及家属之间的利益纠纷和利益矛盾进行协调，缓和不同利益主体之间的冲突，实现利益的协调和整合，化解矛盾。（5）信息交流机制。协商会负责传达党委政府的决策部署和工作安排，通报近期工作重点，通报上次协商形成的共识、议决事项的办理情况。对未被采纳的意见建议，由召集人陈述理由并做好解释工作。以协商会为协商对话平台搭建信息交流渠道，把群众关心的热点问题及时提交会议讨论，将协商结果及时传达给相关部门和群众，形成了上情下达，下情上报的交流机制。（6）考核评价机制。由市委统战部牵头制定了社会协商对话工作综合评价方案，确保社会协商对话工作扎实有效以及协商成果顺利转化。对村（社区）、乡镇（街道）、各企（事）业单位开展社会协商的情况进行考核评价，并将其纳入统战工作和民生目标考核。增加了乡镇（街道）协商会成员对镇（街道）党（工）委政府（办事处）和镇（街道）领导班子成员工作的民主评议，并将评议结果报送市委组织部参考。

（二）成都市基层协商民主的实践创新，为发挥统一战线在基层协商民主重要作用找到了新路径和工作平台

在成都市委统战部统一部署和指导下，彭州市、崇州市、都江堰市、新都区、新津县、金堂县、蒲江县、郫县等充分利用统一战线的制度优势和工作优势，创新构建社会协商对话制度，为广大基层群众和统战对象提供了民主参与的制度化平台和渠道。同时，及时将党委政府推进的重点工作以及群众集中关心的重大事项，如重大项目建设、重大公共基础设施建设、重大信访事件等作为协商会议议题，通过充分协商，形成广泛共识，探索出了统一战线围绕中心、服务大局的新抓手。一是探索出了基层统战工作新路径，即紧紧依靠村（居民）议事协商会、乡镇（街道）协商会、企（事）业单位职代会、学校家委会学生会、医院协商会的成员，以及新型职业农民、农村乡土人才和分布在基层的传统统战对象开展工作；二是搭建了基层统战工作的新平台，即通过搭建社会协商对话平台，细化社会协商对话职能、制定社会协商对话规则、程序、考评等，凝聚基层社会统战工作的对象，发挥他们在统战与协商各方面的作用，使统战工作范围进一步延伸，统战对象不断扩展，有效地解决了统一战线接地气不足的问题。

1. 通过总体设计，较好地解决了协商民主由政治领域到社会领域、由精英协商到草根协商的拓展和延伸。新中国成立以来，我国政治协商制度设计只延伸到区县一级。在社会转型期，社会矛盾聚集和突发的主体往往不是参与政治协商的"精英人士"和"代表人士"，而更多来自于基层的普通民众和众多利益群体。彭州市统战部着力在党委政府与群众之间、不同利益群体之间构建社会协商对话制度和沟通交流渠道，以基层群众为主体，以寻求广泛社会共识为目的，正确引导群众有序政治参与，增加决策和决策实施的公开透明度，协调各利益群体间的关系。注重"总体设计、上下结合"，在借鉴成都村（居）民议事会的实践的基础上，着力构建了上下衔接、科学规范、运行有效的基层协商民主体系。如彭州建立了市社会协商对话联席会议、企（事）业单位职代会和特殊利益群体协商会平台和渠道以及建立镇（街道）协商会平台和渠道，依托村（居）民议事会作为村级协商对话平台和渠道，使协商对话成为一种常态化工作模式，较好地解决了协商民主由政治领域到社会领域、由精英协商到草根协商的拓展和延伸，实现了基层协商对话制度与县一级政治协商制度的有效衔接。

2. 通过牵头引导，为基层协商民主成功运行以及实现常态化制度化提供了重要保证。在基层协商民主实践创新中，统战部发挥了牵头协调、总体设计、平台搭建、机制构建和工作拓展的重要作用。如彭州市委统战部的牵头指导和各级党组织的积极引导下，在全市20个镇建立了协商对话机制，协商解决基层在经济发展、基层治理、社区管理、群众利益、矛盾纠纷等方面的问题，实现了"问需于民、问计于民、问效于民"的常态化制度化，实现了基层协商民主的全覆盖，基层群众参与全覆盖，突出了群众的主体地位，在更大范围化解了社会矛盾。彭州市委统战部将基层治理体系建设与社会协商对话制度建设相结合，在基层群众自治制度框架下，倡导"在自治中协商，在协商中自治"的基层社会治理理念，通过构建社会协商对话平台，制定基层协商民主制度和工作机制，初步形成了基层社会的治理格局，培育了不同群体之间"换位思考"意识，缓解基层社会中各利益群体间的对立情绪，减少了工作决策和工作推进的阻力。

3. 通过载体途径，为统一战线在基层协商民主建设中发挥重要作用总结了一套切实可行的工作方法。开展社会协商工作是加强乡镇（街道）、社区基层组织与人民群众沟通联系的重要渠道，也是新形势下践行党的群众路线的重要形式和创新基层社会治理的重要抓手。当前，统战工作社会化尚没有形成一套成熟的工作经验和规范的程序手段。彭州市委统战部在基层协商民主的创新实践中，不仅从整体上构建了基层协商民主制度的总体架构，指导建立了三级协商对话组织架构、四级协商工作平台，而且对基层协商民主的组织机构、组成成员、推选程序、协商内容、协商程序、协商成果运用等实际操作程序作了系统的规定，形成了较为完备的基层协商民主制度，初步探索了新形势下开展基层社会统战工作和农村统战工作的载体和途径，总结了一套切实可行的工作方法，即在基层统战工作中，以村（社区）议事会成员、新型职业农民、农村乡土人才以及传统统战对象为抓手，以村（居）民议事会、镇协商会为农村统战工作平台，通过协商议事，达到收集民意、汇集民智、化解民怨的目的，发挥他们在统战与协商各方面的作用，解决了统战工作向基层延伸的问题。

三、积极推动顶层设计与基层实践有机结合、良性互动机制

成都在基层协商民主探索中创造的社会协商对话制度有着鲜明的特征。这即是确立了党委统战部门主导的模式，解决了"协商由谁来抓"和制度保障问题；在制度设计上确立了群众主体理念，以基层群众为协商主体、统战成员为抓手，解决了"与谁协商"的问题；在协商议题上确立了

"从群众中来，到群众中去"的价值导向，明确以群众关心的重大问题和涉及群众的切身利益的问题为协商内容，解决了"协商什么"的问题；通过构建村、镇、市级三级协商对话组织架构、四级协商工作平台，解决了"怎么协商"的问题；通过建立六大工作机制，解决了协商程序和成果运用的机制保障问题。成都的基层协商民主探索实践表明，把基层协商民主由县级拓展到乡镇，构建广泛多层的基层协商对话渠道，构建更加完善的基层治理格局的思路，是切实可行的。

当前，在推动基层协商民主实践探索中还存在以下几个方面的困扰：一是如何解决协商结果的运用无制度约束的问题。由于社会协商会议只有对议题的协商权，对协商结果没有强制执行权，加之尚未建立对协商议题的协调、督办、落实和反馈工作机制。致使社会协商结果的组织实施、跟进落实和督办反馈等工作，在制度上无法得到保障。社会协商会议结果没有约束力，造成基层协商民主"说了也白说""说了不算""作用不大"等思想误区，长此以往对群众的协商民主意识的提高形成阻碍。在制度设计上，社会协商会议没有决策权，但是应该具有否决权，在政策上尚无依据。二是如何解决基层协商民主和基层自治制度的关系。基层协商民主是在基层民主建设中发展的、与村民（居民）自治相结合的新型民主形式。当前，村（社区）一级协商会一般建立在村民（社区）议事会上，通过村民议事（协商）会对村（社区）事务进行协商和管理，村民在一定范围内享有自我管理的权力，包括协商和决策的权利。造成村（社区）一级设立社会协商会议在职能上有较大重复，不可避免造成机构臃肿，职责不清。三是乡镇（街道）没有民主协商机构和渠道，在机构、编制、经费的限制下基层协商民主难以正常开展。只有解决了这些具体问题，使工作重心下移，确保基层协商民主有人管事、有人做事，基层协商民主才能得以顺利实现。四是政协组织如何发挥重要渠道作用需要进一步明确。如崇州市设想在乡镇一级设立市政协办事处，设专（兼）职主任，享受乡镇正职待遇，并由其主导社会协商工作，但是领导职数、机构等不符合现行政策规定，故此设想搁浅。五是关于基层协商工作长效机制的问题。目前，成都市所属市县一级的社会协商工做主要是靠当地市委强力推动，统战部全力以赴协调督促，但尚未上升到省一级以至中央的顶层制度设计上来。这样，就存在如果地方党委不重视，统战部门就无法推动，基层协商民主的深入推进就有可能出现大问题。因此，亟须中央下发推动基层协商民主建设的指导性文件，突出解决全局性、关键性问题。如明确基层协商民主工作由基层哪个部门来牵头，只有工做主体职责明确，基层协商民主工作才能有序推进；鉴于基层协商民主工作工作量大、涉及时面广，建议设立专门机构，增加3—5人的编制，使基层协商民主工作常态化。

加强基层协商民主建设，必须推动中央顶层设计与基层实践探索的有机结合和良性互动。一方面，各地局部的阶段性试点需要在中央顶层设计和指导性文件的指引下循序推进；另一方面，顶层设计也需要在推进各地局部的阶段性试点的基础上进行谋划，为顶层设计提供样本、积累经验、不断完善。自2010年以来，四川省社会主义学院为了推动社会主义协商民主理论研究和基层实践，先后两次在全国进行课题招标。十八届三中全会召开后，又成立首家"协商民主研究中心"，着力于理论研究和基层探索。2014年3月以来，协商民主研究中心与彭州市委统战部、崇州市委统战部合作先后建立了基层协商民主研究彭州基地和崇州基地，与都江堰市、郫县等达成了合作意向，共同推动基层协商民主实践创新。发展协商民主，既需要顶层设计，更需基层大胆探索。只有将顶层设计和基层探索很好地结合，把协商民主落实到具体工作层面，及时总结基层协商民主鲜活案例和实践创造的丰富经验，强化基层群众的协商民主意识，协商民主的探索才能有序地进行下去。

（刘仁勇，中共四川省委统战部副部长、四川省社会主义学院党组书记；于小英，四川省社会主义学院教授、教研室主任，协商民主研究中心副主任兼秘书长）

健全社会主义协商民主制度研究

王斌元　冯桂林　杨　建　黄长勇

社会主义协商民主是我国人民民主的重要形式，是我国民主制度的重要组成部分，是世界民主中的中国模式。党的十八大将"健全社会主义协商民主制度"作为坚持中国特色社会主义政治发展道路、推进政治体制改革的重要任务，首次确立了"社会主义协商民主"这一概念。党的十八届三中全会的《决定》，进一步深刻阐述了有关社会主义协商民主的重大问题，就推进协商民主广泛多层制度化发展提出了许多新论述、新思想、新部署。在中国人民政治协商会议成立65周年大会上，习近平总书记进一步指出，"社会主义协商民主，是中国社会主义民主政治的特有形式和独特优势，是中国共产党的群众路线在政治领域的重要体现"，这充分展示了社会主义协商民主理论与实践发展的创新成果，是新时期发展社会主义协商民主的基本遵循，对于推动中国特色社会主义民主政治建设，确立民主政治的中国坐标，把民主政治的中国模式引向世界，具有重大而深远的意义。

一、社会主义协商民主是中国共产党和中国人民对世界民主政治建设的重大贡献

社会主义协商民主是中国社会主义民主政治中独特的、独有的、独到的民主形式，源自中华民族长期形成的天下为公、兼容并蓄、求同存异等优秀政治文化，源自近代以后中国政治发展的现实进程，源自中国共产党

领导人民进行革命、建设、改革的长期实践，源自新中国成立后各党派、各团体、各民族、各阶级、各界人士在政治制度上共同实现的伟大创造，源自改革开放以来中国在政治体制上的不断创新，具有深厚的文化基础、理论基础、实践基础、制度基础，是让人民参与国家生活和社会生活管理的有效途径，在世界民主政治发展中可谓"一枝独秀"，为当今世界民主政治发展提供了中国式智慧和方案，为人类文明作出了自己的独到贡献。

（一）从实践历程看，协商民主是中国共产党领导中国人民当家做主探索中的伟大创造

中国共产党自成立以来就把实现人民当家做主作为社会主义民主政治建设的核心内容，积极探索能够使广大人民群众广泛参与国家事务的民主形式。早在抗日战争时期，中国共产党在陕甘宁边区实行的"三三制"政权组织形式，实质上就已经是一种协商民主的实践形式。1948年4月30日，中共中央发表的"五一口号"指出，"各民主党派、各人民团体、各社会贤达迅速召开政治协商会议，讨论并实现召集人民代表大会、成立民主联合政府。"1949年9月，中国人民政治协商会议第一次全体会议的召开，标志着中国共产党领导的多党合作和政治协商制度的正式确立，确立了未来的新国家将在民主协商的政治框架下运行，确立了民主建政、协商建国的施政方针和立国原则，是协商民主在中国实践中的第一个制度性标志性成果。1954年第一届全国人民代表大会召开后，毛泽东明确指出："人大的代表性当然很大，但它不能包括所有的方面，所以政协仍有存在的必要。"人民政协作为社会主义民主的重要形式得以保留，继续在国家政治生活中发挥独特的作用，从而形成我国选举民主和协商民主相辅相成的社会主义民主政治的基本框架和模式。正如习近平总书记指出，"今天，这两种民主形式不是相互替代、相互否定的，而是相互补充、相得益彰的，共同构成了中国社会主义民主政治的制度特点和优势。"

（二）从理论发展看，协商民主是中国共产党对马克思民主理论的丰富和发展

马克思民主理论提出"解放全人类"和"每个人的自由发展"的民主理论观，把民主从少数人的民主转变为多数人的民主。中国共产党在长期

的革命、建设和改革中，坚持把马克思民主理论与中国的具体实际相结合，不断深化对民主本质的认识。1991年，江泽民同志在当年"两会"中共党员负责人会上，首次提出"人民通过选举、投票行使权利和人民内部各方面在选举和投票之前进行充分协商，尽可能就共同性问题取得一致意见，是我国社会主义民主的两种重要形式"。2006年2月中共中央颁布《关于加强人民政协工作的意见》重申了江泽民同志的这一重要思想。2007年11月国务院新闻办发布《中国的政党制度》白皮书中首次指出："选举民主与协商民主相结合，是中国社会主义民主的一大特点，选举民主与协商民主相结合，拓展了社会主义民主的深度和广度。""协商民主"一词首次在政府资料中使用，确立了"协商民主"这一重大理论。党的十八大再次将协商民主理论提高到一个新的高度，确立了"社会主义协商民主"的概念，提出"健全社会主义协商民主制度"，从国家制度层面确立了协商民主。党的十八届三中全会就如何"推进协商民主广泛多层制度化发展"进一步作了深刻阐述，进一步丰富和发展了马克思人民民主理论。在庆祝人民政协成立65周年大会上，习近平总书记再次对协商民主科学内涵作了深刻论述，为加强社会主义协商民主建设提供不竭动力和基本遵循。

（三）从群众观点看，协商民主是党的群众路线的机制保障和制度化体现

党的群众路线和协商民主都是中国共产党的独特创造，二者紧密联系，你中有我，我中有你，谁也离不开谁。一方面社会主义协商民主"活"的灵魂来源于群众路线。中国共产党及其领导的国家是代表最广大人民根本利益的，其一切理论和路线方针政策，一切工作部署和工作安排，都应该来自人民，都应该为人民利益而制定和实施。在这个大政治前提下，要能够广泛听取人民内部各方面的意见和建议，而协商民主正是中国共产党"坚持一切为了群众，一切依靠群众，从群众中来，到群众中去"的重要体现。另一面，中国共产党能否更好地贯彻群众路线，真正把群众路线落到实处，必须在现有的政治制度框架内创造性地构建起充分体现群众路线精神的社会政治机制，以制度化的形式将群众路线的一般原则固定下来。而协商民主的根本目的，就是为了更好地实现人民当家做主的权力，更好地表达民意，更好地维护人民群众的合法权益，这与群众路线的根本宗旨和性质是一致的。

（四）从统战视野看，协商民主是中国共产党统一战线理论在民主场域的作用发挥

统一战线理论为协商民主的发展提供了强大理论支撑。在革命时期，它以协商的方式联合尽可能多的社会力量来壮大自己和孤立敌人。在建设时期，它以政治协商的方式团结一切可以团结的力量、调动一切可以调动的积极因素进行社会主义建设；以政治协商为社会主义社会建设的探索和创新提供良好的政治环境。在改革时期，协商领域和形式不断拓展，通过适当的方式进行协商、讨论，形成各方均可接受的方案或决策，保证统筹兼顾到各方利益。面向未来，发展好各项事业，巩固国家安定团结的政治局面，促进政党关系、民族关系、宗教关系、阶层关系、海内外同胞关系和谐发展，一个很重要的条件就是必须通过民主集中制的办法，广开言路，博采众谋，动员大家一起来想，一起来干，为实现中华民族伟大复兴的中国梦团结奋斗。同时，协商民主在实践发展中形成政治协商、立法协商、行政协商、民主协商、社会协商、基层协商等多种协商，与新时期不断丰富的统战内涵和统战工作向基层下移具有天然的一致性。

二、社会主义协商民主在世界民主政治中具有独特优势和强大生命力

中国社会主义协商民主，既坚持了中国共产党的领导，又发挥了各方面的积极作用；既坚持了人民主体地位，又贯彻了民主集中制的领导制度和组织原则；既坚持了人民民主的原则，又贯彻了社会和谐的要求。中国社会主义协商民主，无论对党的领导、国家治理、社会发展，还是体现人民当家做主、协调人民内部关系，都能展示出独特优势和强大生命力，在世界民主政治中璀璨绽放。

(一)协商民主能够使党的领导、人民当家做主、依法治国有机统一，推进国家治理体系和治理能力现代化

十八届三中全会提出完善和发展中国特色社会主义制度，推进国家治理体系和治理能力现代化的目标，而要实现"国家治理体系和治理能力现代化"，关键是要使党的领导、人民当家做主、依法治国有机统一，坚定不移走中国特色社会主义政治发展道路。中国共产党是中国特色社会主义事业的领导核心，是推进协商民主发展的领导核心，协商民主无论是实践发展还是理论发展都体现了中国共产党的领导，成为坚持党的领导的重要阵地。坚持党的领导和改善党的领导是相辅相成的。只有加强党的领导才能改善党的领导；只有改善党的领导，才能更好实现党的领导。协商民主是改善党的领导的重要形式。通过多种形式的协商，广泛听取意见和建议，广泛接受批评和监督，可以广泛达成决策和工作的最大共识，有效克服党派和利益集团为自己的利益相互竞争甚至相互倾轧的弊端；可以广泛畅通各种利益要求和诉求进入决策程序的渠道，有效克服不同政治力量为维护和争取自己的利益固执己见，排斥异己的弊端；可以广泛形成发现和改正失误和错误的机制，有效克服决策中情况不明、自以为是的弊端。而坚持党的领导，归根到底是为了实现人民群众当家做主的权利和根本利益。协商民主可以广泛形成人民群众参与各层次管理和治理的机制，有效克服人民群众在国家政治生活和社会治理中无法表达、难以参与的弊端。放眼全球，民主与法制是现代社会的一对双胞胎，二者相辅相成、相互保证的。只有在法律的规范下，才能切实保证协商民主的重要作用，实现人民当家做主；只有发挥协商民主的作用，才能推进法治建设不断健康向前。因此，协商民主这种黏合效应能推进国家治理体系和治理能力现代化。

(二)协商民主能够使国家价值目标、社会价值取向和公民价值准则有机统一，培育和践行社会主义核心价值观

党的十八大提出，"倡导富强、民主、文明、和谐，倡导自由、平等、公正、法制，倡导爱国、敬业、诚信、友善，积极培育和践行社会主义核心价值观。"社会主义核心价值观"三个倡导"凝练概括了国家的价值目标、社会的价值取向和公民的价值准则三个层面,而协商民主正是贯穿于这三个层面的一根红线。国家的富强、文明、和谐离不开广泛的协商民主,社会的自由、公正、平等离不开平等的协商民主,公民的爱国、敬业离不开群众参与的协商民主。具体来讲,在国家层面,中国共产党领导的多党合作和政治协商制度,协商民主寓于政治协商、参政议政、民主监督的各个方面、各个环节,协商民主正是"倡导富强、民主、文明、和谐"的灵魂所在。在社会层面,协商民主以公民自由、平等地参与政治为基础,以协商过程中的公正、法治为保障,协商民主正是"倡导自由、平等、公正、法制"的核心所在。在实践中,协商民主又能进一步培育健康民主所必须的公民意识,使公民在参与协商的过程中看到个人行为与较大利益之间的关系,在享有权力的同时,明白需要履行应负的责任,促进政治共同体成员之间相互理解、相互尊重、妥协和节制个人需要,从而树立正确的国家利益观、集体利益观、个人利益观,协商民主正是"倡导爱国、敬业、诚信、友善"的精髓所在。

(三)协商民主能够发挥政治缓冲带、社会稳定器、心理减压阀的作用,构建起社会主义和谐社会的重要机制

当前我国经济体制深刻变革,社会结构深刻变动,利益格局深刻调整,思想观念深刻变化,这种情况下,我们靠什么来化解矛盾、增进共识、使整个社会像石榴籽一样紧紧抱在一起?这就迫切需要开辟和拓展畅通的利益表达渠道,而协商民主可以广泛凝聚全社会推进改革发展的智慧和力量,有效克服各项政策和工作共识不高,无以落实的弊端,这正是构建社会主义和谐社会题中应有之义。一方面,政治和谐是构建社会主义和谐社会的先决条件,政治和谐需要民主政治的推动。协商民主作为民主政治的一种重要形式,政治包容性强,对各种社会政治力量具有亲和力,能起到政治缓冲带的作用。另一方面,构建和谐社会的基础在于社会阶层多元利益的整合和均衡,以及有效的多元利益整合机制的建立,关键在于各阶层合理的利益诉求能够得到尊重,利益诉求能通过合法渠道和理性的方式得以表达。协商民主全面兼顾和实现社会各阶级群众的利益,鼓励社会各阶层有序的政治参与和合作,在民主协商的过程中培育公民的平等包容、相互尊重的精神，这对于社会稳定、公民心理减压具有重要作用。

三、健全社会主义协商民主制度路径选择

民主不是装饰品。在中国社会主义制度下，有事好商量，众人的事情由众人商量，找到全社会意愿和要求的最大公约数，是人民民主的真谛。社会主义协商民主，应该是实实在在的，而不是做样子的；应该是全方位的，而不是局限在某个方面的；应该是全国上上下下都要做的，而不是局限在某一级的。因此，必须构建起程序合理、环节完整的协商民主体系，确保协商民主有制可依、有规可守、有章可循、有序可遵。

（一）加强社会主义协商民主理论研究

当今世界，软实力的竞争和价值观的较量越演越烈。西方国家极力向全球鼓吹和输出自己的民主价值观，意图掌握民主政治领域相应核心概念、范畴的定义权。我们要增进自己的民主自信，必须基于扎实的理论建设，加强社会主义协商民主理论研究，构建起社会主义协商民主理论体系，把各种形貌的民主观"辨清"，把我们自己的民主观"讲透"，以理论的彻底性为我国的民主观的自信提供强有力的支撑。

第一，眼界要宽。加强社会主义协商民主理论研究，构建起社会主义协商民主理论体系，要站在世界民主理论的高度，揭示其更深刻的一般原理、基本特征和发展规律，完善体系建设的"结构框架、逻辑主线、基本精神、制度系统、协商的原则和原理、协商方法论"等内容，向世界普及中国民主观，掌握世界民主话语权。

第二，定位要准。社会主义协商民主理论研究要充分借鉴世界民主理论优秀成果，认真梳理国内学术界的理论研究成果，认真分析研判，科学定位协商民主的价值、功能、内涵、要素、特征，科学阐释协商民主的历史演进，科学总结协商民主的发展经验，准确把握协商民主的内在规律性。

第三，谋划要远。时间是检验真理的唯一标准。曾经福山的"历史终结论"，宣称以选举式民主为核心的自由民主已经彻底胜利，世界上没有

对手了，可谓高处不胜寒，"历史终结论"却被短暂的历史终结。社会主义协商民主理论体系的构建要站在实现中华民族伟大复兴中国梦的历史潮流和全球视野中予以谋划，不断用发展着的协商民主理论指导新的实践，又要在实践中作出新的理论概括，敢破敢立，敢闯敢试，不断丰富完善理论体系。

第四，导向要清。要不断加大重点问题研究，指导协商民主实践的健康发展。比如，协商民主与选举民主的关系问题，如何推进选举民主与协商民主的协调配合，使两种民主形式更好地优势互补，形成合力，为人民当家做主提供更加广阔的平台？又如协商民主平等性研究。通常情况下，各协商主体具体到人是各级官员、各民主党派成员、无党派代表人士、专家学者和群众代表，虽然这些主体在法律上是平等的，但是在具体协商中，他们的知识、技术、能力、信息渠道、社会影响力等存在差异，导致参与主体协商机会不平等，如何真正体现协商民主的广泛参与中的平等性，将会更为深刻地揭示我国协商民主的重要特征。

（二）构建程序合理、环节完整的协商民主体系

发展社会主义协商民主必须以十八届三中全会关于"推进协商民主广泛多层制度化发展"的重要论述为纲，充分发挥国家政权机关、政协组织、党派团体、基层组织、社会团体及社会组织等作用，有组织、有重点、分层次积极稳妥推进各方面协商。

一是坚持党的领导。协商民主的整个过程必须始终在中国共产党的领导下有目标、有步骤、有秩序地进行。加强顶层设计，中央层面应适时督导《关于加强社会主义协商民主建设的意见》落实情况，确保协商民主沿着正确的方向发展。坚持摸着石头过河，地方党委要自觉承担协商民主建设的建设者、践行者、管理者、推动者，在实践中不断探索出好经验、好做法。

二是在协商主体上体现多元性、代表性。协商主体即"谁与谁进行协商"的问题，关系到协商活动本身的层次性、针对性和实效性。协商主体的确定既要体现多元性，尽可能多的反映不同利益攸关方的价值诉求，又要体现代表性，有能力能代表利益攸关方的价值诉求参与协商活动。我国国家政权机关、政协组织、党派团体、基层组织、人民团体、社会组织各自有其职责，都可以在不同的协商活动中担当协商主体，根据协商具体内容予以确定。具体来讲，政党协商，即政党之间的协商，协商主体是执政的共产党和参政的各民主党派，是共商国是的最高层次的协商主体。人大协商，即人大就法律法规、地方条例的制订、修改、执行情况等有针对地选择不同主体开展协商，并发挥好人大代表在协商民主中的作用。政府协商，行政机关除了在"党委动议—政协协商—人大决策—政府执行"的政治决策运行机制之外，人民团体、协会、行会、中介组织、志愿者团体等各种社会组织和不同利益群体都可作为协商主体。广义上的社会协商，可以涵盖全部社会层面，不仅领导机关与群众之间、政府部门与群众之间，而且社区内群众与群众之间都可以进行协商，协商主体往往涉及各协商方的切身利益，通过协商解决利益诉求。

三是在协商议题上体现开放性、科学性、计划性。协商议题即协商的具体内容，开展协商，首先要确定"协商什么"。党的十八届三中全会提出"以经济社会发展重大问题和涉及群众切身利益的实际问题为内容"，体现了协商民主的内容不仅仅局限于多党合作和政治协商层面，而是涵盖政治、法治、经济、民生、社会、文化、环境、生态等方方面面。在具体协商中，要体现开放性，协商议题要广泛征集、协商确定；要体现科学性，协商议题要有价值，值得协商；要体现计划性，协商内容要区分为经常类和非经常类，制度相应的计划。

四是在协商时间上坚持决策之前和决策之中。十八届三中全会提出，"坚持协商于决策之前和决策之中。"协商应当在决策之前和决策之中。决策之后的协商，只能是通报。这种通报也是必要的，可以让利益的相关方知道决策结果，便于贯彻实施。但这种通报，不属于协商。就党委在政协平台同各民主党派和各界代表人士的协商而言，要坚持"三在前"、"三在先"的原则。"三在前"即对重大的决策要主动协商或征求意见在党委决策之前、人大通过之前、政府实施之前；"三在先"即制定地方经济、社会发展中长期规划要先协商后决策，对重要的人事安排和人民群众生活中的重大问题要先协商后决定，对平时出台的地方重大政策和法规要先协商后定案。协商时间的确定还应为协商相关主体预留一定的准备时间，因为没有充足时间准备的协商，也大大影响协商质量，实际也是对协商另一主体的不尊重。

五是在协商渠道上体现广泛性、多样性。拓宽协商渠道，就是要针对协商议题的广泛性、协商主体的多元性，强化协商资源的共享性、协商系统的协调性，发挥国家政权机关、政协组织、党派团体、基层组织、企事业单位、人民团体、社会组织、各类智库的作用，深入开展政党协商、人大协商、政府协商、政协协商、人民团体协商、基层协商等多种协商，建立健全提案、会议、座谈、论证、听证、公示、评估、咨询、网络等多种协商方式，不断提高协商民主的科学性和实效性。要发挥人民政协作为协商民主重要渠道作用，建立健全协商议题提出、活动组织、成果采纳落实和反馈机制，更加灵活、更为经常开展专题协商、对口协商、界别协商、提案办理协商，探索网络议政、远程协商等新形式。要完善中共与各民主党派的政治协商机制，采取民主协商会、小范围谈心会、建言献策会、情况通报会、座谈会等形式同各民主党派就重大问题进行协商，听取意见和建议。除会议协商外，各民主党派还可以向中共提出书面建议或专题报告；必要时，各民主党派主要负责人、无党派代表人士可约请中共领导进行交谈。

六是将协商民主纳入法治化轨道。依法治国方略的确立，为协商民主法治化奠定了理论基础，协商民主建设也必然要求以法治化作为刚性保障。首先应当完善协商民主的宪法保障。当前，相较于我国人民代表大会制度中的选举民主丰富的宪法条文而言，协商民主在宪法中没有具体规定。应当将协商民主的主体、地位、方式、形式、基本内容、程序等写入宪法，通过宪法来保障协商民主的有效运行。其次制定协商民主单行法确立协商民主的具体内容和程序，依靠协商民主的法制化、程序化来切实解决哪些需要协商、怎么提起或启动协商、协商程序和形式，协商达到什么效果等程序民主方面的现实问题。

（三）进一步发挥统一战线在协商民主中的重要作用

当前国内关于协商民主理论研究多集中在人民政协平台内的协商研

究,侧重于完善多党合作与政治协商制度等方面,而主管统一战线工作的党委统战部在协商民主建设中的职能是什么,如何拓展协商民主的领域和渠道,则研究较少。十八届三中全会提出:"发挥统一战线在协商民主中的重要作用。"这是对统一战线在促进协商民主发展中重要地位的进一步明确,是对统一战线职能的全新定位,为统一战线更好发挥"法宝"作用指明了方向,同时也为统战部职能的全新定位,发挥重要作用指明了方向。

协商民主在我国的实践中,已从党际协商发展到政党协商、人大协商、政府协商、人民团体协商、基层协商等全方位覆盖的大协商,加强对协商民主的领导和协调,党委没有专门的工作部门,是不可想象的。总结我国社会主义协商民主实践历程,不难看出无论是中共与各民主党派、无党派代表人士的协商,国家政权机关的立法、决策协商,还是人民政协的协商、基层民主建设方面的协商,都需要统一战线充分发挥"议政建言、人才荟萃、联系广泛、协调关系"的优势。可以说,统战部具有指导协商民主发展的理论优势,具有开展协商民主的实践经验,具有解决协商过程中的方法优势,统战部门作用的发挥,直接影响社会主义协商民主制度建设成效。统战部门理应勇于担当起社会主义协商民主建设的重任,推进协商民主广泛多层制度化发展。

应赋予统战部主管协商民主建设的重要职能,代表党委加强协商民主建设的统一领导,在协商民主运行实践中,协调处理协商中出现的问题、修订完善相关制度机制、推进协商民主的实效性。具体包括三个方面:

在政治协商方面,每年年初由统战部牵头会同人大、政府、政协及有关部门拟定协商年度计划,报党委批准后组织实施。要增强政治协商的规范性,制定协商议题材料提前送达、整理协商意见、交相关部门办理、收集办理情况、向党委报告等工作办法。建立完善情况反馈制度,每年年底由统战部牵头召开反馈座谈会,向党外人士反馈采纳情况。要增强协商的直接性,完善各民主党派直接向同级党委提出建议制度,开通有关部门对民主党派建议直接反馈"直通车"。使高层政治协商在协商民主中发挥示范引领作用。

在社会协商方面,统战部门要做好指导人大、政府、政协、基层及职能部门组织就具体的公共决策听取社会各方面意见的协商工作。要丰富协商渠道,通过决策咨询、行政听证、专家咨询、媒体讨论和重大决策的社会公示制度等多种形式围绕人民群众普遍关注的教育、卫生、医疗、交通、社会保障、价格和环境等问题,架构起利益相关方与政府进行协商对话平台,吸引、动员更多的社会团体和各领域人士参与政府组织的协商对话。在协商活动参与者的代表性方面要从培养环节、选拔环节、协商环节等予以指导。

在基层协商方面,要把基层协商民主建设作为新形势下基层统战工作的重要内容,组织统一战线成员积极参与基层民主决策、民主管理、民主监督、民主自治的协商民主实践,加强基层政权建设,推进社会管理和社会治理创新。要探索建立镇(乡)协商会,增加和强化村(居)民议事会与镇(乡)协商会的衔接,把党政干部、普通群众和统一战线方方面面的人士纳入协商主体,实现基层民众的广泛参与和全面覆盖。要突出群众的主体地位,可由村民直接选举村议事会成员,民主协商产生镇协商会成员,充分尊重和体现群众的选举权和被选举权。在议题选择上,要鼓励协商会成员提出议题;在议事规则和程序上,要充分体现协商会成员的知情权和话语权。

(王斌元,中共四川省委统战部副部长;冯桂林,中共四川省委统战部研究室干部;杨建,中共四川省委统战部研究室干部;黄长勇,中共四川省委统战部研究室干部)

参考文献:

[1] 陈家刚:《协商民主与当代中国政治》,中国人民大学出版社 2009 年版。

[2] 陈剑:《协商民主与谁协商》,http://www.21ccom.net/articles/sxwh/shsc/article_2012121172676.html(访问时间:2014 年 9 月 9 日)。

[3] 陈延武:《万水朝东》,生活·读书·新知三联书店 2011 年版。

［4］高建、佟德志：《协商民主》，天津人民出版社2010年版。

［5］刘仁勇、于小英：《中国协商民主理论与实践》，四川出版集团、四川人民出版社2011年版。

［6］林尚立：《协商民主是我国民主政治的特有形式和独特优势》，载《求是》，2014年第6期，第14—16页。

［7］苏长和：《确立民主政治的中国坐标》，载《求是》，2014年第11期，第49—52页。

［8］习近平：《在庆祝中国人民政治协商会议成立65周年大会上的讲话》，载《人民日报》，2014年9月22日，第2版。

［9］邢元敏：《协商民主与群众路线》，载《求是》，2014年第10期，第39—41页。

［10］中华人民共和国国务院新闻办公室：《中国的政党制度》，外文出版社2007年版。

［11］中国统一战线理论研究会：《统一战线理论研究成果蓝皮书（2013）》，华文出版社2014年版。

［12］张献生：《发挥统一战线在协商民主中的重要作用》，载《中国统一战线》，2014年第2期，第40—43页。

［13］〔美〕萨托利：《民主新论》，冯克利、阎克文译注，上海人民出版社2009年版。

推进协商民主能力建设研究

许奕锋

党的十八大报告提出了健全社会主义协商民主制度的要求,十八届三中全会《决定》又提出推进协商民主广泛多层制度化发展,习近平在庆祝中国人民政治协商会议成立 65 周年大会指出社会主义协商民主是中国社会主义民主政治的特有形式和独特优势,① 中共中央专门出台了《关于加强社会主义协商民主建设的意见》,这都为协商民主能力建设研究指明了方向并提供了多元研究维度。

一、推进协商民主能力建设的重要性分析

协商民主能力是国家治理能力的重要构成,推进协商民主能力建设是我国政治建设的一个重要组成部分,也是我们党执政必须解决好的一个重大课题,更是当前我国民主政治建设的有效载体和有力抓手。

(一) 提高党的执政能力建设的重要途径

习近平指出,我们的目标越伟大,我们的愿景越光明,我们的使命越艰巨,我们的责任越重大,就越需要汇聚起全民族智慧和力量,就越需要

---

① 习近平:《在庆祝中国人民政治协商会议成立 65 周年大会上的讲话》,载《人民政协报》,2014 年 9 月 22 日,第 2 版。

广泛凝聚共识、不断增进团结。① 对于协商民主的地位而言，"协商民主是我国社会主义民主政治的特有形式和独特优势，是党的群众路线在政治领域的重要体现。"协商民主的优势发挥及其能力建设，能使人们通过多元化的协商渠道对国家大政方针以及经济、政治、文化和社会生活中的重要问题进行协商讨论、提出意见和建议，能有力促进中国共产党与其他政党、团体、组织以及社会各界的团结，对于扩大党的执政基础、改善党的执政方式、丰富党的执政内涵等方面具有积极有效的作用和贡献。在《关于加强党的执政能力建设的决定》中，把发展社会主义民主政治的能力，作为执政能力建设的重要内容，强调要坚持和完善中国共产党领导的多党合作和政治协商制度，巩固和发展最广泛的爱国统一战线。协商民主能力是社会主义民主政治能力的一个组成部分，推进协商民主能力建设就是加强党的执政能力建设的重要支撑，推进协商民主富有成效的工作是提高党的执政能力建设的重要组成部分。

（二）推进决策科学化民主化的重要方面

决策的科学化与民主化是表现决策质量的基本指标。决策科学化就是在科学的决策思想指导下，按照科学的决策规律，遵循科学的决策程序，运用科学的决策方法进行决策；决策民主化就是在决策过程中充分发扬民主，广泛听取意见，按照民主程序进行决策。决策的科学化和民主化密切相关，且对于协商民主能力具有非常高的依赖性。习近平指出，在中国社会主义制度下，有事好商量，众人的事情由众人商量，找到全社会意愿和要求的最大公约数，是人民民主的真谛。② 而要提高决策的质量和水平，就必须建立在较高水平的协商民主能力基础上，有效地凝聚和体现社会公共利益和公共意志的力量使决策更具合法性和正当性，有效融入各方参与者的意见使决策更容易得到参与者的普遍遵守，从而有利于决策的顺利实施。

---

① 习近平：《在庆祝中国人民政治协商会议成立65周年大会上的讲话》，载《人民政协报》，2014年9月22日，第2版。
② 习近平：《在庆祝中国人民政治协商会议成立65周年大会上的讲话》，载《人民政协报》，2014年9月22日，第2版。

(三) 促进社会主义民主政治建设的客观需要

推进协商民主能力建设，符合社会主义民主政治的本质要求。

人民民主是社会主义的生命。社会主义民主的本质是人民群众当家做主，依法参与国家政治、经济、文化和社会事务的管理，其价值就在于使人民群众充分行使宪法和法律赋予的各项民主权利，并随着经济、文化的发展和公民素质的提高，有序扩大公民的政治参与。协商民主作为公民参与政治、社会事务管理的重要途径，将更为广泛的主体包括各党派、各团体、各阶层、各群体充分吸纳到协商民主机制中来，广泛地协商政治、经济、文化和社会事务，并以协商的实践与成效激发社会各界、各主体的参与热情，为推动社会主义民主建设提供不竭的动力源泉。特别是在人民政协中，各民主党派和社会各界人士的协商民主能力建设，有利于充分表达自己的利益诉求，对党政机关提出意见和建议，对国家宪法、法律和法规的实施、重大方针的贯彻等情况进行协商监督，从而使广大人民群众的意志和愿望在社会政治经济生活中得到充分体现。

(四) 提高协商民主素质和水平的内在要求

加强协商民主能力建设关键在于提高协商主体的素质和水平。协商民主体系下，协商民主制度建设能否取得实效，最为根本的是协商主体的协商民主能力，有赖于协商主体的自觉有效参与，有赖于协商主体民主素养和民主水平的整体提高。协商民主能力建设，需要通过加强协商民主主体的民主协商能力培训，提高其整体素质，增强其协商建言的能力和水平；需要加强对于协商民主的宣传和开展，增强民主意识、法制意识。协商民主的主体涵盖各党派、各团体、各民族、各阶层、各界别和各方面人士，要求能够围绕国计民生的重大问题以及群众生活中的热点难点问题，坚持求同存异、体谅包容的原则，使个别的、分散的意见、愿望通过协商渠道得到系统、综合的反映，充分彰显合作、参与、协商的精神。

(五) 提高社会治理现代化水平的现实需要

推进协商民主能力建设是提高社会治理现代化水平的现实需要。协商民主作为一种求同存异的包容性民主，内在地蕴含着政治行为文明，实现国家治理体系和治理能力的现代化。协商民主的公共政策功能、社会团结功能和政治合法性功能，对国家治理体系和治理能力现代化意义重大，协商民主作为一种新的治理机制，其关键在于自由而平等的公民通过相互陈述理由的过程来证明决策的正当性；其核心思想是重视公民乃至整个公民社会在政策过程中的作用，促进国家和公民社会的相互依赖和良好合作。国家治理体系和治理能力的现代化，从根本上说，就是坚持人民主体地位，最广泛地动员和组织人民依法管理国家事务和社会事务、管理经济和文化事业。因此，推进协商民主能力建设，有利于在国家权力中枢和社会公众之间建立起一道桥梁，优化国家权力结构，增强政治体系的开放性，博采众长、广纳贤言，更好地代表和维护人民群众的根本利益。

（六）促进和谐社会建设的重要途径

在社会主义社会，全体人民的根本利益是一致的，但由于种种原因还不可避免地存在具体利益的差异性。协商民主尊重差异，承认多元，强调理性思考、理性妥协，有助于化解社会矛盾。协商民主代表性广，政治包容性强，对各种社会政治力量具有亲和力，可以起到政治"缓冲带"、社会"减压器"和"稳定器"的作用。通过推进协商民主能力建设，有利于加强沟通协调与协商合作，既能使各种意见要求得到有组织、有秩序的表达，又能使一些社会矛盾和问题在现有的体制框架内得到妥善化解，实现利益关系的协调平衡，从而达到团结各方、凝聚人心与促进和谐的目的。

二、协商民主能力的内涵界定

十八届三中全会以后，推进协商民主广泛多层制度化发展、在全社会开展广泛协商以及构建程序合理、环节完整的协商民主体系，成为当前推进协商民主的三个关键点。在协商渠道更宽、协商覆盖面更广的新形势下，提升协商民主能力关系到人民群众切身利益的实际问题、社会各个领域和人民群众生活各个方面等等问题的有效协商和科学决策。习近平指出要坚持推进履职能力建设，提高调查研究能力、联系群众能力、合作共事能力，① 这为协商民主能力的发展提供了理论指导。基于此，我们有必要探究界定协商民主能力的内涵，明确协商民主能力建设的方向。

（一）一般性界定

在对协商民主能力进行界定时，必然要把握好几个关系，即协商民主是合作而非竞争，是参政而非执政，是议政而非问政，是监督而非代替，是帮忙而非添乱；必然要理解好一个前提，即以坚持中国共产党的领导作为前提，不断提高政治把握能力、求同存异能力、沟通表达能力以及团结协作能力。作为民主党派、社会阶层和人民群众等各类协商主体，需要加强自身建设，提升民主素质，培养互相理解、互相沟通、互相尊重、互相包容的协商理性。只有协商主体的素质与能力和谐匹配，才能有效推进协商民主的能力建设及其制度化发展。**一是政治把握能力**。在我国，政治把握能力是协商主体的首要能力要求。特别是政党组织，政治把握能力是其生命力，需要善于从政治上观察、分析和处理问题，能够科学判断形势、适应历史趋势和准确把握方向。从大局而言，提高政治把握能力，就是要保持正确的政治方向，始终坚持中国共产党的领导，牢固树立中国特色社会主义的共同理想和信念，坚定不移地走中国特色社会主义政治发展道路。坚持和加强共产党的领导，协商民主才能保证有正确的政治方向，才能巩固社会根基，得以拓展好丰富的执政资源和坚实的合法性基础。**二是求同存异能力**。求同存异是中国传统哲学思想，是中华民族智慧的结晶。理性是协商民主必须遵循的基本原则，宽容是协商民主得以进行的前提条件，妥协是协商民主成功实现的根本保障。协商民主坚持求同存异，蕴涵着合作、参与、协商、包容的精神，广泛吸收社会各方面的意见和建议，包容各种不同的利益、立场和价值，在充分、民主、平等、真诚的协商讨论过程中得到充分反映并达成一致，推动决策的科学化、民主化。**三是沟通表达能力**。一定意义上来说，协商民主能力也是一种沟通表达能力。表达的实质是平等交流，互为主体，互相妥协让步以寻求共同利益。沟通表

---

① 习近平：《在庆祝中国人民政治协商会议成立65周年大会上的讲话》，载《人民政协报》，2014年9月22日，第2版。

达是伴随民主协商的全过程，围绕大家关心的问题进行平等的、直接的、公开的对话，促使各方达成共识。显然，若没有有效的沟通表达，就不可能进行有效的民主协商。**四是团结协作能力**。当代中国处于关键转型期，各种利益关系和利益结构正面临大幅度调整。协商民主能力能够实现社会整合功能推动社会形成有机团结的能力。唯有团结协作才能形成合力，在协商中以诚相待，且互相配合。在民主协商当中，需要的是协作意识与和合精神，共同承担与担当。对于协商个体而言，不仅要有个人能力，更需要有在不同的位置上各尽所能、与其他成员协调合作的能力。因此，协商民主能力就是一种团结协作能力，上下协调、和谐关系、凝聚人心，能够互相谅解、互相帮助、互相进步，形成民主协商的有机合力。

（二）结构性界定

在我国，协商民主面临的是政治体制、公共空间和网络治理等多维化的结构性环境，协商民主能力也表现出明显的体制性、公共性和网络性等特征。因此，我们需要正确把握协商民主能力的结构性类型，这对于研究协商民主能力建设具有非常重要的理论意义和现实意义。一是**政治协商能力**。在决策层面，协商能力体现出决策的过程能容纳每个受决策影响的公民，实现参与的实质性政治平等以及通过自由、公开的信息交流实现决策方法和确定议程上的平等。对任何政治体制而言，协商民主能力应该是政治制度设计与制度安排是否具有实效性的标尺之一。在我国，政治协商作为一种政治制度安排，以人民政协为载体，立基于中国特色社会主义民主的规定性，关注政治体系的运作效率，平衡利益、追求共益，从而使各党派、各界别、各社会团体以及各界社会人士之间的民主协商真正具有实效性。二是**公共协商能力**。在非正式的公共领域中，民主协商着眼公共话题，产生一定影响的公共舆论，这也是协商民主能力得以提升的基础。发生在公共领域中的、非正式的协商话语形式，其关注焦点是正式决策制度外的、非结构化的、开放的对话。因此，协商民主能力是通过各种组织、社会运动、网络和媒体参与开放的公共话语来表达的。由于我国是一个国家主导型社会，以国家权力特别是以行政权力来支配社会是个根深蒂固的客观存在的事实，需要我们提高公共协商能力，以培育协作型公民社会，积极动员与吸纳最广泛的公众能以平等的身份参与到开放性的公共协商中。**三是网络协商能力**。网络治理是协商民主能力提升的新路径。目前，我国网民以网络论坛、网络社区、网络社团和网络博客等为载体，将互联网技术运用到政治参与中，对社会主义协商民主产生了重要影响，也将促进协商民主能力的建设与发展，网络治理中协商民主能力的提升则是促进社会利益平衡的基本条件和必备手段。①

三、推进协商民主能力建设的问题与障碍

在中国共产党领导下，我国在发展协商民主的过程中取得了巨大成就。与此同时，"健全社会主义协商民主制度"的政治宣言，也表明我国协商民主制度的建设不可能一蹴而就，而是要走过一个长期的发展历程。尽管协商民主的发展取得了一定的成绩，同时也存在一些需要进一步解决的问题，如观念意识不强、素质有待提升、机制有待健全等等，这都不同程度地制约了协商民主的发展及其能力建设。

（一）关于观念意识

一是党政领导的观念意识。一些地方党政领导对协商民主认识不够深，停留在浅表层面，未把协商民主及协商民主能力建设提高到民主政治建设的高度来认识和对待。对协商民主的地位作用和重要原则认识不够，甚至存在将协商看作插手争权、增加麻烦、影响发展的认识倾向，对把协商纳入党委、人大、政府决策程序这一协商原则，未能引起足够的重视。有的甚至自觉不自觉地以西方政治标准、政党理论和政治制度为参照，对协商民主能力建设缺少与时俱进的理性思考。**二是政协组织的观念意识**。有些地方政协组织对协商民主能力建设的重要性认识不足，特别是对协商民主能力建设的作用认识不够到位，不善于运用协商民主这一手段开展工作，一定程度上往往是因为存在"怕惹事"不敢协商，"怕麻烦"不愿协商，"怕不懂"不会协商，"怕没用"懒得协商等错误观点。**三是普通民众**

---

① 阙天舒：《我国民主政治中协商能力的构建：结构、规范与价值》，载《中共天津市委党校学报》，2010年第3期，第40页。

的观念意识。协商意识作为心理深层次的思想，它也作用于人们对协商行为的道德判断。长期以来，人们对冲突的解决特别是对立性冲突的解决，不是以理性寻求共识与共存，而是以暴力威胁强迫对方服从或武力征服根除对立力量。由于对于冲突解决效率的偏重，而协商意识严重缺失，影响了对冲突解决方式的行为选择。有时即使选择了以协商方式解决冲突，由于协商意识的薄弱或缺失，以及协商伦理的缺失或沦丧也往往影响着协商过程的展开和妥协共融结果的达成。

（二）关于主体素质

协商民主的顺利开展是以普通民众均能参与相关政策的制定协商过程，并且具有充足的理性和较强的参与能力为前提的。但现实的情况是，人文教育的薄弱和政治社会的日趋复杂二者结合，势必导致一些公民的理性不足，而理性不足必然引发他们政治能力的匮乏。有的民众由于经济地位、政治意识、教育背景外加自身语言表达能力的限制，无法平等地参与理性论证，难以有效地表达自身的利益诉求。加之在各类政治生活中，社会精英对普通民众政治参与和民主协商的排斥又加剧其协商民主能力的贫困，使得普通民众既不能把握住政治权利赋予的政治机会有效表达自我的政治要求，又无力在协商议题中去主张自身的政治诉求以维护自我的社会利益和价值。①

（三）关于平台载体

一是缺乏有效的利益和价值平台。共同的核心价值原则是协商民主达成妥协性结果的价值与利益基础，这方面的薄弱将导致协商民主缺乏有效沟通的利益和价值平台。现代社会利益多元，当利益冲突时，居于优势地位的利益主体强调自我利益的至善性，居于弱势地位的群体则强调自我利益的不可缺失性，都不愿意妥协，以协商进行冲突协调将难以获得共同的利益基础，也正因为缺乏共通共融的利益基础而难以开展。**二是缺乏灵活且常态化的协商方式**。以人民政协为例，协商作为人民政协履行职责的全

---

① 唐琼：《网络政治参与——协商民主的新形式》，载《法制与社会》，2009年第28期，第232页。

新方式和有益手段,应该贯穿于人民政协履职的全领域和全过程。目前,各级政协组织开展协商议政的方式主要是全会协商、常委会协商、主席会议协商、专题协商,而专委会对口协商、界别协商、提案办理协商等形式开展得不经常,还主要停留在理论上和口头上,没有或很少在实际工作中运用和实践。

(四)关于制度机制

我国当前从中央到地方,对协商民主有不少的制度规定和文件要求,但还没有形成系统完备的制度体系,主要体现在协商内容随意、协商对象不确定、协商程序不规范、反馈机制缺失等方面,影响了协商民主的实际成效。以政协协商民主为例,除《宪法》对人民政协的地位、作用有所提及外,关于政协的组成及职责、权限仍无专门的法律规定。在协商的基本要求上,协商应该具体坚持哪些原则,如何在协商过程中协调党委政府及其相关部门与政协之间的关系等,这些目前都没有明确规定。由于缺乏有效的机制保证和制度保障,直接影响了政协协商民主的过程、结果的法律保障和法律效力,也必然影响协商民主的发展以及协商民主能力建设。

(五)关于理论建设

协商民主虽然早有萌芽并有政治实践,但协商民主的制度化建设较之选举民主时至今日也比较滞后,尤其匮乏的是公正的协商制度和协商程序。协商民主虽成为时代共识,但实践尝试有限,其中有一个很重要的原因就是理论建设还比较薄弱。协商制度建设内涵着平等和正义的要求,而二者时而耦合,时而冲突,规则化的兼容难度较大,需要大量的理论探索和实践检验。[①] 我们还亟须在深入学习中国特色社会主义理论体系的基础上,注意吸收借鉴西方协商民主理论中的合理成分,通过比较借鉴,总结实践,深化认识、把握规律,及时研究新情况新问题,推动协商民主理论建设的发展和协商民主政治功能的发挥。

---

① 王洪树:《协商民主的缺陷和面临的践行困境》,载《湖北社会科学》,2007年第1期,第23页。

四、推进协商民主能力建设的实现途径

协商民主能力建设作为民主制度实现机制的重要组成部分,在推进社会主义民主建设中发挥着愈来愈重要的作用。从当下我国的政治生活来看,协商民主的发展及其能力建设与其所担负的责任和使命还很不相吻合。我们应当全方位考虑我国经济、社会、文化发展水平和所能提供的条件,适应时代的特点和需要,有目的、有条件和有路径地推进协商民主能力建设。

(一) 彰显协商意识,增强民主协商主动性

要发展我国的协商民主推进协商民主能力建设,就要增强公民的政治意识、参与意识和协商意识,塑造全新的公民文化。通过加强培训教育和积极引导,努力培养公民的主体意识、权利意识、参与意识,使公民意识到自身利益的实现与参与政治生活是紧密相连的。从长远角度考量,要使协商民主能力建设能够促使社会形成解决各种事务或冲突的重要载体,就需要积极培养公民的民主协商精神,彰显协商意识,增强协商的主动性。协商主体应增强在推进协商民主中的使命意识,在思想上牢固树立民主协商意识,在工作上积极践行民主协商意识,在作风上充分体现民主协商意识,认真履行民主协商职能,主动监督民主协商结果,不断创新民主协商实践。

(二) 深入协商调研,加强民主协商针对性

能力的建设,必然离不开调查研究。调查研究是进行民主协商的基础性工作之一,开展调查研究是协商建言的前提和基础,是对党政工作有所裨益、对部门工作有所推动的关键环节。特别是在当前形势下,面对新情况、新政策、新问题,围绕党委政府确定的重大决策部署,紧扣人民群众关心和社会关注的热点难点问题,有针对性进行调研,使协商议政既超前建言,又拾遗补缺,就需要深入进行调查研究,带着责任和问题深入群众,掌握第一手资料,方可提出有价值、有深度、有见地的意见和建议,否则进行民主协商就会流于表面、流于形式。以党际协商为例,政党关系是社会关系的核心,政党协商是协商民主制度中的主要环节,需要不断加

强和完善。在中共领导下的政党协商,其中党派专题调研就要紧密围绕政治建设的需要,围绕多党合作制度建设的需要,多为有关重大事项或普遍问题进行协商,为中国特色社会主义政治发展道路发挥独特的作用。对党派来说,要事先了解中共决策的计划和需要,开展深入的调研,掌握充分的信息,在民主协商中提出符合实际的意见和建议。

(三) 整合协商资源,拓宽民主协商层次性

协商民主能力建设具有社会主义民主政治的有序推进、爱国统一战线的巩固、构建社会主义和谐社会等内在动力的作用,同时也具有科学民主决策、媒体网络问政、日益增强的公民精神以及国际民主潮流等外在推力的作用。需要我们整合、引导和借助好各种力量和资源,促进协商民主的健康发展及其能力建设。以政协为例,可以充分整合好人民政协的人才智力资源,拓宽民主协商的层次。**一是发挥人民政协特色,汇聚协商力量。** 充分发挥人民政协的人民性特色,积极扩大政协组织的涵盖面,对因政协界别设置调整滞后或委员名额限制等原因暂时难以直接进入委员队伍的社会各界新涌现出的优秀人士,可通过出台"关于选聘特约委员的办法"纳入到政协队伍中来。[①] 探索人民群众列席和参与政协协商过程的有效途径,广泛汇聚社会各界人士为经济社会科学发展协商建言的力量。除了党派之间的协商外,还应进一步建立国家与社会团体、行业组织、新兴利益群体以及公民之间的协商机制,将协商主体的范围从政治、经济、文化界的精英,扩大到普通的公民。**二是建立协商联动机制。** 向上联合上级政协组织和相关部门,向下联合下级政协组织,向外联合各兄弟地区政协组织,向内联合各民主党派和工商联,充分发挥政协联系广泛的优势,就共同关心关注的课题进行联合协商议政。**三是建立多方协作机制。** 依托高校、专业研究机构、专业协会组织等,开展履职协作,强化协商互动,在确定协商议题时主动征询意见,在开展协商建言前充分听取意见,在开展协商时以适当的形式邀请有关专业人士参加,提升协商建言的层次和水平。

---

① 郑宪:《关于加强人民政协界别制度建设的思考》,载《中央社会主义学院学报》,2008年第4期,第116页。

(四) 丰富协商形式，凸显民主协商灵活性

提高民主协商能力必须不断丰富民主协商形式。丰富民主协商形式，必须注意匹配性，实现协商内容与协商形式的辩证统一，做到灵活多样、务实高效。目前迫切需要丰富发展各种形式的基层协商途径，包括民主恳谈会、民主听证会、居民论坛、村民自治，同时重视网络的力量，扩大电子民主等。根据新的形势需要，还可以探索建立健全自辩制度，发挥政协人才荟萃智力密集优势，调动政协参政议政科学履职。党委政府在进行重大决策之前，主动邀请同级政协及相关专委会、各民主党派，在认真无保留的通报决策倾向和已有决策依据的前提下，请政协和各民主党派以科学负责的态度和专业的眼光，乃至从不同利益群体的角度提出问题或反面意见，加以论辩，以提高决策的科学性。[①]

(五) 讲究协商艺术，提高民主协商实效性

协商是一种工作方式，也是一种智慧。协商民主契合了当前我国发展关键时期的平等性政治价值期待，充分发挥协商民主在我国社会转型期的重要作用。周恩来在领导统一战线工作的长期实践中，形成了独具魅力的方式与方法，即政治协商艺术，这主要表现在：对象不同，方法各异；以诚相待，感动盟友；以理服人，打动盟友；智慧超群，吸引盟友；积极引导，帮助盟友；求同存异，广结盟友。在协商民主能力建设中，要讲究协商艺术，就要大力发展和推进包容性协商，讲究协商技巧：一是营造平等协商氛围。二是把握协商尺度。三是灵活运用协商艺术。

(六) 健全协商机制，强化民主协商保障性

提高民主协商能力就要以建立健全民主协商的制度机制作为支撑，推进协商民主的程序化、制度化、规范化建设，化政策性协商为制度性协商，建立健全协商民主的运行机制。我国协商民主实践虽然起源较早，但各种民主协商的制度和程序还有待进一步健全，在现有协商民主制度框架及相关规则的基础上，围绕协商民主所设计的主题、内容、程序、形式

---

① 李北林：《自辩制度：一条崭新的协商民主路径》，http://qdzx.qingdao.gov.cn/n6169219/n6169604/26765112.html (访问时间：2014 年 9 月 5 日)。

等，逐步完善相关法律、制度。无论从中央到地方，还是政府部门的各个机构，都应逐渐建立一套衔接有序、运转协调的协商民主体系，推动协商民主走向法制化轨道。

当前我国利益主体多元性不断发展，人们思想活动的自主性、差异性、选择性明显增强，人们的素质参差不齐，价值观念和思维方式等方面的多样性特征更加明显，这就越发需要我国各政党、各社会团体和组织以及公民个人提高协商民主能力和水平。我们需要坚持以宽阔的视阈认识和把握世界民主政治的态势，以科学的方法把握协商民主能力建设的特点与规律，把协商民主能力建设理论研究和实践创新推向一个更高的阶段。

（许奕锋，湖南省社会主义学院副教授）

参考文献

[1] 习近平：《在庆祝中国人民政治协商会议成立 65 周年大会上的讲话》，载《人民政协报》，2014 年 9 月 22 日。

[2] 罗豪才等：《软法与协商民主》，北京大学出版社 2004 年版。

[3] 陈家刚：《协商民主》，上海三联出版社 2004 年版。

[4] 范小新：《加强人民政协协商能力建设的思考》，载《文史博览（理论）》，2013 年第 6 期。

[5] 阙天舒：《我国民主政治中协商能力的构建：结构、规范与价值》，载《中央天津市委党校学报》，2010 年第 3 期。

[6] 赵洪生：《协商能力建设：发展协商民主的一个重要课题》，载《江苏政协》，2013 年第 6 期。

[7] 商红日：《增强人民主体地位 发展人民的协商能力——以国家治理体系的现代化构建为视角》，载《上海市社会主义学院学报》，2014 年第 1 期。

[8] 童庆平：《近年来我国协商民主研究若干观点辨析》，载《上海市社会主义学院学报》，2009 年第 1 期。

[9] 郑慧：《中国的协商民主》，载《社会科学研究》，2012 年第 1 期。

［10］陈家刚：《多元主义、公民社会与理性：协商民主要素分析》，载《中国社会科学报》，2009年9月22日。

［11］唐琼：《网络政治参与——协商民主的新形式》，载《法制与社会》，2009年第28期。

［12］郑宪：《关于加强人民政协界别制度建设的思考》，《中央社会主义学院学报》，2008年第4期。

［13］李北林：《自辩制度：一条崭新的协商民主路径》，http://qdzx.qingdao.gov.cn/n6169219/n6169604/26765112.html（访问时间：2014年9月5日）。

推进参政党协商民主能力研究

石 媛

习近平总书记在中央全面深化改革领导小组第六次会议上讲话指出："社会主义协商民主在我国有根、有源、有生命力，是中国共产党人和中国人民的伟大创造，是中国社会主义民主政治的特有形式和独特优势，是党的群众路线在政治领域的重要体现"。社会主义协商民主之所以是我国民主政治的特有形式和独特优势，将协商纳入决策过程，体现了具有制度自信的社会主义民主的优越性。然而，参与协商的这些政治资源的优势能否完全发挥出来，则取决于参与协商的主体间的协商效果。其中，中国共产党与参政党作为重要的协商主体，所具有的协商能力与水平则是关键。

一、参政党协商民主主体地位的内在规定性

经过多年历史的积淀和实践，中国共产党和参政党的政治协商已经成为社会主义协商民主的重要内容和形式，参政党也已成为社会主义协商民主的重要实践主体和主要力量，在社会主义协商民主中起到十分重要的作用。

（一）借鉴中外协商民主理论与实践，协商民主主体应具备的条件

上世纪80年代以来，西方选举民主经过尝试发展而呈现危机和不足，为弥补选举民主的缺陷，在西方多元文化背景催生下，西方式的协商民主应运而生了。西方协商民主产生后，引起人们对中国社会主义协商民主的关注，在比较与借鉴中，我们发现西方协商民主和我国社会主义协商民主

在基本理念、实践形式、历史背景、文化传统、政治体制等方面都有着明显的不同。但是，认识和研究西方的协商民主理论，合理借鉴其有益的经验和成果，是发展和完善中国协商民主的客观要求。通过比较中西协商民主实践，作为完全不同于选举民主的协商民主，其在主体、客体及原则方面具有明显不同特征和独特条件，而其中协商民主主体应具备的条件是：

1. 平等身份。首先就本真的意义而言，平等是协商的核心和关键。在中西协商民主实践中，平等是协商的前提，也是协商的灵魂。协商民主中的协商是指协商主体在平等自愿的基础上，抱着公平、合理解决问题的态度和诚意，通过摆明事实，交换意见，取得沟通，从而找出解决问题，解决争议办法的一种方式。在国家治理的最高原则中，平等是一切规范和制度的核心理念，更是协商民主的核心价值。协商民主中的平等是地位的平等、机会的平等、权利的平等，首要的是协商者具有平等身份。

2. 代表资质。在协商民主中，协商的主体是否能担当其协商的重任？这就要求参与协商的协商者要具备这种参与协商的代表能力或资质，即能够代表或反映某一群体的利益。也就是说能够坐到一起进行协商的各方，应当有一定资质或能力，既要有政治把握能力，有参政议政能力，还要有一定群众基础即有代表性。如果没有这种资质或能力，协商的效果将大打折扣。

3. 沟通与交流能力。协商民主中的协商是表述、讨论、争论等方式的交流与沟通，是要以陈述言说的方式，陈述参与者的各自认知和意见主张，使协商者各方在理性的交融下，形成对协商事务的"全景式"的认知[①]。因此，协商主体的交流表达与沟通能力就成为是否能达成协商共识的重要的条件之一，而参与者的沟通与交流能力往往是其逻辑思维、学识水平和政治认知的综合体现。

4. 代表群体利益的协商方案。在协商民主中参与者各方不但要具有一定资质、能力和代表性，而且能实实在在的代表其群体利益。"政治社会，以及事实上每个合理和理想的行为体，不管是个人、家庭、或者社

[①] 王树洪：《协商合作与民主政治主体的培育》，中国社会科学出版社2011年版，第153页。

团,甚至某种政治社会的联盟,都有明确表达其计划,将其目标置于优先秩序之中,以及相应地做出决策的方式。"① 其中,其计划、设想都是代表某种群体利益的方案,只有先有这些方案,才能在协商、交流中,反映群体诉求,代表群体利益,寻找到公共理性,达成决策共识。

(二) 我国政治形态中参政党的性质、地位、特征

1. 在我国政治形态中,八个民主党派是中国特色社会主义参政党。从"民主党派"到 1989 年 12 月,《中共中央关于坚持和完善中国共产党领导的多党合作和政治协商制度的意见》定位的"参政党",再到 2013 年 2 月 6 日,习近平同志在中共中央召开的"党外人士迎春座谈会"上指出,"各民主党派是同中国共产党通力合作的中国特色社会主义参政党"把"中国特色社会主义"与"参政党"相结合,进一步突出了民主党派的性质,明确了参政党的政治地位和政治功能,是对我国参政党的性质、地位、特征的科学定位。

2. 我国参政党是具有代表性的政党。中国共产党作为执政党,是具有"三个代表"的政党,参政党在中国政治体系中,同样也是具有代表性的政党。参政党的代表性是指参政党是其存在社会基础的利益代表,这种代表性有历史必然性和现实合理性。中国共产党代表了中国最广大人民的根本利益,执政党的这"最广大人民群众"中也包括参政党所代表的社会阶层和群体。我国参政党的代表性表现在:其一,参政党可以成为联系执政党与少数社会阶层和群体的桥梁。其二,在最广泛地团结一些社会阶层和群体方面,参政党可以起到中国共产党不可替代的作用。其三,参政党可以成为所联系的社会阶层和群体特殊利益的代表,使这些群体的特殊利益得到兼顾和照顾,从而在一定程度上协助调节监督执政党对最广大人民的整体利益和根本利益的代表。

3. 我国政党制度的特点与参政党的独立、平等。我国政党制度最大的特点是"共产党领导、多党派合作,共产党执政、多党派参政",最本

---

① 〔美〕博曼、〔美〕雷吉:《协商民主:论理性与政治》,陈家刚等译,中央编译出版社 2006 年版,第 68 页。

质的关系是"执政—参政、合作—监督"的关系。参政党与执政的中国共产党是亲密友党的关系，为了共同的政治目标而合作共事，其合作的政治基础是坚持中国共产党的领导和坚持四项基本原则，在此基础上中国共产党和各民主党派都以宪法为根本活动准则，同时承担维护宪法尊严、保证宪法实施的义务，这是我国一切政党的起码政治行为规范。

因此，从我国政党制度的内在规定性与参政党的性质特征中，可以看出参政党具备协商民主主体的条件。

（三）我国参政党在历史上参与协商民主的成功效绩

在革命年代，各民主党派和中国共产党一起创造了早期革命性协商民主，在协商合作中取得了新民主主义的胜利，建立了新中国。新中国成立后特别是改革开放以来，"民主党派作为统一战线的重要成员和人民政协的重要界别，成为国家政治体制民主决策中的一个重要环节，为国家发展、社会稳定和人民福祉做出了贡献"[①]。参政党不仅具备协商民主主体的资格，而且在历史的见证下成长为社会主义协商民主的重要实践主体和主要力量，并为社会主义协商民主作出巨大贡献。

二、参政党协商能力的定义和内容

毫无疑问，参政党是社会主义协商民主的重要实践主体和主要力量。那么，参政党参与协商所表现的协商能力就成为其发挥作用的关键环节。

（一）参政党协商能力的内涵

参政党的协商能力是指在中国共产党的领导下，作为我国参政党的各民主党派就国家政治、经济、文化、社会生活中有重大影响的问题进行政治参与，以对话、讨论、沟通、辩论、协调和妥协等方式表达自己的立场、观点与所代表的阶层的利益诉求，最终与协商各方达成共识，影响决策的能力。

---

① 严隽琪：《民主党派在社会主义民主政治建设中的地位和作用》，载《中央社会主义学院学报》，2009 年第 5 期。

(二) 参政党协商能力的多维结构

参政党是社会主义协商民主中重要主体。就整体而言，参政党协商能力具有多维结构，主要包括有：政治认知能力、沟通交流能力、团结合作能力、自我创新能力。

政治认知能力：参政党的政治认知是指参政党对我国政治制度、政党制度和坚持走中国特色社会主义政治发展道路的主观认知程度。参政党的政治认知能力则是指在这种主观认知下参与政治活动的实际效用的能力。

沟通交流能力：参政党的沟通交流能力是指参政党能有效的陈述、表达、反映群体意见主张，并与协商各方有效沟通交流的能力。

团结合作能力：参政党的团结合作能力主要是指在多党合作中，参政党与执政党既能够坚持共同政治基础、政治原则和政治方向，又能够充分发挥自身特点和优势，同心同德、共谋发展、和衷共济、和谐相处、一道前进的能力。

自我创新能力：是指参政党适应社会主义协商民主的新要求，通过理论创新、参政议政能力创新，不断提高和匹配自己与执政党政治协商的创新能力。

(三) 参政党协商能力与参政党职能的关系

我国参政党的协商能力既是指参政党履行政党职能表现出的协商能力，也是指参政党参与人民政协同执政党及其他主体的政治协商所体现的协商能力。我国参政党的职能是参政议政、民主监督、利益表达、服务社会、自我教育等五项职能。其中，参政议政、民主监督是中国共产党领导的多党合作和政治协商制度的重要内容，是我国社会主义民主政治的重要体现形式，是民主党派最基本、最重要、最具本质性的政治职能，是参政党在国家政治生活中发挥作用的主要方式。而参政党协商能力是参政党职能的反映与体现，蕴含在参政党的职能中。参政党职能履行的好，参政党的协商能力就强，他们是相辅相成、相互促进的关系，他们统一于参政党的自身建设中。

三、参政党协商能力方面存在的问题

我国参政党在历史上与中国共产党的协商合作中,曾表现出了高超的协商能力,并一路成长为和中国共产党并肩战斗的亲密友党。现在,在人民政协,中国共产党与参政党的两大类十种形式的政治协商中,也取得了丰硕效绩。然而,参政党的协商能力现实情状中却还存在许多问题,与社会主义协商民主的要求还相差甚远。

(一)参政党作为重要协商主体,其协商意识不强

一是缺乏提出协商议题的积极性。按照相关文件规定,民主党派有主动提出协商议题的职责和权利,但从实际情况来看,各民主党派很少主动提出协商议题。二是缺乏围绕协商议题展开调研的积极性。一般来说,协商议题确定之后,相关部门要通知到参与协商的共产党和民主党派成员。为了更好地进行协商,民主党派协商成员需要围绕议题展开调研等工作,以最大限度地反映社情民意。但在实际操作中,很多人未能做到这一点。三是缺乏参与开展协商的积极性。在协商活动开展过程中,由于担心自己的观点会对自身带来不利影响,或者认为自己对协商结果的实际影响作用不大,因此,有些参与协商的民主党派成员不能积极主动地表达自己的观点和主张。四是缺乏监督协商意见办理的积极性。作为协商主体,民主党派的职责还体现在对协商意见办理的监督和追踪上,然而对于协商意见办理情况,他们大多都不甚了解。

(二)缺乏提高参政党协商能力的机制

一是对参政党协商的主体地位重视不够。随意性大,协商主体间缺乏双向互动,协商会议有时成了情况通报,决策传达。二是参政党参与协商的代表或是政协委员选拔机制存在问题。其一,由于政协委员实行的是推举制度,是否有足够的建言献策能力似乎并不是安排委员的最重要的标准。各界别被推举的政协委员都是各领域的优秀分子,"政协委员"的称号荣誉感多于实质感,这使得其形式意义大于实质意义。其二,一些党政部门的负责人作为安排性委员,与人民政协履行参政和监督的职能存在角色冲突,是"即当裁判员又当运动员"。其三是与界别群众联系沟通不够。

政协委员的产生方式和它的精英性特色，一定程度上导致各界别委员缺乏与本届别群众的沟通交流，不能及时反映本届别的社情民意。三是参政党成员参与调研和深入实际的能力有限。很多党派组织每年的调研计划屈指可数，而实际调研时，也是领导参加的多，成员参加的少，了解情况的多，探究内应的少。缺乏对问题的认真研究和调查，撰写的提案难以表达界别群众的利益诉求。

（三）协商的氛围还不浓厚

一是一些党政机关领导在提出协商的问题时，常常让与会或座谈人员统一思想认识，从讲政治的大局思考问题，用一些"高调"的语言暗示大家尽量多发表赞同意见，少提反对意见。使得协商并不能真正起到集思广益的效果。二是有些协商议题，大家都想当老好人，不愿意表达自己的真实观点。有两种情况：其一是有了议题，大部分人不反对，也不支持，因为面子问题，怕得罪人，所以弃权多。其二是有人先发言，三个支持，会议表决就一边倒，顺大流，能坚持个人意见的少。三是协商会议时跑题扯远。你说东，我说西，跑得无影无踪。

四、加强参政党建设，提高参政党协商能力的路径选择

提高参政党的协商能力，必须加强参政党自身建设，其路径选择是：

（一）提升参政党的政治认知能力

参政党要在协商民主中发挥更大作用，必须加强自身建设，尤其要深化认识，提升政治认知能力。

1. 强化政党意识。参政党作为社会主义协商民主的重要主体，在推进社会主义协商民主中，首先要强化政党意识。第一，参政党不是一般的政治组织，不同于中介、社团和群会，参政党有自己的政治目标、政治纲领和政治职能，要增强履行参政党职能的使命感、责任感和自豪感。第二，参政党是以组织化的形式表达不同阶层群众利益诉求的，这是中国特色利益代表方式，具有独特的优势。要强化表达和沟通功能，把参政党及其成员所联系的群众意见综合起来，通过参政议政渠道，反映到我国的政治体系之中，把带有特殊性的问题整合到决策程序中，促进决策的民主

化、科学化。

2. 提升参政党对我国政党制度的民主价值内涵的认识。中国共产党领导的多党合作和政治协商制度，在其内在设计机理上，既避免了垄断型政党制度容易导致专制独裁和腐败丛生的弊端，增加了民主党派的民主监督功能；又避免了竞争型政党制度容易导致互相钳制、互相倾轧、内耗不已、难办大事的弊端。始终坚持共产党的领导，同时，又把一党领导整合功能较强、效率较高的长处与多党政治参与、利益要求表达较广泛的长处有机地结合在一起。这既是我国政党制度的政治价值，也是我国政党制度的民主价值。

3. 准确把握参政党在公共决策中的地位与作用。参政党是社会主义协商民主的重要实践主体和主要力量，要准确把握：第一，参政党在公共决策中不可或缺；第二，参政党作为参与性决策主体，不同于其他社会团体；第三，厘清决策和协商的关系。在决策前增加多主体协商环节，使协商于决策前和决策执行中，这体现了社会主义民主的制度自信，参政党在决策前的协商环节中，可以充分利用政策平台，积极发挥作用，但是，协商只能影响决策，不能代替决策。

(二) 培养参政党的自我提高能力

1. 加强学习，提高思辨能力。思辨是充分表达意志，有效推进决策共识的前提，是政治协商中非常重要的一个能力。而学习是提高思辨能力的最普遍、最基础的方法。首先，要建立一定的学习制度。尊重个体学习规律，有学习，有督促，有检查，有考核。其次，创建新的学习方式和途径。从内容上说，不但要学习业务知识，而且要学习政治理论；就学习方法而言，学习并非光读书，还要在工作中学习，在实践中学习；就学习效果而言，不但要理论联系实际，而且要活学活用。

2. 提高信息获取和分析能力。有效协商中协商主体之间的信息应该是对称的，信息不对称就不能进行真正的协商。这就要求在协商活动之前，一方面，必须由有关方面提供大量的信息材料，使信息充分公开。另一方面，参政党作为协商民主的主体，还要不断提高信息获取和分析能力。通过整理、分析、推理等方式，形成自己的观点和主张；以公共理性为基础，为自我的意见和主张具有说服力提供依据和推理；以"求同存异"的原则，对各方的意见主张进行批判和审视，摒除隐藏其中的不合理观点和主张，寻求正确的、能满足普遍愿望的主张。

3. 培养沟通交流能力。在社会主义协商民主中，最具中国特色的是有人民政协这样一个组织机构和协商平台。要培养良好的沟通交流能力，对所协商主题要有全面了解和掌握，对所表达的观点和主张要表述正确，概括全面，有理有据；发表意见有新意，有创意，有真知灼见，能给人以启发；要注意场合，掌握分寸，注重传递正能量，弘扬正面价值。

4. 增进团结合作的能力。民主党派与共产党的合作是全方位合作共事，范围比较广泛，内容非常丰富，主要包括：政党间的合作共事能力，即民主党派与中国共产党通过政治协商，在重大问题、重大原则、重大决策、重大政策等方面达成广泛共识。政权中合作共事能力，即在县以上国家权力机关、行政机关和司法机关中担任领导职务的民主党派成员，善于与中共党员领导干部互相支持、互相配合、取长补短、协同工作，特别是担任正职的成员，还要善于处理同中共党组的关系，做到有职、有权、有责、有为。政协中合作共事能力，即民主党派作为人民政协的重要界别，以政党的名义和政协委员的名义，履行好政治协商、参政议政和民主监督功能。

（三）不断提高参与协商的实效性

社会主义协商民主中政治协商不仅历史悠久，而且具有制度保障和组织载体，参政党要在现有制度框架下，把握好参与协商的机会，提高参与协商的实效性。

1. 改进协商方式。参政党参与政治协商，目前存在最大的问题是协商的单一性和被动性，这一点的根本改善有赖于执政党的改变。然而，参政党也可从多方面尝试努力，如变单一协商为多种方式协商，变被动协商为主动协商。针对一些社会热点问题、党和政府难点问题、群众切实关心问题，多方式建言献策，主动为党和政府排忧解难。

2. 夯实协商内容。参政党参与协商不是要"说得多"、"说得好"，而是要"言之有物"、"说得对"、"说的准"。一要讲实话，言之有物，言之有据,实事求是,减少套话、空话、假话、胡话;二要讲新话,不能敷衍塞责,人云亦云;三要讲短话,开门见山,首语入题,有话直说。即使批评的话,也要从善意出发,有凭有据。

3. 承担协商责任。参政党作为社会主义协商民主的重要实践主体,要为自己所代表的阶层群众负责,参与协商时既要敢于代表,实事求是;还要有所担当,勇于承担协商责任。既要把群体的诉求反映到党委政府,还不能制造事端,引发矛盾。

4. 培养协商自觉。提高参政党参与协商的实效性,必须强调"深入实际,调查研究"的重要性。一方面,要深入实际,积极参与。到基层、到群众中去,了解真实情况,收集社情民意,掌握第一手资料;另一方面,改变重调轻研的现象。坚持把调查和研究结合起来,透过现象看本质,把感性认识上升到理性认识,从而为民主协商更有底气和力度奠定基础。

(四) 加强参政党创新能力建设

社会主义协商民主虽然已经过六十多年的历史积淀,但面对新形势、新任务,仍然要不断进行创新,参政党作为协商民主的重要主体,尤其要加强创新能力建设。

1. 理论创新。理论创新无论对参政党整体,还是对成员个体来说都是提高能力的基础。在经济全球化和我国改革开放进一步深入的历史条件下,参政党建设遇到的实践问题也发生巨大变化,对这些新情况新问题,必须运用科学方法进行系统阐述,从而为多党合作制度发展提供理论支持,为参政党自身建设和更好地发挥参政作用提供思想指导。

2. 技术创新。要把当代的信息、网络和传播技术手段运用于参政党的各种具体的工作中去,实现参政党作用和活力的最大发挥。如建立参政党局域网,为每位党派成员设置一个特殊身份证和密码;设立网上论坛,就社会热点和党派成员及老百姓关心的重大问题展开讨论,收集社情民意,进而整理成信息建议和提案,及时向党和政府的有关部门反映;利用网络进行专题的民意调查。

3. 履职创新。参政党履职是提高参政党协商能力的基础。参政党的履职创新包括：履职机制创新，履职方法创新，履职途径创新。如利用网络，设立论坛。举办咨询，实行旁听。专题辩论，达成共识。深入群众，收集信息等。

（石媛，宁夏社会主义学院统战理论教研室副主任、教授）

协商民主与统一战线研究

统一战线在协商民主中的优势与作用研究

武汉市社会主义学院课题组

中共十八届三中全会通过的《关于全面深化改革若干重大问题的决定》（以下简称"三中全会《决定》"），全面深刻阐述了社会主义协商民主的重大问题，并就如何推进协商民主广泛多层制度化发展提出了许多新观点、新论断、新举措，极大地深化和丰富了社会主义民主政治的内涵和外延。如何充分发挥统一战线在协商民主中的重要作用，是中共中央提出的一个有待我们认真研究回答的崭新课题。

一、统一战线各方面作为协商民主的重要参与主体，是协商民主的重要参与者和助推者，在协商民主中具有独特优势，发挥不可替代的作用

新时期新阶段，不断巩固和壮大的统一战线是我们党科学执政、民主执政、依法执政和推进国家治理体系和治理能力现代化的重要法宝，是不断夺取中国特色社会主义事业新胜利的重要法宝，是实现中华民族伟大复兴中国梦的重要法宝。统一战线在调节我国带有全局性的五大政治社会关系（政党关系、民族关系、宗教关系、阶层关系及海内外同胞关系）中发挥着"稳压器"、"减压阀"的积极作用，具有社会整合、维护稳定、利益表达、民主监督和政治参与的良性价值功能。

1. 统一战线历来是为中共的中心任务服务的。中国共产党是社会主

义协商民主无可争议的领导者、组织者。党的统一战线只有放在党和国家的总体部署中来谋划，才能突显在党和国家工作全局中的战略地位和重要作用。我国协商民主实践的发展大致经历了四个阶段（参见"表一"），目前正处于快速发展期。当前，作为协商民主重要参与主体的统一战线的主要任务，就是要贯彻好《决定》精神，做好社会主义协商民主的组织者、助推者和参与者。中国共产党领导的多党合作和政治协商制度已经从基本制度框架和政治运行机制方面建立起协商民主的框架体系，是协商民主的生动体现和具体表现形式。统一战线是中国共产党领导的多党合作和政治协商制度这一国家基本政治制度的贯彻执行主体和协商民主的重要载体，在我国政治权力体系和社会主义民主政治建设中发挥重要作用，有着60余年民主协商的实践传统，有着人民政协的政治协商的制度化平台，理应在社会主义协商民主制度建设中扮演好组织者、推动者和参与者的积极而重要的角色，为社会主义协商民主打造良好的机制运行平台。

社会主义协商民主涉及统一战线的各个领域，但最主要的还是两个领域，即多党合作（政党关系）领域和民族关系领域。

表一　建政后我国协商民主与多党合作的大致发展历程

发展阶段	大致年份	协商民主的代表性实践/事件
奠基起步期	1949年建政至20世纪60年代中期	1. 1949年9月21日，中国人民政治协商会议召开。 2. 1954年第一届全国人民代表大会召开，行使国家政权职能。人民政协会议代行职能停止，开始作为统一战线组织形式和政治协商机构而存在。 3. 1954年12月19日，毛泽东专门召集部分党外人士座谈，指出："政协不仅是人民团体，而且是各党派的协商机关，是党派性的机关。" 4. 1956年中共八大提出"长期共存、互相监督"的八字方针。
曲折停滞期	"文革"十年（1966—1976年）	中国共产党领导的多党合作和政治协商制度进入曲折停滞期。政治协商基本陷入停顿，人民政协、统战部、民主党派等统一战线协商机构陷入瘫痪。

(续表)

发展阶段	大致年份	协商民主的代表性实践/事件
扬帆重启期	改革开放之初至新世纪开启	1. 1982年9月,中共十二大提出"我们党要继续坚持'长期共存、互相监督'、'肝胆相照、荣辱与共'的基本方针"。后八个字是胡耀邦加上的。 2. 1987年10月,中共十三大提出建立"社会协商对话制度"。 3. 1989年12月,中共中央颁行《关于坚持和完善中国共产党领导的多党合作和政治协商制度的意见》。 4. 1991年3月,江泽民在全国政协党员负责人会议上提出:"人民通过选举、投票行使权利与人民内部各方面在选举、投票前进行充分协商,尽可能就共同性问题取得一致意见,是我国社会主义民主的两种重要形式。这是西方民主无可比拟的,也是他们无法理解的。两种形式比一种形式好。" 5. 1993年3月,八届全国人大一次会议通过《宪法修正案》,在"序言"中写入:"中国共产党领导的多党合作和政治协商制度将长期存在和发展。"
快速发展期	21世纪以来的十余年	1. 协商民主先从政治领域起航,再扩展到政治和社会领域齐头并进。从国家层面扩展到地方基层组织,社会生活领域的协商民主实践迈出可贵的探索步伐。 2. 日益增多的听证会、旁听席、市民论坛、社区论坛为协商民主提供了公共平台。公共利益得以均衡,社会公平得以体现。 3. 网络成为协商民主的新媒体,促进国家民主政治发展。 4. 《中国的政党制度》白皮书首次提出"协商民主"概念。 5. 中共十八大提出"社会主义协商民主制度"概念。 6. 中共十八届三中全会《决定》提出"协商民主是我国社会主义民主的特有形式和独特优势"。 7. 习近平总书记在庆祝人民政协成立65周年大会的讲话中,首次明确规范地提出了社会主义协商民主的六种主要形式。

2. 中国共产党同各民主党派的政治协商。《中共中央关于进一步加强中国共产党领导的多党合作和政治协商制度建设的意见》中,明确了中共同各民主党派之间的政治协商的主要形式、主要内容等。结合协商民主,

当前主要应做好两个方面的工作：一是要增强协商的计划性，提高协商的频密性，丰富协商的多样性。中共中央根据年度工作重点提出规划，并采取协商会、小范围谈心会、座谈会等形式进行协商。这次三中全会《决定》的出台本身就是社会主义协商民主的一个具体实例，充分体现了协商的民主精神。该《决定》在7个月的起草过程中，广泛征求意见，开展专题论证，进行调查研究，反复讨论修改。《决定》专门听取了各民主党派中央、全国工商联负责人和无党派人士的意见，是政治协商的一个典范。二是要研究如何发挥好民主党派中央在协商民主中建言献策"直通车"的作用，"上接天线"，进一步"完善民主党派中央直接向中共中央提出建议制度"。我国政党协商的目标是要实现政党关系和谐，就是要坚持和完善中国共产党领导的多党合作和政治协商制度，坚持走中国特色社会主义政治发展道路，不断巩固和发展中共领导的多党合作的政治格局。

3. 社会主义民族关系领域的协商民主。协商民主的一个重要原则精神，是在多数原则基础上尊重少数人的意见、照顾少数人的权益，尽可能地满足社会各方面的利益诉求，尤其是照顾到弱势群体的利益诉求，从而在一定程度上弥补选举民主"少数服从多数"的不足。我国是一个多民族共居的统一的社会主义国家，55个少数民族在全国总人口中的比重仅占8.49%。我们在处理社会主义民族关系问题上，就要用协商民主的方式，在尊重多数的基础上，体现照顾少数原则。正确认识和处理各民族特别是汉族和少数民族的关系，牢牢把握各民族共同团结奋斗、共同繁荣发展的主题，充分发挥民族区域自治制度的优越性，全面贯彻落实民族区域自治法，加快少数民族和民族地区经济社会发展，始终不渝地坚持民族平等，加强民族团结，推动民族互助，促进民族和谐。

4. 统一战线在协商民主中具有独特优势。统一战线作为我国民主政治体系的重要内容，在协商民主中的独特地位不可替代；统一战线人才荟萃、智力密集的优势，能为协商民主提供充足的人才智力资源；统一战线社会联系广泛的渠道优势，能为协商民主提供良好的有序政治参与条件；统一战线求同存异的方法优势，能为协商民主提供无限活力和广阔前景；统一战线业已成熟的制度体系架构，能为协商民主提供完备的制度机制保障。

5. 统一战线在协商民主中发挥重要作用。协商民主，贵在协商，重在过程。从人民代表大会制度来看，统一战线各方面代表人士参加各级人大组织，行使国家权力，充分体现了人民当家做主的社会主义民主的本质；从多党合作制度来看，各民主党派和无党派人士在党的领导下，履行参政议政、民主监督的职能，成为推进协商民主制度建设的重要参与主体；从民族区域自治制度来看，建立民族自治地方，既保证了国家的集中和统一，又充分保障了少数民族的民主政治权利；从基层群众自治制度来看，包括农村村民委员会、城镇社区居民委员会、企事业单位职工代表大会等基层民主管理制度，成为我国发展基层民主、保障人民享有更多和更切实的民主权利、实行基层协商民主的有效形式；从"一国两制"来看，求爱国和统一之大同，存社会制度、生活方式之大异，把爱国、爱港、爱澳、爱台的广大同胞广泛团结在爱国主义的旗帜下，使新时期新阶段的统一战线更加发展壮大，由大陆范围扩展到港澳台和海外；从我国基本经济制度来看，引导非公有制经济人士健康成长，促进非公有制经济健康成长，是统一战线的一项重要工作，对于坚持和完善我国基本经济制度具有至关重要的意义。

6. 如何充分发挥统一战线在协商民主中的重要作用呢？统一战线是我们党夺取革命、建设和改革事业伟大胜利的重要法宝，是我们党执政兴国的重要法宝，是实现祖国统一和中华民族伟大复兴中国梦的重要法宝。积极协调各种政治关系和社会关系，是统一战线的优势所在，这一过程也是协商民主的重要实现形式。促进政党关系、民族关系、宗教关系、阶层关系、海内外同胞关系的和谐，对于增进团结、凝聚力量具有不可替代的积极作用。当前统一战线在服务协商民主方面，要完善中国共产党同各民主党派的政治协商，认真听取各民主党派和无党派人士的意见。为了充分发挥统一战线在协商民主中的重要作用，当前亟须找准切入点和着力点，从以下五个方面改革创新、拓展完善：

一是进一步改革完善执政党对民主党派的政治领导方式和途径，更加尊重宪法精神，改进和发展执政党与参政党之间的政党协商。目前，多党合作和政治协商的运作，仍然主要通过执政党下达文件和工作部署来调整和规范多党合作和政治协商行为，除在宪法序言中有一句原则性的话"中国共产党领导的多党合作和政治协商制度将长期存在和发展"之外，尚没有专门法律用于指导、规范，导致协商实践的形式化和人格化，缺乏规范的权威性、法制性。执政党对参政党的这种领导是政治领导，即执政党通过提出基本政治原则和重大政策方针，引导协调各民主党派朝着建设中国特色社会主义，实现中华民族伟大复兴中国梦的共同目标开展各项活动；通过宣传教育、平等协商和深入细致的思想政治工作等途径方式，使执政党的政治主张被各民主党派认同接受，成为各民主党派的共识和自觉行动。为此，执政党的各级组织要大力营造宽松和谐、民主团结的政治环境，善于同民主党派和无党派人士友好合作共事，多交敢讲真话实话，勇于提出建议和批评意见的挚友、诤友，努力营造在中共的领导下，政府与全体公民、民主党派、群众团体及社会组织共建和谐社会的善治格局。

二是执政党尊重各民主党派作为一个政党，在宪法赋予的权利和义务范围内，独立自主地搞好参政党自身建设，更好发挥各民主党派政治协商、参政议政和民主监督的职能作用。多党合作的基本政治制度的成效，既取决于执政党的正确领导，也需要各参政党正能量的释放和传递。鉴于目前我国政党政治格局实际存在的参政党建设较为薄弱的现状，作为起主导作用的执政党，应胸怀宽广、立意高远，解放思想、更新观念，认真贯彻落实全国政协五届三次会议《政治决议》中提出的"各党派、各团体都有宪法赋予的权利和义务范围内的政治自由、组织独立和法律上的平等的权利，都有权在政治上、组织上对自己的问题作出决定，独立负责地开展工作"的方针原则。尊重支持各民主党派加强自身思想理论建设，构建参政党理论体系。尊重支持参政党发展组织，培养、选拔本党派各级领导干部和拟推荐到国家机关任职的候选人。其内部酝酿协商和投票选举提出的候选人，经与中共有关部门协商后，再提交本党派相应会议选举产生。其协商的方式及内容，可参照中共做法，就像中共拟安排领导人选，需事先与民主党派协商一样，体现党际之间平等民主、肝胆相照的关系。尊重支持各民主党派加强制度建设，建立一套适应自身特点、促进工作规范化和科学化的具体制度的体制机制。

三是全面发挥各级人民政协组织民主协商、民主监督、参政议政的功能，使之成为发展协商民主的主平台和主渠道。全国政协委员会创设伊始，毛泽东就提出了政治协商和民主监督两大职能，到了八届政协时，时任政协主席李瑞环新加上了参政议政这项职能，是前两项职能的延伸和拓展。在政协三大职能中，政治协商职能是首要的、基础性的。要研究制定指导、规范政治协商、民主监督、参政议政的法规制度，明确具体可行、相互衔接配套的程序安排和操作规程，进一步健全相关制度。目前，由于我国人大和政协之间缺乏联动机制，政协的民主监督职能缺乏明确的法律保障和规范，也使其难以在重大决策中充分发挥作用。因此有专家建议，赋予政协向人大的提案议案权，使政协对国事的主张和批评建议，作为人大的议案列入人大议程予以审议；赋予政协质询权，即在政协会议期间，政协委员可以对"一府两院"的工作提出质询案；赋予政协的"违宪调查权"或"违宪提案权"等。

四是适应"法治中国"建设的要求，加快启动和推进多党合作和政治协商的法制化进程。结合十八届四中全会精神，推进多党合作和政治协商的法制化。建议在现行宪法总纲中新增进内容，明确执政党和各参政党均享有宪法范围内的政治自由、组织独立和法律地位平等的权利；明确人民政协的性质、职能和开展政治协商、民主监督、参政议政活动的基本规则等。同时，建议抓紧研究制定出台"多党合作法"、"政治协商法/政协组织法"，进一步把宪法精神和原则落地，使之具体化、规范化，进入操作层面。其中，"政治协商法/政协组织法"的主要内容似应包括：各级人民政协的法律地位、基本职能、组织体系和活动准则；统一战线的地位、作用和基本职能；必须提交政治协商的"重大问题"、"实际问题"的范围及协商的方式程序步骤等。

五是以改革创新的精神发展和完善网络协商民主。"网络民主"一词最早是由美国学者马克·斯劳卡在1995年提出的。界定为：以网络为媒介的民主，是"政治主体借助网络技术，以网络互动为主要形式，以网络空间为载体的实施民主的过程"。目前，网络新媒体的从业人员已经成为当代中国政治生活中网络民主不可忽视的新生力量。应正视网络政治参与的兴起，将网络新媒体从业人员纳入统一战线工作视野，如同8年前将新的社会阶层代表人士纳入统战工作视野和范畴一样，积极规范、引导网络政治参与健康有序发展，从而为社会主义协商民主打造丰富多样的网络运行平台，如积极开展网络议政、远程协商等新形式。

二、人民政协作为统一战线组织，是统一战线在协商民主中充分发挥作用的主要载体和重要渠道

同任何民主形式一样，社会主义协商民主必须借助于一定的载体形式才能实现。我国社会主义协商民主有多种载体形式、组织形式和实现形式。从国家政治权力结构看，中国共产党领导的多党合作和政治协商制度、议行合一的人民代表大会制度是我国发展社会主义协商民主的两大现实政治基石。从国家顶层制度设计看，我国社会主义协商民主主要体现在中国共产党领导的多党合作和政治协商制度（统一战线是该制度的执行贯彻主体）之中。人民政协的政治协商是中国共产党创设的一种政治文明形式，是当前我国社会主义协商民主的一种制度性安排。人民政协是以协商为基础和主要特征的统一战线的组织形式，与协商民主具有天然的联系。作为中国共产党领导的多党合作和政治协商制度主要实现形式的人民政协，是我国到目前为止发展最完备、制度化最高的社会主义协商民主形式，是统一战线在社会主义协商民主制度中充分发挥作用的基本制度，是协商民主的重要组织载体、制度载体和程序载体。

1. 人民政协是统一战线在协商民主中充分发挥作用的重要组织载体。从人民政协的组织结构和组织功能、组织形式和组织规范等与协商民主具有高度的契合度。从组织结构来看，人民政协在国家政治体系中，是国家治理体系的重要组成部分，有明确的职能定位和较为完善的工作机制，在推进国家治理体系和治理能力现代化中发挥重要作用。人民政协的参与主体涵盖了全体社会主义劳动者、社会主义事业建设者、拥护社会主义的爱国者和拥护祖国统一的爱国者，这"四者"具有广泛性和包容性。每年召开的"两会"是前后同时举行，从而能够确保社会主义协商民主的有序性

和常态化。从组织功能来看，人民政协是我国唯一由所有合法政党和无党派人士参加的，并允许以本党派成员身份行使民主权利，参与国家政治生活的统一战线组织，其协商民主具有鲜明的党派性和社会性。作为人民政协主体的政协委员，多为各界社会精英，因此，人民政协的协商民主是一种高层次的协商民主。今后要扩大人民政协协商主体的包容性和覆盖面，努力把协商主体从社会精英扩展到普通民众，进一步拓展公民政治参与的广度。从组织形式来看，人民政协的界别设置打破了区域和行政壁垒，使得协商民主范围最大化，因此具有广泛的包容性。34个界别这种组织形式，有利于扩大公民的有序政治参与，照顾到各方面具体利益，实现各方利益关系的协调平衡。从组织规范来看，人民政协已形成了一套比较规范和完备的制度体系、程序模式和方式方法。具体体现在《中华人民共和国宪法》、《中国人民政协章程》、《中共中央关于加强人民政协工作的意见》及党委、政府和政协制定的一系列配套制度中，成为社会主义协商民主科学化、制度化、规范化、程序化的重要保障。

2. 人民政协是统一战线在协商民主中充分发挥作用的重要制度载体。中共十八大报告提出"健全社会主义协商民主制度"，将协商民主从一种民主形式提升到国家基本政治制度层面。民主是一种国家制度，是一种政治体制。而制度带有根本性、全局性、长期性和稳定性。《宪法》将中国共产党领导的多党合作和政治协商制度确立为国家的一项基本政治制度和政党制度，而人民政协则是统一战线执行贯彻这一基本制度的重要实现形式和机构平台。我国社会主义协商民主制度没有照搬西方协商民主模式，而是根据本国国情独立自主地发展起来的，因而具有自治性。在具体制度安排上，今后人民政协的制度安排重点在于：一是协商主体平等的制度安排；二是协商深度与广度的制度安排；三是协商形式程序与步骤的制度安排；四是协商监督的制度安排。

3. 人民政协是统一战线在协商民主中充分发挥作用的重要程序载体。从政治运作来看，所谓民主就是实现人民当家做主的政治过程，民主需要通过程序正义来实现实体正义。而社会主义协商民主，就是以协商的方式实现人民当家做主的政治过程。社会主义协商民主最重要的程序就是协商，而人民政协是以协商为基本职能和主要特征的机构，协商贯穿于人民政协履职的全过程，体现在政协工作的各个方面。离开了协商，或者协商不经过政协，或者协商没有程序，就不会有真正的社会主义协商民主。

《人民政协章程》和有关文件中，都明确规定了政治协商的基本程序。如《中共中央关于加强人民政协工作的意见》、《政协全国委员会关于政治协商、民主监督、参政议政的规定》。意见要求："把政治协商纳入决策程序，就国家和地方的重要问题在决策之前和决策过程中进行协商，是政治协商的重要原则。"中共十八大报告强调："充分发挥人民政协作为协商民主重要渠道作用，围绕团结和民主两大主题，推进政治协商、民主监督、参政议政制度建设"，"把政治协商纳入决策程序，坚持协商于决策之前和决策之中，增强民主协商实效性。"可见，人民政协作为统一战线在协商民主中充分发挥作用的程序载体和具体协商程序，在中央有关文献中一直都是十分明确的。

协商民主作为新兴的民主形式尚有待理论提升和实践创新。当前，促进人民政协作为协商民主程序载体建设，笔者认为应着重抓好以下几个环节：一是选定协商主题。协商的议题应具有广泛性，既要有党委、政府"点题"，也要有社会组织的"送题"，更要有公民群众的"报题"。二是确定协商内容。应把重大国计民生问题作为重点议题，把人民群众最关心、最直接、最现实的热点难点问题作为经常性议题，真正做到"不经协商，就不能决策"。三是固定协商时间。要求协商应在固定的时间和地点举行，从而较好解决协商随意性问题。四是增强过程协商。人民政协的协商既要注重决策之前的协商，也要注重决策之中的协商，还要注重决策执行过程中的协商。五是创新协商方式。为适应日益多样化的社会诉求，人民政协除了专题协商、对口协商、界别协商和提案办理协商外，还要开辟新的民主协商渠道，创新民主协商方式，进行广领域、多层次、经常性协商。六是反馈协商结果。有关党政机关和部门要对民主协商结果及时正式答复，不能在协商过后没有下文，最后不了了之。

协商就要真协商，既尊重多数人的意愿，又照顾少数人的合理要求，真正做到协商于民，协商为民。协商民主不仅需要完整的制度程序，而且需要完整的参与实践。实现人民民主、保证人民当家做主、坚持人民主体地位、国家一切权力属于人民等，都不是口号、不是空话，而必须要具体地、现实地体现到共产党执政、政府施政和参政党参政上来，具体地、现实地体现到统一战线和人民政协的协商民主工作上来，具体地、现实地体现到人民对自身利益的实现和发展上来，做到深入实际、深入基层、深入群众，知民情、解民忧、纾民怨、暖民心。协商民主的过程就是发扬民主、集思广益的过程，就是统一思想、凝聚共识的过程，就是科学决策、民主决策的过程，就是实现人民当家做主、尊重人民主体地位的过程。

（张志勇，课题组负责人、武汉市社会主义学院副院长；李文献，课题组成员、武汉市社会主义学院教研室副主任；范前锋，课题执笔人、武汉市社会主义学院教研室副研究员）

协商民主与政党关系研究

王江燕

我国的协商民主,与中国共产党领导的多党合作和政治协商制度密切相关。在中国社会主义政党制度下,政党之间的团结合作的和谐关系正是建立在协商民主基础上的,我国政党制度的完善依赖于协商民主的发展,政党关系和谐需要协商民主的推动;同时多党合作和政治协商也是协商民主发展的重要动力,中国共产党和各民主党派是协商民主建设的关键性力量,政党间协商的发展完善可以为协商民主的广泛、多层、制度化建设提供经验参考。

一、协商民主发展及其对我国各政党的影响

作为一个学说,deliberative democracy 是西方在上世纪七八十年代以来兴起的一种民主思潮。上世纪90年代中国学者将这一思潮引入中国,并将其翻译为"协商民主"。"选择'协商'一词,一方面能够体现体制运作过程参与者的平等地位、对话和讨论、妥协与共识等基本特征,另一方面也考虑到中国既有的学术、理论和政策话语。"[①] 由于在词义上契合了我国特有的政治协商制度,协商民主迅速引起了相关学者的关注和研究。但作为一种民主形式,协商民主早已存在。如习近平同志在讲话中指出的,社会主义协商民主在我国有根、有源、有生命力,是中国共产党人和中国人

---

① 陈家刚:《协商民主与政治协商》,载《学习与探索》,2007年第2期,第85页。

民的伟大创造，是中国社会主义民主政治的特有形式和独特优势，是党的群众路线在政治领域的重要体现。"协商民主是中国社会主义民主政治中独特的、独有的、独到的民主形式，它源自中华民族长期形成的天下为公、兼容并蓄、求同存异等优秀政治文化，源自近代以后中国政治发展的现实进程，源自中国共产党领导人民进行革命、建设、改革的长期实践，源自新中国成立后各党派、各团体、各民族、各阶层、各界人士在政治制度上共同实现的伟大创造，源自改革开放以来中国在政治体制上的不断创新，具有深厚的文化基础、理论基础、实践基础、制度基础。"[①] 我国的协商民主是与政党制度密切相关，与我国的各政党有着不可分割的联系。

（一）协商民主：西方与中国

我们今天所使用的民主概念具有丰富的内涵和多样化的解释，然而万变不离其宗，"民主"归根结底是要体现为"人民当家做主"。民主的实际意义便是反对权力的专断，实现政治上的权利平等。民主体现在权力和权利两个方面，自古以来就是与统治方式或政治制度联系在一起，表现在政治制度上就是一种能够最大限度地动员民众政治参与，发挥民众权利，能够最广泛地吸纳众意的权力运作机制。

严谨来说，现代民主是西方文明的产物。西方民主强调多党竞争，推崇选举民主，认为只有实行竞争性政党制度，通过民意选择和政党博弈，才能产生出比较理想的执政党及领导人。但在多元、多样、多变的时代，西方政党政治、社会结构、民众价值取向和生活方式都发生了深刻变化，作为意识形态的继承者和社会利益输送工具的政党越来越成为"选举机器"，政党政治沦落为选举游戏，政党竞选成为领袖们的"精英秀"，选举民主因被选票绑架而沦落。[②] 这种政党与选民的"商业"关系，处处算计的工具主义使政党日益功利化，忽略了本身的价值和功能。把民主理解为投票、选举、立法的程序，忽略了民主决策、施政、监督等过程的民主实

---

① 习近平：《在庆祝中国人民政治协商会议成立65周年大会上的讲话》，载《人民日报》，2014年9月22日。

② 柴尚金：《西方多党民主的三大制度性困境》，载《中国社会科学报》，2013年6月8日。

质，在民众中容易产生"政治冷漠症"或者导致"多数人暴政"，难以体现真正的民主精神。因此，选举民主在上世纪引起了众多政治学家的批判和反思，有些学者主张从"以投票为中心"的选举民主走向"以对话为中心"的协商民主。正是在这种背景下，协商民主（deliberative democracy）思潮应声而起。其理论的主要内涵是指：公民、政党或利益集团等组织通过广泛的公共讨论和协商的过程，使各方了解彼此的立场、观点，并在追求公共利益的前提下，寻求并达成各方可以接受的方案。因此，西方的协商民主强调的是公民和社会各阶层对公共事务的参与，是社会利益分化和多元文化社会实现民主、弥补选举民主、大多数决定的制度缺陷的一种新的探索。协商民主通过辩论与讨论以实现公共参与决策过程，注重培养公民理性讨论、审议的能力和水平，有助于一种信息公开、人民参与决策过程的民主理念的形成。应该说，协商民主将民主引向决策、施政与监督过程，显然拓宽了我们对于民主的视野，进一步完善了我们对于民主的理解。

我国学者将方兴未艾的西方协商民主思潮译入中国后，引起了政治学领域专家学者的极大兴趣。尽管看法有着各种分歧，但大家在争议中逐渐认识到：西方政治学家正在进行理论研究的"协商民主"，在我国却是早已实践的一种民主政治形式；我国社会主义协商民主内生于新中国创立与发展的具体历史实践，是中国共产党创立的政治协商实践发展的逻辑必然；协商民主在我国有很大的发展和作为空间。早在1946年，中国就召开了政治协商会议，以期通过政治协商的形式来实现国民党、共产党和各民主党派和平建国的方案。1949年，新政协会议召开，标志着中国共产党领导的多党合作和政治协商制度正式确立，政党间的民主协商有了制度基础。

改革开放后我国政治协商领域不断拓展，1987年党的十三大就提出了构建社会协商对话机制的构想，[①] 将政治协商扩展到整个社会生活领域里。随着社会主义民主政治发展，协商民主的理论要素也不断丰富。2006年中

---

① 《中国共产党第十三次全国代表大会文件选编》，人民出版社1987年版，第17页。

共中央发布的《关于加强人民政协工作的意见》（以下简称《意见》）明确将民主协商作为社会主义民主的重要形式并规定重大决策前必须充分协商。《意见》指出："人民通过选举、投票行使权利和人民内部各方面在重大决策前进行充分协商，尽可能就共同性问题取得一致意见，是我国社会主义民主的两种重要形式。"第一次较为正式地提出协商民主的思想，表明我国的政治协商已经转向注重政府权力具体运作中的民主协商。2007年《中国的政党制度》白皮书第一次正式提出了"选举民主和协商民主"的概念。2008年国务院颁发的《关于加强市县政府依法行政的决定》深化了公民参与权的具体内涵，要求推行重大行政决策听证制度，"听证应当公开进行，确保听证参与人就有关事实和法律问题进行平等、充分的质证和辩论"。党的十八大报告用330个字将协商民主的地位、性质、基本制度、参与主体、协商领域、协商要求和发展趋势等重点要素进行了全面阐述。党的十八届三中全会通过的《中共中央关于全面深化改革若干重大问题的决定》对协商民主的性质、地位、功能和途径作出了更加全面、深入和清晰的论述："协商民主是我国社会主义民主政治的特有形式和独特优势，是党的群众路线在政治领域的重要体现。"2015年1月中共中央出台的《关于加强社会主义协商民主建设的意见》，作为指导社会主义协商民主建设的纲领性文件，明确了社会主义协商民主的本质属性和基本内涵，阐述了加强社会主义协商民主建设的重要意义、指导思想、基本原则和渠道程序，对新形势下开展政党协商、人大协商、政府协商、政协协商、人民团体协商、基层协商、社会组织协商等作出全面部署。协商民主制度广泛运用于当代中国社会管理的各个方面、各个领域和各个层次，成为新时期我国民主政治发展的重大战略和国家治理体系的重要组成部分。

（二）协商民主与我国各政党

"毫无疑问，政党的产生是现代政府的显著标志之一。政党创造出民主政治，现代民主政体不容置疑地与政党制度互栖共生。"政党从产生那一天起就与国家权力和阶层利益发生着最深刻的关系。马克思主义认为，政党是代表一定阶级、阶层或社会集团利益，并为之而斗争的政治组织。政党政治是民主政治发展和演变的结果。政党作为国家与社会、公共权力与个人权利、政府与公民之间的纽带、桥梁和中介,对人类政治发展和政治稳定有着重大作用和意义。

西方国家对政党的作用主要定位在选民意愿的集合和表达上,各政党不仅在政纲和口号上适应选举,而且在组织结构上也为适应选举的需要而设置。与西方国家不同,我国实行的是非竞争性的政党制度,即共产党是唯一执政党,其他党派是参政党。共产党领导、多党派合作,共产党执政、多党派参政。在这一制度框架下,中国共产党是国家建设的领导核心,各民主党派虽然不直接掌控权力,但承担着决策协商、权力监督、参政议政等涉及政权运作的重要任务,而且,还有一定数量的民主党派人士进入各级政府部门担任领导工作。政党之间是通过协商展开合作的,多党合作的生动实践是我国协商民主制度的产生基础。将"协商民主"融入到政党制度之中,既保证了政党政治参与的民主,又走出了政党矛盾对抗的困境,克服了政治冲突、权力角逐等西方政党制度常见的弊端。因此,协商民主对我国的政党制度和各政党之间关系具有决定性的影响。

发展健全协商民主的重大决定表明了中国共产党致力于实践现代政治文明、走中国特色政治发展道路的决心和勇气。中国作为发展中的大国,中国共产党作为唯一的执政党,一直承担着来自自身建设问题和国际政治压力的挑战,党内专权、腐败现象的蔓延、世界范围的多党民主化浪潮,都对中国共产党如何长期执政、科学执政提出了新要求。通过协商民主,可以推动共产党科学决策,而科学决策是科学执政的前提;通过协商民主,建立中国共产党与各民主党派和社会团体组织的固定沟通机制,完善政治参与的制度化渠道,使更多的诉求得以表达;通过协商民主,广大民众的呼声和意见也得到充分的收集,参与形式更加广泛通畅,社会的矛盾冲突得以在妥协与共识中消除淡化。这无疑对于中国共产党的执政能力、执政方式是一次根本的革新和提升,对党深入群众、代表群众提供了实践基础。

协商民主对我国民主党派的发展同样有不容低估的影响。民主党派作为民主协商的重要主体,发展协商民主将使民主党派的地位和作用更加突出。民主党派的政党功能使它们在协商民主实践中具有特殊意义,民主党派是有各自的纲领和章程、组织机构、党员队伍的政治组织，其政治和社会影响力受到普遍重视。民主党派作为专业的参政议政组织，聚集了一批学有专长、关心国家、富于参政经验和智慧的优秀人才，历年来民主党派的建议、提案具有很强针对性和前瞻性，受到了各方面的关注和议论，多种既有协商方式的优良传统、经验积累是协商民主实践的宝贵财富。健全社会主义协商民主制度为民主党派发展创造了新的机遇，也对民主党派能力和水平提出了更高的要求。

二、我国多党合作制度中的政党关系

政党关系的孕育、确立和发展演变，取决于政党的价值取向、社会生态以及力量对比等关键变量。一个国家的政治发展理念、发展动力、发展路径以及发展经验，从根本上决定着政党关系的发展方向与完善质量。[①]社会主义新中国选择多党合作的政党关系，有独特的历史成因和传统文化背景。建国60多年来，我国政党关系经过了曲折的发展历程，总结其中的经验教训，对于我们深化社会主义民主的认识、发展和完善中国特色政党制度具有重大意义。

（一）政党关系及其内涵

什么是政党关系？顾名思义，政党关系就是政党与政党之间的关系，但本文所讲的政党关系既不是不同国家政党之间的关系，也不是一个政党内部的关系，而是一个国家内部政党与政党之间的关系。从政党的本质与民主政治的角度看，政党关系是一定的国家与社会中，在各政党争夺、维护、执掌、参与或参加国家政权的政治实践中形成的一种互动关系，反映了各政党之间的相互作用与相互影响。政党关系基本上可以划分为竞争型的政党关系与合作型的政党关系两种。

政党是联系国家与社会的桥梁和纽带，政党关系反映了政党与国家、政党与社会、政党与政府的关系。政党关系往往是动态的、辩证的，即政

[①] 王韶兴：《马克思主义政党关系：形态、本质与趋势》，载《中国社会科学报》，2014年2月26日。

党之间不仅有"斗争"的本性,还有"合作"的需求,这就是说,政党关系具有双重属性。从世界各国政党政治发展的经验教训看,积极的政党关系无论是竞争还是合作,客观上都是为了促进一个国家的民主政治发展与社会发展,保持国家稳定与社会的和谐。合作、和谐的政党关系能够优化、整合政党的各种政治功能,促进国家与社会的稳定、协调、高效发展,同时也能够保持与促进各政党的协调发展与共同进步。

我国实行中国共产党领导的多党合作和政治协商的政党制度,中国共产党和各民主党派的关系是合作型的,是力求和谐的。政党关系和谐,既包括内容的和谐,还包括和谐的程度与范围,而政党关系和谐的本质在于各政党和而不同、求同存异,配合得当、各尽所能、功能优化、利益共享,各得其所、彼此满足、协调发展、共同繁荣。① 因此,政党关系和谐是中外政党,特别是执政党共同面临的问题,要结合具体的国情、党情来进行具体的理解。

中国共产党领导的多党合作和政治协商的政党制度是在中国革命、建设、改革开放的历史中逐渐形成的,是中国共产党与民主党派和无党派人士共同创立的,其间经历了从抗日战争与解放战争期间的竞争关系到建国期间的协商合作关系的历史跨越,经历了解放前同为在野党到共同建国、共商国是的历史跨越,形成了中国共产党与各民主党派领导与被领导、执政与参政、互相监督合作的政党关系。

(二) 我国党际关系和谐的发展要求

在我国,政党关系和谐是在建设社会主义和谐社会、提高党的执政能力的大背景与政治实践中提出来的。党的十六届六中全会强调,要促进政党关系、民族关系、宗教关系、阶层关系、海内外同胞关系的和谐,以此来激发社会活力,增进社会团结和睦。巩固和发展社会主义政党关系,促进我国政党关系和谐,关键是要加强我国的政党制度建设。共产党领导、多党派合作,共产党执政、多党派参政是我国政党制度与政党关系的基本

---

① 王韶兴:《马克思主义政党关系:形态、本质与趋势》,载《中国社会科学报》,2014年2月26日。

特点，和谐、合作、稳定是我国政党制度与政党关系的优势所在。从发展的角度看，国内外形势的深刻变化必然会给政党关系的和谐带来了巨大的影响，使我国和谐政党关系建设面临着许多新问题。

政党关系和谐要求我们必须坚持和发展好多党合作这一基本政治制度，坚持走中国特色社会主义政治发展道路。我国多党合作制度的形成和发展，凝聚了中国共产党人和各民主党派以及无党派人士高度的政治智慧，植根于中国独特的经济、政治和文化传统的土壤之中，其形成具有必然性、合理性和适用性。通过各民主党派组织不同方面的人士进行政治协商、民主监督、参政议政，能够充分反映不同社会群体的利益诉求，发挥着政治参与、利益表达、社会整合、民主监督和维护稳定的价值和功能。多党合作制度与我国人民代表大会制度相辅相成、交汇融合，共同在国家制度层面成为我国社会主义民主政治建设的独特优势。

政党关系和谐要求我们必须高度重视民主党派的独立性发展。在我国多党合作制度中，民主党派的独立性是指在坚持中国共产党政治领导的前提下，各民主党派在对内的党派治理（思想建设、组织建设、舆论建设等）与对外的表达和参与等方面具有自我决断的权力和能力。[1] 独立性是民主党派生存与发展、作为与价值的根本前提。民主党派与中共"长期共存"的价值和依据，在于"互相监督"。民主党派独立性是其在多党合作中发挥监督作用的前提，也是对民主党派权力和能力的要求。中国共产党与各民主党派，虽然性质、作用和组织规模不同，但都是独立的政党，不存在隶属关系或上下级关系，民主党派享有宪法规定的权利和义务范围内的政治自由、组织独立和法律地位平等，双方是平等合作的关系。当前我国民主党派独立性不足主要表现在其政党功能的缺失，组织建设、思想建设独立性的落后以及各政党的过分趋同、参政能力不足，等等。

提升民主党派的独立性，决定方面在于执政的中国共产党能否充分正确认识和处理坚持党的领导与保持民主党派独立性的相互关系，能否为民主党派独立性的提升提供一个适宜的生态环境。共产党对民主党派实行政

---

[1] http://blog.sia.o./s/blog_6ba5d2330100lyeu.htl

治领导,"决不意味着我们党可以把它们当作附属的团体,决不意味着我们党可以去命令、干涉或者控制它们"①。执政的中国共产党为民主党派独立性的提升创造良好的条件,包括尊重民主党派组织建设的独立和提供充分的监督、宣传渠道。从党派领导的培养、选拔、选举,到组织架构的设计、各级干部的委任等都要由民主党派自主办理。要支持民主党派有自己独立的监督、宣传机构和体系,改变目前民主党派监督薄弱、舆论渠道狭窄的现状。通过多种制度、途径、手段,畅通、拓宽民主监督的渠道,创造有利于民主监督的环境,完善有利于民主监督的机制,鼓励民主党派从执政外的视角发现执政党在工作中的错误,通过监督以弥补执政党所存在的某些局限性,而不能仅仅依靠执政党的"胸怀和肚量"来接受监督。同时,提供充分的舆论、宣传平台给民主党派,为提升民主党派的政党形象和社会影响力创造必要的条件。

三、协商民主在促进我国政党关系和谐中的作用

我国当前致力于发展协商民主,要实现民主的多层次、制度化、程序化发展,把社会主义民主的形式和内容、表面和实质、宏观与微观统一起来,体现出社会主义民主的真实性和优越性,体现出民主的深度和广度,真正把民主融入整个社会和民众中。因此,协商民主必然会对我国的政党关系产生积极的影响。增进协商民主的过程就是推动中国多党合作制度发展的过程,这一过程也在客观上促进了政党关系的和谐。

(一) 协商民主的理念和制度可以促进党际关系的民主化

就某种程度而言,没有协商民主就没有当代中国政党关系的和谐。在政治运行过程中,共产党把协商民主作为处理政党间相互关系,从而实现共产党与民主党派和谐共进的重要手段。在协商民主的引领下,共产党与民主党派之间始终保持政治方向一致、根本利益一致、奋斗目标一致,互相支持、互相帮助、互相监督,风雨同舟、肝胆相照、荣辱与共。这本身

---

① 李维汉:《关于民主党派的几个问题》,见《历次全国统战工作会议概况和文献》,中国档案出版社1988年版,第28页。

就是一种民主的方式、民主的制度。协商民主发展得越充分，共产党的领导地位就越牢固，共产党执政科学化水平也会提高。同样，以民主的理念和制度推进多党广泛合作，必然能够构建起和谐的政党关系。

协商民主本身也是通过妥协和合作来解决问题的政治机制。在多党合作中，要发展协商民主，就要重视一个现实问题的解决：如何正确处理和解决党管干部原则和民主党派组织独立性之间存在的矛盾？中国共产党和各民主党派"法律地位平等"，但是如何实现和贯彻这种平等，需要协商民主的发展完善，需要加强和改善党的领导，更多地通过政策导向和制度程序来保证民主党派干部队伍建设的整体规划。

协商民主对于促进中国共产党执政理念的转型、协商意识的增强具有重要作用。协商民主通过广泛参与、多元决策，可以巩固和扩大共产党执政的政治基础、社会基础，逐步摒除政权和政策过程中的官僚主义文化，形成平等的协商关系，塑造执政党的民主形象，在民主的文化氛围下强化政党之间政治平等、团结互助的和谐关系。

（二）协商民主通过规则和程序的完善来推动政党间的沟通与共识

政党关系和谐不是要表面的一致，也不是口头上的团结拥护，而是深入切实地了解和沟通彼此的真实观点，并在充分的协商交流中增进共识，尊重差异。协商民主的完善就是要通过民主的程序和细节来增进表达、协商和沟通。党的十八届三中全会通过的《关于全面深化改革若干重大问题的决定》指出："构建程序合理、环节完整的协商民主体系，拓宽国家政权机关、政协组织、党派团体、基层组织、社会组织的协商渠道。"协商民主不是"单方面的情况通报"、"摆设和形式"，从程序、规则和细节检验，协商民主还存在着一些根本性的问题，时效性还远远没有达到制度设计和人们期望的理想状态，对参与民主协商的各方，以及具体的协商机制，需要改进和完善的空间非常大。

协商民主是沟通政党、政府、民众关系，体现参政议政和权力监督的重要方式。协商民主需要充分重视权利的平衡和科学的制度设计，在各方充分的博弈中增进理性共识促进科学决策。在政党间的协商中贯彻这一精神和原则，必然能从根本上促进政党之间的和谐。

（三）协商民主通过民主党派参政能力的提升来促进政党关系和谐

协商民主的实现需要共产党与民主党派间进行充分的合作与协商。"只有合作的各方达到和谐、平衡，使执政和参政都有积极性、自主性，合作与协商的制度才能不断发展和延续。否则，就会使民主党派产生唯上、依附心理，弱化民主党派应有的功能和作用，最终使多党合作和协商名存实亡。"① 民主党派只有不断发展与自己参政党地位相匹配的能力和实力，不断提升政治把握能力、参政议政能力、组织领导能力与合作共事能力，才能在协商民主中发挥出应有的作用，真正促进政党关系和谐。

民主党派首先要致力于自身的民主建设，汇集集体智慧，坚持贯彻民主集中制原则，建立集体领导和个人分工相结合的领导体制和决策制度。各民主党派需要坚持以思想建设为核心、以领导班子和骨干队伍建设为重点、以组织建设为基础、以制度建设为保障，不断地为全面提高参政党的能力而努力。在思想建设中要增强政党意识，明确自身的政党角色，突出自身的主体人格和主体意识，夯实协商能力建设的思想基础。面临新的形势和任务，民主党派要致力于"内强素质、外树形象"，需要通过不断提高政治参与能力与政治参与技巧，达到不断提高政治参与的水平与效度，以自身的过硬本领、脚踏实地的调研学习提出具有全局性、前瞻性、可操作性的建议和提案，塑造自身不可替代的政治地位和政党功能。

民主党派的优势和实力在于党派整体，在于人才的聚集，做到集智聚力，一定能提高履职水平。创新民主党派组织的工作机制和工作活力，把代表人物、专家、学者与广大党员和专职干部的作用充分发挥出来，把各级机关与专门委员会的力量整合起来，把党内力量与党外资源的积极性充分调动起来，民主党派必然能够日益提升自己的水平，在协商民主中发挥不可替代的重要作用。通过执政党与参政党能力建设的互相促进，全面提升和展示中国参政党的实力和形象，使执政党和参政党更好地同舟共进，互利互补，塑造和谐政党关系的新境界。

（王江燕，中央社会主义学院副教授、法学博士）

---

① 李贺林、左宪民：《中国特色协商民主研究》，中共中央党校出版社2008年版，第162页。

协商民主与民族关系研究

袁 鸿

民族区域自治是中国特色政治制度的重要组成部分。从协商民主的视角研究民族关系,为我国民主建设进程中民族关系的处理提供了新思路,对于推动民族自治地方协商民主的实现,不断完善民族关系综合治理体系具有重要意义。

一、协商民主对民族关系的积极作用

协商民主所倡导的平等、参与、对话、协商的价值追求能够为各民族提供表达各自观点、考虑他方要求、互相协商、达成共识的机会和平台,在处理民族关系中发挥着举足轻重的作用。十八届三中全会《决定》指出:"发挥统一战线在协商民主中的重要作用","贯彻党的民族政策,保障少数民族合法权益,巩固和发展平等团结互助和谐的社会主义民族关系"。

(一)化解民族矛盾

民族矛盾指民族之间的对立和冲突。不同民族由于民族特点、社会生活条件不同,在政治、经济、文化发展方面的要求不同,利益不同,在相互交往中不可避免地要产生各种错综复杂的冲突和矛盾。民族矛盾在不同情况下具有不同的性质,可分为人民内部的非对抗性矛盾和敌我之间的对抗性矛盾。根据马克思主义理论,在阶级社会里,通常是指统治民族中的统治阶级与被统治民族之间的矛盾以及帝国主义与殖民地、半殖民地之间的矛盾，其实质是阶级矛盾，是对抗性的。在社会主义国家，由于消灭了剥削制度，实现了民族平等和民族团结，从而消除了产生对抗性民族矛盾的物质基础，各民族的根本利益是一致的。因此，在社会主义存在的民族矛盾，其性质一般属于人民内部矛盾。当然，在特殊情况下也可能发展为对抗性矛盾。无论是对抗性矛盾，还是非对抗性矛盾，它的产生往往源于利益关系的纠葛，民族群众的利益诉求无法实现，又不能合理表达时，矛盾和冲突就很容易产生。协商民主强调基于理性的参与，鼓励民族群众积极参与公共协商，为各民族提供自由、平等的表达各民族利益诉求的渠道，经过民族对话，了解和理解各民族的观点，求同存异，最终达成共识，最大程度地兼顾各民族的利益，避免冲突，有效地化解民族矛盾，促进民族间的和谐。

（二）促进国家认同

"国家认同（National identity），是个政治概念。国家认同是一个国家的公民对自己归属哪个国家的认知以及对这个国家的构成，如政治、文化、族群等要素的评价和情感。是族群认同和文化认同的升华。"① 当今世界绝大多数国家都是多民族国家，多民族国家里民族边界与国家疆界并不一致，这样就会产生民族认同与国家认同的不一致或者冲突，而且两者的关系比较敏感且多变。② 可见，国家认同对一个多民族国家的稳定至关重要。协商民主是一种求同存异的包容性民主，能够避免竞争性民主中的大民族主义，充分保证少数民族的权益，对于促进政治话语的相互理解、辨别所有的政治意愿、加强公共利益、稳定政治共同体的团结具有重大意义。

（三）制约政府权力

国家是权力主体，政府则是国家表示意志、发布命令和处理事务的机关，是国家权力的代表和执行机关。协商民主作为一种决策体制或决策形式，在决策的过程中鼓励各族公民积极参与行政立法和决策程序，自由平

---

① 国家认同，N/OL. http://baike.baidu.com/view/3254870.htm?fr=aladdin。
② 黄岩：《浅析多民族国家的国家认同》，载《赤峰学院学报》，2013年第5期，第23页。

等地参加各种讨论,各抒己见地表达建议,共同协商。通过各族公民的政治参与,可以最大限度地提升政府权力行使的透明度和公信力,提高政府立法、执法的科学性、公开性和民主性,最终实现对多民族国家政府权力的监督和制约。

(四)推动民族关系民主化

在民族治理过程中,历史、文化、传统、习俗的差异作为一种社会事实,是客观存在的,并随着时代不断变化,产生新的民族文化差异。协商民主"鼓励包容、参与、倾听、尊重、理解,为分歧和冲突的解决提供了共同合作的方法",是一种"强调包容、促进参与、尊重差异、鼓励对话的制度安排",这一理论认为,"多样性甚至促进公众利用理性,并使民主生活生气勃勃"[1],在遵循普遍的价值、理念和程序的基础上,能够最大程度地解决民族治理面临的问题。

二、协商民主在构建和谐民族关系中的成功实践和不足

中国自古就是一个多民族融合的国家。新中国成立之后,我们在社会主义制度下建立起新型的民族关系,56个民族之间基本上是各族劳动人民之间的关系,是平等、团结、互助、和谐的关系。

(一)协商民主在构建和谐民族关系中的成功实践

民族区域自治制度是我国的基本政治制度之一,是建设中国特色社会主义政治的重要内容。民族区域自治制度就是在统一的祖国大家庭里,在国家的统一领导下,以少数民族聚居的地区为基础,建立相应的自治机关,行使自治权,自主地管理本民族、本地区的内部事务,行使当家做主的权利。这一制度的确立是协商民主实践的成功典范。1949年9月召开的新政协通过的《中国人民政治协商会议共同纲领》规定:"各少数民族聚居的地区,实行民族区域自治,按照民族聚居的人口多少和区域大小,分别建立各种民族自治机关。"后来,民族区域自治又明确载入历次宪法,

---

[1] 陈家刚:《协商民主的价值、挑战与前景》,载《中共天津市委党校学报》,2008年第3期,第55页。

成为我国的一项重要政治制度。

（二）存在的问题和不足

1. 在宏观层面上，中央国家机关与民族地方自治机关之间协商民主的缺失

（1）从国家结构形式来看，单一制强调地方服从中央，中央统筹地方，在涉及民族自治地方重大决策时，有时协商不够。我国宪法明确规定："中央和地方的国家机构职权的划分，遵循在中央的统一领导下，充分发挥地方的主动性、积极性的原则"，"各少数民族聚居的地方实行区域自治，设立自治机关，行使自治权。各民族自治地方都是中华人民共和国不可分离的部分"，由此确立了中央和民族自治地方的上下级关系，这种上下级关系无可厚非，但是中央在针对民族自治地方的事务做出决策时，往往命令的多，协商的少，地方在贯彻中央的决定时，常常忽略当地的实际情况，行而上学地机械执行。

（2）相关法律规定不明确，在中央和地方的某些权益划分上不清晰，有时无法协商。《中华人民共和国民族区域自治法》第三章第二十八条规定："民族自治地方的自治机关根据法律规定和国家的统一规划，对可以由本地方开发的自然资源，优先合理开发利用。"但是宪法又明确规定"矿藏、水流、森林、山岭、草原、荒地、滩涂等自然资源，都属于国家所有"。两部法规，一部是上位法——宪法，一部是下位法——全国人民代表大会常务委员会法律，在具体的执行过程，两部法律都没有明确应如何开发、开发权限等问题，这就造成了民族自治地方基本上没有自主开发的权力，实践中即使出现此类争议也因缺乏法律依据而无法协商。①

2. 在中观层面上，民族自治地方决策中协商民主的不足

（1）有关协商民主的法规不够细化。《中华人民共和国民族区域自治法》第五十一条规定："民族自治地方的自治机关在处理涉及本地方各民族的特殊问题的时候，必须与他们的代表充分协商，尊重他们的意见。"

---

① 谭万霞：《论协商民主与民族区域自治制度的完善》，载《广西民族研究》，2013 年第 3 期，第 31 页。

但是这一要求仅仅停留在原则阶段,究竟怎么开展协商,在多大范围内协商,没有明确,缺乏具体的细化条例。

(2)民族地区基层部门的协商能力滞后。民族地区基层部门是预防和处置群体性事件的第一道防线,如能积极发挥其职能作用,遇到问题发扬民主及时沟通,有效协商,很多问题都能解决在萌芽状态。但一些民族地区基层部门,一方面组织机构不完整,人员配备不整齐,另一方面缺少民主协商的意识,面对问题一味躲绕压,角色转变迟缓慢,职能定位错乱差,导致对民族地区的管控能力大大弱化。

3. 在微观层面上,民族地区少数民族公民民主意识和法制观念淡薄

西方学者"桑德斯(L. Sanders)和扬(Iris M. Young)等人认为,在协商制度中强势和弱势群体之间存在着不平等。协商民主倾向于受过良好教育、具有相当社会地位、掌握协商技巧的社会阶层,而歧视那些历史上的弱势群体——如穷人、少数民族、妇女等"[1]。少数民族地区落后的文化教育使少数民族群众普遍民主意识和法制观念淡薄,使相当一部分少数民族群众在政治、经济和社会生活中处于弱势群体,可能会因为缺乏表达、论证能力和技巧,而无法充分参与当地相关事务的协商过程。

三、发展协商民主构建和谐民族关系的路径探讨

发展协商民主,对探索各民族平等协商、民主参与、民主决策的实现形式,在承认各民族之间利益差距的基础上,构建各民族相互信任、相互依存、相互帮助、和睦相处、和衷共济、和谐发展的民族关系具有重要现实意义。

(一)在宏观层面上,加快建设民族关系协商民主体系

习近平总书记指出,"加强社会主义协商民主建设的目标是构建程序

---

[1] 陈家刚:《协商民主的价值、挑战与前景》,载《中共天津市委党校学报》,2008年第3期,第52页。

合理、环节完整的协商民主体系,为我国社会主义民主政治注入新的活力。"① 具体到民族工作领域,能否建设好民族关系协商民主体系,对于加快民族地区发展,保障少数民族合法权益,巩固和发展平等团结互助和谐的社会主义民族关系,促进各民族和睦相处、和衷共济、和谐发展具有重要意义。

1. 协商民主作为一种民主形式,需要一定的政治制度作为保证

"民族区域自治制度是我国的一项基本政治制度,是中国特色解决民族问题的正确道路的重要内容。"②《民族区域自治法》规定,在涉及民族区域自治单位建立、区域界线划分、名称组成以及自治机关在处理涉及本地方各民族的特殊问题时,都需要与有关代表进行协商。采取协商的方式处理民族关系是党和国家的一贯方针政策。无论是革命时期,还是建设和改革时期,我国的政治协商制度在协调各民族利益,扩大各族公民有序政治参与,实现人民民主等方面发挥了重要作用。《政协章程》规定:"中国人民政治协商会议全国委员会和地方委员会可根据中国共产党、人民代表大会常务委员会、人民政府、民主党派、人民团体的提议,举行有各党派、团体的负责人和各族各界人士的代表参加的会议,进行协商,亦可建议上列单位将有关重要问题提交协商。"这一规定既点明了协商对象包括各族各界人士,也明确了协商的内容包括民族地区的政治、经济、文化和社会生活的重大问题。但是,并没有对民族地区各界人士如何作为协商主体开展协商活动进行明确规定,需要进一步完善民族地区人民政协的协商制度。同时,与民族关系联系更为紧密的协商制度亟须建立。通过民族立法或由国家出台相关法规,明确民族关系协商主体的条件、权利和义务开展民族关系协商的内容、平台、形式、程序等。在开展民族关系协商过程

---

① 习近平主持召开中央全面深化改革领导小组第六次会议,新浪网,http://news.sina.com.cn/c/2014 - 10 - 27/195031052626.shtml。

② 《中央民族工作会议暨国务院第六次全国民族团结进步表彰大会在京举行》,载《人民日报》,2014 年 9 月 30 日,第 1 版。

中，国家力量应当积极介入发挥主导、协调和服务作用。"①

2. 协商民主作为一种民主形式，需要完善相关法律细则作为保证

十八届四中全会强调，"建设中国特色社会主义法治体系，必须坚持立法先行，发挥立法的引领和推动作用，抓住提高立法质量这个关键。要恪守以民为本、立法为民理念，贯彻社会主义核心价值观，使每一项立法都符合宪法精神、反映人民意志、得到人民拥护。"协商民主要真正落在实处需要从立法这个源头抓起，从根本上保障民主的落实。现在，中央国家机关与民族自治地方因为上下级关系的束缚，在沟通、协商和对话上存在很多障碍，协商民主的优势难以得到充分的发挥。两者之间障碍的清除，一方面依赖于中央国家机关自觉放低身段，充分尊重并重视民族自治地方机关的自主管理权，给予民族地区自主表达诉求的空间，促成民族自治地方积极参与，平等协商；另一方面要不断完善相关法律细则，保障协商各主体平等的法律地位，细化《中华人民共和国民族区域自治法》相关内容，加快五大自治区自治条例制定、修改的步伐，明确民族自治地方各项自治权限，为自治地方与中央国家机关的顺利协商提供法律保障。

（二）在中观层面，积极探索适合民族地区的基层协商民主形式

1. 因地制宜探索民族关系协商新形式

少数民族文化传统各不相同、发展能力各不相同、利益要求也各不相同，需要在尊重差异性的基础上因地制宜探索适合本地情况的民族关系协商新形式。协商民主已经成为民族地区政府和自治地方基层组织民主管理、民主决策和民主监督的重要制度模式，在具体形式上主要包括：民主恳谈会、民主协商会、公民评议会、居民代表会、村民代表会、听证会、政治对话会、民情直通车、便民服务窗、协商民意测验、政策咨询会、公民评议会、社区论坛，等等。基层民主协商是直接协商，是民族地区人民

---

① 何文钜：《协商民主是发展和谐民族关系的重要形式——以广西壮族自治区为中心的实证研究》，载《中央社会主义学院学报》，2014年第6期，第41页。

群众能直接感受到的民主形式,这是未来发展协商民主促进和谐民族关系的重点发展方向。

2. 与时俱进创新民族关系协商新路径

习近平总书记指出,"人民是否享有民主权利,要看人民是否在选举时有投票的权利,也要看人民在日常政治生活中是否有持续参与的权利;要看人民有没有进行民主选举的权利,也要看人民有没有进行民主决策、民主管理、民主监督的权利。"为创新民族关系协商新路径指明了方向,只要是有利于人民持续参与的,有利于人民行使民主决策、管理、监督权利的,有利于人民参与实践民主的新形式都值得积极探索。网络协商以其平等、直接、便捷、廉价等优势成为当前中国各族公民政治参与的新路径,也成为领导干部了解民情、集中民智、科学决策的新渠道。

(三) 在微观层面,努力提高协商民主主体素质

"解决好民族问题,物质方面的问题要解决好,精神方面的问题也要解决好。""弘扬和保护各民族传统文化,要去粗取精、推陈出新,努力实现创造性转化和创新性发展。"① 一方面,教育事业发展对实现各民族共同团结奋斗、共同繁荣发展具有重要作用;另一方面,教育对于维护国家统一、反对民族分裂和保障国家安全具有重要作用。当前,国际反华势力把民族和宗教问题作为"西化"和"分化"我国的突破口,国内民族分裂分子也蓄意挑起民族宗教事端,企图破坏民族团结和国家统一,这更需要我们发挥教育的基础性作用,"要旗帜鲜明地反对各种错误思想观念,增强各族干部群众识别大是大非、抵御国内外敌对势力思想渗透的能力。加强中华民族大团结,长远和根本的是增强文化认同,建设各民族共有精神家园,积极培养中华民族共同体意识。"② 通过加快发展民族教育,提升各族

---

① 《中央民族工作会议暨国务院第六次全国民族团结进步表彰大会在京举行》,载《人民日报》,2014年9月30日,第1版。
② 《中央民族工作会议暨国务院第六次全国民族团结进步表彰大会在京举行》,载《人民日报》,2014年9月30日,第1版。

公民的主体素质，从而更有效地管理与服务民族地区，努力改变民族地区的落后面貌，缩小与发达地区的差距，促进各民族的繁荣进步和生活水平的提高，维护民族地区的团结与稳定。

（袁鸿，四川省社会主义学院副教授）

协商民主与阶层关系研究

祝远娟

党的十八届三中全会提出要推动中国特色社会主义协商民主广泛多层制度化发展。协商民主是统一战线的优良传统和重要方式，在构建和谐阶层关系中具有独特的优势和作用，和谐阶层关系也是协商民主的重要运用领域。应该积极探索协商民主在构建和谐阶层关系中的实现路径。

一、协商民主在构建和谐阶层关系中运用大有可为

（一）协商民主作为社会主义民主政治的重要形式和统一战线的重要传统，适用于阶层关系的协调

阶级阶层关系和谐就是指产生矛盾的各阶级阶层能够在社会统一体中相互包容，协调运作，有序转化和融合，避免出现阶级阶层对立，甚至阶级斗争，使社会始终处于良性运转、健康发展、富有生机和活力的状态之中。[①]《中共中央关于加强社会主义协商民主建设的意见》指出："加强协商民主建设，有利于化解矛盾、促进社会稳定"。在构建和谐阶层关系中引入协商民主方式，具有重要的价值和意义。

民主协商作为统一战线工作的重要传统和工作方法，适用于统一战线五大关系中阶层关系的协调。在我国，阶层矛盾不具对抗性，决定了协商

---

① 孙信、邱永文：《阶级阶层关系和谐与社会主义民主政治建设》，载《湖南社会主义学院学报》，2012年第3期，第21页。

的可能；协商民主强调在具体利益差别基础上的协商，这正是阶层关系协调的核心；通过协商可以建立党和政府与各阶层沟通的制度化渠道，通过协商可以增进各阶层之间的交流与沟通，增进理解和共识，从而有效地推动阶层关系的和谐发展。

（二）对话协商是整合阶层利益关系的最重要和有效形式

1. 利益关系成为阶层关系的核心内容。改革开放以来，我国的社会结构发生了很大的变化，原来的"两个阶级一个阶层"的格局被打破，从传统的阶级和阶层中逐步分化发展出许多新的阶层。在2001年庆祝建党八十周年大会上的讲话中，江泽民同志把新的社会阶层划分为六个群体，分别是民营科技企业的创业人员和技术人员、受聘于外资企业的管理技术人员、个体户、私营企业主、中介组织的从业人员、自由职业人员。随着阶级阶层的分化，当利益关系取代了过去的政治关系，成为当代中国社会阶级阶层关系的主要内容①。利益协调是实现阶层和谐的关键，协调整合阶层关系也必须采取新的方式和手段，这方面协商民主大有作为。

2. 对话协商是整合阶层利益关系的最重要和有效的形式。整合阶层利益关系的方式和手段很多，如健全和完善按劳分配为主体、多种分配方式并存的分配制度、扩大就业、完善法制等，而对话协商是整合阶层利益关系的最重要和有效的形式。协商民主强调的是对话和协商，这恰好是整合阶层关系的最重要和有效形式。因此，协商民主可为社会各阶层诉求表达、利益博弈和权益保障提供了一条新路径。

3. 协商民主与新的社会阶层发展有多层面的内在关系和交互作用。首先，新的社会阶层的产生和发展，有利于扩大协商民主的主体和客体。新的社会阶层通过成为人大代表、政协委员和参加各个政党和团体，表达自己的利益诉求，扩大了协商民主的主体，其利益多样化、复杂化的诉求也扩展了协商民主的客体。其次，协商民主的发展，有助于提高新的社会阶层的民主意识。随着更多新的社会阶层群体的出现，统一战线范围不断

---

① 王春光：《当前中国社会阶级阶层关系的变化与特点》，载《河北学刊》，2010年第4期，第8页。

扩大，阶层关系的内涵更为广泛，也可为协商民主的应用提供更广阔的空间。

（三）协商民主在构建阶层关系和谐实践中积累了丰富的经验

1. 协商民主相关的制度机制建立和逐步完善，为各阶层的协商对话提供了制度环境。新中国建立以来，与协商民主相关的各项制度得到了逐步的建立和完善。人民代表大会制度作为我国的根本政治制度，是我国各个阶层利益表达最普遍、最直接、最有效的途径。[①] 在这一制度设计下，各阶层民众可以通过政协委员来影响公共政策的制定与实施，进而维护自身的合法权益；作为界别代表，政协委员有义务也有必要在政治协商过程中整合代言自身阶层或界别的利益；执政党也能够通过政协的协商作用，广泛吸收对国家、对民众有利的建议，合理照顾与维护少数群体的合法权益，以此来保障公共利益的最大化。中国共产党领导的多党合作和政治协商制度以多党合作和政治协商的方式实现各个阶级阶层参加政权，实现利益诉求的目的。基层民主自治制度的特点在于它能直接反映民众的利益诉求。村民委员会、居民委员会、职工大会等组织形式可以让民众通过选举、决策、管理、监督等途径实现基层公共事业以及公益事业的管理，并从中表达和实现自己的利益诉求。党的十八大报告提出要健全和完善社会主义协商民主制度，要求从多层次多领域促进协商民主的制度化、规范化，将为各阶层有效的对话协商提供良好的制度环境。

2. 协商民主领域和渠道不断拓宽，增加了各阶层利益表达的载体和机会。协商民主经过在中国的60多年的实践，协商的领域从最初的政权协商和人民政协政治协商，已扩大到中国共产党同各民主党派的参政协商、人大的立法协商、政府的行政协商、政协的民主协商以及社会领域的社会协商。协商的渠道也拓宽至国家政权机关、政协组织、党派团体、社会团体组织、基层组织等方面。协商的内容从原来的政治协商发展到涵括经济、文化、社会、生态等方面。领域、渠道和内容的拓宽，大大地增加了

[①] 王永秀、杨仁：《试论人民代表大会制度在多元化利益表达中的作用》，载《科技信息》，2009年第2期，第394页。

各阶层利益表达的载体和表达的机会。

3. 协商民主方式和手段的创新，提高了各阶层群众利益表达的意识和能力。六十多年来，协商民主的方式和手段得到了不断地发展和创新。尤其是 90 年代以来，为了适应社会发展的要求，乡村社会和地方城市产生了许多新的协商民主方式，如协商座谈会、民主恳谈会、民情恳谈会、民情直通车、便民服务窗、居民论坛、政协的专题协商、对口协商、听证会、网络协商等①。这些协商民主的方式和手段的创新，不但增加了各阶层利益表达的机会，同时，也使协商民主的观念得到了宣传，各阶层利益表达的能力也在不断地提高。

此外，协商民主还被多次成功运用于阶层间冲突事件的处理。如企业工资集体协商制度，越来越多地应用于企业主阶层与员工阶层的劳资纠纷。近年来，浙江杭州市将党政、知识界、企业界和媒体等社会各界力量整合打造了一个个"社会复合主体"，通过协商民主的方式，共同研究、共同决策，社会各利益阶层和政府一起"互动式"治理公共事务，化解了诸多社会结构方面的矛盾。

三、国家治理视野下协商民主在协调阶层关系方面的制约性因素分析

统一战线中的五大关系特点不同，同一种工作方式或手段在操作过程中也存在明显的差异。因此，有必要分析协商民主在构建和谐阶层关系领域中的特点与运作方式，了解其制约因素。

（一）我国当前阶层关系现状分析

当代中国阶层关系的特点为阶层关系总体是和谐的，但阶层差距过大，社会断裂加剧；社会流动渠道不畅，社会结构趋向封闭；群体权力失

---

① 高建、佟德志：《协商民主：价值、实践与个案》，见高建、佟德志主编：《协商民主》，天津人民出版社 2010 年版，第 14 页。

衡，阶层关系紧张①。主要表现为各阶层拥有的资源、社会地位差距日益拉大；身份关系的阶层化越来越明显，出现了"富二代"、"官二代"、"贫二代"、"拼爹"等现象，阶层间的信任关系有不同程度的流失和缺失；许多弱势阶层在信息和话语权方面处于弱势地位，利益诉求"被代表"；传统阶层对新的社会阶层的不满情况蔓延。社会上发生群体性事件根源以前多表现为利益冲突，而现在则蔓延至"利益无涉性"群体事件，如重庆万州事件和贵州的瓮安事件等。

（二）基于我国阶层关系现状的协商民主运作特点

阶层关系总体是和谐。但各个阶层掌握的政治资源、经济资源、组织资源等差异比较大，其中特别收入差距拉大是阶层差距的最主要表现。拥有资源的差异导致利益诉求多元化、价值态度多元化，各方面的素质水平也各有高低。这就决定了协商民主的方式和手段必须多样化，渠道多元化才能适应阶层情况复杂化、多元化的特点。再次，社会流动渠道不畅，社会结构趋向封闭的特点说明当前中国各阶层之间开放性流动受阻，阶层之间隔阂加深，各阶层之间相互了解不够，增加国家治理的难度，证明协商民主的必要性，但也影响了协商民主的深度。最后，群体权力失衡，阶层关系紧张，必然会增加协商民主的难度。改革开放以来随着社会阶层的分化，阶层群体性事件频发。近几年，阶层间的冲突事件每年有数万起，如"宝马撞人事件"、"邓玉娇事件"、"罗彩霞事件"、"周久耕事件"等影响都比较广。

（三）协商民主在构建和谐阶层关系中运用制约因素分析

根据我国当前阶层关系的特点以及在构建和谐阶层关系协商民主运作的特点，协商民主发挥的作用大小受到了以下因素的制约：

1. 不同阶层素质差异影响协商水平的发挥。对于阶层关系的协调来说，协商主体对话协商的过程就是利益博弈的过程。协商民主的顺利开展是以普通公民具有充足的理性和较强的政治能力为前提的。按照一些学者

---

① 卢昌文：《和谐社会视野下的阶层关系建构》，载《安阳师范学院学报》，2010年第1期，第23页。

的实证分析,在各个阶层中,教育程度越高的,阶层利益冲突意识越强[①],意味着他们更希望和乐于参加协商。协商的意识能力也越强,在协商中提出的意见建议比较理性。而那些教育程度较低的阶层成员,由于知识和见识的差异往往使他们在协商中或是无法清晰、有效地表达自己的利益诉求,或是流于情绪化的表达而无法有效地与其他阶层的协商主体进行理性的、有效的辩论、协商,从而无法对协商形成的决策有积极的影响,使协商效果打折扣。同时,不同社会阶层成员的政治参与能力水平是不同的,他们的参政水平与方式与其阶层性质有很大关系。

2. 多元化、复杂化的阶层关系会增加对话和决策的难度。阶层关系多元化、复杂化首先表现为社会阶层的分化区分的复杂性。在社会学领域,学者们当前中国社会阶层的区分并没有一个统一的共识,不同的学者按照不同的划分标准得出不同的结论,如陆学艺的"十大阶层"、杨继绳的"五大阶层"、康新贵的"四大阶层"、姚余芳的"十五大阶层"等[②],从中可见社会阶层结构的复杂性和多元化。其次,当前新社会阶层的具体人数无法统计,按照有关方面2012年的统计,我国新的社会阶层人士已超过7000万人,加上相关行业的从业人员,总人数约1.5亿。非公有制经济固定资产投资已超过全国的50%,占国内生产总值的比重超过一半,出口贸易占全国的60%,提供了80%以上的城镇就业岗位,90%以上的新增就业岗位[③]。其中,民营科技企业中的技术人员和管理人员、个体户、私营企业主和受聘于外资企业的管理人员,由于他们的职业身份变动频繁,因此数字也很难准确统计。再次,当前中国社会阶层结构的分化仍在继续进行中,许多人在不同所有制、不同地区、不同行业之间频繁流动,他们的职业、身份、收入经常性地变动,使得阶层关系更为多元化和复杂化。多

[①] 李春玲:《断裂与碎片:当代中国社会阶层分化实证分析》,社会科学文献出版社2005年版,第280页。

[②] 申丽红:《中国社会阶层变化及其话语体现》,载《河北联合大学学报(社会科学版)》,2012年第5期,第16页。

[③] 《我国新的社会阶层人士已超7000万人》,http://sichuandaily.scol.com.cn/2012/09/14/20120914632203901165.htm(访问时间:2014年6月15日)。

元复杂化的阶层关系使得阶层之间的对话增加了难度,也给决策增加了难度。

3. 部分阶层在信息和话语权方面的弱势地位直接制约协商民主的效果。平等性是协商民主的基本特征之一。各阶层在利益表达的机会和拥有资源方面处于不对等的地位,决定了各阶层在信息和话语权方面的强弱势地位,从而直接影响到协商民主的效果。资源拥有情况是划分阶层的重要标准,拥有资源的不同决定了不同的阶层在信息方面和话语权方面的地位差异。以新的社会阶层中的各个群体为例,私营企业主因为拥有经济资源和组织资源等较多,相对应的政治资源也较多,在信息方面和话语权方面相对于其他的群体处于强势地位。而个体户、自由职业人员相对就差一些,组织化程度较低,掌握的经济资源、政治资源相对匮乏,在信息和话语权方面处于弱势地位。信息和话语权方面的地位巨大差异往往使现有的体制内的利益协调渠道和载体无法发生有效的结果,而更多的阶层成员会寻求体制外的方式,这也是当前中国恶性的群体纠纷事件发生的最主要原因。

三、积极探索协商民主在构建和谐阶层关系中的实现路径

积极探索协商民主在构建和谐阶层关系中的实现路径,是推进协商民主广泛多层制度化发展的重要课题。

(一) 深化各阶层的协商民主理念,扩大协商参与主体

1. 大力宣传协商民主理念,提高民众的协商意识。社会主义协商民主是我国人民民主的重要形式,必须深化各阶层的协商民主理念,提高普通民众的协商意识,使各阶层民众广泛参与到协商活动中来,成为协商的主体。在协商民主的宣传中,要重视舆论和媒体的渠道和引导作用,发挥传统大众传媒在协商民主方面的平台和引导作用。要充分利用电视、报刊等大众传媒的开放性和社会性,引导各阶层群众学会主动表达自己的利益诉求,媒体应该更关注来自弱势阶层的声音,应该开展形式多样的协商交流活动,让协商民主理论深入人心,提高各阶层的协商民主的意识和主动性。

2. 扩大人大和政协等现有载体的协商包容性。包容性治理是国家治理理论中一种有代表性的治理理念，核心观点认为治理中各类行为实体存在差异，因此，在治理中应该更强调弱势群体的权利，即强调包容性。笔者认为，要扩大人民代表大会的协商包容性，需要把表决建立在充分讨论、磋商的基础上；各级人大及其常委会要积极探索构建多种形式的参与平台，建立人大代表与选民之间相互联系的立体化通道，增强人大工作的更为广泛的民意基础和公开透明性。党的十八大报告指出："要发挥人民政协作为协商民主重要渠道作用"[1]。习总书记在庆祝人民政协成立65周年大会上指出，要适应经济社会发展和统一战线内部结构变化，深入研究更好发挥政协界别作用的思路和办法，扩大团结面、增强包容性，拓展有序政治参与空间。就目前而言，如何适应当前社会阶层结构的变化趋势，完善政协界别设置，最大限度地扩大协商的对象范围，广纳各阶层成员的利益诉求是重点和关键。如政协委员中各阶层的上层人员较多，中下层人员较少。经济界的委员多是一些大的国有企业负责人、民营企业出资人或有名的经济专家和学者，民营经济中中小企业的政治参与需求和利益诉求更为强烈和迫切，却无法得到满足。同时，要合理分配界别之间委员的比例。当前政协界别中，传统或阶层的委员人数偏多，新兴行业的委员少，除民营企业家外，其他如法律、金融、中介组织从业人员的政协委员过少[2]。

3. 充分培育各种社会组织和社团组织，扩大各阶层的利益表达机会和载体。党的十八届三中全会提出要"构建程序合理、环节完整的协商民主体系，拓宽国家政权体系、政协组织、党派团体、基层组织、社会组织的协商渠道"[3]。改革开放以来，我国的社会组织得到了很大的发展，从

---

[1] 胡锦涛：《坚定不移沿着中国特色社会主义道路前进 为全面建小康社会而奋斗——在中国共产党第十八次全国代表大会上的报告》，载《求是》，2012年第22期，第18页。

[2] 汪正生：《关于人民政协界别设置和调整的几点建议》，http://news.xinhuanet.com/video/2007-03/12/content_5835590.html(访问时间：2014年6月15日)。

[3] 本书编写组：《党的十八届三中全会〈决定〉学习辅导百问》，党建读物出版社2013年版，第18页。

1988年的4446个增长到2013年的54万多个，其中全国依法登记的行业协会、商会就将近七万个①。全国各地建立的律师协会、会计师协会、新的社会阶层人士联谊会等新社会阶层社会组织和社团，为新的社会阶层人士的政治诉求提供了有效的载体和渠道。

（二）加强培训和实践，增强各阶层代表人士的协商能力

在现实情况下，协商能力的发展比追求协商的形式要更具价值。② 因为协商能力直接影响协商的效果。

1. 把协商民主纳入干部学院培训主要内容。协商对话需要以一定的政治参与能力为基础。无论是在人大、政协中的协商，还是在社会领域的协商，都需要协商者具备一定的社会敏感性、时事观察能力、对协商内容的掌握、议政言事的表达能力、对协商对手的质疑能力、辩论能力。这些需要经过专门的教育培训加以提高。因此，各级干部学院要把协商民主纳入培训主要内容，列入主体班次的教学。利用理论讲授、方法研讨、现场互动、参观考察等教学方法，不断提高各阶层代表人士对协商民主理论和协商能力的水平。广西社会主义学院2014年对此进行了有益的探索。在以县政协副主席为主的党外处级领导干部培训班，利用行动学习法为载体，深入研讨了政协的专题协商、对口协商、界别协商和提案办理协商等四种主要的协商民主方式的现状、效果以及存在的问题、制约因素等，再经过把这些协商方法和程序拿回单位进行实践检验，最终形成了这四种主要的协商民主方式的流程图和章程。下一步，学院准备把这一形式向其他主体班次进行推广。

2. 加强各阶层代表人士协商能力的实践培养。鉴于各阶层人士协商能力的差异，要加强对各阶层代表人士的协商能力实践的培养，提升各阶层代表的协商理性和责任性。因此，各级党委、政府机关，各级人大、政

---

① 李立国：《改革社会组织管理制度激发和释放社会发展活力》，http://www.chinanpo.gov.cn/3201/77048/index.html（访问时间：2014年6月15日）。

② 阚天舒：《我国民主政治中协商能力的构建：结构、规范与价值》，载《中共天津市委党校学报》，2010年第3期，第37页。

协机关开展的各种形式的协商活动,应该更广泛地引导吸纳各阶层的代表积极参与其中,通过丰富多样的协商活动实践,不断地增强他们的协商意识和主动性,不断增强他们的协商能力。

(三) 创新协商民主的形式和载体

1. 完善人大、政协等正式协商形式和内容。人大协商方面,要坚持面向公民公开征集立法建议项目和对法律法规起草修改的意见,确保公民的立法建议权。可以通过在媒体上刊登法规草案、召开听证会、座谈会和专家咨询会,开设网上论坛等形式,拓宽公民参与立法协商的渠道。全国人大在婚姻法、物权法、个人所得税法等法律法规的起草修改中,就注重运用协商民主方式,广泛听取、吸收了社会公众的意见。政协协商方面,在方式上,除了传统的专题协商、对口协商、界别协商和提案办理协商方式以外,要积极探索协商民主的新方式;在内容上,要深入开展立法协商、行政协商、民主协商、参政协商和社会协商,以经济社会发展重大问题和涉及群众切身利益的实际问题为内容,增加协商的密度,不断提高协商的成效。如河南安阳市2010年创造了"思辩堂"、郑州市2012年创造了市民代表直接参加政协会议的公民代表座谈会等协商民主的新形式。此外,还要努力创新基层民主协商的实现形式。

2. 发展以社区组织、社团和中介组织等非正式协商民主平台。由于各级人大与政协的成员比例是稳定和有限的,不可能把所有涉及阶层关系的事情都涵盖在内,也无法容纳所有的协商主体。因此,在正式的协商民主平台之外,要大力发展以社区、社团和中介组织等为主的非正式协商平台。社区协商民主是社区利益主体基于理性的协商取得共识,以消除彼此之间的分歧,维护各自的权益,是协商民主在微观层面的重要表现形式,具有便利和成熟的开展条件。南京市鼓楼区率先开展社区议事会、社区党员议事会实践,经过十多年的运行,形成了具有协商民主特色的基层社区治理模式。2012年4月,秦淮区在全区所有社区(村)建立了"民生工作站",解决了大量民生问题,有力推进了协商民主在基层的实践和发展。

"两新组织"的大量涌现和各类社团的相继建立,为我们推进基层协商民主建设奠定了坚实的组织基础。以"两新组织"和社团为依托,在各阶层中开展民主议事协商活动,是推动协商民主广泛多层发展的时代要求。民政部民间组织管理局副局长廖鸿近日在全国部分省市社会组织协商民主专题座谈会上表示,要研究建立健全保障社会组织参与协商民主建设的体制机制,加强社会组织参与协商民主的能力建设。

3. 鼓励支持网络协商民主、自媒体等界面协商形式。所谓界面协商是指相对于正式协商和非正式协商的一种协商形态,强调正式的建制化协商机构与社会公共领域公众舆论力量之间进行直接互动与相互渗透①。听证会、咨询会、论证会和座谈会就是界面协商的、民主决策的重要的制度安排。此外,大众传媒实质上也已成为界面协商重要的制度性平台。在大众传媒中,要重点关注网络和自媒体层面的协商民主。

要关注网络民意和网络协商民主。网络是各阶层表达民意和利益诉求的重要渠道。截至2013年12月,我国网民规模达6.18亿,互联网普及率为45.8%,手机网民规模达5亿,较2012年底增加8009万人,网民中使用手机上网的人群占比由2012年底的74.5%提升至81.0%②。网络协商民主的优势是可以有效克服各阶层在信息和话语权方面的不平等地位,它能使各阶层在网络上平等、即时、交互、自由的交流和协商。因此,网络协商是协商民主在新时期的重要实现形式,其中的网络公共论坛,网络社区、网络社团和网络博客等是学者们认为行之有效的界面协商方式。2009年浙江省温岭市人大为了使政府财政预算安排更合理,开通了公共预算网上论坛。有6382人在网上与人大、常委、政府等三个部门负责人就各个年度重点建设主题召开专题恳谈、争辩,论坛组织者、人大官员和网友逐渐走向了意见的相对平衡,"公意"在争论中产生③。

要发挥自媒体的重要作用。自媒体也叫"个人媒体",包括BBS(电

---

① 李强彬:《界面协商关系的构筑及其实现——民主决策的视角》,载《行政论坛》,2013年第2期,第23页。

② CNNIC:《2014年第33次中国互联网络发展状况统计报告》,http://www.199it.com/archives/187745.html(访问时间:2014年7月1日)。

③ 齐卫平、陈朋:《网络公共论坛:虚拟空间中的协商民主实践》,载《理论探讨》,2010年第5期,第132页。

子布告栏系统），Blog（博客），Podcasting（播客），Group Message（手机群发）等①。现在QQ、微信等也是自媒体的重要表现形式。传统意义上的媒体，需要一个少则十来人、多则上千上万人的团队才能运作，但自媒体常常只需要一个人，不受组织的约束，在规则框架内独立表达。这是它与人大、政协或者传统媒体在利益表达中最大的差异和优势所在。它可以使更广泛的群体和个人的利益诉求得到表达。今后自媒体的形式会越加地丰富和多样化，应探索把自媒体作为协商民主的新平台和载体的途径。

（四）规范协商民主程序，提高协商实效

建立完善协商民主在协调阶层关系领域中的相关制度设计，规范协商民主程序，提高协商实效是协商民主体系建设中的重要内容。

1. 规范各种协商民主制度和程序。当前对政治协商的制度建设已大大地完善，但是阶层领域的协商民主并不仅限于政治协商，更多地还存在于社会协商领域和基层协商领域，而后两个领域的制度和程序建设有等加强，必须建立多层面、多形式、多渠道的协商民主构架。同时，协商民主在形式上和程序上也要求在公民与政府之间开展经常性的、制度化的对话。为此，要实现协商民主在协调阶层关系中的有效运作，必须明确协商什么、什么时候协商、谁来协商、怎么协商、怎么处理协商结果等基本问题，建立和完善相关的协商活动规则，对协商者、协商内容、协商方式、协商结果反馈等作出规定。除了人民代表大会制度、政治协商制度、多党合作制度、基层民主自治制度等制度设计要把各阶层的政治力量充分纳入之外，在政府的决策过程中要引进协商咨询机制，在研究制订或修改涉及新的社会阶层共性利益和长远发展的有关政策、法规和规划时，应充分引入协商对话机制，组织召开由相关新的社会阶层代表人士参加的座谈会、恳谈会、听证会、咨询会等，充分吸纳他们的意见和建议，并通过正当程序和途径将其诉求输入到党委和政府的决策过程中，让各阶层在协商中出共识，出感情，出团结，促和谐。此外，还应考虑网络协商、媒体协商、社会组织团体协商等各个层次协商的环节与程序的合理性。如天津市宝坻

---

① 《自媒体》，http://wiki.mbalib.com/wiki/（访问时间：2014年6月15日）。

区建立村级"民主协商议事会",就规范了协商的主体、内容和程序,有效地推动了基层协商民主的发展。

2. 建立协商民主在协调阶层关系中的运行和监督机制。除了人大、政协等正式的协商民主渠道和载体,在协调阶层关系中,社会组织、社团组织、媒体等都是非正式的协商平台,在非正式的协商平台中的协商民主如果没有相应的监督机制,很容易偏离协商的本意,流于非理性和情绪化,不但无助于有效协调阶层关系,反而在一定程度上很可能会激化阶层之间的矛盾和冲突。如自媒体在利益表达时往往是非理性和情绪化的,现实生活中,由于自媒体的非理性和情绪化表达,虽然有效地为弱势群体表达了他们的利益诉求,但也导致了不少恶性事件的发生,如"彭水诗案"、"五河短信案"等,所以建立监督和管理机制是非常重要的。

(祝远娟,广西社会主义学院理论教研部副主任、副教授)

协商民主与海内外关系研究

谭宏玲

加强社会主义协商民主建设,是实现全面深化改革总目标的重要内容。协商民主作为发展人民民主的一种重要形式,是中国共产党人和中国人民的伟大创造,是中国社会主义民主政治的特有形式和独特优势,是党的群众路线在政治领域的重要体现,是深化政治体制改革的重要内容,对于统一战线处理好五大关系,特别是深化同港澳同胞、台湾同胞和海外侨胞的团结联谊,不断增强中华民族的凝聚力和向心力具有十分重要的意义。

一、发挥协商民主的独特政治价值有利于海内外关系的良好发展

近年来,随着我国协商民主政治实践的逐步探索和推进,协商民主所具有的独特政治价值正越来越得到显现,坚持有事多商量,遇事多商量,做事多商量,商量得越多越深入越好,通过商量出办法、出共识、出感情、出团结,这为海内外关系的良好发展提供了助力。

(一)协商民主是传统协商文化的现代表征,有利于团结凝聚广大港澳台同胞和海外侨胞

协商民主是一种"水平式"的、以商议对话为主要机制的政治文化形态。协商民主的文化属性,从根本上来说是一种协商文化。传统的管制文

化由于权力被国家控制,充斥期间的往往是垂直式从上而下的控制和从下而上的抵抗,实际上阻碍了公开、和谐的对话,并由此对政治、经济和社会生活带来影响。协商文化与此不同,它是更为分散的,一种从大量的社会场所水平地扩散开来的文化传播过程,这种"分子式"传播可以调节处于数不清的微小节点上的社会和文化关系。"协商"作为一种思想理念,在我国具有深厚的文化渊源。特别是中华传统文化中的"和为贵""和而解"以及"和而不同""求同存异"的"和合"思想,是中华文化的重要核心价值,传递出和衷共济、厚德载物的价值观念和民族心态。这种"和合"文化传统成为协商民主"求合作、达共识"价值诉求的源头。在现代社会,协商民主作为一种参与型政治文化,随着协商民主的不断实践,其本身所蕴涵的个体与个体、个体与群体之间的参与、沟通、协商、合作的文化特性越发凸显。

经过改革开放30多年的发展,大陆经济实力不断增强,国际地位不断提高,国际形象不断改善,随着经济、文化、科技、教育等方面交流、交往的日益频繁,港澳台同胞和海外华侨华人对祖国大陆的了解和认同进一步扩大。在这个过程中,利用协商文化的积极作用,促进团结合作,将有助于进一步争取港澳人心回归,拉近台湾民众与祖国大陆的心理距离,增强广大海外华侨华人对祖国(籍)的向心力。

(二) 协商民主是人民政协政治协商的根本内涵,有利于港澳委员、海外侨胞和台湾同胞在建制内发挥作用

协商民主、政治协商、人民政协,是既紧密联系又有重要区别的概念。从加强社会主义协商民主建设的角度来说,协商民主是本质,政治协商是基本内容,人民政协是重要渠道。

人民政协的协商民主,是协商民主制度化建设的重要内容。作为政治协商的运行机构,人民政协是协调我国政党关系、民族关系、宗教关系、阶层关系、海内外同胞关系的重要平台。人民政协的协商民主,具有政党合作性、资政合法性、界别平等性、广泛包容性等显著特点,能够借助于自身的组织优势和工作渠道把协商民主实现于政治协商的过程中。

在人民政协这样一个协商式的政治公共领域,参政议政机制、民主监督机制、合作共事机制，都体现出协商民主的原则。目前，广大港澳台同胞和海外侨胞发挥协商民主作用的主要平台是在人民政协。宪法规定，人民政协是爱国统一战线组织，主要由各民主党派、无党派人士等联系一部分社会主义劳动者和爱国者、社会主义建设者和拥护祖国统一的爱国者的党外代表人士所构成。政协委员在政协的主要责任就是参政议政，港澳政协委员是作为"特邀"人士出席政协会议的。"特邀"就意味着港澳政协委员的产生和出席会议具有特殊性。一方面港澳政协委员全部是经各级政协邀请而获得委员身份的，是纯粹的委任委员；另一方面，港澳政协委员全部以个人名义参加政协工作，与大多数内地委员分属各个界别不同，港澳政协委员互相之间没有组织联系。这就决定了港澳政协委员在政协发表意见和建议时享有较大的自由度，不受界别的限制。他们在内地作为委员进行活动时，对于内地事务的看法和意见可以形成政府的决策和政策；他们对于香港澳门事务的看法和意见也是中央作出针对香港澳门的决策的考量依据①。海外侨胞和台湾同胞则通过列席政协会议的方式参与到人民政协协商民主中来。

（三）协商民主是我国人民民主的重要实践形式，有利于海内外关系在广阔的社会政治生活实践中良好发展

在我国，协商民主的实践是广泛、多层的。既有政治领域主要关涉政治发展和重大决策的政治协商，又有社会领域主要关涉社会建设和公共事务的社会协商；既有以人民政协为主要平台的党际协商，又有通过基层组织和社会组织等渠道和形式的基层民主协商。从参与协商民主的主体多样性和所属性质来说，作为公共权威机构的政府，以及不同文化背景的族群、治理过程中的机构或团体、多元利益格局中的个体参与者，都可以成为协商民主的主体；从协商民主的实践形式来说，既有人民政协的全体会议、常务委员会会议、专题协商会、专门委员会会议等固定的、常态的协

---

① 广东省委统战部、广东省社会主义学院联合课题组：《从"荣誉安排"到"发挥作用"——发挥港区政协委员在特区社会政治事务中的作用研究》，见中国统一战线理论研究会：《统一战线理论研究成果蓝皮书（2013）》，华文出版社2014年版，第264—277页。

商会议形式，又有听证会、恳谈会、议事会、乡村论坛、互联网公共论坛等在实践中不断探索和创新的协商民主形式。协商民主不仅作为一种民主形式，而且作为一种政治制度，已经在有序扩大政治参与、不断推进政治体制改革等方面发挥着越来越重要的作用。同时，在我国广阔而丰富的公共生活中，协商民主的不断实践，使得民主不再只涉及政治体制问题，它也成为个体之间以及个体与群体之间的关系模式问题。"与其他民主形式相比，协商民主赋予公众深思熟虑的判断——有机会思考竞争性观点和反对性观点之后的人民意见——以主要作用。"[①] 人们互相了解、交换意见、转变偏好、达成共识、提高公德，通过协商民主实现人民民主。

海内外关系是我国统一战线工作五大重要关系之一。统战工作在港澳具有特殊的作用，通过统战工作争取人心，壮大爱国爱港爱澳力量，是港澳保持长期繁荣稳定发展的一个重要保证。港澳台同胞和海外侨胞在各自生活的社会实践和祖国大陆的政治生活中，可以积极通过协商民主的多种渠道，发挥协商民主聚共识求合作促发展的作用，推动海内外关系继续走向良好的发展局面。

二、港澳台同胞和海外侨胞参与协商民主的现状和经验

进入 21 世纪以来，港澳台和海外统战工作呈现出新的特点。在民主政治实践中，港澳台同胞和海外侨胞积极关心政治、了解政治、参与政治并影响政治，能形成动态的、稳定的、持续的民主生态，为协商民主制度的改进和发展提供动力。同时，协商民主的顺利开展和发挥实效，可以越来越多地为港澳台同胞和海外侨胞提供参政议政的机会，推动协商民主广泛多层制度化发展。

（一）港澳委员参与人民政协协商民主的基本情况

1. 港澳政协委员具有"双重积极作用"。

港澳委员的双重积极作用，就是指既在内地为国家经济社会发展发挥

---

① 陈家刚选编：《协商民主》，上海三联书店 2004 年版，第 41 页。

积极作用，又在港澳地区为维护香港、澳门长期繁荣稳定发挥积极作用。目前，全国共有200多名港澳全国政协委员和5000多名各级港澳政协委员，他们是港澳特区经济社会中起引领作用的爱国爱港、爱国爱澳代表性人士。2011年，全国政协港澳台侨委在深入多地调研、广泛听取意见的基础上形成了题为《把握新形势、认清新使命、实现新作为——充分发挥港澳政协委员"双重积极作用"，为港澳工作大局服务》的调研报告。报告认为，港澳政协委员通过政协组织的凝聚和自身不断地锻炼，其对国情的了解和社会活动能力有很大提高。这个特殊群体可以并应当成为港澳特区维护"一国两制"方针和基本法的鲜明旗帜、壮大和整合特区爱国力量的中坚骨干、推动港澳经济升级转型的重要表率和促进港澳人心回归的引领力量。因此，报告提出，要着眼于坚持"一国两制"方针和维护港澳长期繁荣稳定，充分发挥好港澳政协委员在特区的"旗帜"、"骨干"、"表率"、"引领"四大作用；充分发挥港澳委员在推进祖国改革开放和现代化建设中的积极作用；不断完善支持港澳政协委员发挥"双重积极作用"的领导体制和工作机制。① 在新的历史发展时期，要处理好海内外关系，就要努力创造条件，把搭建政协协商民主平台、发挥港澳政协委员作用作为各级政协组织港澳工作的重要组成部分。

2. 港澳委员在政协协商民主实践中具有独特优势。

港澳同胞加入政协队伍，成为人民政协发挥作用的一个宝贵资源。港澳委员作为在港澳地区有一定影响力的人士，既对港澳和国际规则比较熟悉，又比较了解内地情况；既有深厚的专业经验，又在各自的行业和阶层具有较大影响。这些独特的优势使得港澳委员可以拓宽人民政协协商民主的言语空间和协商范围，为人民政协事业的发展注入活力、提供支持。

港澳委员在参加政协会议时，由于身份超脱、位置独特、视野宽广、思维超前等，往往敢说真话实话，直言不讳，对各项事业的改革与发展能够提出与众不同的见解和主张，对各地招商引资、投资环境中存在的问题

---

① 港澳台侨委：《充分发挥港澳政协委员"双重积极作用"》，中国政协网，www.cppcc.gov.cn，2012-02-17。

敢于提出尖锐的批评,为党政部门科学决策提供了多样化的参考和依据,促进有关部门的工作改进和提高。

例如,省政协港澳委员在四川省政协十届五次会议上,围绕常委会工作报告、提案工作报告以及政府工作报告、计划、预算报告等进行了热烈讨论,对四川经济社会发展提出意见建议。有委员认为,提案工作报告中提到了港澳委员的3个提案,说明对港澳委员提案的关注,港澳委员的作用得到有效发挥。有委员提出,政协在推动文化强省战略实施上,要发挥委员在促进民办教育发展上的积极作用,通过委员提案、视察调研等形式,让政府更加重视和支持民办教育的发展。有委员提出,要珍惜四川的优势资源钒钛,积极开发中下游产品,形成完善的产业链。有委员提出,未来四川发展的资金应多元化,可通过资本市场来筹集,如可利用香港股票市场筹集发展资金。有委员认为,政府工作报告中提到了社会消费品零售总额和增长百分比,应在报告中说明这是一个什么样的水平,有没有受到消费价格指数增长的影响,现实购买力又是多少,建议政府加强对银企关系的沟通、协调和服务,以负责任的态度,充分利用好存贷差额,支持帮助中小民营企业发展,等等。这些都是港澳委员基于更好地加强交流与合作、更好地推动地方发展的意见和建议。港澳委员通过提出提案、反映社情民意等方式参与协商民主,其中大多数得到有关部门的采纳和落实。

总之,新时期对发挥政协港澳委员双重积极作用赋予新的内涵,如何在新的起点上推动此项工作上新台阶,事关大局,事在人为。政协组织应进一步增强责任感和使命感,坚持以团结联谊为主线,以服务委员履职为重点,以优化机制、完善制度为着力点,努力构建港澳委员履职的新格局。

(二) 海外侨胞和台湾同胞参与人民政协协商民主的基本情况

目前,海外侨胞和台湾同胞参与人民政府协商民主的主要方式是列席政协全体会议。

海外华侨参政议政的作用发挥是随着我国人民政协制度的不断发展和完善得到体现的。2001年3月,全国政协为了贯彻落实中共中央关于做好新形势下海外侨胞工作的要求,首次邀请了来自亚洲、欧洲、大洋洲、北美洲等8个地区的9位海外华侨列席全国政协九届四次全体会议。从2004年全国政协十届二次会议开始，全国政协又邀请包括爱国老华侨、新华侨华人以及华裔新生代中的知名侨领、专业人士和商界精英等海外华侨与华人代表共同列席全国政协全体会议。为了充分发挥政协优势、为海外侨胞和台湾同胞参政议政搭建平台，四川省于2013年形成了《关于邀请海外侨胞和台湾同胞列席省政协全体会议的建议》，并制定了《暂行办法》，经省政协主席会议、省委常委会议研究同意后组织实施。《暂行办法》对列席政协全体会议的海外侨胞和台湾同胞的产生办法，如人选条件、产生程序以及受邀参会的海外侨胞和台湾同胞列席政协全体会议的各次大会作了具体规定，为海外侨胞和台湾同胞列席政协全体会议提供了制度保证。

2013年，四川省政协办公厅会同省政协外事委商请省委台办、省侨办等部门，在近30名初步推荐人选中广泛征求意见、多次进行遴选，提出6名海外侨胞和4名台湾同胞列席省政协十一届一次会议，其中海外侨胞列席人选征求了我驻外使领馆意见。四川省首次邀请了6名海外侨胞列席省政协第十一届一次全会，为海外侨胞在更广领域、更深层次参与四川跨越式发展建言献策创造了条件，四川省成为西部率先邀请海外侨胞和台湾同胞列席省政协全会的省份。

随着我国改革开放的深化和经济全球化进程的加快，新移民群体不断壮大海外华侨的队伍，成为华侨社会的主体。由于向海外求学、移民的热潮方兴未艾，我国在海外的华侨华人数量也不断增加。同时，随着我国社会主义市场经济体制和政治体制改革的不断深入，海外侨胞不但关心我国的经济发展，更关心我国政治民主制度的发展，回国参政议政已经成为部分华侨的积极追求。因此，邀请海外侨胞和台湾同胞列席政协全体会议，是对这种积极追求的有效回应，体现了对广大海外侨胞和台湾同胞的关怀、重视和信任，也为侨胞和台湾同胞参与现代化建设提供了重要渠道和有效平台。

总体而言，在邀请海外侨胞和台湾同胞列席政协全体会议的探索实践中，全国政协开展的时间最长，范围最广。一些省市也在实践中摸索出了比较成熟的做法，比如浙江省政协设有正式的华侨委员、福建省厦门市政协设有正式的台商委员；福建、广东、浙江、山东、天津、海南等省市政协设有不具有选举权、被选举权等权利的海外侨胞和台湾同胞特邀（聘）委员等。四川省邀请海外侨胞和台湾同胞列席政协全会虽然时间不长才两年，但反响较好，受邀的委员参政热情很高，表示时间太短，希望能更多地参加政协活动。

三、加强协商民主制度化建设推动海内外关系新发展

（一）进一步做好港澳委员的安排和作用发挥

1. 培养壮大爱国社团骨干力量。港澳台海外爱国社团是统一战线团结、联合和影响港澳台海外同胞，开展新形势下港澳台海外统战工作的重要切入点和有效载体。港澳政协委员之所以能进入内地政协组织发挥作用，关键是因为他们是港澳各界的代表性人士，他们在港澳社会享有不同程度的知名度，他们当中绝大多数是港澳社团领袖人物。

对于四川而言，要通过香港四川同乡社团的建设，推动实现力量整合、优势互补、代表人物可靠。要加大对社团骨干的建制内安排力度，在政协委员、海联会理事、工商联、青联、侨联等组织中，给予社团骨干更多的份额和更高的位置，为他们搭建更高更广的平台，支持其发挥作用。要突破以往工商界人士占主或占优的单一结构模式，通过爱国社团，广泛吸纳中产阶级尤其是专业界代表人士。

2. 有针对性地调整和做好港澳政协委员的安排。应该说，自港澳回归后，各级在安排政协委员时都比较重视港澳政协委员的代表性问题，整体安排出现了"代表性较广泛、整体结构比较合理、进退比例比较适当、综合素质较高"的特点，但仍存在覆盖面不够广泛、代表性不够强的问题。例如十二届全国政协的港澳委员仍以政界和商界为多，专业界人士所占的比例较少，特别是教育界、社工界、律师界等香港重要的社会阶层代

表不多。① 团结争取这些界别代表人士，把他们纳入各级政协安排中，将有助于更好地发挥政协委员的作用，壮大爱国爱港力量，扩大和巩固支持特区政府按照"一国两制"和基本法施政的社会基础。

3. 优化机制增强港澳委员履职实效。港澳委员多数时间身处港澳，对内地有关情况不太了解，对履职的方式和渠道不太熟悉，这就需要政协在搭建协商平台、优化联系机制、拓宽港澳委员参政议政的渠道上加强工作。要不断完善定期通报市情、定期走访港澳委员、党政主要领导与港澳委员座谈等制度，促使双向交流形成常态化。要致力打造好提案办理协商平台，促使深度互动呈现新效应。要在港澳委员参与提交提案"全覆盖"、注意提高提案质量的基础上，进一步优化提案办理机制，在多出精品提案、重点提案上下功夫。

4. 发挥港澳代表人士在引导港澳人心回归和促进内地发展中的积极作用。鼓励政协港澳委员积极做好表率，多向中联办、内地反映港澳政治社会动态。团结广大港区委员落实基本法，维护"一国两制"、"港人治港"、"高度自治"，支持香港特区政府和行政长官依法施政，为保持香港繁荣稳定作出贡献。同时，还要引导他们积极为地方出谋献策、参与实践，促进改革开放、现代化建设。要加大与港澳基层社会组织的联谊交友力度。调整港澳各社团到内地参访交流的界别人员比例，增加专业界和基层社区等界别到内地参访交流的比重，扩大与港澳基层的联系与合作。

5. 加强后备人才培养。进一步优化海联会人员结构，加强代表人士队伍建设，特别是旗帜性人物的培养。理事要做到老中青相结合，专业优势互补。逐步改变各级海外联谊会中商界人士多、专业人士少的局面，在各级海联会中加大对专业界人士的安排力度，重点培养一些有潜力的中青年专业界人士，为他们提供发展台阶，为港澳政协委员的安排提供后备人才。同时，要适度提升台胞侨胞代表人士在海联会的安排比例和层次。

---

① 广东省委统战部、广东省社会主义学院联合课题组：《从"荣誉安排"到"发挥作用"——发挥港区政协委员在特区社会政治事务中的作用研究》，见中国统一战线理论研究会：《统一战线理论研究成果蓝皮书（2013）》，华文出版社2014年版，第264—277页。

(二) 进一步做好海外侨胞和台湾同胞建制内安排

1. 探索将现行的海外侨胞和台湾同胞参加政协的形式予以制度化、规范化。现行全国到各地的海外侨胞和台湾同胞参加政协形式主要包括邀请海外侨胞和台湾同胞代表人士作为列席代表参加政协会议、参加政协活动，聘请部分海外侨胞和台湾同胞为政协或港澳台侨委员会的特聘委员或顾问等。要认真研究确定科学合理工作机制，主要包括确定邀请海外侨胞和台湾同胞列席代表、特聘委员或顾问的资格条件，推进海外侨胞和台湾同胞列席代表、特聘委员或顾问的联系机制，创新丰富海外侨胞列席代表、特聘委员或顾问工作的内容、方法和手段等，使政协会议能广泛听取他们的意见和建议，并及时吸纳相关诉求，从而成为会议科学决策的重要补充。

2. 探讨在现有制度框架下单独设立政协海外华侨界别。让部分海外华侨爱国民主人士正式成为政协海外委员或华侨委员，赋予他们提案权，并可根据实际情况赋予选举权和被选举权，在理论上使政协海外委员或华侨委员也具有与国内正式政协委员同样的政治权利和义务。相比列席代表和特聘委员、顾问，政协海外委员或华侨委员具有更广泛的代表性，在自身政治权利和义务得到充分保障的情况下，更能代表海外侨胞的利益。

(三) 进一步做好港澳台海外代表人士培训工作

1. 加强培训是港澳台海外代表人士队伍建设的有效手段。学习培训，是港澳委员充实知识提高素质的有效途径，也是保持和提升港澳委员竞争优势的内在要求。要继续举办国情研讨班，通过有的放矢的培训课程、参观考察、集体研讨等形式，丰富培训内容，确保培训质量。在培训人员的安排上，要突出培养建制内人士、中产专业人士、青少年、社团领袖和地区骨干。在培训目的上，要着眼培养一批肝胆相照的政治人才、立场坚定的基层人才、人心向我的专业人才。

2. 精选培训内容，注重培训实效。要通过举办培训班、交流会、现场观摩、专题讲座等方式，组织港澳委员学习新时期政协工作的基本知识、港澳委员双重积极作用的基本内涵、国家政治体制和经济体制改革的基本内容、"一国两制"方针和基本法，提高他们参政议政的能力和水平，促进自身的发展,做到政治有地位、经济有实力、事业有成就、基层有选票、社会有威信,在更高的层次上履行双重责任,发挥双重积极作用。

3. **发挥海外商会在凝聚港澳台和海外代表人士中的积极作用。**统一战线要服务全面深化改革,助推经济社会转型发展,助力政治体制改革和推动协商民主广泛多层制度化发展,必须"主动出击",拓展海外人脉资源。依托海外商会了解海外华商投资创业需求,推介国内转型发展中的政策、方向和重点,通过国内商会和港澳台海外商会的合作交流,"走出去、请进来",将团结、凝聚工作融会到商会间的经贸合作和交流联谊中,不断增强港澳台海外人士对祖国建设和中华民族伟大复兴的责任感和使命感,凝聚海内外力量为深化改革、扩大开放、经济建设、民主政治和社会进步服务。

(谭宏玲,四川省社会主义学院教研室副教授)

协商民主与人民政协研究

协商民主广泛多层制度化发展与政协协商研究

卞晋平

具有重大历史意义的党的十八大，首次把健全社会主义协商民主制度作为"坚持走中国特色社会主义政治发展道路和推进政治体制改革"的重要任务提了出来。十八届三中全又就推动协商民主广泛、多层、制度化发展作出进一步的部署。这是我们党领导人民加强社会主义民主政治建设、深化政治体制改革的一个重大的战略性制度性举措，充分体现了我们党在新的历史条件下对社会主义民主政治的实践创新、理论创新和制度创新，对于我们全面建成小康社会，进而建成富强民主文明和谐的社会主义现代化国家、实现中华民族伟大复兴的中国梦，意义重大而深远。

一、扩大协商民主与人民政协的关系

新中国成立初，我国经济建设和社会发展的许多方面学习苏联的做法，但在政治体制方面没有照搬苏联模式。毛泽东同志明确提出，中国的国情决定了中国既不能建立西方资产阶级国家那样的政权，也不能实行苏联那样的模式。中国共产党根据我国的实际国情，带领全国人民建立了工人阶级领导的以工农联盟为基础的人民民主专政的社会主义国家，建立和逐步完善了以人民代表大会制度、共产党领导的多党合作和政治协商制度、民族区域自治制度、基层群众自治制度为主要内容的政治体制。

我国这种政治体制与其他国家的政治体制不同。它既不同于国外的一院制、两院制或多院制，也不同于国外的一党制、两党制或多党制。我国政治体制运作的基本模式，是在党总揽全局、协调各方的原则下，人大、政府、政协和司法机关依照宪法、法律和章程，独立负责、协调一致地开展工作。其中，"人民通过选举、投票行使权利和人民内部各方面在重大决策之前进行充分协商，尽可能就共同性问题取得一致意见，是我国社会主义民主的两种重要形式"。中央要求，建设社会主义政治文明、推进社会主义民主政治建设，需要进一步发挥人民政协的特有功能，拓展这条民主渠道，把它作为一种重要的制度优势和战略资源，积极予以开发和运用。中央在新形势下强调更多更好的发挥政协作用，其主要意义在于，人民政协作为我国基本政治制度层面实行协商民主的专门机构，是协商民主的重要政治形式和组织载体。

一是从中国协商民主产生发展的历史看。1949年人民政协的成立，标志着中国共产党领导的多党合作和政治协商制度的建立，是中国实行协商民主的第一块基石。作为新中国政治体制中最早建立的机构，人民政协从产生之日起，就按照党中央对我国政治制度的总体设计，作为专门的协商机构与政治体制中其他机构相辅相成，在国家政治、经济、社会和文化生活中发挥着重要作用。

二是从人民政协60多年来的历史作用看。在我们这样一个地域辽阔、人口众多、社会情况错综复杂的大国，政协作为我国特有的以民主协商为主要职能的政治组织，在团结各界、协商国是、发扬民主、协调关系方面具有不可替代的独特功能，作用举世瞩目。

三是从坚持中国特色政治发展道路看。人民政协这种组织形式，集中体现了我国社会主义政党制度中共产党领导、多党派合作、实行政治协商三大基本要素的有机统一，成为维护国家长治久安的最具鲜明中国特色的民主形式之一。

《中国人民政治协商会议章程》关于人民政协性质的三句话，实际上界定了人民政协在协商民主方面的独特地位和独特作用：

比如，政协章程规定"人民政协是中国人民爱国统一战线组织"，这句话明确了政协协商的主体范围，体现了我们协商民主主体的广泛性。由界别组成是人民政协组织的最大特点，它集中了我国各党派、各团体、各阶层、各民族、各方面的代表人物,是我国人民以界别形式表达群体利益诉求的重要体制渠道。人民政协这种组成结构,对于党和政府及时了解不同社会阶层和社会群体的愿望要求,准确、系统地把握不同方面群众的脉搏,保证重大决策和方针政策符合广大人民的根本利益,又能统筹兼顾少数社会群体的合法要求,实现利益关系的协调平衡,具有特别重要的意义。

比如,政协章程规定人民政协"是中国共产党领导的多党合作和政治协商机构",这句话明确了人民政协本质上就是一个实行协商民主的政治机构,而这种民主协商首先表现为中共同各民主党派及无党派人士之间的政治协商。参加政协的各民主党派始终坚持政协章程中规定的共同政治基础,拥护共产党的政治领导,贯彻长期共存、互相监督、肝胆相照、荣辱与共的方针,这是搞好多党合作与政治协商的重要保证。同时,人民政协坚持的"团结、民主"两大主题,爱国主义和社会主义两面旗帜,求同存异、平等协商的工作原则,民主党派、无党派人士占多数比例的组织构成,以及人民政协广开言路、广开才路的各种活动方式,都是中国共产党领导的多党合作和政治协商制度的实现方式。

比如,政协章程规定人民政协"是我国政治生活中发扬社会主义民主的重要形式",这句话明确了人民政协的民主协商归根结底是社会主义制度的一个部分,它所体现的是人民当家做主的社会主义民主的本质。各方面代表人物在政协中求同存异、平等合作、民主议事,反映了社会主义法治国家中一切社会成员无论属于哪个党派、哪个团体、哪个民族、哪个阶层,无论从事何种职业,有没有或有哪一种宗教信仰,在宪法和法律的基础上都享有平等的社会地位和政治权利,都能够受到尊重并和谐相处。同时,政协可以通过组织重大决策前的讨论协商,对各方面的利益关系在制定法律、政策的过程中进行协调,以利于党政机关的决策能够统筹兼顾各方利益,化解或减少矛盾,保持整个社会的和谐稳定。

二、在贯彻三中全会精神中推进人民政协协商民主

经过三十多年的改革开放,在全民共享改革开放带来的物质文化成果的同时,人们的利益关系又进行了新的调整,原有的社会结构发生重大变

化，产生了许多新的社会阶层和社会群体。在社会利益、社会关系、价值观念、社会组织形式日益多样化化的趋势下，如何科学合理地协调和处理社会关系和社会利益，就成为构建社会主义和谐社会中必须高度重视和切实解决的重大现实课题。

在我国，协调社会利益关系的途径和方法很多，但总体上看我们调节社会矛盾的渠道相对还比较狭窄，不能完全适应利益多元化社会的实际需要。因此，必须从体制的层面考虑拓展渠道问题，特别要从坚持和完善我国的基本政治制度、发挥我们制度和体制的优势来考虑这个问题。最终要建立一种对不同阶层、不同群体的呼声和诉求能够充分了解、全面掌握、及时引导和有效调控的社会协调机制，把公民的政治参与和表达诉求纳入体制内的轨道，减少乃至于杜绝体制外的冲突。人民政协在这方面无疑可以发挥独特的重要作用。

人民政协这种组织形式，充分体现了社会主义和谐社会的基本理念，即在大目标一致的前提下，承认、包容和尊重不同社会群体的个性差异，通过民主协商形成或不断增进广泛共识，促使多样性社会群体之间达到协调、合作、共进。

正是在这种大的时代背景之下，中共中央指出，人民政协的本质属性、工做主题、主要职能、组织构成、基本原则和活动方式，与构建社会主义和谐社会的要求是完全一致的，与构建社会主义和谐社会的各项工作是密切相连的；要求在构建社会主义和谐社会中必须大力加强人民政协工作，充分发挥人民政协的重要作用。这段话揭示了人民政协与构建社会主义和谐社会内在的本质的联系，把为构建和谐社会服务作为对人民政协的一项基本要求，成为现阶段开展民主协商的一个重要特点。

现在，基于对我国改革开放的顶层设计和全面规划，十八届三中全会对进一步推进人民政协协商民主提出了明确的要求：

一是要进一步发挥人民政协作为协商民主重要渠道作用，重点推进政治协商、民主监督、参政议政制度化、规范化、程序化。要求各级党委和政府、政协制定并组织实施协商年度工作计划，就一些重要决策听取政协意见。

二是要完善人民政协制度体系，规范协商内容、协商程序。拓展协商民主形式，更加活跃有序地组织专题协商、对口协商、界别协商、提案办理协商，增加协商密度，提高协商成效。

三是在政协健全委员联络机构，完善委员联络制度。

三、贯彻三中全会精神需要研究和思考的几个问题

（一）在全社会广泛开展协商与政协协商的关系问题

在协商民主适用范围扩大、民主协商形式和渠道拓宽情况下，各种协商渠道、协商形式之间的分工协作要求也就更高了。协商民主的五种形式、五大渠道"横看成岭侧成峰，远近高低各不同"，各有各的定位和作用。政协这种协商形式与其他协商形式从内容上、做法上有何区别与不同，有何联系与分工，如何在各司其职基础上相互配合、相辅相成、协调一致地开展工作，这些都是应当在理论上加以研究，特别是在实践中不断探索总结的。归根结底，我们必须在这个大格局里找准自己位置，选好自己角度，运用自己优势，履行自己职能，发挥好我们政治制度的综合优势，与此同时，随着民主协商进一步延伸到基层，"旧时王谢堂前燕，飞入寻常百姓家"。基层协商作为一个新的课题，不等于是政协的事，但与政协有密不可分的关系。无论如何，同过去相比，政协参政议政的关注焦点和工作重心要进一步向基层下沉，把涉及群众切身利益的实际问题纳入民主协商的范围。同时，与之相应，同基层群众联系更为密切和直接的县级政协工作的重要性在不断增强。

（二）协商民主制度化与政协工作的关系

三中全会提出要推动协商民主制度化发展，构建程序合理环节完整的协商民主体系，明确要求各级党委要和政府、政协一起制定并组织实施协商年度工作计划，就一些重要决策听取政协意见。这对政协工作有什么意义呢？我认为至少有这么几点：

一是有利于解决一些地方存在的协商随意性问题。所谓制度化，就是要解决民主协商不因班子调整、人员改变和领导人注意力的转移而改变的问题。通过建章立制以及党委根据全局工作部署制定协商计划，可以有效

解决"要我协商还是我要协商"以及协商与否取决于"书记是否开明、主席是否进取"等不规范问题。

二是有利于落实"协商于决策之前"的要求。"协商于决策之前"是中央强调多年的一个原则，但由于种种原因，包括一些地方领导同志认识问题以及具体工作环节不衔接的技术性问题等，有些地方政协反映在实际操作中难以落实。这个问题在执行党委、政府、政协一起制定和落实协商计划过程中可以得到解决。

三是有利于解决政协如何更好地围绕中心服务大局问题。客观上讲，由于各地方政协主席都由资深望重退出党委常委班子的领导干部担任，如何能够更加有效和协调一致地配合党委中心工作，是让许多地方主席很费心智思虑的东西。有的同志反映，过去政协工作中确实存在着对中心任务弄不清、够不着、跟不上的情况。现在党委、政府和政协一起根据中心任务制定协商计划，就从根本上总揽全局、协调各方解决了这个问题。

四是解决了政协大会、常委会议闭会期间如何更切实地履行职能问题。三中全会提出要完善人民政协制度体系，规范协商内容、协商程序，要求拓展协商民主形式，更加活跃有序地组织闭会期间的专题协商、对口协商、界别协商、提案办理协商。这就为政协不仅通过全体会议、常委会议协商国家重要事务而且在平时如何选择委员们关注的重要问题开展经常性协商提供了政策依据。

（三）四种经常性协商形式之间的关系

三中全会提出的专题协商、对口协商、界别协商、提案办理协商这四种民主协商形式，都是政协全委会议和常委会议闭会期间经常性履行职能的形式。最近一些地方政协同志来访，反映这四种形式之间相互交叉、难以区分、不易安排，询问这四种形式彼此间有何区别，相互之间是什么关系？我认为，第一，都是来自各地政协多年来的工作实践，是对各地实践经验的概括和提升；第二，都是肯定各地从实际出发因地制宜履行职能中创造的好形式，各地方也要从实际出发贯彻落实，宜稻则稻宜麦则麦，而不是要求不分具体情况差异都必须同时全部实行。这就如同人民政协有34个界别，但并非要求各级地方政协都必须设34个界别一样；第三，贯彻中央精神必须求真务实,积极实践探索,适用哪种形式就使用哪种形式,不要形而上学地纠结于某些具体概念上择不开、理不清的问题。

(四) 开展基层协商与县级政协的关系

大力推进基层对涉及群众切身利益实际问题的协商,是中国民主政治建设的重大举措。作为中国协商民主基层组织的县级政协,不能置身事外,以为事不关己高高挂起。在人民政协各级组织中,县级政协更贴近普通民众,更直接面对群众生活实际,与涉及群众切身利益的各种具体问题有着千丝万缕的联系。县级政协要自觉提高认识,积极把工作做到位,把工作重心进一步向基层群众下移。同时,要认识到中央讲的基层协商并不等同于县级政协的协商。此基层非彼基层,二者含义不同。三中全会所讲的基层协商,横向涉及党政机关、企事业单位、群众自治组织等多方面,纵向包括县、乡镇、街道、村落乃至群众彼此之间的利益协调等。最后,还有很重要的一点,就是必须找准人民政协在基层协商活动中的定位。政协是搭建各界代表人士与政府之间沟通交流的平台,而不能越俎代庖政府或职能部门的决策作用。

(五) 协商民主与加强法制、依法治国的关系

毫无疑问,当今中国人的法治观念、法治意识必须大大增强。具体到协商民主领域,我们要树立一种观念,协商是很好的民主形式,但法律是根本的准则,也是我们办一切事情的底线。一切事情的协商,最终都要在遵守宪法和法律根本准则的前提下凝聚共识、协调关系。这一条,今后尚需付出极大的努力去宣传和推行。

四、开拓进取,乘势而上,开创政协工作新局面

十八大以来我国发生的可喜变化之一,就是令可以行,禁得以止。中央关于加强协商民主的战略部署,在各级党政机关转变作风的过程中也迅速得到贯彻。习近平同志就重视和支持人民政协事业发展问题对各级党委提出五条明确要求,第一条就是要把人民政协政治协商作为重要环节纳入决策程序,会同政府、政协制定实施协商年度工作计划,对明确规定需要协商的事项必须经协商后提交决策实施。他强调,协商就要真协商,真协

商就要协商于决策之前和决策之中，根据各方面的意见和建议来决定和调整我们的决策和工作，从制度上保障协商成果落地。对于党中央和总书记提出的要求，各地都在积极落实，尤其是党中央率先做起，已经推动人民政协工作有了重要的发展。

从全国政协工作情况看，履行政治协商职能方面已经有了大的变化。我体会较深的主要有几个方面：

一是深化了对政协作用的认识。首先是在协商民主新格局中的定位。政协不是国家权力机关，不是决策机构，也不是执行机关。政协的作用和价值不表现为行使权力，而表现于可以畅所欲言地"说"，表现于各个方面的各种意见都可以充分表达。政协的权利就在于可以"说话"，话语权是政协最大的政治权利，也是它在整个政治体制中具有独特作用的基点。

二是由此就决定了政协加强工作的三个重点：①尽可能地拓展民主协商渠道，搭建好各界人士可以广泛参与的机制化、常态化的协商平台；②明确政策，努力营造可以充分发表意见的协商讨论的民主氛围；③建立政协协商民主的保障机制，形成规范化、程序化的制度体系。所有这些，全国政协都在边实践、边总结，积极有序地向前推进。

中共中央会同国务院和全国政协，统一制定民主协商年度计划，解决了把人民政协的政治协商纳入决策程序、协商与否因人而异因时而异的随意性，以及政协如何更好地围绕中心服务大局问题。

全国政协在继续坚持全委会议、常委会议基础上，着重创立了双周协商座谈会议制度，为开展专题协商、对口协商、界别协商、提案办理协商搭建了平台，并在积极探索开展网络议政和远程协商。同时，全国政协也通过双周协商座谈会这种常态化的协商活动，逐步形成了各种履职形式统一联动的新的工作机制。

协商民主的发展也推动了政协民主监督这项难点工作的进步。全国政协明确提出要加强和改进民主监督，做到开展监督有计划、有题目、有载体、有成效。在今年的全国政协大会上，就确定了包括提升政府公信力、环卫工人合法权益保障、化解地方债务风险、国家重点文物保护等9个专题，以专委会等为依托，开展具有监督性的履职活动。

此外，全国政协还根据《中共中央关于加强社会主义协商民主建设的意见》，正在制定着眼于构建结构合理、程序清晰、科学规范的人民政协制度体系。包括制定进一步明确政协协商内容、形式、程序、成果运用以及如何与党政机关衔接的制度。

所有这些，都给人民政协在协商民主新格局下进一步发展注入了新的活力。

贯彻落实党中央关于加强协商民主建设的精神，还有一些需要继续研究和实践探索的问题。比如，各级政协尤其是县级政协在基层协商民主中发挥什么作用问题等。据《人民政协报》2015年1月20日头条消息介绍，宁夏回族自治区政协积极探索让政协履职深植基层沃土问题提出"把根扎到基层去"，把政协履职向基层延伸，建立了自治区政协委员基层联系点制度，在自治区22个县逐步建立起自治区政协基层委员联系点43个，联系基层群众，反映基层群众诉求，促进了一大批关乎民生的实际问题得以解决，这就不失为一种积极的探索。本次研讨会安排我们考察一个地方基层群众协商的实例，我认为是十分重要和难得的。基层群众中产生出来的创造力，必定会给我们以新的重要的启发。

（卞晋平，全国政协文史委副主任、中国人民政协理论研究会副会长）

人民政协制度为世界政治制度添彩

周淑真

1949年9月中国人民政治协商会议第一届全体会议召开,多党合作协商建国,民主建政,宣告了中华人民共和国的诞生。人民政协承担了建立新的国家政权的历史使命,形成了政党、政协、政权三个系统互为支撑的国家政治制度架构,也基本建构了独特的中国政治制度。人民政协制度丰富了世界政治制度的形式,为世界政治制度增色添彩。

一、人民政协是在中国历史发展中"长成的",具有广泛代表性和政治包容性

人民政协制度产生于民主革命历史发展过程中,是深深植根于中国基本国情的政治制度。人民政协是主观见之于客观、理论见之于实践,并在实践中不断得到检验与修正的实践产物。它既不是单纯的人为设计或主观选择的产物,也不是单纯的自然生长的产物,而是在历史发展中,中国共产党和各民主党派长期合作奋斗的结果,是历史发展的产物。

这一历史必然性包含着许多因素:既与当时国民党垄断政治权力、武力镇压共产党与打压各民主党派有关,也与垄断资本与民争利、强取豪夺经济资源有关,还与西方式的议会道路、"两党制"与"多党制"在民国初年的失败和不符合中国国情有关;既与中国共产党"立党为公"、对人民革命实行正确的政治领导、制定和实施正确的统一战线方针政策有关,

更与中国共产党与各民主党派的政治智慧和社会各界的理性选择有关。这些因素共同作用的结果是，中国人民政治协商会议这一广泛的爱国统一战线组织的建立，五星红旗从中国人民政治协商会议升起，它提供了当代中国国家权力的合法性来源。

今天，人民政协的发展与改革开放的步伐相一致，已经成为由各党派、各团体、各民族、各界代表人士组成的爱国统一战线组织，34个界别囊括了大陆9个政党、8个人民团体、56个民族、五大宗教的代表性人士，覆盖了政治经济文化社会等领域、各社会阶层的精英人士，聚集了大陆、港澳台同胞、归国侨胞的代表性人物。深深根植于中国历史发展的人民政协，逐步形成了自己的组织方式、运行机制和功能定位，广泛代表性与政治包容性是它的最大特点。这一特性使它能够凝聚共识，成城众志，国家民族精神在人民政协可以得到充分体现，中国特色社会主义民主政治的历史与现实、理论与实践、形式与内容在人民政协制度中达到了有机的统一。

二、人民政协是中国政党制度的重要载体和多党合作的重要机构，党派合作特性突出

当代世界政治运行的主流形式是政党政治，政党对于一个国家的内政外交起着决定性作用。而政党政治制度机制的运行，必须回答如何处理政党之间关系、政党与政权之间关系、政党与社会之间关系的问题。许多国家通过国会选举或行政官员选举，直接体现和调整政党关系，以在国会所占席位多少或总统职位的输赢，决定政党执政或者在野。

我国政党政治的运行机制和表现方式有自身特点，即人民代表大会是国家权力机关和立法机关，人民代表大会制度不体现党派关系，各级人大代表，不论是中共党员、民主党派成员抑或无党派人士，在人民代表大会中均是以人民代表的身份出现；而人民政协是多党合作的重要机构，是体现党派关系的制度载体。在人民政协，中国共产党和8个民主党派，同作为构成人民政协的党派单位，可以党派的身份和名义，单独地或联合地在

人民政协中发言，提出提案、建议案，开展调研视察等活动。各民主党派在政协会议上以本党派名义提出意见建议，作为一种组织行为和政治行为，既是与中国共产党协商合作的重要体现，也是与中国共产党进行互相监督的重要形式，它承担着我国多党合作的政党制度载体的功能作用。

同时，共产党的领导和多党派的合作是我国政党制度互为条件的两大要素，执政党和参政党互为支持，构成多党合作的制度架构。突出的党派合作的特性，无论是从历史还是现实看，都是人民政协制度的显著特点。观察衡量当代世界政党政治的标准，主要看是否适合国情，包括政党的性质及其内部构造、各政党在政治价值观之间的差距、政党对国民每个人日常生活的渗透度或支配度等因素。同类政党制度有不同的模式，而每一模式都有自己的运行轨道和法则程序。政党制度的生命力和绩效决定其应对挑战的方式和能力。当代中国的和平崛起、社会经济的发展、综合国力的提升，是对多党合作制度优势和功能效用的有力佐证。

三、人民政协与人民代表大会相辅相成，能有效促进决策的科学化民主化

与人民代表大会相比较，人民政协作为一个政治机构或组织形式，在构成方式、代表产生方式、性质功能上有别于人民代表大会：人民代表大会为国家立法机关和权力机关，而人民政协属于政治协商机关、建议咨询机构；人大代表以地域、按人口比例、以直接选举与间接选举相结合方式产生，而政协委员以推荐、协商方式产生；人民代表大会以地域为单位组团，在一定程度上具有代表地方利益的因素，而人民政协以界别为构成单位，代表社会各界方方面面的利益要求。

人民代表大会与人民政协同为代表民意的机构，同为国家政治制度的重要构成要素，同为不可或缺的国家政治制度中一个部分，同在中国共产党领导下建立发展，相辅相成、互为补充。而在时间顺序上，人民政协的建立早于人民代表大会，并在新中国成立之初承担过人民代表大会的功能。这两种制度所主要体现的协商民主和选举民主，作为国家制度层面上

的民主形态，共同构成了我国立体化全方位的民主政治制度结构。

公民广泛的政治参与和理性交流，是协商民主的核心内容。人民政协的民主协商体现出的制度合法性、主体广泛性、过程规范性、意见包容性、效果显著性等巨大优势，能够把社会各方面愿望的表达和诉求，纳入民主和法治的轨道；能够把群众中分散的、个别的呼声汇聚成系统的、集中的意见，便于执政党和政府了解民情、把握民意；能够就一些综合性、前瞻性、战略性问题深入开展调查研究，有效地促进党和国家决策的科学化民主化。人民政协与生俱来的协商民主特性对于我国经济社会现代化和民主、法治建设具有重要的促进作用。

（周淑珍，中国人民大学国际关系学院教授、博士研究生导师，当代中国政党研究中心主任，中央统战部政党理论研究基地副主任兼首席专家）

政治协商与政党协商研究

——政党协商的发展与健全

曹 蓉

中共十八大报告中首次作出了"社会主义协商民主是我国人民民主的重要形式"的论断,指出"协商民主是我国社会主义民主政治的特有形式和独特优势"[1],并把大力发展协商民主,作为坚持中国特色政治发展道路的一个重要方面。十八届三中全会进一步提出要"完善协商民主制度和工作机制,推进协商民主广泛、多层、制度化发展"[2]。中国共产党领导的多党合作和政治协商制度是我国的一项基本政治制度,也是我国的政党制度。在这项制度中,政党协商占有举足轻重的地位和作用。政党协商的发展与健全,直接关系到基本政治制度功能的实现,关系到社会主义协商民主制度的发展与健全。本文着重探讨政治协商两种基本方式的互补互动对政党协商的发展与健全,尤其是中共十八大强调健全社会主义协商民主制度以来,"双周协商座谈会"、"党外人士专题调研座谈会"对政党协商的发展与健全。

---

[1] 胡锦涛:《坚定不移沿着中国特色社会主义道路前进 为全面建成小康社会而奋斗——在中国共产党第十八次全国代表大会上的报告》,载《人民日报》,2012 年 11 月 18 日。

[2] 《中共中央关于全面深化改革若干重大问题的决定》,载《中国经济网》,2013 年 11 月 18 日。

一、政治协商两种基本方式的互补互动是对政党协商的发展与健全

政治协商是中国共产党领导的多党合作和政治协商制度的重要组成部分，是实行科学民主决策的重要环节，是中国共产党提高执政能力的重要途径。而协商的方式是实现政治协商、实现这项制度功能的必要载体。

（一）政治协商的两种基本方式

2005年2月18日正式颁发的《中共中央关于进一步加强中国共产党领导的多党合作和政治协商制度建设的意见》（以下简称"2005年《意见》"），不仅进一步明确了政治协商的原则、内容、形式和程序，还特别指出了政治协商的两种基本方式是"中国共产党同各民主党派的政治协商"（以下简称"方式一"）和"中国共产党在人民政协同各民主党派和各界代表人士的协商"（以下简称"方式二"）。1989年中共中央颁布的《关于坚持和完善中国共产党领导的多党合作和政治协商制度的意见》（以下简称"1989年《意见》"），就对政治协商的具体形式和基本内容作出了规定。但其涉及政治协商的基本方式时，是将方式一放在第一部分"加强中国共产党和各民主党派之间的合作与协商"中作直接表述的；而方式二则是放在"进一步发挥民主党派在人民政协中的作用"这一部分中来间接表述的。2005年《意见》将方式一和方式二合并放在同一部分，既强调了其是两种基本方式，又强调表达了"进一步完善政治协商的内容、形式和程序"之意，是对政治协商形式和程序的完善，也是对我国这一基本政治制度的完善。

（二）两种基本方式的互补

2005年《意见》明确指出："中国共产党同各民主党派的政治协商，主要采取民主协商会、小范围谈心会、座谈会等形式。除会议协商外，民主党派中央可向中共中央提出书面建议"；"中国共产党在人民政协同各民主党派和各界代表人士的协商，主要采取政协全体会议、常务委员会会议、主席会议、常务委员专题座谈会、各专门委员会会议等形式。要按照《中国人民政治协商会议章程》的要求，推进人民政协政治协商的制度化、

规范化和程序化。"这就界定了实施两种方式的主要形式和参与主体。

从制度层面看,在两种协商方式中,都主要采取会议的形式进行协商;都由中共组织召开;且这些有关会议的参与者,都有中共各级领导人和各民主党派的领导人或代表人士参加。其不同之处是,方式一是党际之间的协商,是执政党与参政党之间的协商,其着重点是体现多党合作;方式二是执政党在政协这一组织机构中同各民主党派和各界代表人士的协商,体现的是更大范围内的协商,既是对方式一的有益补充,又从政协这一组织机构的协商中来着重体现"共产党领导的多党合作和政治协商制度"。

从实际操作层面看,方式一也并不仅仅是中共同各民主党派的党际协商。在各级党委召开的民主协商会、通报会、座谈会上,也往往邀请没有参加任何党派的各界代表人士参会,主要是统一战线(包括工商联、民族、宗教、三胞和无党派等)方面的各界代表人士,这也可以看作是两种方式互补的一个方面。

关于协商的程序,方式一"由中共中央根据年度工作重点,研究提出全年政治协商规划",协商议题的提出方较为单一;而方式二,按照政协章程工作总则的规定:"中国人民政治协商会议全国委员会和地方委员会可根据中国共产党、人民代表大会常务委员会、人民政府、民主党派、人民团体的提议,举行有各党派、团体的负责人和各族各界人士的代表参加的会议,进行协商,亦可建议上列单位将有关重要问题提交协商。"可见其协商议题的提出方是多方面的。

两种方式互补的意义还在于扩大各界人士有序的政治参与,拓宽社会利益表达渠道,促进利益表达的规范化和制度化。

(三) 两种基本方式的互动

2005 年《意见》明确提出"要保证民主党派成员和无党派人士等在各级政协中占有较大比例",强调"要充分发挥民主党派和无党派人士在人民政协的作用"。同时要求各级"党委和政府要积极支持民主党派和无党派人士就全局性和战略性问题进行有组织的考察调研,也可委托民主党派就有关问题进行考察调研。对调研成果要认真研究并反馈情况。"这些政策规定，力度大、措施实，针对性、操作性强，为两种方式的互动提供了组织上的保障。

从制度层面看，在方式一中，各民主党派的参会人员，既可以发表自己的个人意见，也可以代表自己的组织发表意见。在方式二中，即在人民政协中，各民主党派以政党为参加单位，可以党派名义开展活动，可以党派名义发表意见和主张，可以党派名义开展调查研究，可以党派名义提出提案。可见党派在人民政协中具有独特的地位，是人民政协构成并开展自身活动的重要依托，主要是以组织的名义开展活动。在方式一中，"除会议协商外，民主党派中央可向中共中央提出书面建议"，这与方式二中"民主党派可以以本党派名义在政协大会上发表意见和主张，可以提出代表本党派组织的提案"，也是相辅相成的。

人民政协是以众多界别为基础汇集起来的民主渠道，从组织上为两种政治协商方式的互补互动提供了必要的平台。从实践层面看，两种方式的互动早已存在。比如民主党派发挥政治协商、参政议政作用的模式，主要是"党委出题—党派调研—部门落实"的做法，辅以"政府出题（包括有关部门出题）—党派调研—各部门协调落实"的做法，加上各党派"自主开展调查研究"等活动。这些活动也往往与政协组织开展的视察、考察、专题调研相结合。而在政协组织开展的重大项目调研、专题调研、重要提案办理等活动中，民主党派也往往将其作为本党派政治协商、参政议政的重要工作，组织专门力量集中攻关。

（四）互补和互动的关键点

2005年《意见》贯穿了加强和改善中国共产党的领导与发扬社会主义民主两条主线，突出了充分发挥民主党派、无党派人士的作用和加强参政党建设两个方面。体现了对政党协商的发展与健全。笔者认为正是这两条主线、两个方面，既为两种方式的互补互动创造了条件，同时也构成了两种基本方式互补互动的关键点：

一是以宪法为根本活动准则。2005年《意见》在阐述中国共产党和各民主党派在多党合作和政治协商的政治准则时，特别强调"中国共产党和各民主党派都必须以宪法为根本活动准则，负有维护宪法尊严、保证宪法实施的职责"。不仅反映了中国共产党依法执政的理念，体现了依法治国的根本要求，而且也对政协章程的有关规定作出了呼应。政协章程不仅在总纲中规定了政协的一切活动以宪法为根本的准则，还强调了政协委员由于其代表性和社会影响，理应带头遵守宪法和法律。所以政治协商的两种基本方式都要以宪法为根本准则。

二是加强和改善执政党的领导。2005年《意见》对加强和改善中国共产党对多党合作和政治协商的领导，不仅明确了领导原则，还对改进领导方法提出了明确要求。作为执政党，尤为重要的是要充分发扬社会主义民主，尊重民主党派的法律地位和政治地位，支持民主党派独立自主地处理其内部事务，这是能否促进互动的关键。

三是加强参政党的建设。各民主党派作为参政党，在我国的政治和社会生活中有着独特的不可替代的作用。充分发挥参政党作用，关键取决于执政党的大力支持。有效整合各种政治资源，是执政党执政能力的重要体现。要从科学执政、民主执政、依法执政着眼，拓宽民主党派和无党派人士参政议政的渠道和空间。发挥参政党作用，要求各民主党派按照各自章程规定的目标和原则全面加强自身建设，不断提高参政议政能力和水平。

二、双周协商座谈会对政党协商的发展与健全

（一）双周座谈会的创设

我国协商民主中政党协商的最初形式是建国初期实行的"双周座谈会"。在1954年全国人民代表大会诞生前，中国人民政治协商会议代行国家最高权力机关的职权。当时的双周座谈会，是中国共产党与各民主党派领袖共商国是、共同建设国家的一种很好的形式。1950年4月，各民主党派、无党派民主人士联合发起召开双周座谈会，参加人民政协的中国共产党、各民主党派、各人民团体推举的代表及全国政协常委为主体参会。参加会议的人员还有：中央人民政府的主要领导、政务院（国务院）的领导、各部委的领导、高检高法院的领导以及政协和各民主党派的领导。从1950年4月20日召开第一次会议，到1966年7月"文化大革命"时停止活动，共举行了114次。

双周座谈会发起时,仅为时事政治座谈会。座谈会每两周举行一次,故名。1955年4月15日,政协第二届全国委员会常务委员会第五次会议决定,双周座谈会改为不定期举行,由秘书长根据情况召集。但是到1957年"反右运动"开始,"双周座谈会"受到了影响。之后,"双周座谈会"改称各民主党派、无党派民主人士座谈会,人民团体不再派代表参加。1959年底至1960年,民主党派开始采用一种民主的、和风细雨的"神仙会"方式,引导大家自由交谈、讨论,使与会者明辨是非、提高认识;同时,对党和国家的方针政策以及各项工作提出批评建议,促进各项事业的发展。1966年7月,"文化大革命"开始后,"双周座谈会"由此中断[①]。与此同时,"双周座谈会"也在其他民主党派内部流行。而在民主党派内部,"双周座谈会"的内容则主要是学习。"文革"结束后,"双周座谈会"在全国政协没有恢复,但在一些地方民主党派内部逐渐得以恢复。

2005年5号《意见》颁发,明确了民主协商会、小范围谈心会、座谈会等具体形式,加快了多党合作的制度化建设步伐。不少地方党委健全了协商会制度,比如四川省则规范为"双月座谈会"制度,中共四川省委定期就本省经济、政治、文化、社会建设等重大问题召开或委托省委统战部召开由民主党派、无党派人士代表、统一战线各界代表人士参加的具有政治协商性质的"双月座谈会"。

中共十八大第一次在党的全会报告中提出"健全社会主义协商民主制度",十八届三中全会进一步提出要"完善协商民主制度和工作机制,推进协商民主广泛、多层、制度化发展"。尤其是十八届三中全会决定单辟一章"加强社会主义民主制度建设",对此提出了更为具体的要求。《决定》提出,要"重点推进政治协商、民主监督、参政议政制度化、规范化、程序化",强调"各级党委和政府、政协制定并组织实施协商年度工作计划,就一些重要决策听取政协意见……增加协商密度,提高协商成

[①] 叶俊:《"双周座谈会"再启幕》,载《民主与法制时报》,2013年11月19日。

效"①。由此,"双周座谈会"的恢复、继承与创新提上了日程。

(二) 双周协商座谈会对政党协商的发展与健全

2013年9月18日,全国政协第六次主席会议审议通过了《双周协商座谈会工作办法(试行)》。10月22日,全国政协第一次"双周协商座谈会"在全国政协礼堂召开,俞正声在会上指出,"双周座谈会是人民政协的优良传统,要总结好、利用好其中的宝贵经验",而"双周协商座谈会是对双周座谈会的继承和创新"。

双周协商座谈会这一新的协商形式特色相当突出。在会议的议题选择上,坚持以重点题目作专门文章,坚持研究党和国家的重大关键性课题,研究涉及人民群众根本利益的战略课题,每次会议所提建议突出务实性、可行性、前瞻性。至2014年4月中旬,双周协商座谈会已经举办了9次,内容涉及宏观经济形势、建筑产业化、维护职工群众切身利益、深化科技体制改革、加强汽车尾气治理、核电和清洁能源发展、安全生产法修正、发展全民健身事业、推进海外华文教育发展等。2014年全年双周协商座谈会计划经主席办公会议审议后报中共中央批准,进一步推动专题协商的规范和有序,进一步发挥了"人民政协协商民主重要渠道"的作用②。

"双周协商座谈会"的创新和发展主要体现在以下四个方面:第一,制度化建设开路,为协商座谈的如期运行提供保障。"政协全国委员会双周协商座谈会工作办法(试行)"的制定与发布,表明这一形式的制度化与日常化。第二,建言献策者与最高决策者直接对话,以推动协商成果的转化。第三,程序化建设较真,以顶层设计来保证协商座谈的规格和权威。"双周协商座谈会"的规格和程序设计了四个环节:①议题及安排提前报请中共中央批准,②中央政治局常委、全国政协主席主持会议,③相关部委与职能部门必须参会讨论,④最终会议记录递交决策部门。第四,

---

① 《中共中央关于全面深化改革若干重大问题的决定》,载《中国经济网》,2013年11月18日。

② 姚俭建:《政协专题协商方式的探索与启示》,载《人民政协报》,2014年4月23日,第4版。

推陈出新，既是在历史传统基础上有所创新，又是中共推进"协商民主"的重要尝试。"双周协商座谈会"新机制的建立，是中共加强协商民主、健全民主制度、丰富民主形式、贯彻落实政治体制改革的重要举措，既是对双周座谈会的继承和创新，更是对政党协商的发展与健全。

三、专题调研座谈会对政党协商的发展与健全

（一）专题调研座谈会的创设

2013年10月重启创新的全国政协双周协商座谈会，进一步丰富了人民政协协商民主的形式及渠道，而2014年5月召开的党外人士专题调研座谈会，则是增加协商频度、提高协商成效、发展和完善政党协商的又一重大举措。

围绕经济社会发展中的重大问题开展专题调研，是各民主党派中央、全国工商联和无党派人士协商议政的重要方式。2014年5月9日，中共中央统战部召开党外人士专题调研座谈会，邀请民革中央、民盟中央、民建中央、九三学社中央交流专题调研情况。党外人士齐续春、陈晓光、马培华、邵鸿等参加了座谈会。俞正声指出，开展专题调研，是党外人士参政议政的重要途径，也是推进政党协商的重要方法，要形成制度，坚持下去。他强调，专题调研切口要小、视野要宽、对策要实，为中共中央决策提供参考。他要求，各相关部门要注意搭建知情平台，定期通报情况、解读政策、回应问题，帮助党外人士提高选题的针对性和调研的实效性。

（二）专题调研座谈会对政党协商的发展与健全

专题调研座谈会较以往的协商座谈会有所发展和创新，主要体现在以下五个方面：第一，会议规格高，体现政党协商的权威性。会议由中共中央统战部召开，党政部门由全国政协副主席、中央统战部部长令计划，最高人民法院、最高人民检察院、国家发改委、教育部、科技部、工业和信息化部、人力资源和社会保障部、国家统计局有关负责人参加座谈会；党外人士的代表主要是参与各相关专题调研的民主党派中央的主席或副主席；会议的主持人是中共中央政治局常委、全国政协主席俞正声。第二，选题针对性强，体现政党协商的实效性。议题都是当前经济社会发展的重

大问题和涉及人民群众切身利益的实际问题；都是结合民主党派各自的特点和优势组织开展的专题调研；参加座谈会的党外人士都是相关领域的民主党派的专家。既有中央高层领导，又有政府相关部门的负责人，以及相关领域的民主党派的专家，且在座谈时直接互动交流。第三，调研建言从"文对文"到"面对面"，体现政党协商的互动性。专题调研是民主党派参政议政的重要途径。从确定选题到开展实地调研最终形成调研报告，之前主要以调研报告的形式呈报中央高层及有关部门，可谓是"文对文"。而首次召开的党外人士专题调研座谈会，则从"文对文"提升到了"面对面"的层面。座谈会上，开展专题调研的民主党派中央不再唱"独角戏"，他们可以现场与国家相关部门负责人开展互动和交流。这是丰富协商民主形式、增强协商实效的务实之举①。第四，强调搭建知情平台，完善协商平台，体现政党协商的制度化。第五，注重发挥民主党派的组织化作用，体现政党协商（党际协商）的本质。

中共十八届三中全会提出：要"完善中国共产党同各民主党派的政治协商，认真听取各民主党派和无党派人士意见。中共中央根据年度工作重点提出规划，采取协商会、谈心会、座谈会等进行协商"。并且特别提出要"完善民主党派中央直接向中共中央提出建议制度"②。旨在进一步加强政党协商。为推进协商民主广泛多层制度化发展，中国各参政党作出了积极的回应与探索。例如民革十二届三次中常会（于2014年5月）提出并建立了"中央与地方组织相结合、集中与分散相结合、专家与群众相结合"的参政议政工作机制③，以便更好地发挥参政党的组织化作用，以适应新形势对参政党的新要求。

正如习近平指出，"社会主义协商民主在我国有根、有源、有生命力，是中国共产党人和中国人民的伟大创造，是中国社会主义民主政治的特有

---

① 《中央统战部召开党外人士专题调研座谈会》，载《团结报》，2014年5月13日，第1版。
② 《中共中央关于全面深化改革若干重大问题的决定》，载《中国经济网》，2013年11月18日。
③ 刘芳：《民革中央参政议政工作新机制初见成效》，载《团结报》，2014年5月27日，第1版。

形式和独特优势，是党的群众路线在政治领域的重要体现。对这个基本定性，我们要深刻理解，进一步凝聚共识，更好推进这项制度建设。我们坚持有事多商量，遇事多商量，做事多商量，商量得越多越深入越好，就是要通过商量出办法、出共识、出感情、出团结。加强社会主义协商民主建设的目标是构建程序合理、环节完整的协商民主体系，为我国社会主义民主政治注入新的活力。加强协商民主建设，要坚持党的领导、人民当家做主、依法治国有机统一，坚定不移走中国特色社会主义政治发展道路，有组织、有重点、分层次积极稳妥推进各方面协商"①。"协商民主是中国社会主义民主政治中独特的、独有的、独到的民主形式，它源自中华民族长期形成的天下为公、兼容并蓄、求同存异等优秀政治文化，源自近代以后中国政治发展的现实进程，源自中国共产党领导人民进行革命、建设、改革的长期实践，源自新中国成立后各党派、各团体、各民族、各阶层、各界人士在政治制度上共同实现的伟大创造，源自改革开放以来中国在政治体制上的不断创新，具有深厚的文化基础、理论基础、实践基础、制度基础"②。政党协商的发展与健全，就是其生动的体现。

协商民主深深嵌入了中国社会主义民主政治全过程。并将中国社会主义协商民主的独特优势集中体现在五个方面：在中国共产党统一领导下，通过多种形式的协商，广泛听取意见和建议，广泛接受批评和监督，①可以广泛达成决策和工作的最大共识，有效克服党派和利益集团为自己的利益相互竞争，甚至相互倾轧的弊端；②可以广泛畅通各种利益要求和诉求进入决策程序的渠道，有效克服不同政治力量为了维护和争取自己的利益固执己见、排斥异己的弊端；③可以广泛形成发现和改正失误、错误的机制，有效克服决策中情况不明、自以为是的弊端；④可以广泛形成人民群众参与各层次管理和治理的机制，有效克服人民群众在国家政治生活和社

---

① 《2014年10月27日习近平在主持召开中央全面深化改革领导小组第六次会议并发表重要讲话》，载《人民政协报》，2014年10月28日，第1版。

② 习近平：《在庆祝人民政协成立65周年大会上的讲话》，载《人民日报》，2014年9月22日。

会治理中无法表达、难以参与的弊端；⑤可以广泛凝聚全社会推进改革发展的智慧和力量，有效克服各项政策和工作共识不高、无以落实的弊端①。这"五个可以"和"五个有效克服"，就是中国社会主义协商民主的独特优势所在。

"协商政治认为，中国政治发展的现实条件、承担的历史责任和基本政治理念共同决定了在中国民主政治发展的程序选择必须以协商为价值偏好。所以，如何借助统一战线所提供的现成的政治资源、社会资源和制度资源在中国发展协商政治，应该成为中国民主政治建设的重要任务与目标。"其"基本原则包括以下九个方面，即以共产党为核心主体、以宪法为最高权威、以制度为基本平台、以共存为基本前提、以合作为基本价值、以发展为共同目标、以参与为基本动力、以监督为基本保证、以协商为基本手段"。"对于我国的民主政治建设而言，在进一步推进竞争性民主的基础上，大力推进协商民主是中国民主政治发展的明智的战略选择，发展社会主义民主政治，建设社会主义政治文明，要善于运用协商民主这一民主形式。当代中国的民主发展，既要尊重自身历史、文化和传统，又要以开放的心态、开阔的视野，学习和借鉴世界先进政治文明成果；既注重民主制度、民主机制和程序的设计，又要关注民主价值、民主意识、民主精神的养成；既要明确民主的实践需要条件，又要知道民主是一个实践过程，民主是在实践中创造条件的过程"②。民主政治的发展，不仅需要一定的经济基础，还需要政治主体的民主意识、民主素质的发展和政治文化的构建。在这个过程中，至关重要的是政党协商的发展与健全。

（曹蓉，四川省社会主义学院原巡视员、教授）

---

① 习近平:《在庆祝人民政协成立65周年大会上的讲话》，载《人民日报》，2014年9月22日。

② 陈家刚:《协商政治与协商民主的内在关系》，载《中国政协新闻网》，2012年10月17日。

国家治理与人民政协工作研究

向友国　田春刚

党的十八届三中全会把"完善和发展中国特色社会主义制度,推进国家治理体系和治理能力现代化"确立为全面深化改革的总目标。"人民政协是国家治理体系的重要组成部分"[1],是国家治理的重要依托和架构之一,随着国家治理需要而产生、发展,在国家治理中有着不可替代的重要作用,"要适应全面深化改革的要求,以改革思维、创新理念、务实举措大力推进履职能力建设,努力在推进国家治理体系和治理能力现代化中发挥更大作用。"[2]

一、人民政协是根据我国国家治理的需要而产生、发展

在国家治理从传统型国家治理向现代型国家治理的转化中,人民政协根据国家治理需要,不断调整在国家治理中的角色,有力推动了我国的建国、建设、改革,有力促进了国家治理从初级形态向更高级形态发展。

(一)为建国使命而产生

新中国成立前夕,中国共产党审时度势发出"五一"口号,号召"迅

---

[1] 习近平:《在庆祝中国人民政治协商会议成立65周年大会上的讲话》,载《人民日报》,2014年9月22日,第2版。

[2] 习近平:《在庆祝中国人民政治协商会议成立65周年大会上的讲话》,载《人民日报》,2014年9月22日,第2版。

速召开政治协商会议,讨论并实现召集人民代表大会,成立民主联合政府"①,立即得到了各民主党派、各人民团体和各族各界人士的热烈响应。中共与各方代表人士达成共识,由新政协②承担建国使命。1949年9月21日至30日,中国人民政治协商会议第一届全体会议在北平召开,标志着中国共产党领导的多党合作和政治协商制度的正式确立。新政协制定的《共同纲领》,作为一部"临时宪法",确定了中华人民共和国的性质任务及各方面的总方针、政策和原则,在政治上宣布中华人民共和国是以工人阶级为领导的,以工农联盟为基础的,团结各民主阶级和国内各民族的人民民主专政的国家。这为新中国的诞生提供了正当性与合法性的基础。"人民政协为新中国的建立作出了重大贡献。"③

(二)为革命建设而发展

1949年到1954年间,"一切大政方针,都先要经过全国委员会协议,然后建议政府施行"④,政协参与了抗美援朝、土地改革、镇压反革命、"三反五反"等很多重要决策。1954年,第一届全国人民代表大会召开后,作为代行全国人大职权的第一届人民政协圆满完成历史使命。毛泽东明确提出:"有了人大,并不妨碍我们成立政协进行政治协商。""人大的代表性当然很大,但它不能包括所有的方面,所以政协仍有存在的必要。"政协作为统一战线组织、多党合作和政治协商重要机构、发扬社会主义民主重要形式的功能定位,为政协履职指明了方向。1954年到1966年,人民政协按照这些功能定位和履职任务,积极参与国是协商,在推动各种社会力量为实现党和国家总任务而奋斗、活跃国家政治生活、调整统一战线内

---

① 政协全国委员会办公厅、中共中央文献研究室:《人民政协重要文献选编》(上),中国文史出版社、中央文献出版社2009年版,第1页。

② 为区别1946年1月召开的"旧政协",遂把1949年召开的政治协商会议简称为"新政协"。后又把"新政协"改为"中国人民政治协商会议"。

③ 习近平:《在庆祝中国人民政治协商会议成立65周年大会上的讲话》,载《人民日报》,2014年9月22日,第2版。

④ 政协全国委员会办公厅、中共中央文献研究室:《人民政协重要文献选编》(上),中国文史出版社、中央文献出版社2009年版,第36页。

部关系方面发挥了重要作用。

（三）为改革发展而重生

"文革"时期，人民政协工作一度停滞。新时期，邓小平在推进人民政协的政治建设、思想建设、组织建设的历程中，做了大量奠基性的工作，使这一时期的人民政协呈现出"奠基性重建"的特征。邓小平创造性地提出了一系列关于人民政协的重要思想和观点，奠定政协的宪法基础，人民政协的性质、作用被庄严载入宪法；奠定现行政协章程的基础，亲自主持修订《中国人民政治协商会议章程》，对人民政协的性质、任务、职能以及工作总则、组织总则等基本问题作出明确规定，为新时期人民政协事业的发展确立了科学制度规范。此后，在历届党中央的有力领导下，人民政协适应时代发展要求不断完善，其性质更加明晰、定位更加准确、覆盖更加广泛、职能更加规范、制度更加健全、作用更加凸显。

二、人民政协是我国国家治理的重要组成，在推进国家治理现代化进程中发挥着重要作用

我们认为，国家治理是一个系统，至少包含以下要素：国家治理理念、国家治理目标、国家治理过程、国家治理体系、国家治理能力。人民政协作为国家政治制度的重要组成部分，既是国家治理体系的重要构成，又是提升国家治理能力的重要依托。

（一）有力彰显国家治理理念

国家治理理念是国家治理的价值取向，指导国家治理整体设计，贯穿于国家治理目标、过程、体系、能力之中。在我国，国家治理理念的核心是以人为本、执政为民，具体体现在社会主义核心价值观上。"推进国家治理体系和治理能力现代化，要大力培育和弘扬社会主义核心价值体系和核心价值观"①。人民政协以其独特的性质、地位、作用、优势等，有力彰显了人民性、共治、公正等现代国家治理理念。

---

① 《习近平在省部级主要领导干部学习贯彻十八届三中全会精神全面深化改革专题研讨班开班式上发表重要讲话》，载《人民日报》，2014年2月18日，第1版。

1. 人民性。人民政协作为国家治理体系的重要组成部分，来自人民、代表人民、服务人民，深刻体现着"人本"治理理念。首先，人民政协包容多样，彰显着广泛的人民性。由界别组成是政协的显著特色，其打破了区域界限，将党派、团体、职业、民族、宗教等社会几乎所有人群都纳入了参与民主的范围。政协组织和政协委员的一切政治权利来自人民，体现了权力来源的人民性、合法性和正当性。其次，人民政协依托实在，彰显着真实的人民性。人民政协经过60多年的发展，其组织、制度、渠道、职能、性质等逐步健全，确保民主参与的真实性。再次，人民政协优势突出，彰显着有效的人民性。人民政协人才荟萃，通道畅达，履职为民，认真开展政治协商、民主监督、参政议政，对党委、政府的决策的制定和执行，对国家机关和工作人员具有较大现实影响力。最后，人民政协协商有力，彰显着独特的人民性。

2. 共治。在我国，这种"协同治理"的共治，本质是党领导人民有效治理国家。人民政协是中国共产党领导的大团结大联合的组织，其基本属性、组织构成、主要职能与公民有序政治参与有着密切关联，拥有组织、表达、制度优势，是促进共治的重要渠道和平台。一是为共治架起了规范参与平台。人民政协不断适应经济社会的发展和阶层结构的变化，吸纳新的社会阶层代表人士，使社会各种利益群体都拥有通过政协参与政治生活的机会，有效避免了各种非制度化参与所引起的社会失序。二是为共治畅通了平等协商渠道。人民政协坚持求同存异，为各种意见交流、交锋、交融提供平台，尊重和包容各界人士在信仰、利益和观念等方面的差异，在共同政治基础上发表意见、寻求共识，从而更大范围和更深层次反映公民意愿和诉求。三是为共治提供了健全制度保障。在制度设计上，政协的有关规定宪法上有表述，有专门的章程、意见，有政治协商、民主监督、参政议政等配套性制度等，为扩大公民有序政治参与提供了制度保障。

3. 公正。党的十八大报告强调公平正义是中国特色社会主义的内在要求。政协为促进国家治理的公正性提供了一条渠道。首先，机会公正。政协34个界别，既包含了旧的社会阶层，也吸纳了新的社会阶层。各界别委员比例根据界别群众数量进行了规定,具有科学合理的代表性。其次,权利公正。在政协,委员的权利是平等的,界别的权利是一样的,都可以以调研视察报告、提案、社情民意信息、大会发言、座谈发言等方式向党委、政府反映本界别群众诉求。再次,程序公正。人民政协在协商主题、内容、过程、方式、结果等方面有着科学遵循,对全体会议、常委会议、主席会议等常规会议有着制度性安排,对政治协商、民主监督、参政议政的形式、效力等有明确规定,基本形成了相对规范的履职程序,确保了各界参与民主讨论的合规定性。最后,结果公正。政协为各界别群众有效表达利益诉求,提供了正规、畅通、有效的渠道,既尊重多数人的意见,也照顾少数人的想法,具有最大的结果公正性。

(二) 积极参与国家治理过程

国家治理过程,最核心的有决策、执行和监督这三个重要环节。"必须构建决策科学、执行坚决、监督有力的权力运行体系"。[①] 政协自诞生之日起就深度参与国家治理,并且随着国家治理的需要与时俱进,其职能、性质、制度等逐步完善,参与国家治理过程更加深入、更加全面。

1. 在决策层面,政协拥有政治协商的权利。党的十八届三中全会提出要"把政治协商纳入决策程序,坚持协商于决策之前和决策之中,增强民主协商实效性"。其言下之意,就是不论党委、人大、政府甚至政协本身,就经济社会发展重大问题和涉及群众切身利益的实际问题,在作出任何"决策之前和决策之中",必须坚持在各个层级上,"把人民政协政治协商作为重要环节纳入决策程序"[②],通过专题协商、对口协商、界别协商、提案办理协商等形式开展协商。通过协商形成的意见被吸收到党和国家决策、立法的过程,成为制定政策和法律以及做出重大决定的基础。

[①]《中共中央关于全面深化改革若干重大问题的决定》,人民出版社2013年版,第35页。
[②] 习近平:《在庆祝中国人民政治协商会议成立65周年大会上的讲话》,载《人民日报》,2014年9月22日,第2版。

2. 在执行层面，政协拥有参政议政的权利。政协对执行有着较大影响力。政协章程规定"参政议政是对政治、经济、文化和社会生活中的重要问题以及人民群众普遍关心的问题，开展调查研究，反映社情民意，进行协商讨论"。政协至少有两种方式影响执行。一方面是参政，直接参与执行。政协委员尤其是特邀委员、党派委员中不少是政府有关部门负责人，是参与执行的主体，对执行负有直接责任。另一方面是议政，间接参与执行。党委可以"委托政协开展重大课题调研，邀请政协委员参与重大项目研究论证"[1] 等；政协委员可以对执行的情况进行跟踪，查找问题，进行分析，找准原因，促进执行的刚性和有效性。这样"参政"与"议政"相结合的方式，体现了政协"亦官亦民"、"非官非民"的双重特性，既具有"官"的一面，参与执行，又具有"民"的一面，位置超脱，形成了政协对执行的双重影响力，为决策的执行构筑起双层保护网。

3. 在监督层面，政协拥有民主监督的权利。中共中央《关于进一步加强人民政协工作的意见》（以下简称中央 5 号文件）明确了政协民主监督的性质、内容、形式，提出了民主监督的五种主要方式，即政协全体会议、常委会议、主席会议向党委和政府提出建议案；各专门委员会提出建议或有关报告；委员视察、委员提案、委员举报、大会发言、反映社情民意或以其他形式提出批评和建议；参加党委和政府有关部门组织的调查和检查活动；政协委员应邀担任司法机关和政府部门特约监督人员等。习近平总书记也强调，"要加强人民政协民主监督，完善民主监督的组织领导、权益保障、知情反馈、沟通协调机制"[2]。可见，政协民主监督，具有监督主体确定性、形式多样性、内容全面性、制度保障性，对于国家治理意图的实现、有关政策的实施、有关权力的制约都有很大作用。

---

[1] 习近平：《在庆祝中国人民政治协商会议成立 65 周年大会上的讲话》，载《人民日报》，2014 年 9 月 22 日，第 2 版。

[2] 习近平：《在庆祝中国人民政治协商会议成立 65 周年大会上的讲话》，载《人民日报》，2014 年 9 月 22 日，第 2 版。

(三) 促进实现国家治理目标

国家治理的目标就是善治,善治就是公共利益最大化。① 改革开放以来在国家治理体系和治理能力上积累了丰富经验、取得了重大成果。我国政治稳定、经济发展、社会和谐、民族团结的国家治理现状,与人民政协充分发挥优势、积极有效参与密不可分。

1. 促进经济平稳健康发展。人民政协把围绕中心、服务大局作为履职的重要原则,自觉服从和服务于党和国家工作大局,把促进经济发展作为履职的首要任务,发挥智力密集优势,依托专家、学者、企业家等优秀人力资源,对促进经济发展进行深层思考,提出合理的意见和建议,为决策机关提供参考,有力推动了各地的经济社会发展。

2. 促进权力运行和制约。政协作为四大班子之一,参与党委的决策、人大的表决、政府的执行,"集协商、监督、参与、合作于一体,实现了人民知情权、参与权、表达权、监督权的有机结合"②,形成对权力运行的有效制约。

3. 促进法律秩序的建立。依法治国是治理国家的基本方略。人民政协促进法律秩序建立表现在两方面。一方面,是促进硬法之治。改革开放以来,政协通过立法协商,对有关法律法规制定具有协商建议权,对法律实施具有监督权,促进了法律体系完善和执行。另一方面,是促进软法之治。人民政协以宪法为根本依据,以中央5号文件与政协章程为基本框架,以配套性文件为支撑。这些基本属于软法范畴,其实施在很大程度上依赖于政治文化、思想认识等"软力量"。

4. 促进民生改善。人民政协通过"以民主促民生",把提案、反映社情民意、大会发言、座谈交流等履职活动作为了解民生、促进民生、改善民生的重要途径,多渠道、多领域、多形式,积极收集反映民意。通过开

---

① 俞可平:《推进国家治理体系和治理能力现代化》,载《理论参考》,2014年第2期,第5页。

② 俞正声:《在政协第十二届全国委员会第一次会议闭幕会上的讲话》,载《人民政协报》,2013年3月13日,第1版。

展政协常规协商会议、调研视察等经常性活动，积极履行职能。

5. 促进社会和谐稳定。人民政协具有团结面大、联系面广的优势，把团结各界、维护稳定、协调关系、化解矛盾作为政协工作的重要着力点，最大限度地团结各界、调动各界，把朋友搞得多多的；最大限度地了解民情、反映民意，让群众的意见有畅通表达渠道；最大限度地理顺情绪、排忧解难，把影响社会稳定的因素发现在萌芽状态；最大限度地传达政策、解疑释惑，让党的政策能够被群众所了解，是社会稳定的有效防护网，努力维护了安定团结的政治局面，为改革发展稳定减少阻力、增加助力、形成合力。

（四）推动健全国家治理体系

国家治理体系就是规范社会权力运行和维护公共秩序的一系列制度和程序，是在党领导下管理国家的制度体系，包括经济、政治、文化、社会、生态文明和党的建设等各领域体制机制、法律法规安排，是一整套紧密相连、相互协调的国家制度。[①] 人民政协"是中国人民爱国统一战线的组织，是中国共产党领导的多党合作和政治协商的重要机构，是我国政治生活中发扬社会主义民主的重要形式"，与人大、政府互为补充、相辅相成，在我国政治生活中具有不可替代的作用。

1. 与人民代表大会这一根本制度形成互补。人大和政协，是两个不可或缺的中国特色社会主义民主平台。政协侧重于协商民主，人大侧重于选举民主，"政协民主"与"人大民主"虽然权源、功能、性质不同，但互相补充、共同发展。一是在覆盖面上互为补充。按照制度设计，政协委员主要按界别为单位产生，而人大代表主要按区域构成的选区或选举单位产生，形成了广泛的民主。二是在运作方式上互相补充。人大重视投票权的平等性，侧重于结果，尊重大多数人的意见；政协协商民主侧重于过程，讲究"求同存异"，照顾少数群体的利益关切，促进了更公正的民主。三是在履职效力上互相补充。人大是国家权力机关，在政权内立法、决策与

---

① 习近平：《切实把思想统一到党的十八届三中全会精神上来》，载《求是》，2014 年第 1 期，第 3 页。

监督政府，具有硬约束；政协是统一战线组织而非国家政权机构，在政权外开展政治协商、民主监督、参政议政，具有软约束，对民主形成了"内外"双向参与，对权力形成了"软硬"两种约束，构成了全方位的民主体系。

2. 是我国多党合作和政治协商这一基本政治制度的载体。人民政协作为其重要机构，是中国唯一有所有合法政党参加的，并以本党派名义在其中活动的组织。这种与生俱来的党派合作性，是政协不同于其他政治组织的显著特点，也是我国社会主义政党关系的生动体现。根据"长期共存、互相监督、肝胆相照、荣辱与共"的方针，各民主党派在人民政协中可以就国家大事和多党合作中的重大问题以本党名义提出提案、发表政见，同共产党进行互相监督；共产党也可以同民主党派进行政治协商，开展批评和自我批评，实现了党派的参政、议政、监督权利。通过人民政协平台，各民主党派对中国共产党政治权力形成一定的监督和制约，是中国特色党派制度的显著特色。

3. 是统一战线的重要组织依托。统一战线是我党治国理政的重要法宝、政治优势、长期方针。"统一战线组织"是人民政协的固有属性。人民政协继承了我党在革命时期建立的统一战线的精髓和传统，适应建设、改革任务变化，适时调整界别构成，逐步扩大团结面，由最初的工人阶级、农民阶级、小资产阶级、民族资产阶级以及爱国民主分子，发展为现在的"由全体社会主义劳动者、社会主义事业的建设者、拥护社会主义的爱国者和拥护祖国统一的爱国者组成的，包括香港特别行政区同胞、澳门特别行政区同胞、台湾同胞和海外侨胞在内的最广泛的爱国统一战线"①。

（五）促进提升国家治理能力

国家治理能力是运用国家制度管理社会各方面事务的能力，包括改革

---

① 政协全国委员会办公厅、中共中央文献研究室：《人民政协重要文献选编》（下），中国文史出版社、中央文献出版社2009年版，第692页。

发展稳定、内政外交国防、治党治国治军等各个方面。① 在我国，中国共产党是国家治理的首要和重要主体，人民政协作为中国共产党领导的一个重要政治组织，具有团结、资政、民意、监督的独特功能，对于提高党科学执政、民主执政、依法执政水平具有重大现实意义。

1. 政协具有团结功能，可以增强人民对党的执政认同。全国有3000多个政协组织、64万各级政协委员，"不是一根头发的事情，而是一把头发"。在团结协作、凝心聚力方面有着独特优势。政协站位比较客观公正，凝心聚力具有说服力；委员来自界别、联系群众，具有亲和力；精英荟萃、代表性强，具有号召力；平等协商、求同存异，具有吸引力。发挥好这些优势，通过政协组织和委员，对中国共产党取得的革命、建设、改革成就进行广泛宣传，可以有效增强社会各界对党执政地位的历史认同；对中国共产党的宗旨、纲领、政策等进行有效宣传，可以对党执政形成更大的思想认同；对各界群众的利益诉求进行有效表达和解决，可以增强社会各界对党执政的利益认同；对各界群众的多元观点和矛盾分析进行可有效整合，可以增强社会各界对党执政的政治认同。

2. 政协具有资政功能，可以促进提升党的科学执政能力。咨政是人民政协与生俱来的属性。咨政功能经过不断演变和进化，成为人民政协发挥作用的突出特征。中央5号文件指出"人民政协的政治协商是中国共产党领导的多党合作的重要体现，是党和国家实行科学民主决策的重要环节，是党提高执政能力的重要途径"。多年来，人民政协把专题调研、建言立论作为政协协商咨政的主要形式，发挥优势，对关系国计民生的重大方针、重大战略、重大政策，有组织、有计划地开展专题调研，通过全体会议、常委会议、主席会议、专题协商会以及提案、视察和专题调研报告等方式，提出了许多高质量、可操作的意见和建议，促进了党的科学执政能力的提升。

3. 政协具有民意功能，可以促进提升党的民主决策能力。民主政治运

---

① 习近平：《切实把思想统一到党的十八届三中全会精神上来》，载《求是》，2014年第1期，第3页。

作的过程实质上是民意表达、整合及实现的过程。人民政协作为我国唯一由众多界别组成的全国性政治组织，具有独特的民意功能。一是具有广泛代表性。从一定意义上讲，了解了各界别的意见就基本上了解了多数人的意见，掌握了各界别的情况就基本上掌握了整个社会的情况。二是独特性。通过政协委员，能够发现其他渠道不易发现的问题，能够听到其他途径不易听到的呼声。通过政协组织，可以把基层的情况直接地、畅通地反映给高层决策部门。三是客观性。政协位置超脱，可以比较准确地反映各种情况和问题，是党和国家决策不可缺少的信息源。这样，就提高了党决策掌握信息的全面性，为作出统筹兼顾的周全决策提供了重要参考，提高了民主决策参与水平和质量，赢得社会各界群众对决策的认可度和践行力。

4. 政协具有监督功能，可以促进提升党的依法执政能力。政协的民主监督功能作为社会主义监督体系的重要组成部分，具有鲜明特点。这种监督既是党派监督，也是人民监督。人民政协监督源于党派互相监督，后拓展为通过政协组织进行的对权力运行的监督。中央5号文件明确要求"各级党委和政府要认真倾听来自人民政协的批评和建议，自觉接受民主监督。"同时，探索建立了一系列规章制度，政协民主监督走上了制度化、规范化、程序化轨道。全国各地建立民主评议、特约监督员等制度。加强与舆论监督、司法监督、纪委监督等协调配合。"对国家宪法、法律和法规的实施，重大方针政策的贯彻执行，国家机关及其工作人员的工作"[①]开展了富有成效的监督，促进了党依法执政水平的提升。

三、顺应国家治理需要，大力推进政协履职能力现代化

政协作为国家治理的重要组成部分，其履职能力现代化是国家治理体系和治理能力现代化建设的重要组成部分和题中之意。政协必须顺应国家治理趋势和要求，贯穿现代化理念，健全现代化制度，构建现代化平台，

---

① 政协全国委员会办公厅、中共中央文献研究室：《人民政协重要文献选编》（下），中国文史出版社、中央文献出版社2009年版，第695页。

提升现代化素质。

（一）以现代化理念为价值引领

现代化理念是履职能力现代化的内在核心要素和"总开关"，指导着履职能力建设的整体设计，体现着履职价值取向，贯穿于履职目标、过程、体系、能力之中。履职能力落后往往源于理念的落后，先进常常在于理念的先进。履职能力现代化必须贯穿以下理念。

1. 人本理念。现代化的核心是"人性的解放"。履职能力现代化必须贯穿人本理念，扩大政协团结面，充分发挥委员的主体作用，深入界别群众和基层群众听取意见、反映诉求，拒绝冷漠和懈怠，努力实现和维护人民群众利益，切实做到人民政协为人民。

2. 开放理念。公开透明，是现代社会的基本价值取向和发展趋势。要坚持"开门办政协"，提高政协会议、履职活动开放度，允许各界群众直接参加或间接参与。要延伸政协组织、委员联系群众的平台和机构，扩大政协末端神经触角范围。

3. 共治理念。政协作为社会各界大团结大联合组织，体现着共治理念，是实现共治的重要渠道。履职能力现代化要切实发挥组织、表达、制度、渠道优势，扩大社会各界有序政治参与，为共治架起规范平台。

4. 公正理念。公正是社会主义和共产主义的首要价值之所在。履职能力现代化，就是要为社会各界人士提供平等参与、沟通、对话、诉求的平台，在机会、权利、程序、结果公正等方面努力，提高履职公正性，为促进国家治理公正性提供一条渠道。

（二）以现代化制度为长远保障

制度具有根本性、全局性、稳定性和长期性特点。现代化制度是履职能力现代化的保障和关键。俞正声主席认为，"通过制度实现规范化、程序化，这样才能使各项工作保持经常性和有效性，避免随意性和流于形式"[1]。这为政协制度化建设指明了方向。既要注重制度的制定、完善，努力做到"有制可依"；更要注重制度的执行、刚性，努力做到"有制必依"。

---

[1] 俞正声：《全国政协常委会工作报告》，载《人民政协报》，2014年3月13日，第2版。

1. 要注重制度完善。习近平总书记指出:"不管建立和完善什么制度,都要本着于法周延、于事简便的原则。"① 这给制度建设定了规矩。一是要体现分类性,做到守废改立"四措并举";二是要突出细致性,紧扣"三项职能";三是要注重配套性,做好制度内外"两个衔接";四是要兼顾全面性,做到硬法软法"两个并举"。

2. 要注重制度执行。习近平总书记强调的,"制定出一个好文件,只是万里长征走完了第一步,关键还在于落实文件"②。首先,要加强学习宣传培训。加深对政协有关制度的理解,增强推进政协工作的使命感,提高对制度贯彻落实的自觉性。其次,要"慎始而敬终"。加强制度执行力度,确保制度严格执行、刚性运行。最后,要强化责任追究。加强对制度落实的督查,把政协制度落实情况纳入党政干部考核体系,加大政协考评权重。对变相执行、不执行的,要严格按照有关规定,进行惩罚;对认真执行、落实到位的,要给予表扬,为制度执行创造良好条件。

(三) 以现代化平台为重要依托

履职能力现代化,平台是重要依托。必须顺应时代发展要求,推动履职平台的多样性、包容性、实效性、信息化。

1. 注重平台的多样性。要改进全体会议、常委会议、主席会议等,使规范性协商平台更好发挥作用。要探索和完善双周协商、每月协商、双月协商等新的协商平台。要探索界别协商、专题协商、对口协商、提案办理协商的融合,并更加灵活经常地开展。

2. 注重平台的包容性。平台宜宽不易窄。一方面,平台要有包容性的履职氛围。要用包容眼光来看待不同声音,不要"党同伐异"。要做好党委、政府有关部门与委员的真正协商,形成讲真话、求真理、致真知的氛围,避免"通报代替协商"等假协商。另一方面,平台要有包容性的主

---

① 习近平:《在党的群众路线教育实践活动工作会议上的讲话》,http://www.mofcom.gov.cn/article/zt_swbqzlx/lanmuone/201307/20130700218344.shtml(访问时间:2014 年 11 月 23 日)。

② 《习近平在省部级主要领导干部学习贯彻十八届三中全会精神全面深化改革专题研讨班开班式上发表重要讲话》,载《人民日报》,2014 年 2 月 18 日,第 1 版。

体参与。履职平台,要照顾到各个界别、委员、方面,平台统筹要实现主体全覆盖,单个平台设计要注意主体差异性。

3. 注重平台的信息化。信息化具有高效便捷性,是履职能力现代化的必然路径。平台构建要融入信息化技术、理念,在确保安全前提下,善于运用现代网络改进各种会议召开方式,改进委员提案、社情民意信息、调研等经常性工作方式,改进机关运转等自身建设方式。

4. 注重平台的实效性。平台要实实在在研究些问题,发挥委员、界别专长,积极为党委、政府提出真知灼见。要切切实实开展些对话,为委员提供更多了解情况、发表见解机会。要认认真真开展些活动,通过联谊、座谈、调研、视察、协商等,加强交流、求同存异。

(四) 以现代化素质为基础条件

现代化素质,是履职能力现代化的基础条件。政协委员是政协工作的主体,"委员强则政协强"。俞正声主席强调"要充分发挥委员主体作用",这是"固本培元"之举,是政协的一项基础工程和重中之重。要围绕充分发挥委员主体作用,在理顺关系、畅通渠道、加强服务管理上狠下功夫,切实提高"政治把握能力"、"调查研究能力"、"联系群众能力"、"合作共事能力"①。

1. 理顺"主角"、"配角"关系,突出委员主体地位。俞正声主席认为,要"充分发挥政协参加单位、专委会、界别、机关等联络服务委员的作用"②。可见,委员是履职的"主角",机关、专委会、界别等是"配角",最终目的是充分发挥委员主体作用。当下,要重点理清以下几个关系。首先,机关要理清管理层级,加强保障,为委员履职提供良好条件;改进服务,更加突出政务性服务;注重执行,增强决策指示落实力度。其次,专委会要处理好与委员的关系,在联系服务委员上注重经常性、细致性、均衡性,做好本职,放管结合,既要"放活",也要"管好",避免

---

① 习近平:《在庆祝中国人民政治协商会议成立65周年大会上的讲话》,载《人民日报》,2014年9月22日,第2版。

② 俞正声:《全国政协常委会工作报告》,载《人民政协报》,2014年3月13日,第2版。

"越位"和"缺位";要处理好与政协组织的关系,细致对接政协年度工作要点开展工作,进一步形成政协对接党委、政府,专委会对接政协开展工作的格局,避免脱节。最后,界别要处理好与委员的关系,增强对委员的整合力、组织力、影响力,改变部分委员履职"单打独斗"现象;要处理好与专委会、机关的关系,增强界别组织独立性、有效性、依托性,提升界别整体履职能力和效果。

2. 加强委员管理服务,提升履职能力水平。目前,一些委员履职能力不足,履职效果平淡。有的是"参会"委员,不发言、不提案;有的是"好好"委员,只歌功颂德,不批评建议;有的是"平平"委员,人云亦云、毫无见解。这与委员入口把关不严、培训不够科学、管理不够严格、履职实践较少等有关系。首先,要严把委员"入口关"。借鉴党政干部选拔任用工作条例好的做法,由党委牵头,组织部、统战部、政协、界别等参与,共同制定委员推选条例,对拟任委员人选综合考察和公示,尊重民意。其次,要严格委员"培训关"。突出及时性,形成委员定期培训制度。突出针对性,就如何撰写调研报告、提案等开展务实培训。突出实践性,问题指引,注重操作。突出规范性,通过平时积分和结业考试等方式,检验培训成果,对符合标准的颁发结业证。再次,要严格委员"实践关"。在政协健全委员联络机构,完善委员联络制度,增加履职频次,处理好委员本职工作、政协工作、界别工作关系,根据委员履职意愿、水平条件,合理安排履职实践。最后,要严格委员"考核关"。制定与政协功能相一致的考核指标,形成党委有关部门、政协、界别共同考核机制,突出界别群众权重,加强考核结果应用。

3. 畅通意见采纳通道,增进委员履职积极性。目前,一些委员参政热情呈逐年递减趋势。这与委员意见采纳机制不健全有关。客观来讲,大多数委员加入政协看重的不是权力,因为政协没有权力;而是权利,即政治诉求的有序表达、重视和解决权利。但现实中,由于渠道不畅通等原因,一些委员意见没有采纳、没有回音、没有解决,导致委员通过"立论"反映和解决界别诉求这一期望受到漠视,"自我实现"受到挫折,从而对政协产生失望感,甚至产生"政协无用论"、"委员摆设论",大大挫伤了委员履职积极性。必须认真规范委员与党委、政府相关单位的协商程序，开展实质性协商；必须明确协商共识效力，增强协商意见落实力度，加强对协商意见落实情况的跟踪考核，激发委员履职积极性。

（向友国，四川省政协研究室副主任；田春刚，四川省政协研究室理论处主任科员）

参考文献：

[1] 包心鉴：《协商民主制度化与国家治理现代化》，载《学习与实践》，2014年第3期。

[2]《邓小平文选》，人民出版社1994年版。

[3] 刘家义：《论国家治理与国家审计》，载《中国社会科学》，2012年第6期。

[4] 刘仁勇：《完善协商民主理论实践 推进国家治理体系建设》，载《中央社会主义学院学报》，2014年第1期。

[5]《马克思恩格斯文集》，人民出版社2009年版。

[6]《毛泽东选集》，人民出版社1991年版。

[7] 习近平：《切实把思想统一到党的十八届三中全会精神上来》，载《求是》，2014年第1期。

[8] 习近平：《在庆祝中国人民政治协商会议成立65周年大会上的讲话》，载《人民日报》，2014年9月22日。

[9] 叶小文、张峰：《从现代国家治理的高度认识协商民主》，载《中央社会主义学院学报》，2014年第1期。

[10] 俞可平：《全球治理引论》，载《马克思主义与现实》，2002年第1期。

[11] 俞正声：《全国政协常委会工作报告》，载《人民政协报》，2014年3月13日。

[12] 于雁：《论人民政协的人民性及其民意表达和整合功能》，载《理论研究》，2012年第1期。

［13］郑万通：《关于人民政协功能的思考》，载《理论研究》，2012年第1期。

［14］政协全国委员会办公厅、中共中央文献研究室：《人民政协重要文献选编》，中国文史出版社、中央文献出版社2009年版。

协商民主与基层实践

新常态下基层协商民主的实践与发展对策思考

李 羚

继党的十八大报告明确指出,"健全社会主义协商民主制度"是我国政治体制改革的重要任务。而"积极开展基层民主协商"则是这一重要任务的主要内容。2015年2月中共中央颁布《关于加强社会主义协商民主建设的意见》。《意见》明确了社会主义协商民主的本质属性和基本内涵,阐述了加强社会主义协商民主建设的重要意义、指导思想、基本原则和渠道程序,对新形势下开展政党协商、人大协商、政府协商、政协协商、人民团体协商、基层协商、社会组织协商等作出全面部署,是指导社会主义协商民主建设的纲领性文件。并且呈现出协商民主的发展趋势和良好态势。各个地方探索的"民主恳谈会"、"民主议事会"、"民主理财日"、"民主议政日"、"社区事物民主听证会"、"村民民主评议会"等乡村和社区治理形式,也都不同程度地体现了协商民主的精神和内核。通过采用协商民主的方式,在制定政策的时候充分动员广大人民的参与,切实考虑其政策需求和偏好的公共性,可以有效避免政策严重脱离实际,使得制定的政策符合当地当时的情况,有助于政策顺利有效的执行。随着基层协商民主的实践,一个迫切要解决的问题就是在新常态下政协组织何以使现代民主增加协商成分?一句话,就是如何积极探索健全协商民主机制,推进基层协商民主。

一、基层协商民主新常态

十八大以来,党的基层民主呈现出一种变化,基层民主新常态在这种社会背景下,呈现出应有的一种变化和特征。第一,民主没有协商是没有质量的。"民主不是装饰品,不是用来做摆设的,而是要用来解决人民要解决的问题的"。习总书记的讲话反映了新一代领导对民主实践的反思。民主不仅需要巩固,也需要发展。也就是民主的质量问题。协商民主是继民主理论之后的"第九种模式"[1],这是对现代民主理论的反思。可以说,这是现代化进程中政治合法性必须回应的一个关键性问题。著名的政治学家亨廷顿则强调社会秩序与政治民主的适应性,至今为止,关于民主的理论已经越来越完善,它们似乎在两个维度上涵盖了所有可能的政治领域:政治平等和公民权,以及民主范围扩展到经济、社会和文化事务上,但民主的质量并没有改善。协商民主旨在政治参与的性质和形式,而不只是增加政治参与机会,这正是它的价值所在,协商民主更强调有见地的辩论、理性的公共运用和对真理的执著追求。而这正是我们需要深化基层协商民主的精髓。第二,协商的重点是人民群众参与。更多体现人民参与性。习近平强调,人民群众是社会主义协商民主的重点。涉及人民群众利益的大量决策和工作,主要发生在基层。要按照协商于民、协商为民的要求,大力发展基层协商民主,重点在基层群众中开展协商。凡是涉及群众切身利益的决策都要充分听取群众意见,通过各种方式、在各个层级、各个方面同群众进行协商。完善基层组织联系群众制度,加强议事协商,做好上情下达、下情上传工作,保证人民依法管理好自己的事务。第三,协商的关键是实现公共决策更具有民意。当前随着基层民主的发展,各地探索和创新了许多行之有效的协商形式和手段,但是我们在基层调研中,依然发现有了群众参与还不够,还需要有一个整合机制,将群众的实际问题和需求通过一个公共渠道反映到公共决策中代表更多的民意,这样的协商才具有政治合法性。一句话就是如何打通决策与民意之间的通道,这是当前协商

---

[1] 约瑟夫·贝塞特使用。

的关键。要按照协商于民、协商为民的要求，建立健全基层协商民主建设协调联动机制，稳步开展基层协商，"协商民主应该是实实在在的、而不是做样子的，协商就要真协商，要从制度上保障协商成果，使决策更好顺乎民意，合乎实际"。更好解决人民群众的实际困难和问题，及时化解矛盾纠纷，促进社会和谐稳定。

二、四川基层协商民主的实践与困境

从中共中央颁布的《意见》中，我们可以看到，基层协商民主是有其特定的内涵和形式的，主要提出了四种基层协商民主的主体和内容。一是推进乡镇、街道的协商。① 二是行政村、社区的协商。② 三是推进企事业单位的协商。③ 四是探索开展社会组织协商。④ 这四种类型的协商，应该说这四种协商模式既是基层实践的经验的提炼，也反映了当前基层协商民主的困境。我们试图从四川基层协商民主的三种模式来讨论。

彭州乡镇协商会。彭州市在加强和创新社会管理工作中，积极总结十年村（居）民议事会实践经验，积极探索建立镇、村（社区）协商对话制度，2013年4月，正式出台了《中共彭州市委关于构建社会协商对话制度的意见（试行）》和《关于构建社会协商对话制度试点工作的实施意见》，

---

① 围绕本地城乡规划、工程项目、征地拆迁以及群众反映强烈的民生问题等，组织有关方面开展协商。加强乡镇、街道对行政村、社区协商活动的指导。跨行政村或跨社区的重要决策事项，根据需要由乡镇、街道乃至县（市、区、旗）组织开展协商。

② 坚持村（居）民会议、村（居）民代表会议制度，规范议事规程。积极探索村（居）民议事会、村（居）民理事会、恳谈会等协商形式。重视吸纳利益相关方、社会组织、外来务工人员、驻村（社区）单位参加协商。通过协商无法解决或存在较大争议的问题或事项，应提交村（居）民会议或村（居）民代表会议决定。

③ 健全以职工代表大会为基本形式的企事业单位民主管理制度。畅通职工表达合理诉求渠道，健全各级职工沟通协商机制。积极推动由工会代表职工与企业就调整和规范劳动关系等重要决策事项进行集体协商。逐步完善以劳动行政部门、工会组织、企业组织为代表的劳动关系三方协商机制。

④ 坚持党的领导和政府依法管理，健全与相关社会组织联系的工作机制和沟通渠道，引导社会组织有序开展协商，更好为社会服务。

明确了市委统战部部长为召集人,成立了相关部门负责人为成员单位的工作联席会议,构建了市、镇、村(社区)三级工作平台,大力促进公共决策和社会管理创新。建立一套社会协商机制,如议题征集机制,定期协商机制,利益协调机制,信息交流机制。此案例的价值在于探索了乡镇级协商的模式。所提出的一个值得思考的问题是谁承担基层协商民主的主体责任?统战部还是政协?这是一个理论问题,也是一个实践问题?

中江村规民约的村级协商模式。农村生活方式在变,要"管"的东西越来越多。上面千条线,下面一根针。如何管好一个村?看似简单,实则不易。中江县以重拾村规民约的方式,探路基层治理良方,赢得各方认同,成为推进依法治省的亮点。中江重拾村规民约,就是要通过村民之间的契约,重构乡村道德、凝聚人心。

基于"以村民自治的方式解决政府管不到的问题"的思路,2013年8月,中江县启动了村规民约工作的试点。全县各级党委、政府和村级组织通过召开工作动员会、培训会、村民会议等多种方式,宣传动员和培训指导,形成"我制定,我签字,我承诺,我执行"的良好氛围。各村成立专门起草班子,以社会主义核心价值观为指导,结合本村实际,围绕公共事务管理的基本规则和村民道德的基本要求,抓住公共环境卫生、公共安全、公共基础设施、移风易俗等重要事务和热点问题,保证"一村一策","易记、易懂、易行"。为增强村规民约的民主性,村委会通过公示、印发或广播、电话、短信等方式告知村民,镇村干部下地头、进院坝,深入开展调研,广泛收集意见,回应村民诉求,反复修改后形成村规民约草案初稿,报乡镇政府合法审查后形成草案。讨论、表决由本村过半数十八周岁以上公民或本村三分之二以上户代表参加,并经参加表决人员过半数同意方予以通过。之后,依法报乡镇政府备案,乡镇政府对审查合格的村规民约出具准予备案通知书。各村将备案后的村规民约张榜公布,保证村规民约的合法性和规范性。为增强村规民约的权威性和约束力,各级党组织加强统筹协调和监督检查,村组党员带头执行村规民约,并通过村民会议、院坝会议、民主评议等活动,对模范遵守村规民约的村民给予表扬奖励,对违反规定的村民予以批评并督促纠正。

以富强村为例，从去年8月起，村支书周正寿开始带领村干部逐户走访，开了几次"坝坝会"后，把村民们最关心、最迫切的问题记录下来。内容包罗万象，有建议子女常回家看看的，有建议人畜分离的，还有建议禁烧秸秆的。形成初稿后，党支部委员会、村委会和村监委会一起张贴公示，再把初稿印发到户，通过广播宣讲、小组讨论等方式征求意见，形成了第二稿。再次征求群众意见后，最终形成审议稿，报到富兴镇政府进行合法性审查。2013年12月28日是富强村"两委"换届选举日，全村1053名选民中有928人到场。周正寿在所有村民面前对三易其稿的《富兴镇富强村村规民约》逐条宣读。每读完一条，都进行解释说明，由全体村民举手表决后，接着说下一条。

"村规民约的制定和实施实际上是基层的法治实践。它由村民共同协商制定，是民主的一个载体。同时还是对传统美德的弘扬。"1. 体现了党的领导，发挥领导核心作用；2. 坚持合法合规，体现基层民主自治；3. 坚持实用可行，反映人民群众需求"村规民约能否制定好、落实好，村民的参与和支持起着关键作用"。以法治思维和方式推进基层协商民主，以"市民公约、村规民约、会议决议、口头协定"等方式，将协商共识上升到公共决策层面，赋予协商共识合法性。此案例的价值在于村民参与协商村规民约的制订和执行，将协商共识上升到公共决策层面的一次有益探索，问题在于这样的经验如何与人民政协协商民主有机结合？即如何处理好村级协商会与村民会议、村民代表大会的关系？

引导乡友回乡投资"智力支乡"协商模式。达州渠县、开江、大竹等县（区）政协，发挥联系广泛的优势，纷纷成立智力支乡机构，激发乡友热爱家乡、支持家乡、建设家乡的热情。大竹县政协成立专门办公室，确定专人负责联谊会日常工作。到目前为止，该县乡友智力支乡联谊会先后成立广东、重庆、成都、上海、北京等多个分会，为散落在各地的大竹乡友编织了一张充满温情、回报家乡的大网。

江县政协"智力支乡联络委员会"通过智力支乡这一桥梁，在外乡友积极向家乡传递"亲情"，建立多个教育基金，向贫困中小学生开展"一对一"帮扶活动，吸引一大批乡友回乡为贫困乡村捐款捐物、修桥筑路。

这一案例的价值在于探索引导乡贤参与社区治理,但问题在于如何与企业协商有机衔接,如何动员本地企业协商,构建和谐劳资关系还未破题?

以上三个实践模式只是四川推进基层协商民主的简略缩影。事实上,四川还推行了村级议事会、社区社会组织参与社区协商,以及物业管理中的基层民主协商、旧城改造中的自治组织参与和环境治理中的院落治理基层协商等卓有成效的探索,应该说,四川已经营造了基层民主协商的良好的氛围和沟通民意的公共协商渠道,也在一定程度上通过协商要素去提高民主生活的质量和改善民主。但一个关键的问题是有各种层次的基层协商,但缺乏整体构建和机制的保障,目前人民政协对基层协商民主缺乏有效的平台构建,基层协商民主还处于分散化与非常态的发展阶段。

三、基层协商民主可持续运用的三点建议

基层协商民主是落实群众"四自"的有效方式,重在通过协商把个人偏好转化为支持公共审议和检验的立场。[①] 在这里,人民政协将发挥着通过平台和机制建构为现代民主增加协商的成分。我们认为应从三个方面入手:

(一)积极探索政协工作向基层延伸的有效形式和途径。目前在我们调研中了解到基层协商向基层延伸的方法有两种,一种是通过县区统战部的平台构建乡镇协商;一种是通过政协在乡镇建政协联络处建乡镇协商。这里有一个问题就是政协在基层协商到底是什么角色?很显然,政协是发挥基层协商民主的重要平台和渠道。乡镇政协联络处在基层协商民主中具有重要作用。政协联络处作为精英阶层对接基层民众的连接点,为"上层协商"提供直接的"基层经验",为基层协商提供上层指导和制度平台,从而实现"上层民主"与"基层民主"、"精英民主"与"草根民主"的有机融合,选举民主与协商民主的有效对接。它是"界别民主"和"地块民主"的条块对接。创新乡镇街道政协工作联络机构。乡镇(街道)政协委员联络室(工作室)充分发挥职能,完善协商交流的平台,建立委员联

---

① 〔英〕戴维·赫尔德:《民主的模式》,燕继荣译,中央编译出版社2008年版,第272页。

系企业、委员联系项目、委员联系群众、委员联系政府等制度，编制出一张政协委员参与乡镇（街道）工作，开展民主协商的强有力的网络。

（二）研究如何利用网络新技术来吸引更多年轻人参与协商民主。拓展基层协商平台是基础。设立委员工作室、政协民情室、社区民情站、社区参理事会等，将政协工作触角伸至村居和小区楼栋；开展重大决策议事会、社区议事会、民意恳谈会、网络论坛、网上工作委员会等，通过各类组织形式广开言路；广泛运用大众语言和时髦方法，通过互联网络、热线电话、手机短信，特别是微博、微信等新媒体工具，吸引大众广泛参与，引导民众理性参与公共事务、合法表达诉求。搭建群众参与公共事务管理的平台，让百姓成为议事主角，解决政府"不好管、管不好"的问题。

（三）建立健全基层协商民主建设协调联动机制，稳步开展基层协商。"民事、民议、民决，这就是我们所做的协商民主的三个要义。"从当前协商民主而言，越来越多的学者认为，协商程序对民主来说至关重要，正如费斯金明确指出，"政治平等离开协商便毫无用处，因为它相当于讨论权力而不考虑权力应该如何实施？"① 因此，西方学者提出协商民主机制重在建构"导入协商性民意测验制度、协商日制度、公民评议会制度、扩大投票反馈和公民沟通机制，改革公民教育以提高公民审慎选择的能力，建立公民团体和组织的公共基金以支持其参与协商政治"②。这一套机制的价值对于我们真正构建有效管用的多层次多主体的基层协商民主机制有着重要的借鉴指导意义。

(李羚，四川省社会科学院社会学所所长、研究员)

---

① 〔英〕戴维·赫尔德：《民主的模式》，燕继荣译，中央编译出版社2008年版，第282页。
② 〔英〕戴维·赫尔德：《民主的模式》，燕继荣译，中央编译出版社2008年版，第282页。

协商民主与基层统战工作创新研究

颜 旭

社会主义协商民主是中国社会主义民主政治的特有形式和独特优势，是党的群众路线在政治领域的重要体现，是深化政治体制改革的重要内容。党的十八大提出，在发展我国社会主义民主政治的进程中，要完善协商民主制度和工作机制，推进协商民主广泛多层制度化发展。十八届三中全会把协商民主多层广泛制度化发展作为推进国家治理体系和治理能力现代化的重要内容之一。因此，推进社会主义协商民主建设，首先就是要建立层次清晰、涵盖广泛、门类齐全的协商民主体系。

2015年初，中共中央下发了《关于加强社会主义协商民主的意见》（中发［2015］3号，以下简称《意见》），从推进协商民主建设、落实协商责任的角度，提出了"6+1"个协商渠道，即政党协商、政府协商、政协协商、人大协商、人民团体协商、基层协商和社会组织协商。这七大渠道中的前五个均为传统渠道，有较为成熟的实践模式、制度体系和责任部门，而基层协商和社会组织协商是近年来出现的新型协商形式。二者中，由于我国社会组织发展相对滞后，社会组织协商缺乏可依托的成熟主体，推进难度相对较大。而基层协商自新世纪以来如雨后春笋般在各地萌芽，形成了多个典型案例，虽然其责任主体、机构设置、制度设计及法定权力等方面缺少统一规范，但这也为基层协商的快速发展提供了充分的战略空间，其实践模式正处于深度探索和快速形成之中，必将成为撬动社会主义协商民主建设整体向前推进的重要支点。因此，《意见》明确提出了稳步推进基层协商的要求。本文拟以此为研究对象，就党委统战部作为牵头部门，主导基层协商建设的可行性进行论证，并在总结各地实践经验基础上寻找统战部门牵头推进基层协商的有效模式。

一、稳步推进基层协商的时代背景

所谓基层，是指各种社会组织的最底层，它与人民群众的联系最紧密。习近平总书记在庆祝中国人民政治协商会议成立65周年大会上的讲话中指出："人民群众是社会主义协商民主的重点。涉及人民群众利益的大量决策和工作，主要发生在基层。要按照协商于民、协商为民的要求，大力发展基层协商民主，重点在基层群众中开展协商。"上世纪80年代以来，党领导人民在基层民主建设方面进行了多方探索，特别进入是新世纪以后，各地基层协商实践案例大量涌现，基层协商实践探索日渐深入，党的基层协商建设思路更加清晰，为当前稳步推进基层协商建设提供了充分的理论和实践准备。

1. 中国共产党基层协商思想逐步成熟。党的十三大报告最早提出开展基层协商的构想，强调社会调协商对话制度要"分别在国家、地方、基层三个不同的层次上展开"。党的十八大首次提出推进协商民主多层广泛制度化发展的指导思想，明确提出和初步阐释了基层民主协商的基本概念。党的十八届三中全会把基层协商作为基层民主制度建设的内容之一，强调开展形式多样的基层民主协商，推进基层协商制度化。2014年9月，习近平总书记在庆祝人民政协成立65周年讲话中以较大篇幅专门论述基层协商，明确要求大力发展基层协商民主，重点在基层群众中开展协商，并对基层协商的主要原则、基本内容作出阐释，党的基层协商思想初步形成。2015年初下发的《意见》则是对这一思想的细化和具体化，从操作层面对推进基层协商作出部署，进一步明确了基层协商的主体、渠道和内容。但是，《意见》对基层协商的规定仍然是原则性的，这为各地开展基层协商预留了较大空间，有利于各地在实践中进一步探索推进基层协商民主建设。

2. 各地基层协商探索实践逐步推进。本世纪初，四川成都和浙江温岭启动了基层协商探索,形成了成都的村民议事会和温岭的民主恳谈会两个典型样本,其工作切入点和实践模式虽有不同,但在基层治理中都发挥了积极作用。十八大后,成都的彭州市率先推进基层协商实践探索,在层级上将村级议事会上升至镇级协商对话会,在协商主体上形成了协商代表为主体、利益相关方及独立第三方参与的新模式,在主导力量上形成了党委统一领导、统战部门牵头的领导模式,在工作推进上逐步由村镇向城市街道、社区扩展,在协商类型上产生了学校协商和医院协商等新的协商类型,形成了较为成熟的基层协商彭州样本。

  与此同时,基层协商探索也在四川其他地区展开。成都的新都区、崇州市、都江堰市,宜宾市翠屏区,达州市渠县等地也相继启动基层协商探索,形成了各具特色的实践模式。其中,崇州市的基层协商探索站位较高,把推进基层协商作为全面深化改革的突破口之一,以市深改组的名义制定指导意见,成立了以市委书记为组长,市委常委、统战部长为常务副组长,其他市委常委和市政协主席为成员的工作领导小组,既加强了党委对基层协商工作的领导,确保了工作的有序推进,又破解了基层协商与政治协商的衔接难题,构建了完整的协商民主体系。都江堰的基层协商探索创新性较强,在协商主体上,不局限于协商会成员,可根据议题的需要,增加不同的利益相关方参与协商。同时组建了陪议团,邀请法律工作者、与议题有关的专家或专业人士、其他有必要参会的人士作为第三方参加协商,促使议题协商结果更加客观公正、合理合法。新都区的基层协商探索,其重要意义在于在城市次级中心区域开展基层协商,其制度设计立足于我国城镇化发展大趋势,其协商主体包括了外来务工人员、外来经商人员等新市民代表,其经验有利于推动基层协商实践从农村走向城市,从城市外圈层走向内圈层,乃至中心城市的中心区域。渠县的基层协商主要围绕科学决策做文章,突破了传统统战工作的范围限制,组建了代表性广泛的民意顾问团,聘请"两代表一委员"、离退休干部及民主党派成员、工商联会员、无党派人士代表为民意顾问;民主党派成员、律师、中介服务人员、基层干部代表、网络舆情员、新媒体人士、出租车司机、非公企业主、民族宗教人士代表、农民工代表为民意信息员,既为党委政府决策施政提供合理化建议，也及时反映基层社情民意，参与突发事件处置，有利于将社会矛盾化解于基层、将社会隐患防患于未然。

此外，北京的东城区、西城区，上海长宁区，浙江慈溪、余姚，南京鼓楼区，也在积极探索推进基层协商，为我们开展实证研究、总结基层协商规律提供了丰富样本。值得注意的是，在这一系列探索中，除浙江温岭和南京鼓楼区外，基本都采用了党委领导下、统战部门牵头推进基层协商的工作模式。

二、稳步推进基层协商的战略考量

社会主义协商民主经过 65 年的发展，已初步形成政治协商、社会协商、基层协商上下联动、广泛多层的协商民主制度架构。其中，政治协商处于高层，具有层次高、覆盖范围较小、程序规范的精英协商特征。包括中国共产党与各民主党派、无党派人士的政党协商，以及中国共产党在人民政协同各民主党派和各界代表人士的政治协商，这是我国政治体制独创性的优势所在。社会协商处于中层，主要指国家政权机关的立法协商和决策协商，包括人民代表大会的立法协商即人大就重大事项向社会公开征求意见等形式，以及政府及其职能部门就相关公共政策与社会进行协商对话，这是改革开放后我国协商民主实践的创造性发展。基层协商在制度架构中处于下层，主要包括纵向层面的乡镇、街道协商和行政村、社区协商，以及横向层面的企事业单位协商和社会组织协商，目前已在实践中已产生了恳谈会、咨询会、协商对话会、民意顾问团等多种形式。

就目前而言，建国前后确立的政治协商制度已上升到我国基本政治制度层面，形成较为完备的理论体系、工作机制、实践模式和工作网络；社会协商制度已经初步建立，仍需通过制度和程序化建设予以规范，尤其是健全信息公开、听证、检举等公共参与制度，建立各类群体与政府、公共领域的沟通渠道，使之成为各利益主体进行利益协调的主渠道；而基层协商民主制度在我国协商民主制度架构中处于基础地位，具有基础广泛、涉及面广、政策性强、内涵丰富的特点，既是实现国家和社会治理的重要环节，也是协商民主体系中相对薄弱环节，既是广纳民意、汇聚民智的重要平台，也是训练公民民主意识、提升政治参与能力的重要载体，必将成为协商民主多层广泛制度化发展的突破口和创新点。

这是因为，一方面，基层协商在整个国家治理体系中居于基础性地位。涉及人民群众利益的大量决策和工作，主要发生在基层。基层协商在整个国家治理架构中处于基础地位，通过大力开展基层协商，可以进一步丰富基层党政干部、党政组织与人民群众沟通的渠道，建立利益表达和利益整合的有效途径，扩大公民有序的政治参与，对维护社会稳定、化解社会矛盾、促进社会和谐具有特殊意义。

另一方面，基层协商是在基层民主建设中发展的、与基层群众自治制度相结合的新型民主形式，具有广阔的创新空间。作为一种基层民主制度，改革切口较小，没有既有制度的约束，没有复杂行政关系加以羁绊，没有成熟模式可以照搬，开展基层协商探索所付出的创新成本和遭遇的改革阻力相对较少，具有高度的创新性和抗压性，可以边探索边实践、边总结边推广，摸索出一整套群众参与度较高、协商程序规范、协商成果能够有效落实的基层协商制度，进而推动形成从中央到地方直至社会基层，从立法协商、行政协商、参政协商、民主协商到社会协商、基层协商纵横交叉的协商民主网络，拓展协商民主广度和深度。通过基层协商的有效开展，还可以进一步培养理性的公民意识，增强公民的民主素质和能力，夯实中国社会主义民主政治的底部基础。通过基层协商的有效开展，还可以倒逼人民代表大会制度、政治协商制度等存量民主制度的改革发展，进而带动政治体制改革的整体推进，推动中国社会主义民主政治建设的全面发展。

三、稳步推进基层协商的主导力量

党的十八届三中全会强调，要"充分发挥统一战线在协商民主中的重要作用"，这充分表明了统一战线在社会主义协商民主建设中基础性地位和特殊作用。《意见》所提出的"6+1"个协商渠道，实际上也是在操作层面上对相关工作作出了初步分工，明确了各类协商的责任主体，如政党协商归口于统战部门，由各级党委统战部牵头落实，政协协商归口于人民政协,由各级政协组织负责组织实施。但是文件并未明确基层协商的责任主体,这既是因为基层协商的复杂性和广泛性,也是因为基层协商有别于传统协商形态,是一种正处于快速发展中新型协商形式,需要在实践中进一步探索完善其组织形式和实践模式。从目前各地的实践看,各地基层协商探索的推动力量大多是党委统战部门,除少数地方外都采取了党委领导、统战部牵头的组织模式。统战部门牵头推进基层协商既有其主观动因,也有客观优势,是当前实践中较为有效的一种组织领导模式。

(一)党委统战部牵头推进基层协商的主观动因:破解基层统战工作的现实困境

在历史上,统一战线作为党夺取新民主主义革命胜利的三大法宝之一,在党的工作全局中居于极其重要的地位。然而近年来,基层统战工作陷入工作弱化、人员老化、部门边缘化的困境,其根子在于基层统战工作对象的弱化,真正具有代表性的工作对象较少,可以发挥平台窄、作用小,统战工作资源分散。基层统战工作要摆脱现实困境,可以有效借助基层协商平台,把基层社会中具有较大社会影响力的乡土人才代表、新型职业农民代表、新市民代表、基层知识分子代表、网络人士代表通过基层协商纳入工作范畴,同时把具有培养潜质的党外人士放到基层协商平台中发挥作用、锻炼能力、增长才干,提高其社会知名度,增强其群众代表性,从而进一步发挥统一战线社会整合功能,更好地为地方经济社会发展吸引人才、吸纳资源、凝聚人心、汇集力量,更好地服务于改革发展稳定大局。

(二)党委统战部牵头推进基层协商的客观优势:统一战线与协商民主天然耦合

统一战线的发展史在某种意义上讲也是社会主义协商民主的发展史。协商民主诞生于党领导的统一战线,协商工作方法来源于统一战线工作实践,协商民主与统一战线在历史、文化、构成、功能、性质、原则、方法、手段、制度具有高度的一致性,二者具有较高的重合度和黏合度,相互叠加可以互相催化,产生"一加一大于二"的化学效应。

1. 历史的耦合。协商民主与统一战线都在新民主主义革命的母体中孕育，在长期的革命、建设、改革实践中相互影响、相互作用、共同推进。1922年，党的二大通过的《关于"民主的联合战线"的决议案》提出"联合全国革新党派，组织民主的联合战线"[①]。决议中有关各党派团体"互商""联盟""同盟"等词语成为中国共产党协商民主思想的最初表述，也是其致力于建立革命统一战线的愿景表达。抗战中，在抗日民族统一战线的大背景下和救亡图存的共同目标下，建立民主联合政府成为国家政治生活的主题，从"三三制"政权到中国民主同盟成立，协商民主实验在国共两党和各民主党派之间全方位、深层次地迅速开展，以协商谋共识，凝聚全民族之力争取抗日战争的胜利。1948年4月中共中央发出"五一"口号，提出"各民主党派、各人民团体、各社会贤达迅速召开政治协商会议，讨论并召集人民代表大会，成立民主联合政府"的建国大政方针。各民主党派和无党派人士以"五五"通电迅速作出回应。从新政协筹备会到中国人民政治协商会议第一届全体会议召开，统一战线发挥汇集国内民主力量的政治功能，各党派团体以此为平台协商国是，为协商民主制度在中国的建立提供了难得的历史机遇，推动协商民主思想理念演变为制度机制。[②]

2. 文化的耦合。一个国家、一个民族选择什么样的政治道路和民主模式是受这个国家的历史传统和文化理念决定的。协商民主的确立和发展与中国政治文化中的"和合"思想与传统密切相关。崇尚"和合"是中国协商民主区别于西方竞争民主的一个最突出的特征。中国的"和合"文化讲究人与人要和谐，要对等和平等。在人与人的关系上主张推己及人、和睦相处，在人与社会的关系上主张合群济众、和衷共济，在国与国的关系上主张亲仁善邻、协和万邦，在人与自然的关系上主张天人合一、天人协

---

① 中央档案馆编：《中共中央文件选集》（第1册），中共中央党校出版社1989年版。
② 胡均伟、王智：《协商民主视域中统一战线的历史与逻辑》，载《中共四川省委党校学报》，2013年第2期，第22页。

商。因此,"和合"不仅是人与人之间的和谐,也包括人与社会、人与自然的和谐。"和谐而又不千篇一律,不同而又不相互冲突,和谐以共生共长,不同以相辅相成"的"和合"文化既与现代民主政治的基本精神具有一定的内生性和契合性,为中国的协商民主积淀了深厚的客观现实基础,①同样这也是统一战线"求同存异、和而不同"原则的文化根源。"和合"思想奠定了协商民主与统一战线共同的文化基础。

3. 主体的耦合。协商民主作为一种民主的实践形态,其主体是全体公民。而在新世纪新阶段,统一战线的构成除了作为主体的工人阶级和农民阶级、知识分子外,还包括各民主党派成员,无党派人士,党外知识分子,少数民族人士,宗教界人士,非公有有经济人士,私营企业和外资企业的管理技术人员,中介组织从业人员,自由职业人员,原工商业者,起义和投诚的原国民党军政人员及眷属,港澳同胞,台湾台胞、去台湾人员留在大陆的亲属,出国和归国留学人员,海外侨胞和归侨侨眷等15个方面的统战工作对象,新时期的爱国统一战线已经发展成为全体社会主义劳动者、社会主义事业的建设者、拥护社会主义的爱国者和拥护祖国统一的爱国者共同构成的最广泛的政治联盟,全面涵盖了社会政治领域的各个方面。因此,二者在人员构成上是一致的。

4. 功能的耦合。协商民主的基本功能主要体现在四个方面:逐步实现实质民主的路径、扩大公共参与的渠道、公开利益平衡的过程、减少非理性表达的风险。② 发展协商民主,可以广泛吸纳来自不同党派、不同团体、不同阶层、不同民族、不同宗教信仰的社会群体或公民个体参与法律、规章、政策、措施的制定,广泛吸纳各方意见建议,更好兼顾各方利益,从而增强决策的合理性和科学性。同时,通过广泛参与使决策过程公

---

① 李刚瑛、荣守健、王力强:《关于协商民主的思考》,载《友报》,2007年5月11日,第3版。

② 邹宗根:《基层协商民主:功能、过程与建构》,载《中共济南市委党校学报》,2012年第2期,第94—97页。

开透明，可以有效增强社会成员对决策负面影响的心理承受能力，降低决策的风险、压缩对抗的空间。而统一战线也具有相似的功能，即团结合作、综合协调、政治参与、联谊沟通、政治服务①。二者既有各自所长，也有功能交叉，在凝聚人心、汇集民智、反映民意、协调利益、化解矛盾方面都能发挥重要的作用。

5. 要素的耦合。协商民主与统一战线的性质、原则、方法、手段、制度等诸多要素都是相似或相同的。二者在性质上相近，统战工作是党特殊的群众工作，协商民主是党的群众路线在政治领域的重要体现；二者在原则上是一致的，都以求同存异为基本原则；二者在工作方法上是相同的，都是通过对话协调利益、达成一致；二者在工作手段上是相通的，都是通过做代表人士或意见代表的工作影响带动更多的群众；二者在实践形式上是相叠的，中国共产党领导的多党合作和政治协商制度、人民政协制度都是二者的重要实践形式。因此，只要能够对现有部门分工进行调整，赋予统战部门牵头开展基层协商的职责，就能建立起连接统一战线与协商民主的工作平台，实现双方要素的自由贯通，进一步放大二者的社会政治功能。

四、稳步推进基层协商的实践问题

1. 统战部门在推进基层协商中定位及作用。基层协商主要是在群众中开展协商，是基层群众工作的重要形式，其主体是全体群众。而根据现有职能分工，统战部的主要工作对象是15个方面的统战成员（即所谓的党外、海外、体制外），其工作范围仅涵盖特殊的群众群体。因此，在工作中统战部门要超越传统分工，就必须明确将其定位为代表党委开展工作，作为代表党委开展基层协商的责任主体，承担牵头推进工作的职责，发挥协调各方、督促推动、搭建平台、组织人员、政策支持、资源注入、促成共识、督查落实的作用，主导基层协商民主建设进程。

---

① 罗振建、吴文华主编：《统一战线学研究》，重庆出版社2005年版，第133—147页。

2. 统战部门牵头推进基层协商的实现形式。目前，统一战线参与推进基层协商主要有三种形式，其一，通过统战资源注入基层协商平台来实现，即由其他部门牵头搭建基层协商平台，统战部门组织党外专家、代表人士参加基层协商，其典型代表是温岭市委统战部。其二，通过延伸统战工作手臂的方式来实现，即将政党协商的工作方法和模式应用于社会其他群体，通过拓展统战范围和创新统战工作平台逐步推进基层协商，如四川渠县将网络人士、基层代表、社会知名人士纳入"民意顾问团"，参与党委政府协商决策。其三，统战部门代表党委组织推进基层协商，建立完善的协商体系和协商门类，较快实现基层协商的广泛多层制度化发展，其典型是成都的彭州市、崇州市、都江堰市。从实践效果看，党委常委担任统战部长的成都的彭州市、崇州市、都江堰市等地，统战部门推进基层协商力度较大，基层协商平台吸纳资源能力较强，基层协商开展最为有效。然而，目前各地统战工作格局差异较大，有的统战部长由地方党委常委专任或兼任，有的由政协副主席担任，也有个别地方未进入地方领导班子。因此，统战部门参与基层协商建设，需要量体裁衣，结合地方统战工作实际，选择的符合当地情况的实践模式，不能盲目追求制度设计的"高大上"，而应立足现实、开展试点、注重效果、稳步推进，在取得一定成效和成熟经验后，积极争取党委主要领导支持，逐步扩大基层协商的覆盖面和纵深度。

3. 基层协商与政协协商的衔接问题。政治协商作为传统的、成熟的协商形式，对基层协商具有引领示范的作用，但同时基层协商对政协协商也有挤出效应和倒逼效应。基层协商与政协协商要避免恶性竞争、实现良性互动，首先要在制度设计上有较为清晰的层级递进和工作分工，涉及县域及更高层级的公共事务仍要坚持走政治协商渠道，县级以下的基层自治事务可以通过基层协商平台对话解决。同时，基层协商作为开展群众工作的重要渠道和社会治理的重要平台，涉及面广、人员多、矛盾复杂，虽然由统战部门牵头，仍需各部门、各单位、各团体的深度参与。可以党委名义成立工作领导小组统筹开展基层协商工作，领导小组要吸收政协领导为成员，基层协商会议应邀请地方政协常委、委员列席，以便将基层协商不能解决的问题，通过政协平台及时反映、处理，在制度上做好政治协商与基层协商的有序衔接。

（颜旭，四川省社会主义学院教研室副主任、讲师，协商民主研究中心副秘书长）

协商民主与基层社会治理研究

——以杭州市基层协商民主实践为例

张祝平　郑晓丽

中国的协商民主主要可以分为政治协商和社会协商两大类，其中的社会协商主要就是指基层的协商民主。基层协商民主由于直接关系到普通公众的切身利益而备受关注，有着广泛的群众性和深厚的实践基础。基层协商民主回应了当前我国经济社会转型期群众有效表达利益诉求、有序参与公共事务管理的强烈期盼，有助于拓宽政治参与渠道，疏缓社会矛盾，化解利益冲突，推进社会共治，促进社会和谐有序。同时，基层协商民主的发展也为政府了解人民群众对国家政策的看法和建议提供了重要途径。

杭州是中国改革开放的先行区，在基层民主政治建设方面也有诸多的创新实践。特别是新世纪以来，杭州市各级党委政府根据转型期经济社会发展的特点，紧紧围绕坚持人民主体地位这一方向，积极探索新形势下基层治理新模式，逐步形成了"百姓议事会"、"民主恳谈"、"朱学军法官调解工作室"、"我们圆桌会"等多载体、多途径、多层面的基层协商民主，调动了广大基层群众政治参与的积极性，推动了党的领导方式和执政方式的转变，逐步构建起了"党委领导、政府主导、社会协同、多主体多元化参与"的社会治理新格局。

一、民主促民生：杭州基层协商民主实践的逻辑起点

基层协商民主广泛存在于公共领域之中，其参与主体有巨大的包容性，不仅包括党代表、人大代表、政协委员、党外代表人士和社区（村）

居民代表等，还包括自治组织、社会（团体）组织、各界精英人士以及利益相关各阶层、各群体。然而，广大的底层群众（如处于社会弱势地位的工人、农民及下层知识分子等）始终是基层协商民主最主要的参与力量。杭州市坚持以"民主促民生"作为推进基层协商民主实践的逻辑起点，致力于以协商民主方式解决民生决策问题，在为民办实事、公共政策制定、重大民生工程实施等方面确立了五大工作机制：

第一，居民直接参与重大民生工程的项目评判机制。比如杭州在背街小巷、庭院改造、危旧房改造等项目建设过程中，建立了直接涉及民生重大工程的"六个必须"制度①。

第二，直接邀请民众参与重大政务决策的意见表达机制。比如，2007年起，杭州市政府按照"民主促民生"的要求，实施让民意领跑政府的"开放式决策"，一般市民只要主动报名，就有机会就事关自身利益或经济社会发展的相关议题面对面地向政府官员表达意见和诉求，市民也可以通过登录"中国杭州"门户网站观看全程的视频直播或在网上留言发帖参与决策讨论。

第三，直接邀请民众评判政府工作效能的公众参与评议机制。1999年，杭州在全国首创"12345"市长公开电话，开创吸纳民众评议的公共服务平台；2000年杭州又创建"满意不满意"市民评议政府工作机制，鼓励市民参与评价和监督政府工作。

第四，"一主多元"的权益纠纷协商解决机制。比如，杭州工商部门建立的仲裁志愿团，聘请了一批优秀的仲裁员免费为消费者开展消费仲裁，并建立了社区消费法庭，使市民在第一时间尽快处理纠纷和维护自身权益。

第五，民意征询机制。早在2000年6月，杭州市政府就成立了人民建议征集办公室，在政府网站设专栏受理群众意见。2002年后，杭州市政府

---

① 六个必须，即必须全覆盖100%入户调查，必须用多种形式征求居民意见和建议，立项必须有2/3以上居民票决同意，方案必须经过"三会一公示一会审"程序，实施中必须实行"三公开"接受市民监督，工程结束前验收居民满意率须在98%以上方可验收。

开始每年向社会公开征集办实事项目方案,除向市人大代表、政协委员征求意见外,还通过市城调队的 8000 户民情民意调查网络征集,通过市人民建议征集办公室在门户网站和媒体上向市民征求实事项目建议。[①] 此后,又开通了"市民邮箱"和"杭网议事厅",引导市民网上找政府,广泛收集群众意见建议。

杭州市以民主促民生作为推进基层协商民主实践的逻辑起点,不仅促进了民生问题的改善,更重要的是可以使广大人民群众通过日常生活中的协商民主实践,逐步学会用民主的方式进行沟通、表达自己的意愿和利益诉求,学会不同的利益相关方之间的相互关照、协调和协商解决的方法途径,学会在维护自己的合法利益的同时尊重他人的合法利益,确立服从多数和保护少数的观念,学会对政府工作的监督,不断增强民主意识和对公共事务的参与能力[②]。在此基础上,实现民主与民生的互动发展,增强社会共治的社会主体力量,优化公共秩序和公共利益,增进社会和谐。

二、以人为本,杭州基层协商民主实践的基本遵循

"遇事同群众商量",致力于改善民生,推进基层协商民主,其实就是以人为本的价值目标和执政理念的具体体现。杭州"民主促民生"理念生成和实施的最核心原则也就是以人为本。

(一) 坚持以民为先,创新基层协商民主方式

杭州在实施"民主促民生"战略中,各级党组织从保障和维护人民群众的切身利益入手,积极探索和创新基层协商民主的机制和方法,以群众呼声为第一信号,以群众利益为第一追求,以群众满意为第一标准,积极引导党代表、人大代表、政协委员、"五老人员"和各类社会团体、社会组织参与基层群众工作,与辖区内群众加强沟通交流,督促有关部门协调

[①] 安蓉泉、姜方炳等:《在城市化进程中深化"平安杭州"创建工作》,见周膺主编:《杭州蓝皮书:2014 年杭州发展报告(社会卷)》,杭州出版社 2014 年版,第 27—42 页。

[②] 蓝蔚青:《民主民生:社会主义民主政治建设和重要切入点》,载《杭州日报》,2009 年 1 月 31 日,第 4 版。

解决群众反映的各种问题，充分发挥"代表"、"委员"、"五老人员"在基层矛盾化解和促进社区程度中的重要作用，不断提高群众工作水平。

（二）坚持"三位一体"，增强基层协商民主实效

基层协商民主作为一种政党和群众互动的群众工作方法，协商的产生与发展离不开地方党委的推动，离不开群众的参与，也离不开媒体的引导。杭州市在强化对新媒体的引导、利用方面进行了积极的探索和实践，注意发挥党政主导力、市民主体力、媒体引导力，搭建多元化民主协商平台，引导市民以民主协商的方式解决不同利益个体、群体之间的矛盾，实现发展民主与改善民生相互促进，较好地适应和推动了基层协商民主的新发展，也有效地增强了协商民主的实效性。党政、市民、媒体"三位一体"成为了杭州以民主促民生工作机制的主要力量。

（三）坚持"四问四权"，抓住基层协商民主根本

杭州市基层协商民主中坚持"四问四权"。所谓"四问"即问情于民、问计于民、问需于民、问绩于民；"四权"即基层群众的知情权、参与权、选择权、监督权。这是杭州"民主促民生"基层协商民主的核心问题。坚持"四问"，"干不干"让百姓定，"干什么"让百姓选，"怎么干"让百姓提，"干得好与坏"让百姓评，切实落实好"四权"，做到"大家的事大家来办，杭州的事杭州老百姓来办"，这已成为杭州基层协商民主工作机制的程序保障，也是杭州基层协商民主有效性的根本保证。①

（四）坚持服从多数与关注少数并重，体现基层协商民主优势

服从多数与尊重少数是民主政治的双重要求，也是当代民主政治的精髓。杭州市在实施"民主促民生"战略中，把尊重多数人的意愿和充分照顾到少数人的合理要求作为基层协商民主工作机制必须遵循的原则。在民主协商中，既不因为少数人的意见而动摇决心，不允许因为少数人的利益而影响多数人的利益；也充分关注和尊重少数人的意愿，不因为多数人的利益而无视或侵害少数人的权益，以维护和促进社会公平正义。

---

① 参见陶建群、金雄伟等：《让民主成为改善民生的动力》，载《人民论坛》，2009 年第 11 期，第 44—47 页。

三、形式多样，杭州基层协商民主实践的方法路径

完善健全的协商民主机制是一个复杂的系统工程，当前的重点是要在丰富基层群众参与协商的形式这个前提下，探索合适的协商民主制度。杭州市在这方面做了大量的探索与实践，形式丰富、内容多样、效果也较明显，其中较具代表性的主要有以下几个方面：

（一）以长庆街道为代表的百姓议事会：立足民生实事，拓展基层民主协商的广度

从2013年3月开始，杭州下城区长庆街道探索建立了百姓议事工作机制，组织引导党员群众、辖区单位共同参与区域内的民生实事建设。目前，街道共建有基层议事网格89个，百姓议事员675名，议事观察员8名，议事顾问9名。长庆街道的百姓议事工作，由街道百姓议事团、社区百姓议事委员会、网格百姓议事小组等组成，网格议事小组是百姓议事团最基层的组织，由楼道内热心公共事务、公众服务、公益事业的党员、群众组成，负责本网格内的议事协商工作，每个网格5—7名成员，网格议事小组组长一般由楼道党支部书记兼任，责任片社工兼任秘书长，其他人员公开招募。每月组织议事员每月至少一次，就社区实事项目、重点工作、热点问题进行商议。这种新颖的基层民主协商主要解决了街道、社区层面如何为居民开展服务的问题，百姓议事工作分层搭建了街道议事平台，主要解决了街道如何与居民开展议事协商的问题，明确了谁来议、怎么议、议什么或谁协商、协商什么、怎么协商的程序，尤其准确地把握了街道、社区、楼道、社会等四个协商层面和重点工作、重大项目、难点热点、干部作风等四大协商内容，充分体现了街道问政于民、问需于民、问计于民、问绩于民的工作原则和民主促民生的工作目标。①

---

① 李海丽：《增强服务观念 创新社区治理理念之百姓议事团》，http://hangzhou.zjol.com.cn/system/2014/08/12/020193933.shtml（访问时间：2014年8月12日）。

案例：民生事百姓定　长庆街道民生实事项目接受居民"挑刺"

2014年初，杭州下城区长庆街道的王马社区，通过网格议事小组广泛征议、社区议事委员会分组商议、社区党委初步评议，从最初征集到的37项实事项目中甄选出7个项目，由社区的"百姓议事员"通过投票选出今年社区的民生实事，作为社区具体执行时的参考依据。最终，50余名百姓议事员对7个项目进行了充分讨论并投票，最终得票最高的4个项目成为王马社区要办的2014民生实事。现在，长庆街道每月组织议事员每月至少一次，就社区实事项目、重点工作、热点问题进行商议。同时，街道定期到社区听取意见。街道2013年共受理居民事务21159条，办结21159条。

（二）创始于拱墅区的"选举观察员"制度和社区居委会换届选举纠正机制：着眼参政议政，推进基层民主协商的深度

杭州各城区街道积极探索协商民主在社区组织换届中的实现途径。2010年起，杭州市拱墅区在社区居委会换届选举工作中，在国内首创了"选举观察员"制度和社区居委会换届选举纠正机制，并制定出台了《关于建立社区居委会换届选举观察员制度的实施意见》。其中对观察员的定义及产生、观察员工作职责、观察员工作要求等作出了明确的规定。这项制度的实施是对社区居委会换届选举方式的创新和完善，也是基层协商民主与选举民主相结合，推进基层民主政治健康可持续发展的具体实践，对于激发社区居民依法直接行使民主权利的热情和促进社区治理能力和治理水平的提升起到了积极的作用。

案例：杭州沿用"国际观察员"制度　监督直选"小巷总理"

2009年，杭州市拱墅区社区居委会在换届选举中采用电子投票系统，开创了中国电子直选社区干部的先河。2010年拱墅区又率先尝试社区选举新模式，在社区电子投票直选的基础上，引入选举观察员制度，聘请人大代表、政协委员、民主党派、律师、高校法律专业的教师和学生、社区居民和新杭州人等担任选举观察员。选举观察员经过专门培训，持证上岗。

观察选举前,在候选人前期报名、民主投票和协商等各个换届环节,观察员都积极参与,提出了不少意见建议。选举的过程中,选举观察员采取看、听、记等方法,系统全面地收集信息,对选举过程进行全面监督,确保选举合法公正。

社区观察员认为:农村干部选举应更多采用这种电子直选模式。社区居民表示:在电子直选之后,又引入选举观察员制度,选举过程中如果有问题我们直接向选举观察员反映,社区选举也变得更加公正透明了,民众对新选举出来的社区干部更加信任。

(三)以"朱学军法官工作调解室"为代表的基层调解组织:化解社区矛盾,打响基层协商民主的品牌

近年来,杭州市以构建"大调解"体系为突破口,积极构建多元化、多渠道、多层次的社会矛盾化解机制。至2013年,全市各类人民调解组织4631个,人民调解员19684名。2008—2013年累计调解矛盾纠纷419427件,调解成功412513件,成功率98.35%。[①] 开创于2009年和"律师进社区"活动,目前已升级为"法治(律师)行动在网格",它依托各区、县(市)既有的网格划分和社区(村)律师队伍,使律师按照不同的层次、服务对象开展工作,全程参与网格化管理,使每个层级的网格都有专业法律力量支持。[②] 成立于2009年3月的"朱学军法官工作调解室",在杭州基层调解组织中极具代表性,它是浙江省内首例由法官个人命名的团队调解工作室,2012年起,"朱学军法官调解工作室"被江干区委区政府作为全区化解矛盾纠纷的创新平台予以推广,以工作室的调解理念、调解文化为导引,在全区所有街镇设立了"朱学军法官调解工作室"联络站,组建了一支"专家+草根"、"前辈+新徒"、"专职+兼职"的调解团队,覆

[①] 参见王晴:《杭州社会管理创新中的法制保障问题》,见周膺主编:《杭州蓝皮书:2014年杭州发展报告(社会卷)》,杭州出版社2014年版,第78—85页。

[②] 参见王晴:《杭州社会管理创新中的法制保障问题》,见周膺主编:《杭州蓝皮书:2014年杭州发展报告(社会卷)》,杭州出版社2014年版,第78—85页。

盖93个社区。在杭州以"朱学军法官工作调解室"为代表的一系列基层调解组织,以调解者专精的业务素质和个人魅力促进调解工作,架起了行政、司法和人民调解的桥梁,使民间纠纷解决的关口前移、重心下移,促进社会力量联动、多重手段并举,形成调解合力,极好地把握住了化解矛盾的有利时机,极大地促进了社会的和谐稳定。

案例:朱学军法官调解工作室

朱学军法官调解工作室,是一个由杭州市江干区人民法院"调解能手"朱学军法官为核心的调解工作团队,团队成员有法官、法官助理、书记员、人民陪审员、司法局驻法院人民调解员等,广泛开展院部辖区四街道诉前、诉中调解和指导人民调解工作。仅2011年,工作室就调处1182件民商事纠纷,接待调解咨询4606人次,指导基层人民调解组织调处817件纠纷。工作团队为不断满足群众需要,通过博客互动、微博播报、担任"和事佬"、指导培训,形成"网上调解"、"电视调解"、"社区调解"立体化、社会化调解格局,充分借助人文、文化、传媒、科技等手段,推进社会矛盾化解,社会管理创新。

工作室精心布置,"形状像一把钥匙,寓意打开当事人双方心结的钥匙"。暖色的办公桌、布艺凳子、绿色植物、饮水机,使调解工作室有如家般温馨。朱学军与同事们协作撰写的《百字调和歌》和《心语》也张贴在调解室的墙面上,当遇到双方当事人剑拔弩张的时候,引导当事人去读一读,总会起到事半功倍的效果。

调解宗旨:调和、调顺、解忧、解难

(四)以"我们圆桌会"为代表的"全媒体议政"协商民主形式:传递民情汇集民智,提升基层协商民主的能见度和影响力

近些年来,杭州在推进基层协商民主实践中积极探索网络议政、新闻"微访谈"、"我们圆桌会"等载体,借助于网络、报纸、电视、电台等的"全媒体议政"形式,有效提升了协商议政的能见度和社会影响度。"我们圆桌会"创办于2010年12月,秉承着民主促民生的理念,就城市发展中市民共同关注的话题,邀请专家、官员、市民等社会各界代表共聚一"桌",对话、沟通、交流、理解、共赢,已经组织实施协商交流活动300多次,涉及230多个话题,累计3000多人次走进演播室直接参与互动交流。这种方式融合了"政治协商制度"、"立法听证"、"基层民主治理"、"公共论坛"等多方面的形式与内容,以"我们"彼此复合、主动关联的方式展开交流,不仅促进各方理性沟通达成共识,而且纳民意聚智慧,形成了市民主体、专家支撑、党政引导、媒体传播、行业企业参与的协商民主联动机制。[①] 不难发现,在杭州,以"我们圆桌会"为代表的"全媒体议政",在推进基层协商民主中至少担当了平台搭建者、协商组织者和内容解读传播者等多重角色,而且更加注重综合作用的发挥,它们或侧重选题把握,或侧重信息解读,或注重理性引导,以各自的实践体现了参与平等、决策平等、相互尊重等协商民主的重要理念。[②]

案例:"圆桌会"上有乾坤

杭州一些市民对曾经横行街头"四小车"的怨怼。2012年10月,杭州市政协委员经过对街头、景区、车站等地实地调查和暗访,认为杭城的"四小车"存在着"安全意识淡薄,漫天要价"、"越整治越多,不整治更多"、"散兵游勇,前赴后继"等乱象,并且10月25日、26日,连续两天,在杭州市政协与杭州电视台合作栏目《我们的圆桌会·政协视点》中进行议政,建言献策既尖锐又中肯。2012年12月20日,杭城各大主流媒体皆刊登了一条醒目消息:杭州今起整治非法营运、非法上路的正三轮摩托车、残疾人机动轮椅车等;出台七项残疾人帮扶新政;公交新开14条便民服务线路;增加1500辆公共自行车……政协委员的凿凿诤言,对市委、市政府科学决策、民主决策起到了"推波助澜"的积极作用。

[①] 余茜:《我们圆桌会》,http://www.wehangzhou.cn/wm/wmmt/shfht/201211/t20121126_108482.html(访问时间:2012年11月26日)。

[②] 参见俞春江:《新闻媒体推动协商民主的实践与思考》,载《杭州(我们)》,2014年第4期,第93—95页。

四、从社会管理走向社会治理：杭州基层协商民主实践的成效与经验

党的十八届三中全会提出了全面深化改革的总目标："完善和发展中国特色社会主义制度，推进国家治理体系和治理能力现代化"①。基层协商民主从其本质和功能来说本身就是社会治理的重要内容，也是具体体现。叶小文先生曾撰文指出："现代国家治理体系和治理能力，至少要有'三化'的要求：制度化，公平化，有序化；社会主义协商民主也有'三治'的性质：法治，善治，理治。协商民主这'三治'与现代国家治现的'三化'是一种高度契合的关系"②。具体表现为，协商民主契合了现代国家治理的制度化要求；协商民主契合了现代国家治理的公平化要求；协商民主契合了现代国家治理的有序化需求。③可以说，近十年来，杭州市基层协商民主的丰富实践及其成效即是对叶小文先生上述论断的注解。

（一）杭州的基层协商民主彰显了法治精神，为创新社会治理提供了法制保障

杭州在推进基层协商民主实践中，非常重视挖掘整合辖区司法、综治、法律援助等各方资源，推出"律师进社区"的升级版——"法治（律师）行动在网格"和法官调解工作室等。协商和调解带着对人民群众的深厚感情进行，对当事人动之以情，晓之以理，明之以法，从维护人民群众切身利益的角度出发，不"和稀泥"，不损害任何一方当事人的利益④。从这个意义上，协商民主与调解的过程其实也就是一个生动的普法过程，是一个强化群众法治意识和法治思维的过程。截至2013年底，杭州市累计创

---

① 《中共中央关于全面深化改革若干重大问题的决定》，载《人民日报（海外版）》，2013年11月16日，第1版。

② 叶小文：《协商民主与现代国家治理的高度契合》，载《中国政协理论研究》，2014年第1期，第2—5页。

③ 叶小文：《协商民主与现代国家治理的高度契合》，载《中国政协理论研究》，2014年第1期，第2—5页。

④ 肖扬：《充分发挥司法调解在构建社会主义和谐社会中的积极作用》，http://www.qstheory.cn/zxdk/2006/200619/200907/t20090708_8961.htm（访问时间：2009年8月12日）。

建"全国民主法治示范村"10个,省级"民主法治村(社区)"118个,市级"民主法治村(社区)"595个,① 大调解体系建设不断加强,为基层社会稳定和自治发挥了重要作用。

(二)杭州的基层协商民主有效调动了社区群众主体性力量,为创新社会治理提供了社会条件

2010年以来,杭州市在全市576个社区中逐渐全面推开社区居委会直接选举,使社区成员在这种参与过程中形成社区人选联络的交往关系,并使社区公共事务得以广泛地交流与讨论,社区由此生成其凝聚功能。同时,积极拓展群众参与社区事物的渠道。比如,建立健全社区管理的"四会"工作制度②;开辟以社区议事为特征的"湖滨晴雨"工作室等民生参与平台;组建以调解民间纠纷为特征的"和事老"协会;建立"和谐社区建设居民建言献策"荣誉纪念制度;举办以密切"邻里情"为特征的"邻居节"等。多年来,杭州市还以"春风行动"、"大管家服务社"、"邻里值班室"、"爱心超市"等载体,组织动员社区居民和驻社区单位开展邻里互助等群众性的自我服务活动③。这些以输入情感关怀为特征的感召型的公益参与过程,使城市社区成为公众情感慰藉与交流的社会组织单元,有效推进了社区的协同共治,为创新社会治理提供了良好的社会基础。

(三)杭州的基层协商民主注重社会组织的培育发展,为创新社会治理提供了组织准备

经过近十来年的培育发展,杭州市社区社会组织从少到多,从小到大,从弱到强,从零散到整合,机制体制得到有效创新,各类社会团体和社会组织健康发展,社会服务不断完善,综合实力有效增强,社区社会组织工作队伍日益壮大,已经初步形成了门类多样、层次清晰、覆盖广泛、作用明显的社区社会组织体系,涉及养老、医疗、教育、文化、维权等众

---

① 参见王晴:《杭州社会管理创新中的法制保障问题》,见周膺主编:《杭州蓝皮书:2014年杭州发展报告(社会卷)》,杭州出版社2014年版,第78—85页。

② "四会",即民情恳谈会、事务协调会、工作听证会、成效评议会。

③ 张祝平:《杭州从社会管理走向社会治理研究报告》,见周膺主编:《杭州蓝皮书:2014年杭州发展报告(社会卷)》,杭州出版社2014年版,第1—11页。

多领域。而且,各地通过积极建立枢纽型社会组织,采取"同类合并"、"联合共营"等方式,整合社会资源,结成服务实体,积极扩大社区社会组织的规模。据统计,截至2013年第三季度,杭州市登记注册的社会组织约有5000家。据姜方炳所做的调查,目前,杭州大多数区、县(市)已达到每个社区10家以上具有本社区特色的各类社会组织,并涌现出了像上城区的"在水一方互助会"和"湖滨晴雨",下城区文晖街道的"和事佬协会",江干区的"四点半课堂",萧山区的"爱心社区卫生服务中心",余杭区的"星火居家养老服务中心"等一批有着较高知名度和影响力的优秀社区社会组织。①

(四)杭州的基层协商民主突出协商平台和服务机制建设,为创新社会治理提供了丰富载体

在整体推进基层协商民主和创建平安杭州的过程中,杭州市以打造"一网三中心"为重点,解决新时期管理工作遇到的问题。目前,全市共划分了11623个网格,组建了各类服务团队2.5万个,基本形成了主城区15分钟社区服务圈。至2013年,全市193个镇(街道)和3015个村(社区)都已全部建立了社会服务管理中心,已累计为人民群众办实事上百万件,相关统计数据表明,杭州群众的安全感满意率达97.2%,居全国副省级城市前茅,2013年,杭州再次蝉联全国最具幸福感城市之首。② 在推进社区建设的过程中,不断创新社区管理与服务,探索实践城市"复合主体"治理结构,亦即,以党政界、行业界、知识界、媒体界的社会合力,在多重社会力量的参与协商中,推进城市社会事业的发展。具体到社区建设事业的层面,在完善社区管理过程中,各层级政府以不同形式参与社区事务,健全社区组织系统,建构起市区党委政府统一领导,民政部门组织协调,有关部门积极配合,街道与社区自治组织主体推进,社区民间组

---

① 张祝平:《杭州从社会管理走向社会治理研究报告》,见周膺主编:《杭州蓝皮书:2014年杭州发展报告(社会卷)》,杭州出版社2014年版,第1—11页。

② 张祝平:《杭州从社会管理走向社会治理研究报告》,见周膺主编:《杭州蓝皮书:2014年杭州发展报告(社会卷)》,杭州出版社2014年版,第1—11页。

织、辖区单位、物业企业共同参与的社区建设的运行机制。同时，积极拓展多重渠道的社区决策参与，鼓励公众对社区事务提出建议，建构起社区时空的公共性，使社区协商成为完善基层群众自治制度、促进基层民主实践健康有序发展的重要形式，形成了丰富的社区治理的样本和经验，并被称之为推进社会治理创新的"杭州经验"。①

五、结语

协商民主的要义，就是商量着办事。知行合一践行党的群众路线，必须尊重基层群众的主体地位，必须广泛听取基层群众意见，这就需要坚持和发展好基层的协商民主。习近平总书记强调：对群众正常、合理、善意的批评和监督，不管多么尖锐，我们都欢迎，都不要不高兴，更不能压制；不仅要欢迎，而且要认真听取、切实改正。② 他还指出："对中国共产党而言，要容得下尖锐批评，做到有则改之、无则加勉；对党外人士而言，要敢于讲真话，敢于讲逆耳之言，真实反映群众心声，做到知无不言、言无不尽。"③ 这是对社会主义协商民主本质要义的极好注解，也体现了执政党对各协商民主主体的尊重，有利于在中国共产党的领导下实现全社会的大团结、大联合。④

从杭州的情况来看，其滞碍主要表现在：一是党政部门推进基层协商民主建设的主动性有待加强，部门之间协作机制还需深化；二是新闻媒体承载了过多的功能，除搭建协商平台这一重要功能外，往往还需要将很多的精力和时间花在问题协调上；三是基层民众的理性参与能力和水平还需进一步提高，由于信息不对称、利益诉求渠道仍然不畅、民主参与意识不

---

① 张祝平：《杭州从社会管理走向社会治理研究报告》，见周膺主编：《杭州蓝皮书：2014年杭州发展报告（社会卷）》，杭州出版社2014年版，第1—11页。
② 转引自李宝善：《充分认识意识形态工作的极端重要性》，http://theory.people.com.cn/n/2013/0912/c40531-22895239.html（访问时间：2013年9月12日）。
③ 习近平：《共产党要容得下尖锐批评》，载《新华每日电讯》，2013年2月8日，第1版。
④ 叶小文：《协商民主与现代国家治理的高度契合》，载《中国政协理论研究》，2014年第1期，第2—5页。

足等，协商民主的社会条件仍需发育①。为此，在创新社会治理的背景下，推进基层协商民主，还需要进一步发挥好党政的主导力、新闻媒体的引导力和市民的主体力。要进一步厘清政府、社会、市场三者的边界，为基层协商民主创造更广阔的空间。在推进基层协商民主的具体实践中，要完善法制保障、努力设计和构建一套社会普遍认同的公共协商制度、规范协商机制和程序、创新协商模式、培育协商文化、浓厚协商氛围。在此条件下，一方面，激励各方参与协商的积极性，使每个社区成员都有参与民主协商的热情和机会，这里包括议题确定、证据争论、议程形成等诸方面的机会；另一方面，促进协商主体坚持协商原则、遵守协商程序，讲真话、道实情、献良策，并确保协商结果有效落地。唯有如此，才能保持基层协商民主的活力，提高协商实效，实现社会公正，达到社会共治，维护社会长久和谐稳定、有序发展。

（张祝平，杭州市社会科学院社会学研究所副所长、副研究员；郑晓丽，浙江经贸职业技术学院社科部副教授）

---

① 参见张俊华、李明超等：《杭州实施"民主民生"战略的经验与思考》，见周膺主编：《杭州蓝皮书：2013 年杭州发展报告（社会卷）》，杭州出版社 2013 年版，第 12—29 页。

协商民主与民主恳谈

——以温岭市统战部实践为例

温岭市委统战部课题组

一、问题提出

改革以来,尽管村民自治建设从开始的"四自我"(自我管理、自我服务、自我教育和自我监督)不断转向"四民主"(民主选举、民主管理、民主决策和民主监督),基层民主建设取得了不小的进步,但在实践中仍有许多值得完善的地方。社会阶层的不断分化、人口流动的不断加速以及传统宗族力量的再生,使得基层民主问题进一步复杂化。Larry J. Diamond (1990) 认为,民主需要冲突,但是不能太多;竞争是必要的,但是必须在严格限定和一直接受的范围内。分歧必须通过共识来节制。[①] 民主参与扩大可能带来的无意识混乱与竞争,会造成无序化破坏。因此,如何有效地在扩大民主参与的同时,提高民主的质量是转型中政治发展的核心。转型时期中国民主的发展,必须合理解决这一悖论。

温岭市"民主恳谈"这一制度创新正是在这种背景下发展而来。这一制度从"民主恳谈"发展到"参与式预算",再到"行业工资协商",形成了与民营经济发展相媲美的制度创新"雁阵模式"。从1999年SM镇实践创新以来,到2000年"民主恳谈"正式命名,民主恳谈在温岭市各乡

---

① Larry J. Diamond, "Three Paradoxes of Democracy", *Journal of Democracy*, Vol. 1, No. 3, 1990, pp. 48 – 60.

镇（街道）、村、社区、非公企业和市政府职能部门等各层次全面推开，恳谈主题也由最初多为群众提出的与自己切身利益相关的问题转变为涉及村、镇、企业或全市的公益大事为主。民主恳谈制度在温岭市连续不断地实践了十多年，解决了温岭市经济社会发展中的许多重大事项和事关民生的具体问题，得到社会各界的广泛认同。①"民主恳谈"已经成为温岭市的一张名片，并于2004年获得第二届"中国地方政府创新奖"。

但是，在民主恳谈的具体实践过程中，特别是社会公共话题日益成为恳谈主题，"帕累托改进"逐步让位于"卡尔多改进"时，民主恳谈日益受到社会结构与文化传统的影响。在保有恳谈这种扩大民主参与的形式上，如何提高民主质量是恳谈实践中面临的核心问题，而民主质量的提升又需要在参与个体中得到分析。何包钢（2007）在对温岭市扁屿村的调研中发现，在民主恳谈的过程中，现有的社会不平等问题仍然从一些途径或机制渗透进来或者得到体现。外来人口与本地人口、领导干部与村民、不同职业群体、不同姓氏之间的不平等，通过行动能力、信息获取、阶层分化、时空局限等途径，使民主恳谈实效受到严峻的挑战。②此外，性别差异、年龄差异、收入差异、社会资本差异等所形成的不平衡因素，也不断地影响民主恳谈发展。民主恳谈参与者内部的不断分化，使得恳谈中的诉求难以得到有效的集中。而不断分化的诉求在没有有效的参与机制中成为无序的混乱和对民主恳谈持续发展的挑战。

如何协调民主恳谈过程中存在的不平等因素，使恳谈不断深入，使其成为基层民主有效实施的实践样本，是未来民主恳谈发展的关键性问题。进一步而言，我国现阶段基层民主实践也同样面临这样一个困境：社会问题日益公共化，利益链条日益复杂化，而更加柔性、富有弹性的社会建设却不能及时引入不断分化的社会元素。转型、断裂成为时代的特征，如何

---

① 陈奕敏：《协商民主在基层的制度创新》，载《中国党政干部论坛》，2013年第7期，第22页。

② 何包钢、王春光：《中国乡村协商民主：个案研究》，载《社会学研究》，2007年第3期，第56页。

整合碎片化的社会是当前实践的核心。而协商民主正是解决这一难题的有效途径。党的十八大报告首次提出并系统论述了健全社会主义协商民主制度。确认"协商民主"概念,并在此基础上进一步确立"社会主义协商民主制度"概念,进而对"健全社会主义协商民主制度"进行规划和部署,从一个侧面体现了中国共产党在社会主义民主问题上最新的实践创新和理论创新。本文理解的协商民主既不是单一维度民主理念的进一步拓展,也不是单纯的制度设计,而是一种社会空间的有效拓展与包容性制度的确立。协商民主的提出给基层民主实践新的空间,从而在实践发展中形成更加公平、正义的社会再平衡机制,化解基层中存在的矛盾,提升基层政府的治理水平。

二、民主恳谈与协商民主:一个基层民主实践的创新

民主恳谈起源于温岭市,就其实质而言,是政府决策的公开听证会,官员和公民的平等对话会,也是不同利益群体之间的协调沟通会。[①]从恳谈形式来看,包括:以乡镇、村以及企业内部决策过程中的民主恳谈活动;县级部门、乡镇决策过程中的开放式的民主听证会。此外,从程序上来看,根据《中共温岭市委关于"民主恳谈"的若干规定(试行)》,民主恳谈包括议题选定、对象选定、程序规范、监督反馈。十多年的实践,使得民主恳谈具有了参与性较强、复合程度较高、可控性较大、协调性较好的诸多特点。但是不可否认,在民主恳谈过程中对不平等因素的协调、可控、复合难题越来越大。只有不断的扩展民主恳谈的内涵与外延,才能切实保障民主恳谈的推进。协商民主在政治层面得到肯定,使得基层民主发展有了新的理论基础与新的实践空间。已有的研究已经表明:在原有的民主恳谈会基础上,将协商民主的一些内容和原则嵌入进去,确实大幅度地

---

① 郭宇宽:《聚焦浙江县级市温岭的"民主恳谈会"》,载《南风窗》,2004年第2期,第24页。

提高了民主恳谈会的质量和水平,对村庄民主有着明显的促进作用。①

协商这一个核心要素,在中国共产党所开创的事业中占据了重要的位置。通过协商民主来发展协商治理,来建构一个理性、成熟的公民社会是中国民主发展的基础和途径。② 就协商民主自身而言,可能发生在三个层面的不同领域:国家制度、特色论坛、公共领域。③ 三个层面不同领域的协商民主都有其自身发展的不同特点,因地制宜扩展协商民主新模式,是民主实践的关键,而民主恳谈的进一步创新就是典型案例。在新的空间之中去完善制度创新模式,是基层实践扩展民主参与提高基层民主实践质量的应有之意。

三、协商民主视角下的民主恳谈:以温岭市实践为例

就协商民主的实质而言,就是要实现和推进公民有序的政治参与。在中国共产党的领导下,把协商民主与选举(票决)民主结合起来的过程中,始终要体现"公民有序的政治参与"这一现代民主精神,并把它作为民主和法治的重要内容,引导群众以理性合法的形式表达利益要求、解决利益矛盾,共同来构建社会主义和谐社会。对于民主恳谈来说本身就是协商民主的一种雏形,是一种"有限的协商民主",进一步协调恳谈内部的不平等,进一步规范恳谈过程的民主化,是参与实践民主恳谈的落脚点。为此,温岭市统战部积极实践,形成三种有效的参与民主恳谈、矫正民主恳谈的模式。

(一)项目支撑型民主恳谈

恳谈议题的选定是现阶段民主恳谈工作中存在的一个重要难题。议题的多层次与群众利益的多元化,使得恳谈议题难以聚焦。以温岭市经济薄

---

① 何包钢、王春光:《中国乡村协商民主:个案研究》,载《社会学研究》,2007 年第 3 期,第 56 页。

② 何包钢:《协商民主和协商治理:构建一个理性且成熟的公民社会》,载《开放时代》,2012 年第 4 期,第 23 页。

③ John S. Dryzek:《不同领域的协商民主》,王大林译,载《浙江大学学报(人文社会科学版)》,2005 年第 5 期,第 32 页。

弱村发展为例，虽然恳谈一定意义上能够协调村内各种力量，但由于缺少必要的资源，经济发展依然存在重重困境。恳谈议题的选定不仅是一个问题的聚焦，而且还需要资源的聚焦。因此，发现恳谈诉求是现阶段社会管理与治理中的关键。虽然不断地发生群体事件与居民上访问题，但是这些都是局限于小范围的群体，这样凝练一个较好的恳谈主题，不仅需要对基层事实做很好的分析，也需要对基层问题有深入的了解。而如果做到这样一种有效的分析，最好的方式就在于对问题的分类。

笔者在调研温岭市 CN 镇① 2012 年民主恳谈中发现，基层民主恳谈议题主要集中两个方面：一是常规性议题，二是临时性议题。常规性议题主要包括计划生育、公共设施、村级管理、环境卫生等。由于考核指标的存在，此类恳谈议题与考核具有很强的对应性。因此，这类恳谈具有较好的持续性，但是质量问题却需要反思。从恳谈的记录来看，参与者内部的分歧并不是很大，共识也很容易达成。恳谈的结果都是一个规范化的过程，并没有太多的利益纠纷与资源约束。而对于临时性议题，主要包括重大事件、村庄发展规划等。在此类恳谈中，恳谈的结果往往存在两个困境：一是利益难以协调的分配困境，二是经济发展资源匮乏的行动困境。恳谈面临的两个困境需要加入新的治理元素，而协商民主就是一个重要的空间。因此，将民主恳谈从一个话语系统走向多元的资源系统是未来发展的重要方向。

案例一：以温岭市 CN 镇 LA 村为例，该村位于 CN 镇西南山区。全村共有178户，507人，耕地面积193亩，山林面积848亩，养殖水面12亩。由于区域位置的原因，资源开发滞后，非农产业发展优势不足，村经济社会发展水平明显低于全市的平均水平。虽然发展早已成为共识，但行动一直处于困境。2006年以来，温岭市委统战部以项目入村为突破口，解决 LA 村长期存在的问题。自此，项目成为 LA 村民主恳谈的新议题，统战部门的工作改变了恳谈议题的虚化。结合 LA 村的实际特点，积极与村民协商，谋划产业发展思路。最终 LA 村选择了以发展股份合作农场这一新型

---

① 基于研究的规范性，本文对调研涉及乡镇做了一定的处理。

农业组织模式，摆脱村经济社会发展困境。与此同时，在项目恳谈的带动下，村庄治理结构也发生了变化，不但提升的参与意识与竞争意识使得村庄管理有了新的进步。

以项目参与为基础的民主恳谈，并没有改变民主恳谈本身的内容，但却推进了民主恳谈的进程，通过项目聚焦了恳谈的议题，通过恳谈增强了项目实施的持续性。与此相伴，参与意识与竞争意识深入到基层治理之中，在形成经济发展困境解决的同时，也带动了基层治理水平的提升。埃莉诺·奥斯特罗姆在《制度激励与可持续发展》中指出，在维护小型工程的过程中，需要受益者群体通过在资源筹集和共同决策中相互承担义务，组织起来提供公共利益，并形成相应的治理模式。① LA 村的实践就是从外围给予恳谈的动力，在基层民主发展中加入资源因素，打开民主实践的大门。通过恳谈互动，形成良好的激励机制，制定了股份合作农场的分红机制，理顺了资金、技术、土地三者的关系。与此同时，农户在参与恳谈的过程中加深了对现代农业组织经营机制的理解，也提高了农户参与和民主意识。

（二）专家参与型民主恳谈

由于在沟通能力方面有差异，中国的协商也常常带有感情宣泄的特征，即有理有情。② 在情、理、法三个维度中的权衡，不仅是人们争夺话语权的过程，也是价值偏好表达过程与民主参与的过程。而由此产生的动员使得乡村中形成了不同的派别。此外，乡土社会中差序格局使得个体在参与过程中往往以小团体的身份进行参与，从而在实现共识达成中增加了谈判的成本。因此，在程序上作必要的矫正与规范，是保证民主恳谈有效实施的关键。

在传统社会的协商调解人，往往不是制度上的中立者，而是乡村社会

---

① 〔美〕埃莉诺·奥斯特罗姆：《制度激励与可持续发展》，上海三联书店 2000 年版，第 265 页。

② 〔美〕埃莉诺·奥斯特罗姆：《制度激励与可持续发展》，上海三联书店 2000 年版，第 265 页。

网络中的"桥"。调解人利用自己特殊的位置或者拥有的资源，对事件做出相应的判断。但是，在公共利益议题上，传统社会的调解人往往不具有解决公共问题的优势，而精英的过度参与有时会影响到恳谈内部力量的对比。与此同时，建国之后所经历的不断转型与变迁，使得精英阶层不断分裂。与传统的"乡绅"相比，在精英再生产过程中，新贵的精英阶层其社会资本在不断地下降，而"边缘群体"利用暴力以及灰色势力所形成的"准精英"又存在不安定的隐患。因此，对于恳谈程序上的矫正，需要一个制度化的中立人，而这样的中立人需要一定的知识背景与组织技巧。有效合理地选择中间人，既有效利用其社会资本，又能够保障民主程序的合理实施，是扩大协商民主的实践路径之一。

为此，温岭市委统战部邀请具有较强组织能力和协调能力的热心公益人士，组成专家顾问组织，为基层民主恳谈提供相应的指导。这样，民主恳谈借助统一战线的人才智库优势，通过协商民主机制，成为民主恳谈发展的新动力。专家顾问团的任务主要包括两方面内容，一是恳谈前期的问题聚焦；二是恳谈过程中的场景控制。虽然恳谈已经在温岭市实践十年有余，但是日益复杂的社会问题不断挑战着恳谈的程序。恳谈前期的问题讲解、程序说明以及问题的进一步聚焦是恳谈能否顺利推进的关键，也是恳谈能否有效的基础。其次，恳谈过程中的协调人是对于参与者情理梳理的关键角色。好的协调人能够促使参与者将意见充分表达，并能够掌控现场的秩序，最后达到一定的效果。

案例二：MYF 与 ZSM 是温岭较早涉及民主恳谈研究的两个人士，特别是 MYF 是温岭市 JY 局的退休干部，对温岭实际情况较为熟悉，具有较好的社会资本。自 2010 年以来，MYF 一直在基层从事民主恳谈主持人这一角色。以 2013 年 12 月 DX 镇 SFZ 村举行的民主恳谈为例，由于村民因省道建设占地补偿问题一直难以达成有效的化解方案。连续两任村干部都无法有效的化解这一问题。与此相伴，逐步形成了不同的意见表达群体，特别是宗族势力的介入使得村庄内部的分歧不断扩大，开展一次有效的民主协商是解决问题的关键。在没有主持人参与的几次民主协商中，发言者的表达总是难以有效的集中，跑题、偏题以及谩骂成为民主协商的主要内容。而在经历了几次协商之后,问题方案的难以形成使人们开始对恳谈失去信心。

为此,在 2013 年 SFZ 村在民主恳谈中引入主持人这一角色,以协调恳谈过程中的话语失衡与系统失灵。MYE 作为一个资深的主持人加入到这一恳谈的程序之中。在了解各方诉求之后,准确把握恳谈尺度,在既能让每个人说话的同时,有保障每个人都说到重点之上,是主持人的角色所在。(MYF 访谈记录)因此,在这样一种程序的控制上,使得恳谈深度得到延伸。关于占地补偿问题也在这次恳谈中得到了处理。

因此,一个好的民主恳谈主持人也是恳谈效果的决定性因素之一。选择一个外部的主持人,一方面能够向参与者表达一种中立的态度,另一方面主持人可以不受到恳谈内部各种力量的干扰。虽然这种安排会使得信息的不对称性加剧,但是在小范围的区域内,信息的获取依然存在可能。此外,专家顾问小组的成员由于其对社会政策的了解以及较强的组织能力,使得其能够在恳谈中保持恳谈的方向,提高恳谈共识达成的可能。正是基于上述问题的考虑,温岭市统战部积极协调社会各方力量,形成有效的统战、协商渠道。打通智库与基层的隔阂,形成协商民主的有效力量,成为民主恳谈的新元素,促进基层民主更加有效的平台建设。

(三) 监督评估型民主恳谈

一个完善的监督体系是任何制度持续性的关键因素,监督体系是一个制度的矫正、反馈机制,也是制度更新、创新的关键。民主恳谈的实践不仅使得人们在恳谈中达成了共识,也在恳谈中调动了社会资源,"形成一种集体民主压力,即老百姓自己说服自己、自己解决问题"[1]。

但是,现实中的情况并没有给予很好的印证。民主恳谈的同时,上访并没有得到相应的减少,两者之间并没有体现出相应的替代关系。可能的解释就在于恳谈共识的落实还存在一定的问题。有效的监督与评估,特别是对恳谈后期的评估往往是人们容易忽视的环节。民主恳谈中常常存在这样的情况,在群体压力下的道德风险使其在恳谈会上表现为积极的参与

---

[1] 陈家刚:《协商民主引论》,载《马克思主义与现实》,2004 年第 3 期,第 26 页。

者。而在失去集体压力之后的实践上，往往当事人会逆向选择。恳谈共识的持续性受到了严重的挑战，恳谈参与者的积极性也不断下降。

因此，对民主恳谈成果落实的积极监督不仅是对于民主恳谈过程的矫正，也是对民主恳谈程序的进一步完善。而统一战线所具有的党派优势以及党派所具有的政治优势，正是统一战线介入民主恳谈，发展协商民主的有利途径。自2005年，温岭市政协开展委派民主监督员的工作实践以来，丰富了统战工作内容，为日后统战部门开展恳谈监督提供了宝贵的经验。2010年以来，温岭市统战部开始合理引导各党派力量，深入基层开展社情民意调研，并在此基础上形成一种监督评价机制：一方面为基层工作开展提供咨询，另一方面对基层工作开展评价。

案例三：2010年开始，温岭市委统战部就在全市开展了统战人力资源网络建设。将有志于参与社会公共建设，具有一定社会资本的人士，在自愿的前提下加入统战监督员网络，该组织主要任务包括事前咨询与事后评估。民主恳谈作为温岭市一个亮点工程，也是该组织进行参与的一个有效载体。在恳谈之后进行有效的评估，是该组织基于恳谈质量的一个考量，也是对民主恳谈这一载体参与度与深度进一步拓展的可能。

JYM是温岭市民主党派人士，自上世纪80年代开办企业到近两年热心公益，成为温岭市一个知名的社会活动家。近三年的评估活动，使民主恳谈的质量不断得到提升。2012年CN镇XJA村开展了一次关于村庄规划发展物业经济的恳谈会。在恳谈会上，处理了三个核心议题：土地、补偿以及分红。但是，事后的发展并没有实现预期的效益。农户上访与信访成为一个难题。恳谈的效力并没有得到实际的尊重。根据实际情况，JYM开展了恳谈评估会，在解决矛盾的同时，进一步矫正原有恳谈结果，使其效力得到提升。

基于民主恳谈的评价与监督，统战部门进行了民主再恳谈。民主再恳谈意在基于结果公正的视角重新矫正民主恳谈的共识。此外，改革以来，面对土地纠纷与治安环保双重问题的城市郊区，一次性恳谈并不能彻底解决问题。问题解决的速度与问题复杂性之间环环相扣，公共问题的负外部性使得问题不断扩大化。以温岭市TP街道的XM村为例，城市建设的扩张使村庄性质由农业自然村变为以商业为主的行政村。村庄合并带来的社会结构裂痕，以及土地价值不断攀升带来的分配难题，使得村内矛盾长期困扰着该村的经济社会发展。虽然恳谈已经达成共识，但是共识却不断受到挑战。而打破共识的力量又难以形成，因此在土地价值分配上积累了长期的矛盾。为此，统战部门利用身份上的超脱优势，以单纯农户为恳谈参与对象，基于结果对恳谈进行评价，形成再恳谈、再平衡的倒逼机制。为再恳谈提供良好的开端，在"恳谈—评价—再恳谈"动态平衡中，解决了村内长期存在矛盾纠纷。

（四）协商民主视角下的民主恳谈矫正

通过三种不同参与途径，结合自身三大优势，基于协商民主这一平台，形成三种治理模式，对温岭市民主恳谈形成一定的矫正作用。

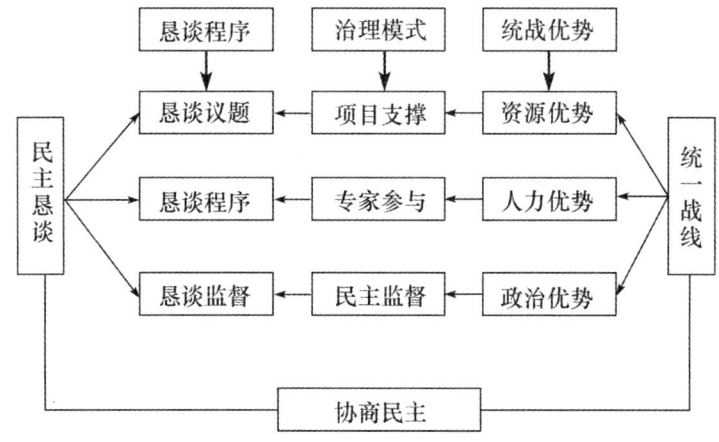

图1　民主恳谈深化路径

从民主恳谈的基本程序上来看，存在恳谈的起点、程序、结果。而统战部门正是基于此，本着起点公正、程序公正、结果公正的原则，参与民主恳谈。这也正是协商民主给予统一战线与民主恳谈新的内涵。

表1　三类民主恳谈比较

恳谈类型	优缺点	适用范围
项目支撑型	优点：能够在起点上保证一定的公平性；在展恳谈过程中，相应的附加功能较大；缺点：项目难以形成。	适用于经济比较落后的地区，存在一定的发展困境；内部分歧较小。
专家参与型	优点：在程序上保证恳谈开展的公正性；缺点：专家资源比较稀缺。	适用于问题较为复杂的地区；内部分歧较大；利益矛盾多元。
监督评估型	优点：从结果公平的视角对恳谈形成一种约束与保障机制；缺点：专家资源稀缺。	适用于内部分歧较大、利益多元的情况。

最大限度的矫正恳谈中的不平等因素，是协商民主赋予民主恳谈的一个新的视角。虽然在已有的三种模式中，依然存在着一些问题，但是其目的在于对现有民主恳谈的渐进改进。在协商的视角下扩大民主恳谈的参与度，增强民主恳谈的信誉度，提升民主恳谈的制度性。这些都是对代议民主制的一种扩展，而并不是如奈斯比特所言：代议民主制的历史作用已经完成。[①] 三种模式并不是对于代议制的否定，而是基于三个公平（起点、程序、结果）对其的矫正。面对当前基层矛盾日益复杂化的困境，广泛的参与赋权是一个解决问题的有效途径，但是赋权参与之后民主的可控性依然是代议制的一个优点。协商民主并不是有些学者认为的代议制的终结，而是在参与与代议之间的平衡。

温岭市十多年的民主实践可以说始终伴随着两个平行的路径在演进：一是扩大民主的参与度，二是基于扩大基础上的可控性。而可控并不是控制，而是对程序、结果、起点有能力的矫正，体现恳谈中的公正。三种不同的参与模式与治理模式正是平行路径之中的再平衡与再发展。

---

① 〔美〕约翰·奈斯比特：《大趋势：改变我们生活的十个新方向》，梅艳译，中国社会科学出版社1984版，第162页。

四、进一步创新基层民主形式的建议

就目前而言,我国民主发展的战略应注重发展和完善协商民主,注重协商治理机制、过程、形式和程序。多方利益诉求的平台正是协商民主的舞台,而多方利益达成的共识正是协商民主的目的。但是从平台到共识需要通过可控的方式,矫正在程序过程中存在的不平等。民主恳谈十多年的实践也正好验证了这一点,一方面在利益表达上形成了决策的约束,但是另一方面也形成了决策的困境。为此,进一步创新民主恳谈模式,积极开展民主协商是未来发展的要点。

(一)扩大协商民主参与主体,形成有效民主恳谈议题

现阶段民主恳谈参与者的困境一方面可能由于恳谈内部较高的交易成本,另一方面也可能是恳谈议题难以选定。利用协商民主机制,扩大民主恳谈参与主体,有利于形成民主恳谈议题,有利于调动居民参与民主恳谈的积极性。对于社会问题冷漠从来都不是全部来自道德或者责任的问题,也是一个理性计算者的选择问题。

协商民主需要多元主体,统一战线又是多元主体结合的阵地,将两者之间形成有效的资源共享途径是调动参与主体积极性的有效方式。然而,统一战线的优势不仅仅是一个简单共同体,它所拥有的各方面资源也是独一无二的。在信息、资金、人力以及政治资源方独特优势的统一战线本身就是社会参与的主要载体。如何有的放矢、服务基层也是基层统战长期存在的问题。但是参与过程的项目化、制度化有利于民主恳谈更加充实,有利于协商民主得以真正落实。这也是基层统战未来服务地方经济的有效途径。经济转型的背景使得经济发展的模式有了根本的转变,在资源输入的同时,也需要治理的培育。在经济发展的同时,实现了民主的进一步深化,在实现物质水平提升的过程,也实现了治理的现代化转变。

(二)努力借鉴协商民主机制,有效治理民主恳谈程序

从协商民主到协商治理,协商民主本身就具有规范的成分。从利益矛盾的纠纷,到参与者偏好的转化,再到共识的最终达成,协商民主从治理的角度给予民主恳谈以新的理念。作为现实存在的内部差异,只有通过有

效公正的程序才能矫正民主恳谈过程的不平等，实现权利的保护与公平正义的彰显。

统战部门所具有的特殊渠道优势，需要更好地参与到社会实践当中。积极有效的利用更加完善的主持人制度、恳谈发言制度、恳谈协调制度提升民主恳谈这一平台是统战人力优势的工作重点。温岭市的实践表明，多元利益群体的扩大，参与主体的多元，需要更加有效的治理模式，而协商民主就是这些要素最后的归宿。协商的可能性就在于渠道的多元性，而协商的必要性则在于利益的复杂化。协商民主有别于其他民主模式的一个特点就在于其形式的日常化，而这种日常化的实现就在于其草根性质。这样的模式将有利于减少治理中的成本，而这样模式的实现就在于渠道的贯通。统战部门的实践正好也验证了协商民主这一概念的广度。

（三）加强民主恳谈监督评价，实现协商民主长效机制

监督评价机制长期被排除在民主恳谈之外，特别是基于自由主义等理念的干扰，使得评价监督没有发挥其应有的作用。恳谈变成静态的恳谈，成为考核任务的附庸。社会急剧的变迁需要更加弹性的动态化管理，而评价监督机制是动态化管理的前提。

温岭市统战部门的实践表明，协商民主长效机制的形成，需要建立的动态管理的基础之上，而监督和评价体系是一个重要的切口。发挥特殊渠道、特殊位置、特殊资源的参政议政优势，形成动态管理的集体民主压力，为基层协商民主长效机制提供重要的力量。有效的制度需要良好的激励，其中反向的激励也是一种有效的方式。形成民主恳谈之后的再恳谈，就是基于协商民主质量方面的考量。在一方面实现民主广度的同时，民主的深度就是一个值得思考的难题。必须形成恳谈的循环机制，在以事实、问题、持续为准绳的背景下，充分利用统战系统的资源，进一步的深化协商民主的内涵，扩大社会主义协商民主的广度与深度，实现民主质量的有效提升。

（课题组成员：薛美琴，上海交通大学博士研究生；马超峰，温岭市委党校讲师；郑聪聪，华中师范大学硕士研究生；赵健，温岭市委统战部办公室主任）

党领导下广泛多层制度化发展基层协商研究

——以彭州市的实践探索为例

中共彭州市委统战部

推进协商民主广泛多层制度化发展,是党的十八大和十八届三中全会的重要部署,针对我国政治协商制度设计到区(市)县一级为止,广大基层社会缺乏相对成熟的协商民主平台、制度与工作机制的现状,2013年3月以来,在省委统战部、成都市委统战部的跟踪指导下,彭州市率先在党领导下广泛多层制度化开展基层协商民主探索实践,搭建了三级协商对话工作平台,建立了四项工作机制,形成了一套完整的制度。彭州开展的探索实践,完善了基层治理格局,创新了基层信访维稳新机制,探索出了基层统战工作的新抓手新平台,为建立联系服务群众常态化机制创造了条件,更为中国特色社会主义协商民主在基层的具体实践形式探索出了一条成功道路。

一、目的意义

一是健全社会主义协商民主制度。新中国建立以来,中国社会主义协商民主制度的实践,主要表现为政治协商制度的实践,而政治协商制度只设计到县为止,县以下的广大基层社会缺乏相对成熟的协商对话平台、制度与工作机制,要实现党的十八大和十八届三中全会提出的"协商民主广泛多层制度化发展",则必须进一步在基层构建以广大民众为主体的基层协商民主体系,其中最重要的就是社会协商对话制度。

二是完善基层治理格局。党的十八届三中全会提出要推进国家治理体系和治理能力现代化。由基层党委政府主导的"社会管理"模式将必然向由基层党委政府、社会组织和广大群众多方参与的"社会治理"模式转变。通过搭建基层协商对话平台，能进一步满足基层群众和各利益群体就社会决策、社会管理以及事关广大群众切实利益问题与党委政府对话协商的强烈期盼与要求，增进社会共识，从而形成群策群力、共建共治、依法治理的局面。

三是探索基层信访维稳新机制。随着改革开放的持续深入，利益群体多元化，社会矛盾复杂化，利益诉求多样化造成了十八大所指出的"社会矛盾明显增多"，而社会矛盾明显增多涉及的群体主要集中在广大的基层民众。如何将"明显增多"的社会矛盾有效地化解在基层，增进社会共识，为全面建成小康社会凝心聚力，增加正能量，成为基层党组织普遍面临和亟待解决的重大问题。

四是深入践行党的群众路线。群众路线是党的生命线和根本工作路线，协商民主是党的群众路线在政治领域的重要体现。通过开展社会协商对话，搭建起基层党委政府和各级组织联系服务群众的平台，构建长效机制，收集民意、汇聚民智、化解民怨、凝聚民心，进一步密切党群干群关系，实现联系服务群众常态化，是持续深入践行党的群众路线教育实践活动的重要方式。

二、主要做法

（一）强化组织领导

2013年3月，彭州市委统战部全力建言，经过彭州市委常委会认真研究，彭州市委正式出台了《关于构建社会协商对话制度的意见》，同时，为确保基层协商民主的探索实践严格按照党的十八大和十八届三中全会要求有序推进，最大限度避免因倡导者或领导者的个人去留和注意力转移导致实践探索无效、淡化或者中断，彭州市成立了以市委书记为组长，市政协主席、市委副书记和统战部部长为副组长的彭州市构建和完善基层协商民主制度工作领导小组，以党委的名义指导基层协商民主的建设和发展。此外，成立了以统战部部长为召集人，相关部门负责人为成员单位的市社会协商对话联席会议制度，统筹负责指导镇、村（社区）、企（事）业单位及市级部门做好探索实践工作，定期开展督促检查，协调解决工作推进中存在的问题，做好宣传总结，不断完善各项制度。

（二）突出统战牵头

按照《关于构建社会协商对话制度的意见》的要求，彭州市委统战部充分发挥了联席会议办公室的作用，指导镇、村（社区）、企（事）业单位及市级部门扎实地做好各项工作。一是积极宣传，广泛动员。彭州市委统战部班子成员深入到全市各镇宣传构建社会协商对话制度的重大意义，多次组织召开"全市社会协商对话工作推进会"，使相关单位、各镇、村（社区）变被动接受为主动参与，增强了工作的积极性和主动性。二是开展试点，摸索经验。经过充分准备，2013年5月底，试点工作先后在三个镇和一个社区展开，8个涉及社会民生方面的议题进行了充分有效协商，达成了广泛共识，试点工作取得了初步成效。三是细化规则，强化指导。2013年6月底，在全面总结试点工作的基础上，彭州市委统战部进一步明确了镇、村（社区）社会协商对话工作职责，社会协商对话成员职责，完善了社会协商对话会成员管理制度，规范社会协商对话成员产生办法、议题产生办法和成果运用管理办法，编制了社会协商对话工作手册，成立社会协商对话工作小组，全程指导社会协商对话工作，在充分总结乡镇（街道）、村（社区）构建社会协商对话制度基础上，于2014年8月开始在企（事）业单位探索构建社会协商对话制度。四是组织培训，提升能力。为了加强协商会成员队伍建设，提高协商会成员的协商议事能力，彭州市委统战部于2014年5月6日—5月9日分四期对全市887名镇协商会成员进行了专项培训。五是加强督查，严格考核。在加强常规工作监督检查的同时，彭州市委统战部还制定了社会协商对话工作考核评价方案，把对镇协商会的考核评价结果作为统战目标和干部考核的重要依据。

（三）加强制度设计

在坚持党的领导、群众主体、有用必要、能够持续的原则下，彭州市先后出台了《关于构建社会协商对话制度的意见》、《关于构建社会协商对话制度试点工作的实施方案的通知》、《关于构建乡镇（街道）、村（社区）社会协商对话制度的实施方案》、《关于深入开展社会协商对话工作有关事项的通知》、《关于探索构建企（事）业单位社会协商对话制度的通知》、《关于印发企（事）业单位社会协商对话制度的实施方案》、《关于开展社会协商对话双评工作（试行）的通知》等文件，为社会协商对话工作的顺利开展进行了完整的制度设计。

（四）搭建协商平台

为了回答社会协商对话工作"与谁协商"的问题，彭州市委按照有关制度设计要求，相继搭建了"三级"协商对话平台。

一是以原村（居）民议事会为平台，新增加协商职能，强调会前协商、会中协商、会后监督，搭建村（社区）级协商会平台。首先以村（居）民小组为单位，每5—15户产生1名村（居）民小组代表［本辖区内的各驻村（社区）单位要纳入村（居）民代表产生范围］，组成村（居）民小组议事（协商）会；然后按每个村（居）民小组2—4人的名额，在村（居）民小组代表中产生村（居）民议事（协商）会成员；其中村（社区）、组干部不超过50%。

二是搭建以镇协商会为主的社会协商对话平台。镇协商会成员拟任人选通过以下三种方式产生：（1）自荐，凡符合条件者，可积极自荐；（2）群众推荐，按每个村（社区）1—3人的名额在村（居）民议事（协商）会成员中协商产生，其中镇机关干部不超过2名，村（社区）干部不超过25%；（3）组织推荐，凡在本辖区的民主党派、无党派、民族宗教、新社会阶层人士，要作为组织重点推荐对象，由镇党政办提名推荐；新型职业农民、农村乡土人才的组织推荐工作由镇负责农业工作的办（所）负责。乡镇（街道）党政办负责汇总自荐、群众推荐、组织推荐的拟任人选，报镇协商会成员资格审查组审查。镇协商会成员资格审查组负责审查拟任人选，审查合格后报构建镇、村（社区）社会协商对话制度工作领导小组审定。拟任人选经审定后，进行为期7天的公示，无异议的，确定为镇协商会成员。

此外，村（居）民议事（协商）会、镇协商会根据协商议题的需要，可特邀以下人员列席会议：（1）超过现有法律法规和政策解决权限的问题的信访人；（2）协商议题涉及的镇上有关领导、市级部门有关领导；（3）协商议题涉及的有关专业人员等。

三是搭建了企（事）业单位社会协商对话平台。企（事）业单位以职工代表大会为协商对话平台，在原职代会职能职责基础上增加协商职能，强调会前协商、会中协商、会后监督。

在学校还构建学校学生会、家长委员会就涉及学校、学生及家长关心的重大事项进行沟通协商。学校各班推选5名家委会、班委会成员，各年级从本年级各班推举的所有成员中再推选5—10名成员，推选出的成员构成校级家委会、学生会，校级家委会、学生会成员人数不得超过40人。

在医院还构建协商会就涉及医院、患者及家属关心的重大事项进行沟通协商。医院要建立以单位所在地周边社区、行风监督员（如行风监督员队伍人员性质单一的，可视情况在社会团体、中介组织中推选成员）、医院相关科室为成员的协商对话平台，社区代表可由社区居委会、业委会的代表担任，每个社区推选5人（人数不得超过总人数的1/3），行风监督员可在监督员队伍中随机抽取8—12人（人数不得超过总人数的1/3），医院代表在本单位职代会代表中选取（人数不得超过总人数的1/3，医院管理层人数不得超过医院代表人数的1/3），总人数不超过40人，患者及家属可视情况列席协商会。

（五）建立协商机制

为了回答社会协商对话工作"协商什么"、"怎么协商"、"协商成果怎么用"的问题，确保社会协商对话在各层级规范、有序进行，彭州市委在试点探索基础上，先后构建起了四项协商机制。

一是议题征集机制。企（事）业单位职代会议题由企（事）业单位行政部门、职代会成员、10人以上普通职工联名就涉及企（事）业单位重大决策、重要干部任免、重大项目安排和大额资金使用、职工关心的重大事项以及需要职代会通过的其他内容提出，议题经审查后于会前7天公示；学校家委会、学生会、医院协商会议题由学校、医院和协商会成员提出。村（居）民议事（协商）会议题，由村（居）民联名、议事（协商）会成员或村（社区）党组织、村（居）委会提出，议题上报后由议题审查小组汇总，经梳理后确定会议议题，并在会议召开前2—3天公布；镇协商会议题，由镇党委、政府相关办（所）、村（社区）党组织、村（居）委会、镇协商会成员提出或通过网络渠道广泛收集，汇总归类后报镇协商会议题审查组审查，经梳理后确定会议议题，并在会议召开前6天公布。各镇每年就重大招商引资项目的引进落地之前有关事项、重大公共设施建设项目推进过程中有关事项，群众反映强烈，矛盾集中的信访事件至少梳理出1—2项作为镇协商会固定协商议题。

二是定期协商机制。企（事）业单位职代会、学校家委会、学生会每半年至少召开一次会议，医院协商会每年至少召开一次会议；村（居）民议事（协商）会每月召开一次会议；镇社会协商对话会，每半年至少召开一次协商会议。三级社会协商会有临时议题时可及时召开，协商采取分组协商与集中讨论、会前酝酿与会中发言等方式，力求议题得到充分协商，形成广泛共识。

协商采取分组协商与集中讨论、会前酝酿与会中发言等方式，力求使议题得到充分协商，形成广泛共识。协商会议正式召开前，议题审查组须对本次会议收集到的议题进行梳理归类；会议召开时，由会议主持人对收集到的议题处理情况进行通报说明，以便协商会成员对会前收集的议题充分了解。上会协商的议题须将议题所涉及的提出人、议题内容、议题背景、政策要求等基本情况进行详细说明。未上会协商的议题，要做好宣传解释和引导工作。根据议题需要，协商会可主动邀请6—10名对议题内容关注程度较高、协商议事能力较强的群众作为特邀协商人员参加协商会议。注重协商会议现场的技术设计，按照一定形式将协商会成员和特邀协商人员进行适当分组，各协商小组以圆桌会议形式协商议题。

协商会议主持人提出本次会议协商的议题后，各协商小组组长要积极组织本组人员进行协商讨论，主动引导小组人员围绕议题提出自己的意见和建议，达成共识，做好会议记录。分组讨论完毕后，会议主持人须组织各小组组长在大会上分别阐述本组达成共识的情况，提出意见建议。若各小组达成共识高度一致，会议主持人可按照程序对议题共识进行归纳；若各小组存在较大分歧，会议主持人须再次组织各小组组长进行协商讨论，直至协商产生新的共识后再进行归纳。

三是成果运用机制。企（事）业单位职代会、村（居）民议事（协商）会协商形成的成果，分五类进行处理：（1）协商讨论并形成的决议事项，由企（事）业单位、村（居）民委员会执行；（2）涉及面较广、反映较大的重点意见建议需报上级机关；（3）经协商形成共识的意见建议，用于企（事）业单位、村（社区）党支部和村（居）民委员会的决策参考；（4）条件不具备、暂无法实施的意见建议，由企（事）业单位、村（社区）党支部和村（居）民委员会和村（居）民议事（协商）会成员等做好解释工作；（5）违背广大职工、村（居）民切身利益的意见建议，应坚决不予采纳并由企（事）业单位、村（社区）党支部和村（居）民委员会进行正面引导教育。

学校家委会、学生会、医院协商会、镇协商会协商形成的成果，分四类进行处理：（1）涉及面较广、反映较大的重点意见建议，报上级党委、政府或机关；（2）经协商形成共识的意见建议，用于学校、医院、镇党委政府的决策参考；（3）条件不具备，暂无法实施的意见建议由学校、医院、镇党委政府和协商会成员等做好解释工作；（4）违背广大群众切身利益的意见建议，应坚决不予采纳并由学校、医院、镇党委政府做好行正面引导教育。

四是考核评价机制。为确保社会协商对话工作扎实有效，协商成果顺利转化。彭州市委统战部还制定了社会协商对话工作综合评价方案，对各企（事）业单位、村（社区）、镇在开展社会协商过程中组织建设、主动协商、规范协商、有效协商等情况进行考核评价，并将其纳入统战工作和民生目标考核。同时增加镇协商会成员对镇党委政府和镇领导班子成员工作的民主评议，并将评议结果报送市委组织部参考。

三、初步成效

一是初步探索出了中国特色社会主义协商民主在基层的具体实现形式，解决了协商民主的断层问题。彭州市通过在乡镇（街道）、村（社区）、企（事）业单位构建社会协商对话制度，建立起了上下衔接、科学规范、有效运行的基层协商民主制度体系,有效地解决了政治协商制度设计只到县为止,广大基层缺乏协商对话平台的问题。通过三级协商对话平台的持续规范运行,初步实现了习近平总书记所提出的"一个地方人民群众利益的事情,要在这个地方的人民群众中广泛商量;涉及一部分群众利益、特定群众利益的事情,要在这部分群众中广泛商量涉及基层群众的事情,要在基层群众中广泛商量"的总要求。

二是促进了基层治理体系和治理能力的现代化,完善了基层治理格局。在基层群众自治制度框架下,倡导在自治中协商,在协商中自治的基层社会治理理念,初步形成了基层社会的治理格局。基层协商民主平台、制度与工作机制的构建,一方面,进一步促进了基层党委政府在制定、实施政策过程中,更加贴近民意,更加贴近基层群众生产生活实际状况,从而使工作更具有实效性、针对性;另一方面,通过开展协商对话,使广大基层群众参与到基层政治生活的实践中来,并在与基层政权的互动过程中,更加认同党和政府的施政,更加认同社会主流价值,从而扩大基层政权的执政基础,提高基层群众对社会的认同度。

三是探索出了基层信访维稳新机制。彭州市通过搭建三级协商对话平台,建立六项工作机制,通过真诚平等地开展协商对话,让群众委屈有地方说,意见有地方提,就涉及群众切身利益和群众集中关心的重大事项定期进行协商,做好了"上情下达"和"下情上传",有效地回应了群众合理诉求,维护了群众的合法利益,使群众"怨气"在最基层得以消除化解。同时邀请相关专业人士列席会议,让群众做"裁判",及时对个别不符合政策要求无理取闹的"缠访户"进行批评引导,减少了无理上访现象的产生,最大限度避免了因少数人恶意传播负面信息误导群众造成群体性事件,维护了基层社会和谐稳定。

四是探索出了基层统战工作的新抓手新平台。围绕基层统战工作抓什么、怎么抓这一思路,彭州市初步探索出了基层统战工作的抓手是传统统战对象、协商会成员、农村新型职业农民、农村乡土人才、行业协会、社会组织代表等,通过搭建社会协商对话平台、细化社会协商对话职能、制定社会协商对话规则和程序,凝聚基层统战工作对象,充分发挥他们在服务地方经济社会发展中的作用,从而使统战工作视野和范围得到进一步延伸,有效地解决了统一战线在基层着力不足的问题。

五是建立了联系服务群众常态化机制。彭州市以群众为主体,以各级协商对话平台为载体,以群众满意为标准,通过开展协商对话,了解民情、顺应民意、贴近民心。积极为广大基层群众参与到基层政治的实践搭建平台,充分尊重了群众的集体智慧和首创精神,保障了群众的知情权、参与权和决策权。定期组织开展民主评议,让群众裁判有依据、让群众评议真落实、让制度监督真发力,从而激励党员干部把干事业的出发点和落脚点放在"为民"上来,为进一步改进作风奠定了坚实基础,促进了群众满意度不断提高,党群干群关系进一步密切。

(尧敏双,中共彭州市委常委、统战部部长,市总工会主席)

基层协商民主制度设计及实践探索

中共崇州市委统战部

2013年,按照党的十八大"要完善协商民主制度和工作机制,推进协商民主广泛、多层、制度化发展"的要求,在成都市委统战部的关心指导下,我市由市委统战部牵头在5个试点乡镇开始了协商民主在基层的创新实践工作,建立了社会协商会议制度。在试点工作取得了初步成效的基础上,2014年我市在全市25个乡镇(街道)、253个村(社区)全面建立社会协商会议制度,对基层协商民主的开展进行深入的实践探索。

一、制度设计

崇州市委高度重视协商民主,并注重制度设计,在推进协商民主改革进程中,为了使社会协商会议规范化、常态化、制度化发展,2013年8月崇州市委印发了《关于建立乡镇社会协商会议的意见》。自此,崇州市基层协商民主——社会协商会议工作正式在五个乡镇开始试点。党的十八届三中全会确立了政治体制改革的方向,习总书记在纪念政协成立65周年上的讲话也明确了协商民主的发展定位。2014年10月崇州市委又印发了《崇州市社会协商会议改革方案》,将社会协商会议制度列入了我市政治体制改革的重要内容,对我市社会协商会议各项制度进一步进行完善。

我市在推进基层协商民主过程中,在市级层面上成立了市社会协商会议领导小组,下设办公室;在乡镇(街道)也成立了乡镇(街道)社会协商会议领导小组。市社会协商会议领导小组办公室在制度设计方面又制定了《崇州市乡镇（街道）社会协商会议实施细则》和《崇州市村（社区）社会协商会议实施细则》，从制度上规范全市社会协商会议工作，从体制上保障社会协商会议工作，从机制上不断完善社会协商会议工作。我市社会协商会议制度的设计主要体现在"两个"《实施细则》方面，首先明确了乡镇（街道）、村（社区）社会协商会议的主要职责；同时规范了社会协商会议成员的产生、罢免、补选；而且对社会协商会议成员的权利和义务作出了明确的规定；对社会协商会议议题的提出和审查、社会协商规则、社会协商结果的应用等都作了详细的制度设计。

二、主要做法

社会主义协商民主不仅需要完整的制度程序，而且需要完整的参与实践。

（一）建立体制，成立组织机构

崇州市成立了市社会协商领导小组。市社会协商领导小组由市委书记任组长，市委常委、统战部部长任常务副组长，政协主席、组织部长、宣传部长、政法委书记任副组长，相关职能部门和各乡镇（街道）主要负责人任成员。市社会协商会议领导小组下设办公室：办公室设在市委统战部，负责协调统筹全市社会协商会议日常事务工作。乡镇（街道）成立社会协商会议领导小组，由乡镇（街道）党（工）委书记任组长，乡镇长、党委副书记任副组长，下设乡镇（街道）社会协商会议办公室，挂靠在乡镇（街道）党政办，负责日常工作。乡镇（街道）党（工）委副书记为社会协商会议召集人，负责组织社会协商会议。村（社区）依托议事会建立社会协商会议，村（社区）支部书记作为召集人。

至此，崇州市社会协商工作在体制上形成市、乡镇（街道）、村（社区）社会协商会议三级平台。

（二）提高认识，开展培训动员

社会主义协商民主是我国社会主义民主政治的特有形式和独特优势，是党的群众路线在政治领域的重要体现，协商民主在基层的实践还处于尝试阶段。2013年起，我市邀请了专家、教授对市委中心组成员、乡镇街道党（工）委书记及市级职能部门负责人开展了多次基层协商民主理论专题培训学习，不断提高对协商民主的认识。在此基础上召开了全市社会协商会议成立大会，并对试点乡镇授牌、授印、发放宣传资料、宣传书册、成员证等。全市25个乡镇（街道）党（工）委书记、副书记，统战委员，各乡镇（街道）的社会协商会议成员共计1600多人参加会议。

2014年底，社会协商会议工作在我市全面推开，25个乡镇（街道）、253个村（社区）社会协商会议都全部挂牌，同时完善修订了实施方案。各乡镇召开社会协商会议全体成员培训会，进行再动员、再培训、再部署，加强对普通群众社会协商意识的宣传和教育，提升成员协商意识，增强成员协商主动性，使社会协商思想深入人心。

（三）产生成员，明确协商主体

实现民主的形式是丰富多样的，要看人民是否在选举时有投票的权利，也要看人民在日常政治生活中是否有持续参与的权利，因此，基层广大的人民群众是社会协商的主体，通过社会协商会议，依法有效进行民主决策、民主管理、民主监督。协商会议成员采取协商产生，方式有：群众推荐、个人推荐和组织推荐。乡镇社会协商会议总人数为40—80人，人口总数和所辖行政村（社区）数量较多的乡镇，控制在100人以内。乡镇社会协商会议成员从村（社区）议事会成员、党政机关、"两代表、一委员"、企事业单位、民主党派、无党派、民族宗教、新的社会阶层代表人士、新型职业农民、农村乡土人士，以及本地籍在外知名人士中产生，体现了社会协商的广泛性；其中，各村（社区）从议事会成员中以民主表决的方式产生1—5名成员；镇、村（社区）干部人数不超过总人数的30%，体现了群众主体性。村（社区）支部书记、乡镇（街道）党（工）委书记、乡镇长（街道办主任）作为特邀人员参加，议题相关群众也应邀列席。

我们按照十八大提出的"五位一体"的发展战略在乡镇（街道）社会协商会议设5个小组：即经济发展协商小组、政治社会文化协商小组、民生生态文明协商小组、乡镇（街道）事务监督小组和议题审查小组。议题审查小组由乡镇（街道）党（工）委副书记任组长，成员分别由其他五个小组推荐1—2名成员组成。

村（社区）社会协商会议依托议事会，协商会议成员原则上由村民议事会成员组成，条件允许的村（社区）可适当增加社会各界代表人士。村（社区）支部书记作为社会协商会议的召集人。

乡镇（街道）或村（社区）社会协商会议有五分之一以上成员联名，可以提出罢免乡镇（街道）或村（社区）社会协商会议成员。罢免应当有罢免理由，经社会协商会议三分之二成员赞成，才能通过。社会协商会议成员应当与群众保持密切联系，经常听取群众的意见建议，了解掌握群众利益诉求，全面、真实反映群众的意见建议。

（四）收集议题，开好协商会议

在党的领导下，以经济社会发展重大问题和涉及群众切身利益的实际问题为内容，在全社会开展广泛协商，坚持协商于决策之前和决策实施之中。乡镇（街道）党委、政府，村（社区）党组织、乡镇社会协商会议成员或10名以上年满18周岁的群众联名，可以向乡镇（街道）社会协商会议提出议题。议题必须是具体、明确、可操作的，一般应以书面形式提出。特殊情况下乡镇（街道）社会协商会议成员或群众以口头方式提出议题的，乡镇（街道）社会协商会议办公室应如实记录议题内容、议题提出人，并由议题提出人签名。乡镇（街道）社会协商会议成员根据代表区域或者行业，进行实地调研、考察、走访，以开坝坝会以及网络等多渠道倾听本地、本行业群众的意见建议，随时收集民情、民意，集中民智，形成自己的议题。内容为事关本区域发展的重大问题和群众普遍关心的问题，包括：经济发展、社会民生、基础设施建设、精神文明、生态文明、医疗卫生、拆迁安置、居住环境改善、社会治理等。把群众关心的事、呼吁的事和事关乡镇、村（社区）全局的事提交到社会协商会议协商讨论，真正做到"从群众中来，到群众中去"。每名社会协商会议成员每年提交议题不少于一件。

议题审查小组及时汇总各协商会成员收集到的议题，选取有重大价值的议题进行会前沟通和协商，组织论证、补充、修改与筛选，每次会议确定3—4个议题。

涉及市级部门的议题，各乡镇需要提前6天报市社会协商领导小组办公室。由办公室召集相关的市级部门负责人，对议题内容进行专题研究，并安排相关职能部门负责人参加社会协商会议。2014年，全市各乡镇（街道）共收到议题1176件，上会协商98件，书面回复1078件。

社会协商会议一般在6月和11月召开2次全体会议，重大议题临时召开，由议题涉及小组进行专题协商，涉及利益的相关群众列席参加协商。

社会协商会议由党（工）委副书记主持，首先通报社会协商会议协商事项的执行情况以及本次会议议题收集、审查情况及本次会议讨论协商的议题内容；其次由乡镇（街道办）党（工）委、政府一年一次通报工作运行情况及上年财政决算情况和协商下一年财政预算；第三是议题提出人对议题进行阐述，附议人作补充说明；第四是协商会议成员、列席人员（含乡镇党委书记、乡镇长、市级职能部门人员）、群众代表就议题进行面对面协商；第五是协商会议成员就议题分组进行讨论；第六是召集人对议题协商结果进行汇总，并当场宣布协商结果。

（五）结果运用，提高协商成效

协商结果经归纳梳理后作为乡镇（街道）党（工）委、政府决策参考。并将社会协商的相关内容和协商成果以乡镇（街道）社会协商领导小组通报印发，提高社会协商会议的严肃性。其中涉及面较广、反响较大的重点意见建议报市委、市政府主要领导，由市社会协商领导小组办公室通报印发，督促相关职能部门解决落实。

社会协商会议作为协商民主的重要形式，也是政协委员了解社情民意、履职尽责的方法和途径。对社会协商会议中未能解决的重大问题，且涉及全市经济社会发展、重大民生、热点问题，以市政协提案的形式提交市政协进行审查，或以社情民意方式报市委政府决策参考。

（六）完善机制，确保协商长效

市委将社会协商会议专项改革工作纳入对乡镇和部门领导班子年度考核，加强指导和监督，及时研究解决改革中遇到的问题，有序推进改革。市财政给予社会协商会议专项经费预算，确保工作顺利开展。

三、工作启示

按照成都市委新初书记对崇州社会协商会议工作要做好创新、尽快出成绩的指示,通过一年多来的社会协商会议工作我市社会协商工作取得了明显成效,去年获得了四川《同心共筑中国梦、四川统战在行动品牌工程奖》、成都市委统战部创新实践成果奖。中央社会主义学院、中央统战部、省市领导以及其他区市专家、领导先后莅临崇州考察调研,受到各级领导的肯定和表扬。中央统战部办公厅副主任章建敏对崇州社会协商会议工作充分肯定的同时,还对崇州社会协商工作提出了大探索、大创新、大提升,更上一个新台阶的要求。2014年3月26日《四川农村日报》对崇州市社会协商工作进行了专题报到《"草根协商"——崇州市社会协商,让民众合理呼声落地生根》。2014年12月,《人民日报》也对崇州市社会协商工作进行了报道。

(一) 提高了群众的民主意识,增强了参政议政能力

如我市鸡冠山乡蒜子村社会协商会议,对在鞍子河新桥头兴建六顶圣境牌坊的议题进行广泛协商。六顶山坐落于崇州市鸡冠山乡境内,有着丰富的旅游资源,有着六顶圣境的美誉。很多游客到了鸡冠山乡却不知道通往六顶胜地的道路,为了宣传、打造这一旅游胜地,协商会成员提出了在路口修建旅游牌坊的建议。一部分协商会议成员及列席人员认为这一建议对蒜子村的旅游以及经济有很大的带动作用,坚决支持。还有部分协商会成员认为:修建旅游牌坊投入太大,只惠及开了农家乐的群众,对大部分群众不公平。协商会成员和列席人员充分发表意见和建议,经过反复协商最后达成了修建六顶圣境牌坊这一共识。随后,村委会公示了设计方案和资金预算,社会协商会议成员提出了在设计方案中增加旅游地图和游客休息处的设计,资金来源按照受益多少,由村公服资金、开有农家乐的群众以及受益另外一个村按比例共同出资,资金预算由原来的20万降低到了15万。六顶圣境牌坊的建设现已开始施工。

又如我市元通镇召开社会协商会议,提交本次会议讨论协商的议题内容包括:加快建设AAAA景区、三座桥梁及绕场路建设和规范集贸市场等

三个方面。群众通过社会协商会议了解了建设的具体困难和基本情况,对镇党委政府的工作表示了支持和理解,并积极建言献策提出了很多打造AAAA景区的建议。镇社会协商会议成员认为元通古镇的亮点是悠久和珍贵的人文历史,这方面需要重点研究和打造,最好有一只专业的导游队伍对元通的人文景观进行宣传和讲解;在专业队伍没有成立前可以成立民间义务讲解队伍。党委政府也积极支持这个工作。"十一"国庆黄金周期间,为了让八方游客尽情领略元通古镇的历史人文,元通古镇群众自愿组织了一支28人的义务讲解员志愿者队伍,热情地向来自五湖四海的游客们义务讲解元通古镇。讲解员成为了景区的一张名片,他们以第一人称的角度向游客讲述古镇的历史、往事,引导游客走进建筑、走进历史的回忆,让每一座院落都成为一段历史的回忆。作为元通人文的一个平台,讲解员队伍就是一个活的文化载体,他们既是古镇的原住民,也是古镇文化的宣传员,更是元通仁里义乡精神的传承者。通过社会协商会议群众能够有机会直接参与社会决策,享受民主权利,使人们对公共事务的态度从消极转向积极,在实践中增强了群众的民主参与意识。

(二) 创新了基层社会治理工作的新模式

党的十八届三中全会提出了推进国家治理体系和治理能力现代化的目标要求。社会协商会议的推行,就是崇州贯彻三中全会精神,加强基层治理创新的具体举措。如:公议乡社会协商会第一届第一次会议召开,涉及农田水利基础设施建设的议题。在以往的农田水利基础设施建设中,部分群众往往不理解、不配合,甚至阻碍施工,给基层治理工作带来很大的困难。在本次社会协商会议中,我市公议乡党委政府在完善农田水利基础设施建设上,主动与群众提出协商。会议经过分组讨论,汇总各小组讨论意见结果,一致达成了同意该项目的实施。会后,建设项目涉及的村(社区)协商会议成员和列席群众代表采取询问式协商,通过群众与群众的相互协调来保证大家统一意见、达成了共识。目前通过乡党委政府申请,在各部门的支持下,筹得资金300万元,用于改善桤木河社区和三合堰村农田水利基础设施建设。通过社会协商会议,群众支持、积极投工投劳参与该项目施工,主动将涉及施工的自家林地的农作物和林木清除干净,并自愿放弃项目实施过程中的青苗补偿和土地占用补偿等。通过积极充分广泛的事前协商，群众和党委政府增强了互信，增强了基层治理工作的透明度，提高了党委政府的公信力，对社会治理工作有重要的意义。

（三）发扬了党的优良传统，践行了党的群众路线

党的群众路线的一个重要方面就是要求党委政府工作倾听民意，从群众中来，到群众中去。崇州社会协商会议，为党委政府科学决策、民主决策增添了新的渠道。如：怀远镇、文井江镇召开社会协商会议时，关于李家岩水库建设的议题，协商成员提出了修建水库涉及群众拆迁安置补偿方案和水库建设生态影响、安全性以及今后生产、生活保障等问题，由于该水库建设尚处于立项审批阶段，我市水务部门及时将群众提出的问题逐个进行收集整理，向成都市水务局作出专题汇报，以便成都市水务局在制定水库建设方案时，能够充分考虑群众所提的建议意见，使重大项目在实施之前就能公开并充分听取群众诉求，确保项目平稳落地。

在崇平镇社会协商会议上，协商会成员提出："现在很多群众有翻修房屋的意愿，但镇政府对集中居住区建设没有明确的措施和进展，造成群众想建又怕不符合规划或错过享受基础配套设施的机会。希望尽快启动农民集中居住区建设，改善农村生产生活条件。"列席的崇平镇分管国土的副书记："崇平镇的集中居住区项目规划早在09年就已经上报了，由于项目量体较大，上级部门没有批准，现在正在分解项目进行申报，顺利的话很快就会批下来。"协商会议成员："什么时间能批下来？集中居住区建设总要有个时间，已经5年了还没有批下来！"列席群众发言："我们还等到修房子结婚，等不起啊！""如果程序太多就该成立一个机构来督促。"参加协商的崇州市国土局领导："崇平镇集中居住区安置点规划、土地指标等相关手续已经上报了。按照土地的指标和土地审查的程序，国土局将尽快办理相关手续，希望群众在集中居住区建设中和党委政府加强协调配合，顺利完成拆迁手续。"类似一系列矛盾突出的问题都在与群众进行沟通，既能得到群众理解，也能够听取群众呼声，促进部门工作加快速度。

（四）搭建了党委政府和群众沟通的平台，化解了社会矛盾

我市崇阳街道办老人民医院社区拆迁、安置房建设等问题。在协商会议召开之前，工作开展艰难。通过协商，群众知晓政府工作计划，知晓工作目标，知晓政府工作的难处，最终通过群众与政府、群众与群众协商，他们的拆迁工作达到了申请拆迁、签订征地协议、签订拆迁安置补偿协议三个百分之百。通过协商，群众对拆迁工作表示理解和支持，解决了大量的群众矛盾，改善了干群关系和党群关系。

关于崇平镇土地股份合作社的发展问题，社会协商会议成员提出：政府鼓励农民搞土地股份合作社，但是在河东片和河西片政策却不一样，在土地股份合作社的基础设施投入上，崇平镇和河西片区相比投入太少！卖粮也难！私营公司收购刻意压价。崇州市农发局领导：在土地股份合作社的基础设施投入上有个过程，崇平镇基础设施较差，市领导也考虑了这个问题，已经拨了400万资金解决设施太差的乡镇，崇平镇也在其中。对于卖粮难的问题，市委市政府决定今年新建了10个收购仓储，每天可以烘干200吨粮食，而且将启动粮食收购保护价，完全可以解决卖粮难的问题。全镇40余名协商会议成员和列席人员就全镇群众关心的问题进行了充分的协商，现场气氛激烈。协商会议搭建了党委政府和群众沟通的平台，广集了民智、增进了互信，对党委政府的科学决策、社会和谐稳定有重要的作用。

四、关于下一步工作的思考

根据中共中央《关于加强社会主义协商民主建设的意见》的要求，按照省委书记王东明同志在四川省统一战线建言献策座谈会上的讲话精神，社会主义协商民主建设要坚持党的领导，通过推进协商民主改善党的领导、加强党的领导、巩固党的执政地位，要积极稳妥、循序渐进，把住大方向，稳扎稳打，有组织地开展，有步骤地实施，有计划地进行。要坚持协商民主理念，做到协商于决策之前和实施之中，使党委政府的决策和工作更加顺乎民意、合乎实际。要拓宽协商民主渠道，搭建多层次协商平台，创新多种协商方式，广开言路、广纳民智、博采众谋。

2015年，按照崇州市委全面深化改革的实施方案，继续在全市25个乡镇（街道）、253个村（社区）积极稳妥地推进社会协商工作。一是重点加强村（社区）社会协商的指导，强化村（社区）群众主体地位，有机地把协商会与村民议事会结合起来。二是在企业、群团组织、事业单位和部分市级部门探索开展社会协商工作。以企业、学校"厂务公开、校务公开、工资协商、民主管理"为主要内容的社会协商工作。通过社会协商会议工作，更好地听群言、集民智、增共识、聚合力、促和谐，促进科学决策、民主决策，更好地实现人民当家做主的权利。

五、需要深入研究的问题

我市社会协商会议是协商民主在基层的实践形式，但由于在理论上、实践上都是创新，试点工作还存在以下几个方面的问题需要深入研究：

1. 协商结果运用无制度约束。由于社会协商会议只有对议题的协商权，对协商结果没有强制执行权，加之尚未建立对协商议题的协调、督办、落实和反馈工作机制。致使社会协商结果的组织实施、跟进落实和督办反馈等工作，在制度上无法得到保障。如果社会协商会议结果没有约束力，造成基层协商民主"说了也白说""说了不算""作用不大"等思想误区，会对群众的协商民主意识提高是个很大的阻碍，社会协商会议虽然没有决策权，但是应该具有否决权，在制度上尚无依据。

2. 基层协商民主和基层自治制度的关系。村（社区）属于基层自治的范围，我市已建立了村民议事会议制度对村（社区）事务进行管理，村民在一定范围内享有自我管理的权力，包括协商和决策的权利。在村（社区）一级设立社会协商会议在职能上有较大重复，不可避免造成机构臃肿，职责不清。

3. 在机构、编制、经费的限制下，基层协商民主难以正常开展。只有确保基层协商民主工作有人管事、有人做事，基层协商民主工作才能得以顺利推进。

4. 政协组织如何发挥重要渠道重要。我们原本设想在乡镇一级设立市政协办事处，设专（兼）职主任，享受乡镇正职待遇，并由其主导社会协商工作，但是由于领导职数、机构设置等不符合现行政策规定，故此设想搁浅。

5. 关于长效机制的问题。目前崇州市社会协商工做主要是靠市委强力推动，统战部全力以赴协调督促，还未上升到统一的制度设计上来。如果地方党委不重视，统战部门也推不动。

（郑继良，中共崇州市委常委、统战部部长，市总工会主席）

基层协商的创新与思考

中共都江堰市委统战部

党的十八大报告明确提出,要"健全社会主义协商民主制度","完善协商民主制度和工作机制,推进协商民主广泛、多层、制度化发展"。倡导在党的领导下广泛多层制度化开展全社会的协商,强调不断完善政治协商制度,开展基层民主协商,探索立法协商、行政协商、民主协商、参政协商、社会协商等多种协商渠道与协商形式,不断健全社会主义协商民主制度,构建完善、系统的协商民主体系,从而推进国家治理体系与治理能力的现代化,推进民主执政民主决策的现代化,有效协调不同群体的利益诉求,扩大公民有序的政治参与,达到保证人民当家做主的根本目的。基于此,在成都市委统战部的鼓励和支持下,2014年3月,都江堰市委开始探索在党的领导下广泛多层制度化开展基层社会协商的创新实践。

一、目的意义

大力开展党领导下基层社会协商探索实践的目的意义主要在于:一是探索中国特色社会主义协商民主在基层的具体实践形式。新中国建立以来,中国社会主义协商民主制度的实践,主要表现为政治协商制度的实践,而政治协商制度只设计到县为止,县以下的广大基层社会缺乏相对成熟的协商对话平台、制度与工作机制,要实现协商民主广泛多层制度化发展,则必须进一步在广大基层社会构建以广大基层民众为主体的基层协商民主体系。二是推进基层治理能力与治理体系现代化。党的十八届三中全会提出要推进国家治理体系和治理能力现代化。因此，由基层党委政府主导的"社会管理"模式将必然向由基层党委政府、社会组织和广大群众多方参与的"社会治理"模式转变。通过搭建基层协商对话平台，进一步满足基层群众和各利益群体就社会决策、社会管理以及事关广大群众切实利益问题与党委政府对话协商的强烈期盼与要求，从而形成群策群力、共建共治、依法治理的局面。三是探索基层信访维稳新机制。随着改革开放的持续深入，利益群体多元化，社会矛盾复杂化，利益诉求多样化造成了十八大所指出的"社会矛盾明显增多"，而社会矛盾明显增多涉及的群体主要集中在广大的基层民众。如何将"明显增多"的社会矛盾有效地化解在基层，增进社会共识，为全面建成小康社会凝心聚力，增加正能量，成为各级党组织面临和亟待解决的重大问题。四是建立联系群众常态化机制。群众路线是党的生命线和根本工作路线，协商民主是党的群众路线在政治领域的重要体现。搭建起基层党委政府和各级组织联系服务群众的平台，构建长效机制，收集民意、汇聚民智、化解民怨、凝聚民心，进一步密切党群干群关系，实现联系服务群众常态化，是持续深入践行党的群众路线教育实践活动的重要方式。

二、主要做法

（一）建立制度体系

2014年3月，按照都江堰市委的安排部署，由都江堰市委统战部牵头相关部门专门就社会协商进行学习调研。随后邀请有关专家对相关人员进行培训。在此基础上，会同相关部门讨论、协商，并结合都江堰市实际，由市委统战部牵头起草，并征求有关专家学者及成都市委统战部的意见后，经都江堰市委常委会议审议通过，出台了《关于开展社会协商工作的实施意见（试行）》和《都江堰市社会协商联席会议制度（试行）》、《都江堰市社会协商试点工作方案》、《都江堰市乡镇（街道）社会协商会议组织规则（试行）》和《都江堰市乡镇（街道）社会协商会议议事规则（试行）》等配套方案和制度，形成了一套较完整的制度体系和操作规则。

(二) 建立组织机构

1. 建立市委、乡镇（街道）党（工）委社会协商工作领导机构。成立由市委书记担任组长，市委统战部部长任常务副组长的都江堰市社会协商工作领导小组，负责研究提出全市开展社会协商工作的指导原则和总体部署，制定有关实施细则，指导乡镇（街道）、社区做好社会协商工作。在各试点乡镇（街道）成立由党（工）委书记担任组长，分管党务工作的副书记任常务副组长的乡镇（街道）社会协商工作领导小组，在市社会协商工作领导小组的领导下，研究制定具体实施方案，组织实施本乡镇（街道）社会协商工作，指导、监督村（居）民议事会工作的实施。

2. 建立健全市、乡镇（街道）、社区社会协商工作办事机构和协商议事机构，形成市、乡镇（街道）、社区共同参与的三级联动的社会协商工作机制。

（1）建立市社会协商联席会议。负责督促指导各乡镇（街道）社会协商会议和村（居）民议事会日常工作，协调解决各乡镇（街道）社会协商会议提交的确需市级层面协调解决的议题，联席会议下设办公室，设在市委统战部。

（2）建立乡镇（街道）社会协商会议。在乡镇（街道）党（工）委的领导下，按照协商于决策之前和实施之中的原则，及协商议事有关规则和程序要求，讨论协商涉及本乡镇（街道）范围内公众切身利益和乡镇（街道）全局性重大事项及重大项目。乡镇（街道）社会协商会议由乡镇（街道）党（工）委分管党务工作的副书记牵头负责，乡镇（街道）社会协商会议下设办公室，设在乡镇（街道）党政办。乡镇（街道）社会协商会议成员可以是企事业单位、团体和个人，从每个村（居）民议事会成员、新型职业农民、农村乡土人士代表、乡镇（街道）机关干部、驻乡镇（街道）企事业单位代表及其他社会各界代表人士中协商推荐产生，成员总数一般为40—80人，其中乡镇（街道）机关干部不超过5人，社区干部不超过成员总数的20%。各乡镇（街道）社会协商会议根据当地不同利益群体划分专题小组，以利于分组讨论和临时召开专题小组协商会议。设议题审查小组，负责会议召开前议题的审查；设监督小组，负责监督协商会议协商达成共识的议题办理落实。

（3）以村（居）民议事会为基础完善社区社会协商机制。依托原村（居）民议事会开展社会协商，其主要职责是在居民会议授权范围内讨论决定本社区日常自治事务，在原村（居）民议事会职能基础上增加社会协商和向乡镇（街道）社会协商会议提交议题的职能。

（三）建立协商规则

为确保社会协商程序化、规范化运行，确保协商成果得以运用，都江堰市社会协商工作领导小组专门制定了《都江堰市乡镇（街道）社会协商会议议事规则（试行）》，明确了四项协商议事规则。

1. 议题的提出和审查规则。协商的议题应从两方面产生：一方面由各乡镇（街道）党（工）委、政府（办事处）研究提出；另一方面是面向社会广泛征集议题。各乡镇（街道）社会协商会议召开前，议题审查小组要及时汇总征集到的议题，选取有较大价值的议题进行会前沟通和协商，主动走访各专题小组，进一步论证、补充与修改，确定需要提交会议协商的议题。

2. 会议的召集和组织规则。各乡镇（街道）社会协商会议每年至少召开2次全体会议，原则上要在乡镇人民代表大会召开前召开一次全体会议。各社区每季度至少召开一次协商议事会议。临时有重大事项需要协商时，可根据协商议题内容召开专题小组会议或全体会议。乡镇（街道）社会协商会议召开时，乡镇（街道）党（工）委书记、乡镇长（街道办主任）作为特邀人员参加会议。协商会议召开的时间、地点、议题及参会人员名单应于会议召开前7天以书面形式在乡镇（街道）和社区公开栏中公示。非社会协商会议成员，经本人提出申请，乡镇（街道）社会协商会议办公室讨论研究，确定为本次协商议题利益相关方的，可列席相关议题的协商。为促使议题协商结果更加客观公正、合理合法，各乡镇（街道）社会协商会议应邀请法律工作者、与议题有关的专家或专业人士、其他认为有必要参会的客观中立的第三方组成陪议团，列席社会协商会议。

3. 召开会议的规则。会议除了讨论协商审查确定的议题外，还设置了四项情况通报环节，传达上级党委政府的决策部署和工作安排，通报乡镇（街道）或社区近期工作重点；通报上次会议协商达成共识的议题办理情况；监督小组通报上次会议协商达成共识的议题办理过程中监督情况；议题审查小组通报本次议题审查情况，未被采纳的意见建议，及时陈述理由，并做好解释工作。通过及时的情况通报和信息沟通交流，消除群众疑虑，有助于获得群众的理解和支持。在议题协商过程中，还要求听取陪议团的意见。通过陪议团专家从专业和客观的角度提出建议，促使议题协商结果更加客观公正、合理合法。此外，还应邀请与议题内容相关的市级部门列席会议，并就相关议题现场向社会协商会议成员作说明。

4. 协商结果应用规则。协商达成共识的议题作为乡镇（街道）党（工）委、政府（办事处）决策参考。协商达成共识的重大事项、重大公共项目和党委政府采纳意见建议后拟实施的项目，如有必要，应依法提交乡镇人民代表大会审议通过后方能实施。确需市级层面协调解决的议题，由乡镇（街道）社会协商会议提交市社会协商联席会议协调解决。协商达成共识，但经乡镇（街道）党（工）委、政府（办事处）研究确实无法实施的议题，由协商会议办公室在下一次协商会议上陈述理由，作好解释工作。

（四）试点工作推进情况

2014年6月12日，都江堰市正式在滨江街道、蒲阳镇、向峨乡启动社会协商试点工作。7月16日增补柳街镇为社会协商试点。各试点乡镇（街道）在完成社会协商会议规模、组织架构设置后，按照人选推荐、资格审查、公示等程序产生社会协商会议成员，截至11月20日，4个试点均已正式成立各乡镇（街道）社会协商会议，设立了各乡镇（街道）社会协商会议办公室，并落实兼职负责人员，完成议题收集、议题审查、组建陪议团、发布公告环节，并成功召开社会协商会议第一届一次会议。4个试点乡镇（街道）共收集议题66个，经议题审查小组审定，对12个涉及公众切身利益和乡镇（街道）全局性重大事项进行了充分有效协商，达成了广泛共识，交由乡镇（街道）党（工）委、政府（办事处）参考和办理。

目前，都江堰市开展社会协商试点已初见成效，主要体现在以下几方面。

1. 增强了党外人士及群众的政治认同感。社会协商的推出充分肯定了广大人民群众的民主地位，有效拓宽了人民群众有序政治参与渠道，有力彰显了社会主义制度的特点和优势。在都江堰市推进社会协商试点过程中，有不少群众表示对该举措的高度认同和赞扬，甚至感激。有群众说到："真的非常感谢党委政府给了我们这么好一个说话的平台，给了我们普通群众向政府提建议的权力。"也有应邀列席会议的民主党派身份的陪议团成员说到："今天来参加这个会议，我感到非常意外和惊喜，没有想到共产党会做到这一步，把一些曾经独立决策的事情拿到大会上和人民群众商量。这真是我国民主政治发展的一个重大跨越。"

2. 社会协商有效弥补了党委政府单面决策的局限性。通过试点，我们发现，通过深入群众广泛收集议题和群众充分协商，实实在在地为地方经济、文化发展、社会管理等方面提出了一些非常好的建议，有效弥补了党委政府单面决策的局限性，充分体现了群众智慧力量的强大。如，向峨乡社会协商会议科教文卫专题小组成员通过调研，发现本乡比之其他兄弟乡镇缺乏文化支撑，且全乡没有一支文化队伍。于是他们提出了"结合向峨实际建立一支本土文化队伍"的提议，并通过调查，对本地文化人才进行了初步摸底和组织，并对文化队伍建设提出了意向性计划，为党委政府决策提供了重要参考。

3. 通过社会协商有效促进了社会稳定与和谐。搭建社会协商平台，对涉及群众切身利益和群众身边关心的事情，群众有说话的地方，便于党委政府了解和掌握群众的诉求和思想动态。同时，在协商过程中，群众反映的问题，可以得到有关职能部门、乡镇（街道）党工委、政府（办事处）的当面解答，对于超出现有法律法规界限的建议和超出现有技术层面的建议，可得到陪议团专家的现场解答。通过沟通交流和正确引导，有效解答疑问，避免误传误判，进一步凝聚共识，把矛盾化解在萌芽状态，有效促进了社会的和谐稳定。

4. 通过社会协商达成共识的事项更易办理落实。通过社会协商平台，代表各利益群体的人民群众充分协商，人民群众与地方党委、政府充分沟通，人民群众当面与相关部门沟通协商，协商达成共识的事项一方面有群众基础，另一方面有党委、政府的认同和受理落实，且得到有关部门的理解与支持，同时还有陪议团专家的专业指导。议题办理落实便具有了良好的人力基础和专业技术支撑。议题事项不仅能够快速解决，而且还可能得到拓宽解决。如，滨江街道社会协商会议提出了某处道路拓宽后电线杆位置没有及时搬移，导致交通不便且存在安全隐患的问题。滨江街道根据该线索及时组织人员对区域内类似情况进行全面排查，共排查出9处类似问题，并将该议题提交市社会协商联席会议协调解决。最终，不仅提出的问题得以解决，区域内其他地方的类似问题也得到了解决。

三、在都江堰实践中成效突出的创新亮点

（一）在社会协商会议中设置陪议团取得实效

为确保议题协商结果更加客观公正、合理合法，规定在召开社会协商会议时，应邀请法律工作者、与议题有关的专家或专业人士、其他有必要参会的客观中立的第三方组成陪议团，列席会议。并要求在议题协商过程中听取陪议团的意见。目前已取得一定成效。

1. 建立陪议团专业型人才库。为保证社会协商陪议团成员的数量和业务素质。都江堰市面向全市各行业、各民主党派、驻市单位和高等院校等广泛推荐业务素质较高的专业人士，建立了社会协商会议陪议团专业型人才库。截至11月30日，陪议团专业型人才库共有成员129人，覆盖专业类别15个，其中博士学历2人，硕士研究生14人，高级职称34人，中级职称42人。

2. 陪议团成员的安排使用。各乡镇（街道）在召开社会协商会议前，根据当次社会协商会议议题内容，向市社会协商工作领导小组办公室提交所需专家或专业人士类型及数量，由市社会协商工作领导小组办公室从人才库中协商选择人员参加该乡镇（街道）社会协商会议。每次社会协商会议陪议团成员必须包含法律工作者及与议题相关的专家或专业人士。

3. 取得的主要成效。都江堰市2014年开展社会协商试点的4个乡镇（街道）在召开社会协商会议时，均由市社会协商工作领导小组办公室根据会议议题安排法律工作者、与议题有关的专家或专业人士等客观中立的

第三方组成陪议团列席会议。经过实践，陪议团以客观中立的第三方身份在协商会议上发表意见，不仅起到促使议题协商结果更加客观公正、合理合法的作用，而且与议题有关的专家或专业人士还在会上与大家进行专业交流，使议题内容得到完善和提升，甚至有专业人士当场承诺今后将提供技术咨询和协助议题落实。如，滨江街道、蒲阳镇、向峨乡社会协商会议均提出了集中居住区物业管理全覆盖和提升的问题。都江堰市物业管理协会会长应市社协办邀请，参加了三个乡镇（街道）的社会协商会议。他在会上与大家进行了专业的交流，使大家进一步了解了物管行业，并承诺将义务为乡镇各聚居区物管中心提供培训机会，且留下协会的联系方式鼓励大家随时进行业务咨询。又如，蒲阳镇社会协商会议提出了增添蒲阳镇文化节日活动的提议，主要围绕发掘该镇的古桥梁文化，并以此每年定期举办节会活动。经市社协办邀请，两名都江堰市文物方面专家和文化名人参加了该镇社会协商会议。他们在会上对蒲阳的桥梁历史文化进行了深入介绍，介绍了连当地人都不熟知的曾有的桥梁文化节庆活动，并对蒲阳镇依托桥梁开展文化节庆活动提出了很好的建议。会后，蒲阳镇专门邀请了两位专家对区域内的桥梁文化进行了实地考察，并就该镇依托桥梁开展文化节庆活动进行了可行性论证。

（二）下放专题小组设置权限，小组设置更符合区域实际

考虑街道、城区乡镇、山区乡镇、农村平坝乡镇等情况各异，区域内各利益群体分布情况也存在较大差异，为满足各乡镇（街道）不同情况的需求，在都江堰市社会协商试点中，社会协商会议专题小组的设置由各乡镇（街道）结合区域实际提出方案，并与社会协商会议成员协商后确定。这样一来，专题小组设置更符合区域实际，通过社会协商会议成员协商确定，也使小组设置更接地气，更顺应民意。如都江堰市向峨乡，是一个典型的山区乡镇，该镇居民95%以上都是普通农民，区域内工商业非常少。因此该乡结合区域实际设置了产业发展专题小组、科教文卫专题小组、社会管理专题小组、民生专题小组。又如，都江堰市滨江街道，前身为都江堰市经济开发区，地处都江堰市城区，农业人口非常少，该区域产业主要以服务业、制造业为主，且该区域由于快速的发展，产生了较多的社会矛盾，同时也产生了很多搬迁安置户。因此滨江街道在社会协商会议中专门设置了群众工作专题小组，结合产业发展状况需求设置了经济发展专题小组，结合安置点密集的特点设置了物业管理专题小组。

（三）在社会协商会议中增设单位和团体成员，实现协商成员多元化

在社会协商会议成员构成方面，都江堰市规定社会协商会议成员可以是企事业单位、团体和个人。辖区内依法设立的企事业单位可协商推荐为社会协商会议单位成员。单位成员应选派1名代表参加社会协商会议，参会代表一般为该单位主要负责人。具有法人资格的社会组织可协商推荐为社会协商会议团体成员。团体成员应选派1名代表参加社会协商会议，参会代表一般为该社会组织主要负责人。充分体现了社会协商会议成员的多元化，实现了协商参与者的广泛化和多层化。同时，如此设置还有一个好处就是，企事业单位和社会组织作为单位成员和团体成员进入社会协商会议，其主要负责人仅作为参会代表参加社会协商会议，单位主要负责人若发生工作调动则不必重新改选社会协商会议成员。本次都江堰市参与社会协商试点的4个乡镇（街道）共产生社会协商会议成员204个，其中单位成员39个，团体成员9个。

（四）面向党委政府和群众双向征集社会协商议题

在议题产生方面，除面向社会广泛征集议题外，还要求各乡镇（街道）党（工）委、政府（办事处）研究提出协商议题，并对重大事项及重大项目方面议题的提出作了明确要求。除了制度要求外，都江堰市还进一步从细节上规范议题提出。将议题收集单以"选择题"+"问答题"形式设置。一方面由党委政府研究提出几项议题供群众勾选，另一方面留下空白由群众自由填写建议议题。有效保证了协商议题的双向提出，进一步实现了议题收集的广泛性和全面性，同时通过社会协商会议这个平台，使党委政府的工作更加公开透明。

（五）利用多媒体平台及时公布议题办理落实情况

都江堰市滨江街道通过自办公开刊物，蒲阳镇通过手机短信平台，动态登载议题收集、协商、办理情况得到群众好评。一是对未被提交协商的议题——答复未提交协商的原因，及时消除群众疑虑。二是对协商达成共识的议题的办理落实情况及时报道办理进度，并登载有关图片、文件等佐证材料，大力宣传社会协商成果，进一步增强了群众对党委政府的信任和对社会协商的信心。都江堰市已开始探索在其他乡镇推广这一工作经验。

（六）社会协商扎根院落，居民自治有声有色

都江堰市柳街镇整合364个散居院落，成立107个院落业主管理委员会，充分发挥群众主体作用，进行自治管理。柳街镇五一社区支部书记左久春介绍说，过去村组基本不开会，开了也没人来，现在成立的院落业主委员会，每月开一次，最少都是六七百人来，村民开始关心村公资金使用，村上的发展目标等情况。一组数据可以作为这种转变的注脚。2014年，柳街全镇共收集群众意见建议260余条，解决突出问题120余件，报上级部门协调解决40余条，群众满意率达95%以上。

滨江街道开展53个老旧院落整治工作中，以院落议事会成员为基础，探索坚持多元参与，搭建自我服务平台，引导开展居民自治和解决实际问题。探索出一套"你来发现，广泛商量，我来落实，请你评价"院落社会协商原则，形成细小事务不出院落、一般事务不出社区、大事大家商议的自治氛围。今年收集群众意见建议296条，社区（院落）自行解决61条，街道党工委解决7条，上报上级部门协调解决10条。通过开展社会协商，有效解决了以往院落物业管理费难收、院落卫生没人扫、公共设施没人管等现象，群众满意率达95%以上。

四、进一步完善社会协商机制的思考

（一）建立社会协商结果应用的保障机制

为保证协商达成共识的议题得以落实，确保社会协商取得实效，应建立协商成果应用的保障机制。结合前期试点经验，我们认为建立协商成果应用的保障机制首先应对协商达成共识的议题进行分类处理，再次是明确考核办法和考核依据。

乡镇（街道）社会协商会议协商达成共识的议题按照暂不具备办理条件、具备乡镇（街道）自主办理条件、需报经市级层面协调办理分为三类。暂不具备办理条件的由各乡镇（街道）做好解释工作；具备乡镇（街

道）办理自主条件的交由乡镇（街道）党（工）委、政府（办事处）承办；需报经市级层面协调办理的，由市社会协商联席会议会商后交与市级有关部门办理。将办理情况分别纳入乡镇（街道）和有关市级部门的目标考核。考核标准以提议人满意度测评结果为依据。

社区居民议事会协商达成共识的议题按照暂不具备办理条件、涉及面超出本社区、具备社区自主办理条件、需报经上级机关协调办理分为四类。暂不具备办理条件的由社区做好解释工作；涉及面超出本社区的提交乡镇（街道）社会协商会议协商；具备社区自主办理条件的交由社区党组织和村（居）民委员会办理，由各乡镇（街道）自主实施对社区办理情况的考核；需报经上级党委、政府协调办理的交由上级党委、政府办理，并由市社协办根据提议人满意度测评结果对该乡镇（街道）实施考核。

（二）建立社会协商会议成员激励机制

为提高社会协商会议成员履职的积极性，应建立相应的激励机制。建立社会协商会议成员管理、评价、奖惩制度。对履行成员职责成绩突出，作出重要贡献的成员，在各种宣传媒体大力进行宣传。对参与社会协商热情高、作用发挥好的成员，要适时进行表彰等精神奖励。反之，对长期不参加社会协商会议、不履行社会协商会议成员职责的成员，要进行批评教育直至取消成员资格的惩处。同时，还应建立优秀社会协商会议成员的分类培养和选拔任用机制。如，优秀社会协商会议成员中的党外人士可以作为市委统战部党外代表人士的培养人选。

基层协商民主与乡村治理研究

——以成都市温江区试点为例

程林顺 董晓琴

随着城乡一体化发展的深入推进,特别是农村产权制度改革的大力实施,传统的乡村社会加速分化,对乡村治理提出了新要求。在坚持党组织领导、依法办事、人民当家做主有机结合的情况下,探索构建党组织领导下群众依法自治、社会广泛参与的协商民主工作机制,调动基层群众参与管理公共事务的积极性,以助推城乡一体化发展,促进地方和谐与稳定具有重要意义。本文拟以成都市温江区(该区系城乡结合部)基层协商民主实践为例,通过调查研究,以温江基层协商民主建设的创新及重点难点作为突破口,总结基层协商民主实践经验,重点研究基层协商民主的工作机制。

一、基层协商民主是完善乡村治理的必然要求

村民自治制度是我国农村基层民主建设的一项基本制度。通过搭建村(居)民议事会和监督委员会的民主监督平台,对村(社区)范围内重大事务进行决策(但不参与经济组织具体的经济行为决策)监督,村(居)民议事会议形成的决议,村委会要负责实施,有利于在基层加快形成决策权、执行权、监督权既相互制约又相互协调的权力结构和运行机制,保证基层组织权力运行的规范化。

(一)基层协商民主是顺应农村改革发展的客观需要

随着农村产权制度、社会保障制度、户籍制度等系列改革的深入推

进，党员群众的构成复杂化、思想观念多元化、个体素质差异化、从业分布多样化，迫切需要创新乡村治理方式。群众自治范围的扩大和各类经济社会组织的兴起，要求基层党组织领导核心的内涵和实现方式相应调适，与农民的利益连接由直接变为间接、显性变为隐性，对党员、干部的能力素质和基层党组织的领导方式提出了新要求。

在基层民主治理组织结构中，基层党组织是各类经济社会组织和各项工作的领导核心，传统依靠权力权威推进工作的方式是由上而下单向性的，群众被动接受，缺乏基层群众积极主动参与，最终出现外在推动力和内在能动性下降的趋势。基层群众工作千头万绪，由于信息来源纷杂、信息传递失真或歪曲导致群众认识发生偏差，干群之间沟通不畅从而群众不理解的情况时有发生。迫切需要搭建基层党支部与群众、群众相互之间沟通的民主协商议事平台，通过广泛的理性协商、平等讨论，加强政策引导、说服教育，通过典型示范、照顾利益，赢得群众的自发自愿参加，增进公共决策与治理的合理性与合法性。

（二）基层协商民主是创新农村统战工作的内在要求

新形势下新的工作对象要求我们拓展统战工作范围，将统战工作触角延伸到基层乡村。当前，农村统战工作对象主要集中为村（居）民议事会成员、新型职业农民、农村乡土人才以及分布在农村的传统统战对象。按照政府引导、群众自愿的原则建立村（居）民议事会和监督委员会为主的协商议事平台，破解农村统战工作推动力欠缺的问题，创新基层统战工作新模式，调动群众参与解决涉及自身利益事务的主动性，切实保障基层群众民主协商、民主决策、民主管理、民主监督的权利。

基层协商民主作为贯彻落实党的群众路线的一个重要组成部分，在基层党组织与群众之间搭建起平等沟通的平台，是目前加强和创新基层统战工作的重要途径，形成决策权、执行权、监督权相互制约、相互协调的乡村治理体系，必将进一步巩固基层民主政治建设的成果，切实保障人民群众对基层事务的知情权、参与权、表达权、监督权。完善基层协商民主工作机制，对于深化基层民主政治建设，充分发挥基层党组织的作用，充分调动基层统战成员推进城乡统筹发展的积极性，具有重要意义。

(三) 乡村治理之困是催生基层协商民主的根本动力

当前农村基层面临着三种管理组织的存在,包括村(社区)党组织、村委会和集体经济组织(合作社)。党组织、村委会、集体经济组织职能相互分离而又存在密切联系,三种组织因职能不同需要建立一种联系机制促进三种管理组织协调运转,改进原有的基层权力构架和群众自治体系的内在缺陷对基层权力的监督缺位问题。因乡镇党委对村(社区)党组织和党员干部的监督和管理较为松散,加之村(社区)党组织内部缺乏专职的监督力量,容易造成村(社区)党组织"领导核心"的膨胀异化;因人口流动的频繁化和群众利益诉求的多元化,村(居)民会议很难召集,基层民主监督缺乏途径,群众监督在一定程度上流于形式,村(居)民自治可能异化为村(居)委会自治,甚至村(居)委会主任自治。

在经济社会快速发展过程中,基层经济市场化、社会开放化和利益多元化的程度越来越高,原有的社会治理方式常出现应对失措困境:比如群众对基层政府工作知晓度不高,满意度有下降的趋势;群众利益诉求和政府主要工作时常发生错位,群众有怨言,干部有苦衷,改革发展动力难以激发和凝聚。群众公民意识和民主能力不断提高,利益诉求和利益实现方式多样化,社区组织、民间组织等经济社会主体兴起,客观上要求创新基层协商民主工作机制和健全乡村治理体系,确保政府意志在基层的贯彻执行,同时尊重党员群众主体地位,依法保证基层群众直接行使民主权利、管理公共事务的权利,推动乡村治理的善政良治。

二、基层协商民主是新型乡村治理的重要手段

(一) 温江区基层协商民主的特点

温江区通过搭建村(居)民议事会和监督委员会工作平台,建立和完善民主评议制度,探索协商民主制度在基层的具体实现形式,进一步完善新型乡村治理体系;强化群众监督以规范村级组织权力运行,达到收集民意、汇集民智、化解民怨的目的,为农村经济发展凝聚强大动力,为农村社会和谐稳定继续加强正能量。基层协商民主是乡村民主治理的重要组成部分,基层协商民主是实现基层群众自治的基本方式,有利于建立畅通的

利益表达和民主监督渠道，拓展乡村民主治理形式，满足基层群众和各利益群体与基层政权就各项社会决策、社会管理与事关广大群众切身利益问题对话协商的期盼，客观上也达成了与政治协商制度设计到县为止的协商民主制度的衔接。

（二）温江区基层协商民主工作流程

基层协商民主是属于基层政权施行的协商民主形式。协商的主体是指村（社区）村（居）民，协商主题是涉及村（社区）村（居）民切身利益的公共事务，协商方式是建立村（居）民议事会和监督委员会以及民主评议制度，民主协商、讨论决定村（居）范围内重大事务和涉及群众切身利益的重大事项，监督村（居）民委员会工作。村（居）民议事会和监督委员会是受村民会议委托行使村级事务决策权、监督权的常设机构，在村党组织领导下讨论决定村级日常事务，监督村（居）民委员会工作；村民小组设村民议事小组，由村民直接选举产生，负责讨论决定本组事务，调解处理村民矛盾。

村（居）民议事会成员以村（居）民小组为单位，每5—15户产生1名村（居）民代表；按每个村（居）民小组2—4名的名额，在村（居）民代表中产生村（居）议事会成员，成员总数20—50人，其中村（社区）、组干部不超过50%。村（居）民议事会受村（居）民会议委托，接受村（居）民会议监督，在其授权范围内行使村（社区）自治事务议事权、决策权、监督权。

村（居）民议事会实行定期召开制度，村（社区）每月至少召开一次议事会。对涉及村（社区）范围内群众切身利益的事项，经由村（社区）党组织、村（居）委会、议事会成员提出议题。议题范围包括群众普遍关系的经济发展、社会民生、基础设施建设、生态文明、医疗卫生、拆迁安置、居住环境改善等关系群众切身利益的事务。议事程序是先由议题提出人陈述议题，参会人员充分讨论发表意见，记录人员作好发言记录，并由主持人总结梳理发言，然后采取无记名投票方式进行表决，最后宣布表决结果（议题获得应到会成员三分之二以上赞成票即可通过）。议题经议事会讨论协商，形成的共识要在会议结束后立即以书面形式在村（社区）公开栏中张贴发布。

基层群众"当家做主"很大程度上体现在对资金安排使用的议决、审查、监督权上。成都市决定市、区（县）两级政权每年安排专门用于基层村（社区）公共服务和社会管理专项资金40万元，每笔钱怎么花必须由社区成立的村（居）民议事会民主议决，经过村（居）民讨论、村委会申请、乡镇负责对项目审查和监督，资金完全由村（居）民自主决定，乡镇不再像过去那样完全包办，让村（居）民在参与发展和管理中发挥作用，维护和保障群众的各项民主协商权利，使村（社区）不但"有钱办事"，而且要"民主议事"。

建立村（居）民监督委员会以完善协商议事的决策监督机制，保障群众民主监督权。监督委员会采取一户一票方式选举产生，作为村（社区）的常设监督机构，对重大事项建议方案进行议定后提交村（居）民会议或代表会议表决，对村干部和重大事项进行日常监督。监督委员会有效解决了村（居）民会议和村（居）民代表会按法定要求召开存在诸多困难和"独立监督缺失"等问题，充分保障群众民主监督参与积极性，提高了基层民主管理水平。

通过设立村（居）民监督委员会形成村级事务的决策、执行、监督"三权"相互制约、相互协调的工作机制。温江区开元社区监督委员会对社区居委会的财务收支情况进行了逐一严格审核，并对监督检查情况进行全面公开。在接受中央电视台记者采访时，开元社区居民监督委员会主任赵顺和说："我们的权力很大，社区所有支出都必须由我们签字后才能在镇上报账，而且还能对不按居务管理制度做出的决定或决策提出废止建议，对便民服务情况进行日常监督，对固定资产出租、出售等涉及群众重大利益的事项进行审核并提出监督意见，对财务账目进行定期审查、质询或向有关部门反映。"

建立民主评议制度开展对基层党组织和党员干部的民主评议，收集党员群众意见建议，并直接向村民大会报告有关情况。通过开展民主评议活动，体现群众监督的主体地位，对村（社区）党员干部工作进行测评时，党员干部同时主动向群众述职"晒成绩"。通过群众满意度测评，基层党员干部进一步了解村（社区）群众的所思、所想、所盼，进一步查找村（居）民关心关注的突出问题，进一步理清解决问题的思路，提出整改提高的措施直至群众满意通过为止，促使基层干部牢固树立敬民、爱民、亲民意识，形成互信融洽的新型干群关系。

（三）基层协商民主开创乡村治理新途径

温江区着力构建党组织领导下，以村民自治为核心，在保障群众民主权利、加强权力制约监督、社会组织广泛参与的基层协商民主机制建设上进行了大量探索，取得了明显成效：民主治理的组织体系逐步健全，民主协商的制度结构逐渐完善，民主权利的实现形式愈发丰富，群众参与民主协商和民主监督的渠道得以拓宽，实现了党组织领导、依法办事、人民当家做主的有机结合，探索出一条村级党组织领导下群众依法自治、社会广泛参与、基层民主协商、群众监督有效的途径，是创新乡村民主治理方式的重要尝试。

温江区探索建立基层协商民主议事平台。突出村（居）委会、村（居）民议事会、监督委员会的基层民主和自治功能，合理划分政务与自治组织的责任范围和权力边界，将基层组织的领导嵌入民主法治体制内，由原来的对农村政治、经济、文化等资源甚至个人生活方式的全方位管理控制，转变为通过思想政治引导、服务党员群众和发挥议事会成员模范带头作用，强化群众的内心认同和自觉行为，依法保证基层群众直接行使民主权利管理基层公共事务和公益事业，提高了基层群众自治能力。

温江区在村（社区）推行民主评议常态化制度。在开展民主评议的基础上，开展"民意大恳谈，民情大走访"活动，通过走访农户，村（社区）党员干部与群众进行面对面的交流。"走访"活动要求村（社区）党委、村（居）委会班子每月定期走访5户以上，走访制度以活动为载体，拓宽了群众反馈渠道，有利于基层干部及时了解群众需求，同时有效地调动了群众参与积极性。通过议事会成员了解民需，汇集民智，有效地拓宽了民众的利益表达渠道，降低了居民的诉求成本，实现了居民"办事不出村"的目标，将群众融入社会治理中，增加了领导干部与群众的交流，实现基层政权依法行政与群众自治的有效衔接和良性互动。

三、基层协商民主对乡村治理的促进作用

面对新时期"权力下沉"的趋势,过去遵循的自上而下行政管理体制使基层社会管理机构沦为行政的"附属",群众自主参与意识不强,急需探索建立群众广泛参与的基层协商民主工作机制,推动乡村民主化治理取向,充分发挥群众的能动作用,以民需为导向,健全常态化的民意征集反馈平台,由村民民主协商决定本村的社会管理事务,不断优化和提升公共服务质量。

(一)密切党群干群关系

通过村(居)民议事会成员参与工作,耐心讲解、主动引导、外围劝解,让群众有机会公开、平等、直接地进行意见表达,群众建议有地方提,群众委屈有地方诉,政府有关部门面对面听取群众意见,回答群众疑问,对话协商达成利益妥协方案,社会各方面的意见、愿望和要求在进行系统分析后,形成共同遵行的决议。议事会作为基层协商民主的一种实现方式,能够促进决策的科学化、民主化,变政府意志决策为群众民主决策,变政府声音为群众声音,党委政府决策变得更加符合实际、顺应民意,从而增进政府和其他利益群体的信任和理解,密切党同人民群众的血肉联系。

(二)保障基层群众当家做主权利

村(居)民议事会成员涵盖各方面人士,既反映多数人的普遍愿望,又吸纳少数人的合理主张。议事会制度能够使基层群众有机会直接参与公共管理,由政府强制变为群众自治,群众自主进行管理和监督。基层协商对话过程倡导开放式交流和探讨,能促使参与者理性思考,学会理性表达诉求,平等对待不同利益群体。基层组织在决策的过程中同利益相关者进行广泛协商,在协商中避免只有一方唱主角而群众被动回应的现象。整个决策的形成是靠相互说服而非强制,能够获得广大政策对象的认同和支持,得到参与者的普遍遵守,从而有利于推动工作,变政府意愿为群众自愿,变政府行为为群众自觉行为。

(三) 巩固党的执政基础

通过议事协商，进一步促进基层政权在制定实施各项政策措施的过程中更加贴近民意，更加贴近基层群众生产生活实际状况，从而使工作更具有实效性、针对性。通过协商对话，也使广大基层群众参与到基层政治生活的实践中来，使群众了解国家的大政方针和政府决策的基本信息，群众可就重大事项或公共决策表达自己的意见看法，使社会的不同利益在这个平台上进行表达和积聚，并在博弈、妥协和融汇中实现各方的利益均衡。在群众与基层政权的互动过程中，形成上情下达、下情上报的信息交流机制，加强群众对党委政府施政的认同理解与合作，从而夯实基层政权的执政基础，提高基层政权在群众心里的公信力。

(四) 维护地方和谐稳定

作为基层协商民主表现形式的村（居）民议事会制度，可以有效调动基层群众参与公共事务的积极性，共同协商涉及基层群众切身利益的具体事项，解决基层在经济发展、基层治理、社区管理、群众利益、矛盾纠纷等方面的问题。通过议事会平台，宣传党委政府的决策部署和方针政策，并把政策宣传化为群众共识，通过讲政策、摆道理、讲事实，由议事会成员收集涉及群众自身利益的议题，了解群众诉求愿望。通过专访调解，交换意见，共同协商，有效排查化解矛盾，增进群众与基层政权相互之间的理解和包容，增加和解与合作的机会，降低对抗与冲突的可能，使尊重多数和保护少数相统一。村（居）民议事会平台对于下层情绪及能量来说是一种必要的泄洪装置，通过及时给予答复、解决，使群众明晰事理真相，达到心气平和舒畅。

四、推动基层协商民主机制建设以完善乡村治理体系

在基层协商民主实践过程中，要引导群众重视和积极参与基层民主协商，逐步消除群众的冷漠、抱怨和抗拒态度，使基层协商民主工作机制走上规范化轨道。

(一) 建立程序化议事机制

基层协商民主要按照详细的协商民主操作规范和预定协商议事程序做

出决策,保证每个个体都有平等的参与讨论机会而不是被少数精英群体掌控话语权,民主协商过程信息及时公开并为群众所了解熟悉,协商议题提出的准备阶段、会议协商阶段和后续意见反馈阶段都要有详细明确规定,在专人记录下整理在册并进行公告,协商民主决定的事项必须得到利益相关主体的认可和施行。

村(居)民议事会工作流程需严格遵循三个步骤,即会前准备、召开会议协商议事、协商议事成果运用,整个议程打印成册发给每个议事会成员。使每个成员都能熟悉和了解协商议事的程序。议题准备阶段向群众发放《议题征求表》,召开村民(居民)代表座谈协商,村(居)民全体会议讨论;或由村委会(居委会)、部分村民(居)民代表、村党组织联名提出议题,然后公告议题。经过议题收集和议题初审,参加议事会成员会议签到,清点人数,参加讨论的议事会成员进行协商,总结梳理协商意见,经过会议表决,最后宣布结果。

(二) 完善民主化决策机制

完善村务决策机制,明确村民会议和村民议事会职责范围,凡涉及经济社会发展的重大问题、村民切身利益的重大事项、公益事业建设的重大开支,应由村民会议或村民议事会讨论决定,向村民公示,由村委会负责执行,接受群众监督。按照政事分开、村企分离、议行分设的要求,积极探索建立以村党组织为核心,自治组织、集体经济组织、服务组织、群众团体等共同参与的治理组织体系。

基层党组织的工作重点是贯彻落实上级要求,保证改革正确方向;及时排解矛盾纠纷,统筹协调各方利益关系。村民委员会是村级事务的执行机构,负责执行村民会议和村民议事会决定,承担上级政府交办的公共服务和社会管理工作,村民委员会由村民直接选举产生,对村民会议和村民议事会负责。具备条件的地方,村民委员会应设集体资产管理机构,负责集体公共资产的管理和受托经营,实现其保值增值。村民会议是村级事务的最高决策机构,讨论决定涉及本村重大事务,监督村民议事会、村委会、集体经济组织工作。村民议事会和监督委员会是受村民会议委托行使村级事务决策权、监督权的常设机构,在村党组织领导下讨论决定村级日常事务，监督村民委员会工作。集体经济组织和其他组织，则按照群众自愿、依法登记、自主经营、利益共享、风险共担原则，鼓励和支持农民发展专业合作社、股份合作社等多种形式的新型集体经济组织。

（三）形成高效化合作机制

村（居）民议事会协助解决政府部门延伸的行政性工作，如协商调解劳动社保、计划生育、公共卫生、环境保护、产业发展和征地拆迁等事务。村（居）民议事会制定的调解工作方式体现合作互信原则：一是相对公平原则；二是按照先来后到原则；三是坚持循序渐进原则；四是诚实守信原则；五是同舟共济团结互助原则。以村（居）民议事会为载体，推动基层公共管理事务有议事会成员广泛参与讨论达成共识，从而提升公共服务城乡共享度，解决农村税费改革后基层公共服务和乡村治理薄弱等现实问题。

基层协商民主实践尚处于探索和破题阶段，需要不断改进和完善基层协商民主工作机制和实施方案，避免基层协商民主流于形式、参与人群被内定从而减少合作议事程度，特别要防止其演变成少数村（社区）"能人"掌控和谋利的工具。按照鼓励探索、支持攻坚、宽容失败的要求，加强实践探索和问题研究，加大试点工作力度，注意总结提炼，寻求新突破，注重各方力量合作共建。要在抓好试点的基础上，选择不同类型的村（社区）逐步扩大试点，跟踪研究不同村（社区）情下出现的问题，力求摸索出一套具有规律性和普遍性并行之有效的合作机制。

（四）健全常态化监督机制

民主评议制度的设置是对村务公开、干部勤政为民情况进行民主评议，在一定程度上对党员干部权力的行使构成约束和监管，提高了党员干部廉洁自律的意识，有效解决了村（居）民会议按法定要求召开存在诸多困难和"独立监督缺失"等问题。

村（居）民监督委员成员大都是村民推选出来具有一定参政议事能力的代表，由各村（居）民小组推选出的一名代表组成，对村（居）民会议负责。监督委员会有权对村（居）居委会的财务收支情况进行定期审查、质询或向有关部门反映，对监督检查情况进行全面公开。对不按村（居）

务管理制度做出的决定或决策提出废止建议,对固定资产出租、出售等涉及群众重大利益的事项进行审核并提出监督意见。

(五) 构建制度化保障机制

建立健全有关村（居）民议事会和监督委员会制度的文件和实施方案。认真执行村党组织班子成员公推直选配套制度,进一步完善对村（居）干部的民主评议制度,完善村民议事会、村民委员会、监督委员会成员述职评议制度和罢免制度,坚持村务公开制度和村组财务开支制度。使党的干部既对上又对下负责,而不是仅为上级、部门及个人利益服务。

新型村级治理体系的核心是直接民主、自我管理,与基层协商民主协调不同利益关系、促成共同认识、维护群众自治权利是一致的。新的乡村治理方式不是自上而下的强制性行为,而应是一个上下互动的管理过程,通过建立基层协商民主机制来管理公共事务,使基层社会力量在协同合作基础上实现共治良治。同时,要进一步推动基层协商民主规范化运行,健全基层协商民主工作机制,使基层群众民主权利的实现形式愈发丰富,乡村治理体系更加完善。要把探索新型乡村治理体系与发展基层协商民主有机结合,充分调动民间力量,激活基层群众的主动性和创造性,提高群众自我服务、自我管理的能力,提升乡村自治水平。大力推进基层政权职能转变,基层组织在发挥重要作用的同时,不再是唱独角戏,通过基层协商民主整合多方以形成合力,把乡村治理成为管理有序、服务完善、文明祥和的社会生活共同体。

（程林顺,四川省社会主义学院教研室副教授；董小琴,四川省社会主义学院教研室讲师）

参考文献：

[1] 何包钢、王春光：《中国乡村协商民主：个案研究》,载《社会学研究》,2007 第 3 期。

[2] 朱勤军：《协商民主与和谐政治》,载《上海市社会主义学院学报》,2006 第 6 期。

[3] 康静思:《中国基层协商民主建设探析》,湘潭大学硕士学位论文,2011年。

[4] 孙存良:《当代中国基层协商民主实践与社会整合》,载《新疆社科论坛》,2010第4期。

[5] 李文彬:《论我国基层协商民主的问题与对策》,载《华南理工大学学报(社会科学版)》,2007第2期。

[6] 邹宗根:《基层协商民主:功能、过程与建构》,载《中共济南市委党校学报》,2012第2期。

[7] 王雅楠、宋博、杜仕菊:《我国基层协商民主的困境与出路》,载《上海市社会主义学院学报》,2011第1期。

[8] 中共成都市温江区委组织部:《成都市温江区"监""理"并重构建新型村级治理机制》,2010年。

[9] 中共成都市温江区委组织部:《构建新型村级治理机制的探索与实践》,2008年。

[10] 中共成都市委组织部:《关于完善农村基层治理机制的意见(试行)》,2008年。

协商民主与企业治理研究

——以广元市企业治理中"共建共享和谐"为例

何 梅

如何运用好协商民主机制为企业治理服务,如何在企业与各方面利益主体间实现共建共享,是推进国家治理现代化的重要研究课题。《中共中央关于加强社会主义协商民主建设的意见》强调推进企事业单位的协商,畅通职工表达合理诉求的渠道,健全各层级职工沟通协商机制,积极推动由工会代表职工与企业就调整和规范劳动关系等重要决策事项进行集体协商,逐步完善以劳动行政部门、工会组织、企业组织为代表的劳动关系三方协商机制,这为推进企业协商治理制度建设提供了理论依据和政策指导。本文以四川省广元市协商民主推进企业治理的实践为例,对发展协商民主促进企业与职工共建共享和谐开展专题调查研究。

一、企业治理中协商民主的理论考辨与内涵界定

从目前的发展状况来看,(我国)协商民主的实践主要存在于一些经济发达的地区。[1] 这些地区在市场化改革的推动下,经济增长较快,特别是一些民营经济总量迅速增加,人民参政意识、自主意识、民主权利意识提升和社会结构日趋复杂化。在社会主义市场经济条件下的企业(微观经济主体)中开展协商越来越受到政府、社会和企业关注。开展企业协商治

---

[1] 江国华、高冠宇:《协商民主及其中国实践模式》,见《公法评论(第七卷)》,北京大学出版社2013年版。

理,是实现企业治理现代化的有效手段,是建设社会主义和谐社会的重要内容。

企业治理中运用协商民主与企业协商治理内涵与外延具有一致性。因此,本文重点考证协商民主在企业治理中的运用成效。本文所提企业协商治理是指企业治理语境下的协商民主的实现途径和有效机制。就目前来看,我国的协商民主实践主要集中在政治协商、社会治理、社区治理和基层组织建设等。以企业协商治理为重点的调查研究大多是基于企业内部的管理和工会职能发挥上。最突出的就是对工资的集体协商的研究。而在全社会的视野下,将企业作为与政府、行业组织、社区与公民等一样的平等主体,以协商民主的方式进行企业治理的调查研究较少。

(一) 企业协商治理的内涵探究。课题组认为,企业协商治理有广义和狭义之分。狭义的企业协商治理具有封闭性特征,它是指个体企业自身内部通过建立工会、群团或社团组织等方式构建制度化的平等协商渠道,对企业发展的重大问题和涉及职工切身利益的重要事项进行充分讨论、谈判和协商,从而实现良性发展和合作共赢,呈现对等性地发展趋势,主要表现形式体现在通过平等协商签订集体合同等。

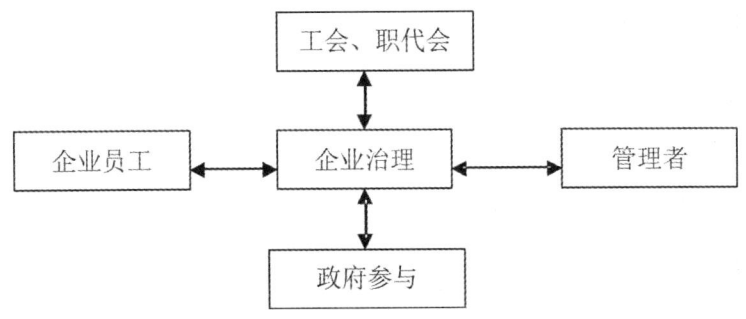

封闭性企业协商治理实现途径示意图

广义的企业协商治理具有开放性特征,它是指企业与企业、企业与政府、企业与社会集合之间和职工以及代表职工利益的工会、社区、行业组织等就各类事项、利益矛盾和纠葛进行平等协商,重点是通过民主协商、平等协商等方式实现和保障企业和职工民主权利,在实现企业治理现代化,尤其是企业善治过程中要纳入协商民主元素,推动构建社会主义和谐社会，呈现多元化发展趋势，主要表现形式体现在矛盾申诉处理、企业外部环境优化等。

（二）企业协商治理的要素考证。无论是作为一种理性的决策方式，或是一种组织形态，或是一种治理形式，企业协商治理都只是协商民主的表现方式之一。故而，企业协商治理与新兴协商民主都有着一些共同的基本要素：(1) 注重理性、辩论和商讨的方式；(2) 关注公共利益；(3) 强调参与及参与者之间的平等；(4) 希望在多元分歧的观点之中达成某种共识或妥协。

二、协商民主在广元市企业治理中的实践

近年来，四川省广元市以协商民主机制推动企业治理，积极运用协商化解企业治理困境，形成了"共建共享和谐"的良性发展。笔者综合运用实地考察、问卷统计、座谈交流等方式，在广元市随机取样调研了30家企业、48名政府管理者、18名社区工作人员和100名企业管理与基层人员，深入考证了协商在广元企业治理中的运用、成效等情况。调研表明，随着政治、经济、社会和文化的繁荣发展，广元市企业协商治理呈现出主体多元、内涵扩大和参与多元等特征。

（一）样本实践：广元市企业协商治理的范本特征

党的十八大对建立基层民主制度的工作重点作了深刻阐述，确定了以扩大有序参与、推进信息公开、加强议事协商、强化权力监督为重点，明确了"全心全意依靠工人阶级，健全以职工代表大会为基本形式的企事业单位民主管理制度，保障职工参与管理和监督的民主权利"。这为企业民主协商实践指明了方向。调研表明，协商民主是破解广元企业治理难题的有效途径。推动企业开展协商民主，增强了劳资双方的民主法治意识、公平正义意识；促成劳资双方通过对话、沟通、协商、妥协、合作等协商性方式，丰富了企业民主管理形式，扩大了职工的有序参与，建构了以职代会为基本形式的企业民主管理制度体系，促进企业可持续发展和职工利益可持续改善。广元市在探索实践企业协商治理进程中，主要呈现出以下三个方面的特征：

1. 协商民主实践主体的核心作用日趋加强。在调研中95%受访人群认为,实现企业协商治理的主体应该包括企业管理者(层)、员工自治组织(重点是工会和职代会)以及员工,也就是课题组所界定的封闭性企业协商治理。调研表明,政府管理者对本地企业协商治理的直接参与者持正面和积极态度,86.2%的受访者认为有关各方的参与意识正在不断提高,50%以上认为协商议题具有积极意义。值得关注的是,企业管理者与员工对协商民主的有效性期待值出现"两头靠"现象,其中79.6%的管理人员认为企业协商治理的价值和作用还有待考证,仅近2成管理人员认为企业协商治理在管理中发挥了积极作用,另有部分持观望态度;而80%以上的企业员工认为通过企业协商治理积极有效,实现了自身利益诉求并促进了企业和谐稳定,不到2成人认为企业协商治理作用不够明显。

(1)工会成为实现企业协商治理的重要基石。调研表明,广元市现有基层工会组织6745个,入会职工43万余人。其中,市总工会辖有7个县(区)总工会和经济开发区总工会、8个产业工会、1个园区工会、3个集团(公司)工会及直属基层工会。全市569个乡镇(街道)、城镇社区全部组建工会组织,覆盖企业5166家,覆盖工会会员21万余人。广元市总工会主动作为、靠前服务,通过组织实施重点企业工会建设大会战、工会制度大检查以及工会干部业务大培训等"三大战役",全市规模以上企业工会建制齐全,运行有序,在推动实现企业协商治理中发挥了主要作用。先后被授予"全国工会职工法律援助维权服务示范单位",获2013年全省工会工作目标考核、班子考核和"两个普遍"专项考核一等奖,2012年以来连续两年获得全市目标考核一等奖和"四好班子"称号。

(2)职代会是实现企业内部协商民主的主要形式。广元市建立职代会制度和职工大会制度的企事业单位8114家,其中国有、集体及其控股企业、市属事业单位厂(事)务公开职代会建制率100%,已建会的非公有制企业职代会建制率达到86%。规范落实职代会职

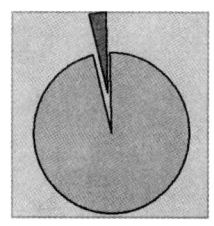

■建会企业5166家 ■未建会企业199家

权,明确要求各类企业必须按照职代会条例的规定召开会议。对企业涉及职工切身利益等问题,依据法律要求,须经职代会民主程序讨论通过。创新探索职代会形式。建立了区域(行业)性职代会制度,探索推行职工代表巡视制度。因企制宜建立员工大会、恳谈会、沟通会等其他形式的民主管理制度。

(3)工资集体协商制度是企业民主协商的关键环节。一是改善协商内外环境。以市委市政府两办的名义下发了《关于进一步推进企业工资集体协商工作的实施意见》等文件,将集体协商和签订集体合同等工作列入广元市重点工作目标考核,纳入广元市人大执法检查的重要内容与和谐企业(社会责任)评价指标体系的重要项目,编印了《企业工作集体协商务实指南》。组建了专门队伍,加大工资集体协商专业人才培训,2011年6月印发了《成立工资集体协商指导员队伍的通知》,全市有125人(市本级29人)成为工资集体协商指导员。二是突出行业(区域)性协商。探索推进区域(行业)性集体协商和签订集体合同制度。利州区、青川县总工会分别在回龙河、竹园等工业集中区开展集中邀约和集体签订工资协议,起到了较好的示范带头作用。三是实施"要约行动"。截止2013年12月底,广元市共签订工资集体协议2735份,其中签订区域性、行业性协议217份。覆盖企业4235家,占建会企业的96.6%。2014年3月,旺苍、青川、利州、昭化等县区分别向企业发出协商邀约书280份、238份、276分。四是拿出专项经费建立激励机制。每年命名一批"全市企业工资集体协商示范单位"并给予奖励。2011年和2012年兑现奖金23万余元。通过组织广泛宣传、开展协商要约、争取党政支持、依托多方联动等,形成了广元开展工资集体协商的良好局面。2011年和2012年,省工会组织的专项考核中,广元市均获得一等奖。

(4)厂务公开是企业协商治理的有效途径。一是成立广元市厂务公开工作领导小组。市总工会行使办公室日常职责,各地成立了相应工作机构,统筹推进落实企业厂务公开。二是明确公开标准。把职工代表大会作为厂务公开主要载体,下发了《关于进一步深化厂务公开民主管理工作意见》。三是强化指导监督。重点针对大型重点企业制定了厂务公开民主管理控制程序和指导意见。截止 2013 年，建立厂（事）务公开制度的企事业单位达 7322 家。其中，广元娃哈哈食品有限公司、广元瑞峰精工机械制造有限公司、广元电业昭化供电公司、青川县白家乡香炉梁石英砂岩矿厂、旺苍县东河煤业集团公司等 8 家受到省级表彰的厂务公开先进企业成为全国厂务公开民主管理工作先进单位候选企业。

（二）政府在推动实现企业协商治理进程中职能不断转换

笔者认为，在服务型政府建设中，应把企业法人和公民个人一样，视为服务对象。调研表明，有关各方对企业协商治理关注度较高，95.6% 的受访者认为协商民主有利于提高企业治理的科学性，超过 90% 的企业管理者认为政府在推动实现企业协商治理中发挥了积极作用，82.3% 的受访者认为广元市政府作为主动、定位准确、服务到位。

（1）主动作为服务难点实现协商民主。在广元实践中，市委市政府建立了解决工业企业突出问题的综合协商机制，将为企业服务的职能部门和单位确立为解决企业发展难题的责任单位；将市县各级领导与企业挂联，将企业发展中的问题逐个分解到挂联领导；明确牵头办理和协助办理单位，实行以解决企业实际困难的"问题导向"服务机制。形成了广元市服务型政府建设的新特色，实现了由企业找各部门解决问题向政府各部门综合协调解决企业难题的转变。如市委市政府督查室 2014 年 6 月发出的第 23 期《关于解决部分工业企业突出问题办理情况的通报》就对已解决的 7 个问题和涉及 90 家企业的难题解决进度进行了通报。

（2）统筹发展服务重点实现协商民主。广元市委市政府出台深化规范化服务型政府（机关）建设和推进企业发展的一系列意见，将推动广元企业发展作为中心工作，把"生态立市、工业强市、文旅兴市、统筹发展"作为总体发展思路，深入实施低碳发展、资源转化、项目支撑、城乡统筹、创新驱动"五大发展战略"，从深入推进行政效能建设，对行政审批项目全面清理，努力增加对企业的投入，加大对工业园区基层建设投入，大力开展"百家十亿中小微企业金融服务工程"、实施增减挂钩项目，加大工业项目用地供应量，认真开展涉企收费项目整治，规范登记部门行政行为，加强企业投诉管理，切实减轻企业负担，严肃查处各种影响和阻碍企业发展的软环境问题，在全市营造了重视工业，服务企业的良好氛围。

（三）推动企业协商治理的参与元素呈现多元化发展趋势

调研表明，企业治理参与者不断活跃，企业协商治理的参与元素日趋呈现多元化趋势，也就是课题组所界定的开放性企业协商治理。90%以上的企业管理者认为，有必要打破传统的协商民主"二元结构"，积极吸纳和主动接受有关各方参与，推动实现协商民主；几乎所有受访者都认为，社会各个层面和有关各方均对企业协商治理给予了关注，正在积极探索实现协商民主的新途径。

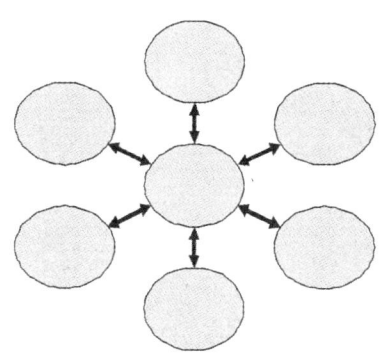

开放性企业协商治理参与元素分析图

（1）企业党建在发展企业协商治理中发挥了新的重要作用。企业党组织建设是党的建设新的伟大工程的重要组成部分。企业党建的关键是党组织在企业职工群众中发挥政治核心作用，在企业发展中发挥政治引领作用。在企业协商治理实践中，党组织在组织和发动职工、促使双方有效交流沟通、协调企业利益与职工利益方面都有重要作用。在广元市，加强非公有制经济组织党建工作已成为推动企业良性发展，探索实现企业协商治理的又一途径。

以广元经济开发区非公经济组织党建为例。开发区积极引导企业党组织围绕"形势要求、业主追求、员工需求"积极探索发挥党员作用的有效方法和途径，把党员们的"家"从企业建到园区党委、产业链党总支、企业党支部、车间班组党小组。目前，广元经济开发区大小民营企业180余家，非公企业建立党组织52个。其中党委1个，党总支6个，党支部45个，有319名党员，具备条件的非公企业党组织组建率达75%。在新建的非公党组织中，党员大多是企业骨干，成为企业的"排头兵""急先锋"；党支部成为企业的"加油站"和"贤内助"，成为职工权益和利益的主心骨。

在开展企业党建中，经济开发区组织实施以"把企业党员培养成生产经营能手，把企业中的生产经营能手培养成党员；党员带领员工共同发展，党组织带领业主共同进步"为主要内容的"双培双带"工程，积极开展"党员责任区""党员示范岗""党员身边无事故，党员手上无次品"等主题实践活动，使企业党员在平时工作看得出、关键时刻站得出、危急关头豁得出。同时，园区党组织找准企业职工的关注点，与企业业主相互配合，把企业文化建设与提高员工敬业精神结合起来，与群团活动、开展劳动竞赛结合起来，激励员工爱岗敬业、积极为企业发展献计出力。近两年来，非公有制企业党员共为企业提出合理化建议和意见3111人次，为企业减亏增效2亿多元。党组织不单是企业的"助力器"，也是广大职工的靠山。近三年来，开发区先后为152名流动党员、下岗职工党员、生活困难党员解决就业、住房等困难。经开区非公企业党组织还以了解人、关心人、凝聚人为重点，通过开展谈心活动、走访慰问、扶贫济困、组织文体活动等途径，积极做好员工及党员的思想政治工作，开展恳谈会，将职工意见提交企业管理层和园区党委，形成有效的协商民主机制，稳定了企业职工队伍，增强了企业凝聚力。2011年，开发区企业党建工作受到上级主管部门的重视和肯定，娃哈哈、光正集团分别被市委组织部确定为全市"两新"组织示范点。

(2) 各级政协组织有效推动了企业协商治理的科学发展。在调研中我们了解到，广元政协的各民主党派、工商联和无党派人士中有70%来自企业，企业中的企业法人代表、企业的经营者、管理者和一些专业技术人员、工程师、审计师、造价师等，他们是构成各类群团组织和民主党派的中坚力量。近三年，全市各民主党派、工商联在人代会、政协全委会议、常委会议上，累计提交涉及企业建设与发展提案达300多份，议题涵盖企业困难职工救助、企业职工技能培训、企业职工文化建设、解决企业转制遗留、解决中小企业融资难等各个方面，多项提案得到了受理，为企业协商治理提供了重要参考。如2013年提案《关于我市民营企业发展情况的调查与建议》，得到市委领导高度重视和批示。

广元市各级政协统筹工商联、企业行业协会、贸促会、老促会等社会团体组织，将开展协商民主维护企业利益，推动企业发展，实现企业与地方的共建工享作为自身的重要职能。广元市各级工商联组织，通过参与政府重要会议和政策法规文件的调研起草，以议案、提案、调研报告等形式，及时将非公有制经济发展过程中面临的突出困难和问题反映到政府有关部门，为改善非公有制经济发展环境积极建言献策。广元市各类商会积极引导企业学习贯彻党和国家的方针政策和法律法规，协助政府服务中小企业成立贷款担保公司或担保基金，成立非公有制企业维权投诉机构，与有关部门联合出台维权文件，会同仲裁机构调解企业民商事纠纷并为企业提供法律援助等。

（3）社区正在成为企业协商治理的新成员。企业职工是街道社区的重要人员构成，街道社区又为企业发展提供多样性保障。广元全市有乡镇（街道）、城镇社区569个，覆盖全市各级各类企业96.27%，与企业之间有着密切的联系。实践中广元把社区协商民主建设和企业协商治理建设紧密联系，围绕提升社区治理能力和企业共享共建水平，服务于社区和企业协商治理，不断拓展企业协商治理外延。

以广元华南和华北社区实践为例，这两个社区原来是广元棉纺厂职工宿舍区和生活区，该厂鼎盛时期从业人员达5000余人，生产规模达5.8万锭，其产品远销国内外，年销售额近2亿元；20世纪90年代中期，该厂效益逐年下滑，于1999年申请破产，2007年正式停产。而棉纺厂宿舍生活区也随着企业的改革改制逐步过渡到社区。企业职工历经改制、分流、提前离岗、下岗和破产失业。企业破产后，形成了社区建设和服务管理、下岗失业工人的再就业和社保服务等各种历史遗留问题。在维护权益上，原有机构和组织均已瓦解，破产企业职工维权成为自发行为，极易走向群体上访和采取其他极端方式。市委市政府为保障企业下岗职工的利益，成立了在对企业破产资产进行保全的基础上，2007 年，市政府安排资金 1.5 亿元，启动广元棉纺厂改制遗留问题的处理。由华南和华北两个社区联合成立的大华社区，成为协调各方发挥协商民主确保职工权益的主体。**一是注重社区与政府及部门协商，促进公共服务覆盖居民**。社区是政府公共服务的着力点和落脚点。原本由企业承担职工宿舍的维护和管理过渡到社区、原有职工转变为社区居民后，最担心的是整个生活区的公共服务将无人过问。大华社区依托社区公共事务服务中心，将公共服务职能向社区下沉、延伸，推进就业、教育、卫生、文化、法律等"十进社区"。社区主动协助政府管理社会事务，让公共利益惠及全体居民。市国资委在有关部门的积极协调下，原厂医院、托儿所、招待所等都相应的转变为社区医院、北街幼儿园、锦江宾馆，这些机构又保障了原有就业和服务功能。同时，社区争取政府投入，启动水网、电网、气网、有线电视网络等改造，建立物业管理，使社区整体运行保持平稳。**二是注重社区各类组织协商，聚集合力治理社区**。群工局、社区党组织、居委会、派出所等组织经常对社区的重大事项和居民关心的问题进行协商，利用各组织自身优势，提供保障居民权益的服务。在社区试点建立协商议事委员会作为社区协商民主的组织机构，探索建立协商民主制度、完善协商民主程序、协调社区各项工作运行，使社区成为协调居民（棉纺厂下岗工人、离退休工人、破产失业工人）和政府进行协商的最前沿机构。近年来，社区有针对性的组织举办说明会、通报会、交流会和恳谈会 46 次，形成良性互动，宣传了政策，舒缓了矛盾，有效化解了部分上访。**三是注重社区与商户和社会组织协商，整合优化辖区服务资源**。大华社区地处市繁华商业区，周边商户与社区有着密切联系。社区采取联席会议事协商的形式，与国有资产管理中心、工商、居委会、社区商户代表、居民代表共同参加，整合社区内公共资源利用、服务居民、企业发展等问题。在为居民争取就业，化解商居矛盾，规范社区秩序等方面实现共赢共建共享。分别以华南华北的社区为平台，加大培育和发展社会组织的力度，搭建"社区、社会组织、社工"的三社融合体系。如建立 10 分钟助老服务圈，为社区空巢、独居、孤寡老人提供"六送"服务，解决了居家养老难问题；创办"学生"托管中心，

"代接代送"中心,提供就业岗位,为再就业职工解决现实困难。目前大华社区的社会组织已发展到18个,覆盖便民服务、文体活动、社会救助、法律援助、就业指导、关爱教育、自治管理等7个领域,个人会员数达到122人。企业原下岗工人70%实现了在其他企业的再就业,18%通过社区帮助实现自我创业,9%通过参加社区服务和在社区推荐下实现就业。**四是注重社区与居民集体协商,激发居民主人翁意识和责任**。社区全面实行居务公开,构建开放式、参与式的社区管理体制。对涉及社区规划、社区发展和居民利益的重要事项,全部交由居民讨论决定。例如,2008年地震灾后重建,社区对国家下拨的恢复重建资金的使用开展集体协商。

(四)样本困境:广元企业协商治理的实践困惑

课题组通过调研发现,研究样本中对于发展和促进企业协商治理也还存在一些困境。一半以上的受访者对企业协商治理认识存在偏差,在推进企业协商治理也还存在一些亟须关注的问题:

1. 凝聚思想共识缺乏主动性。一是部分政府部门工作人员认识片面。片面地认为企业协商治理就是在企业建工会,搞职代会,主要内容是工资集体协商。二是企业经营者认识有偏差。认为企业协商治理就是搞工资集体协商,签订集体合同,给职工涨工资、提高福利待遇。三是部分职工认识不到位。还有少数职工认为企业协商治理只是有关法律的规定,是上级工会组织的要求,开展工资集体协商是搞形式、走过场,对真正协商的期望值不高。

2. 构筑推进合力缺乏长效性。企业协商治理建设应形成党政主导、部门配合、各方推进、企业和职工参与的格局。但目前各方统筹推进力度有限。个别企业协商代表身份不当、人员数量偏少,且各方协商代表不对等。区域性、行业性工资集体协商雇主组织缺位,组建速度慢、组建难度大。许多行业组织和政府部门处于对企业具有较大约束力地位,甚至企业在一些协商中还处于弱势地位。

3. 提升协商质量缺乏科学性。企业协商治理是一项集法规性、程序性和技巧性于一体的工作,既要依法开展,又要按程序操作,还要灵活运用协商技巧。但在具体工作中,还是存在政府主导、企业服从的现象。协商民主的成果还缺乏相对健全完善的履约监督制度，在违约处理方面缺乏法律和制度保证，导致通过协商民主达成的共识和决策，在执行中落实不力，质量不高。

三、推进企业协商治理的价值启示

十八届三中全会《中共中央关于全面深化改革若干重大问题的决定》指出协商民主是我国社会主义民主政治的特有形式和独特优势，是党的群众路线在政治领域的重要体现，坚持党的领导，在全社会对经济社会发展重大问题和涉及群众切身利益的实际问题要开展广泛协商。企业作为向市场提供商品和服务的主体，集聚大量资本、劳动力等生产要素，在企业治理中探索实施协商民主，坚持协商于决策之前和决策实施之中，在企业与各利益主体间实现共建共享，是推进国家治理现代化的重要研究课题。

（一）企业协商治理应该遵循的基本原则

开展协商民主，实现共建共享的实质是调整多方的利益格局，以制度和法律为依据，保证双方的经济、政治、文化权益。构建和谐社会是企业重要的社会职责，也是企业自身发展必备的社会条件。在企业层面开展协商民主，实现共建共享是企业履行经济职责和社会职责的统一。基于广元样本的分析表明，实现企业协商治理不仅要遵循科学的基本原则，也要充分考虑推动实践的客观语境。

（1）协商主体对等性原则。工会、职工代表、职工群众和企业、行业组织、社区、政府都是企业协商治理的平等参与主体。转变政府职能，将管理转变为服务，将政府各部门对企业的审批和监管转变到为企业服务上来，是保证协商民主主体平等性的关键。同时，要坚持将企业法人作为协商民主的主体，维护企业法律地位和尊严、获得协商机会、获取相关信息和资源、表达各自利益诉求以及对协商结果的影响力等方面享有平等权利。

（2）实现形式多样性原则。对话、互动、共识，是协商民主的重要特征。要坚持以尊重为前提，以合作为基础，以沟通为手段，积极探索建立企业协商治理的多种形式，实现协商民主制度的动态化运行。

（3）协商机制合法性原则。一是政治的合法性。各协商主体在开展民主协商的过程中，都要坚持党的领导，以宪法和法律为活动的基本准则；二是程序合法。协商民主必须遵循一定的规则和程序。建立完善和规范实施协商民主的运行程序，以程序合法，过程民主，充分反映民意。

（4）协商成果实效性原则。企业协商治理必须强调实现实效性。从协商民主的实践来说，协商和民主都是保障权益的手段，解决现实问题是追求的结果。协商民主的结果应当最大限度地满足各方的利益诉求。

（5）协商过程透明性原则。透明度和公开化是协商民主的重要属性。企业进一步加大企业经营管理过程中知情环节、沟通环节、反馈环节的透明度，推动企业协商治理在公开透明的环境中运作。在政府部门、行业组织等主体在参与协商民主过程中，也必须坚持协商内容、协商依据、和协商结果的公开透明。

（6）协商目标一致性原则。协商民主的目的在于达成广泛的共识。企业内要坚持企业内部劳动关系通过协商而调整，企业重要事项通过协商而决策。要以建立健全职工与企业的利益、事业和命运共同体为价值诉求和目标取向，促进劳资双方及职工内部不同利益群体之间求同存异、体谅包容、平等议事。企业外部的协商民主要体现政府和社会对企业权利和权益的尊重，在企业和其他各种利益主体间实现共谋发展、共享成果、共创和谐。

（二）企业协商治理的价值取向

1. 发展企业民主协商应坚持理论与实践的统一。企业民主协商制度建设必须以党的理论体系为基本理论，经过不断实践，形成中国特色的企业管理制度。协商民主是法治原则之一，是保证公民权利、企业权利，以及各类不同利益主体间实现民主的有效方式。企业在市场经济中占有主体地位，但在政治、社会层面，在企业协商治理的理论中，如何保证其主体地位还有待在更广阔的层面上进行研究。企业协商治理的实践范围也还需要继续深化。

2. 发展企业民主协商应坚持民主与法制的统一。企业协商治理的前提是必须合法，企业、政府、职工和其他利益主体在开展协商民主时，也必须依法。企业与政府间的利益纠葛在于，企业行为是利益导向，政府行为是价值观导向。所以，在法律没有明确界定的行为前，协商民主是保证企业和政府达成共识的关键。在管理上，政府具有公共管理职能，政府的管理要有法可依。要依照明确和公开的"清单"行事，清单上没有的政府部门管了，那就是触碰了"法无授权"的红线。

3. 发展企业民主协商应坚持原则与实际的统一。企业的协商民主必须坚持原则，必须符合社会主义市场经济发展现状，符合社会主义市场经济制度。针对企业所有制不同、发展阶段不同、企业文化不同、企业的诉求不同等实际，开展企业协商治理必须尊重协商主体企业的个性现状。

4. 发展企业民主协商应坚持形式与实效的统一。在企业协商治理实践中，要坚持协商的公开、程序的完备、内容的合法，既关注决策的结果，又关注决策的过程。发展企业协商治理最主要的目的，是维护职工有序政治参与、保障职工依法行使民主权利，同时，也维护企业作为权力和利益主体的民主权利，这也是企业民主制度实效性的体现。不管是企业与职工，还是企业与其他利益主体间的协商，都应注重实效。

（何梅，广元市委党校副校长；胡欣霞，广元市委党校教研部主任、高级讲师；张晨，广元市委党校助教；吴承枢，广元市委党校办公室主任；徐源，广元市委党校副主任科员）